사회과학총서

사회과학 통계분석

[제3판]

권경득 · 유성호
이모영 · 허태회 공저

法 文 社

머 리 말

통계학은 연구대상에 대한 자료를 수집·정리하여 여기에서 얻은 정보를 기초로 그 연구대상에 대한 적절한 모형의 설정과 그에 관한 추정·검정 및 예측 등에 대한 합리적인 의사결정을 내리는 과학적 방법을 제시한다. 이러한 통계학의 개념은 이공분야뿐만 아니라 현대 사회과학의 연구방법에 있어서도 큰 비중을 차지하고 있다. 그럼에도 불구하고 많은 사회과학도들에게 있어 통계학은 복잡한 수식만 등장하는 어려운 과목으로 인식되고 있는 형편이다. 이러한 상황에서 본 교재는 사회과학을 연구하는 저자들이 사회과학을 공부하는 학생들에게 통계학의 중요성을 인식시키고 그 기본개념과 통계적 방법을 이해시키려는 목적으로 쓰여졌다.

본 교재는 한 학기 강의용으로 구성되었으나, 가르치는 분의 목적과 학생들의 수준에 따라 적절히 취사선택하여 사용할 수 있을 것이다. 1장(章)에서 4장(章)까지는 통계학의 기본개념과 자료를 분류하고 처리하는 방법에 대하여 설명하였다. 통계의 기초는 수많은 자료의 특성을 요약하여 한눈에 파악할 수 있게 해 주는 것에 있다고 할 수 있다. 5장(章)과 6장(章)은 통계학의 근간을 이루는 확률론, 확률변수와 확률분포 개념에 대하여 설명하고 중요한 몇 가지 형태의 확률변수의 특성 및 성질에 대하여 설명하였다. 이러한 내용은 그 다음에 설명될 추정 및 가설검정의 이론적인 기본이 된다. 7장(章)에서 11장(章)까지는 모집단에서 표본을 추출하여 모집단의 특성에 대한 추정 및 가설검정을 행하는 방법과 분산분석 등에 대하여 설명하였다. 사회과학에 있어서 사회구성원의 행동양식이나 의식 등을 조사할 때 이러한 방법들이 주로 사용되고 있다. 12장(章)에서는 자료간의 상호의존적인 상관관계 및 독립변수와 종속변수의 개념을 이용하는 회귀분석에 대하여 설명하였다.

끝으로 지금까지 소개된 다양한 자료분석기법을 직접 통계패키지를 활용하여 자료를 분석해 볼 수 있도록 이 책의 주요 장(章) 끝 부분에 가장 널리 보급되어 있는 통계분석 소프트웨어인 SPSS 21.0의 활용방법에 대하여 기술하였다. 각 장(章)에서 사용한 예제를 직접 SPSS 21.0을 사용하여 실습해 봄으로써 통계분석방법을 실제의 문제장면에서 적용하는 데 많은 도움이 되리라 확신한다.

이 책을 쓰는 과정에서 가능한 한 정확하면서도 이해하기 쉬운 방법으로 설명하려고 노력하였으나, 저자들의 시간제약상 미숙한 점이 많이 있으리라 여겨진다. 이러한 점들은 앞으로 계속해서 보완해 나갈 것을 약속드린다. 끝으로 이 책이 나오기까지 많은 협조를 해 주신 법문사 관계자 여러분께 감사를 드린다.

2014년 2월

저 자 일동

차　례

제1장 통계학의 개념

1. 통계학의 정의 ······ 4
2. 자료의 수집 ······ 4
3. 표본의 선택방법 ······ 5
   - 3.1 확률추출방법(probability sampling) 6
   - 3.2 비확률추출방법(nonprobability sampling) 8
4. 통계학의 분류 ······ 10
5. 사회과학에서의 통계분석과정 ······ 10
   - ■ 연습문제 15

제2장 자료의 분류와 형태

1. 자료의 분류 ······ 19
2. 자료의 형태 ······ 21
   - 2.1 명목척도(nominal scale) 21
   - 2.2 서열척도(ordinal scale) 22
   - 2.3 등간척도(interval scale) 22
   - 2.4 비율척도(ratio scale) 22
   - ■ 연습문제 24
   - ■ SPSS 실습 25

제3장 자료의 정리

1. 명목척도와 서열척도를 이용한 자료의 정리 ······ 55
   - 1.1 도수분포표(frequency table) 55
   - 1.2 막대 그래프(Bar Graph) 56
   - 1.3 파이차트(pie Chart) 58
   - 1.4 분할표(Contingency Table) 58
2. 등간척도와 비율척도를 이용한 자료의 정리 ······ 59
   - 2.1 도수분포표(frequency table) 59

2.2 줄기와 잎 그림(stem and leaf plot/diagram) 62
2.3 히스토그램(Histogram)과 도수다각형(frequency polygon) 66
2.4 스캐터 다이어그램(또는 산포도, scatter diagram) 68
■ 연습문제 70
■ SPSS 실습 72

제 4 장 자료의 통계적 처리

1. 자료의 위치 측정 ······ 83
1.1 산술평균(평균)(arithmetic mean) 83
1.2 도수분포표를 이용한 산술평균 86
1.3 기하평균(geometric mean) 87
1.4 중위수(또는 중앙값, median, Me) 88
1.5 최빈수(mode, Mo) 89
1.6 4분위수(quartiles) 90
2. 산포도의 측정 ······ 91
2.1 범위(range) 92
2.2 4분위편차(quartile deviation) 92
2.3 평균편차(mean deviation) 93
2.4 분산과 표준편차(variance & standard deviation) 94
3. 비대칭도의 측정 ······ 101
3.1 왜도(skewness) 101
3.2 첨도(kurtosis) 104
■ 연습문제 106
■ SPSS 실습 108

제 5 장 초급 확률론

1. 무작위실험과 표본공간 ······ 117
2. 집합의 개념과 순열 ······ 118
2.1 순열과 조합 120
3. 확률의 개념과 정의 ······ 122
3.1 확률의 정의 122
3.2 확률의 종류 123
4. 확률에 관한 정리와 계산 ······ 124
5. 조건확률과 베이즈 정리 ······ 125

■ 연습문제 129

제 6 장 확률변수와 확률분포

1. 확률변수 ········ 133
2. 확률분포 ········ 134
3. 이항 분포와 포아송 분포 ········ 138
4. 연속확률분포 ········ 142
5. 표준정규분포 ········ 144
6. 이항 분포의 정규근사 ········ 148
■ 연습문제 150
■ SPSS 실습 151

제 7 장 표본분포

1. 표본추출과 표본오차 ········ 157
2. 표본분포와 중심극한정리 ········ 158
3. 표본평균분포와 표본비율분포의 확률계산 ········ 162
4. χ^2(카이 스퀘어) 분포 ········ 164
5. t-분포와 F 분포 ········ 168
6. F 분포 ········ 172
7. 각 분포들 간의 관계 ········ 175
■ 연습문제 176

제 8 장 통계적 추정

1. 점추정 ········ 179
1.1 기본개념 179
1.2 평균과 표준편차의 점추정치(Point Estimates) 183
2. 구간추정 ········ 184
2.1 신뢰구간의 의미 184
2.2 단일 모집단 평균의 신뢰구간 추정 185
2.3 단일 모집단 비율의 신뢰구간 추정 192
2.4 두 모집단 평균의 차에 대한 신뢰구간의 추정 194
2.5 두 모집단 비율의 차에 대한 신뢰구간의 추정 200

3. 표본크기의 결정 ········ 201
3.1 표본의 크기 201
3.2 모집단 비율을 추정할 때 표본의 크기 203
■ 연습문제 205

제9장 통계적 가설검정

1. 가설검정의 기초 ········ 209
1.1 가설검정의 기본개념 209
1.2 가설검정의 기본요소와 절차 213
2. 단일 모집단 평균과 비율에 관한 가설검정 ········ 217
2.1 모집단 평균에 대한 가설검정 217
2.2 모집단 비율에 대한 가설검정 220
3. 두 모집단의 평균과 비율에 관한 가설검정 ········ 221
3.1 두 모집단의 평균의 차에 대한 가설검정 222
3.2 두 모집단의 비율의 차에 대한 가설검정 227
■ 연습문제 231
■ SPSS 실습 234

제10장 분산분석

1. 분산분석의 논리와 가정 ········ 251
1.1 분산분석의 논리 251
1.2 분산분석(ANOVA)의 가정 253
2. 일원 분산분석에 의한 가설검정 ········ 254
3. t와 F의 관계 ········ 263
■ 연습문제 264
■ SPSS 실습 266

제11장 교차분석과 χ^2검정

1. 교차분석 ········ 282
2. χ^2검정 ········ 286
2.1 독립성 검정으로서의 χ^2 286
2.2 χ^2분포의 특성 289

2.3 적합도 검정으로서의 χ^2 291
2.4 χ^2검정의 조건과 한계 293
■ 연습문제 295
■ SPSS 실습 297

제12장 상관분석과 회귀분석

1. 상관분석 ······ 309
2. 단순회귀분석 ······ 313
2.1 단순회귀모형(simple regression model) 314
2.2 최소제곱법(least square method) 315
2.3 결정계수(coefficient of determination, r2) 319
2.4 회귀계수(β_i)의 추론 322
2.5 x값이 주어질 경우 기대되는 y값에 대한 신뢰구간 추론 329
3. 다중회귀분석 ······ 331
■ 연습문제 338
■ SPSS 실습 340

부 록

■ 연습문제 해답 ······ 357
■ 각종 통계표 ······ 362

찾아보기 ······ 379

제 1 장 통계학의 개념

1. 통계학의 정의
2. 자료의 수집
3. 표본의 선택방법
4. 통계학의 분류
5. 사회과학에서의 통계분석과정

인간은 사회생활을 하면서 의도적이든 아니든 많은 경험을 하게 된다. 우리가 경험하게 되는 많은 사건 가운데 거의 매일 접하게 되는 것은 다름 아닌 통계수치의 개념이다. 우리는 종종 매스컴을 통해 '대통령의 지지율 하락', '자동차수출의 증가', '실업률 동향', '물가지수의 동향', '어느 실업야구단의 유명한 선수의 타율' 등 하루에도 수십 번 이상 통계수치와 접하게 된다.

그러나 통계학이 우리 인류를 위해 과연 얼마나 커다른 공헌을 해 왔는가라는 주제에 대하여 심각하게 생각해 본 사람은 그리 많지 않을 것이다. 대부분의 사람은 우리 인류의 발달에 있어서 통계학보다는 다른 과학 분야, 특히 의학이나 물리학, 생물학과 같은 자연과학 분야의 학문이 우리 인류의 삶을 값지게 하는 데 더욱 커다란 공헌을 해 왔을 것이라고 생각하고 있을 것이다.

그러나 과연 그럴까. 모든 학문이 발전하기 위해서는 반드시 필요한 연구과정을 거쳐야 한다. 그 연구과정에 있어서 빼놓을 수 없는 것은 다른 사람이 이해할 수 있도록 자료를 요약하여 수량화시킨 연구결과이다. 이러한 연구결과는 다름 아닌 통계학을 이용하여 발표가 되는 것이다.

미국에서 발행되는 *Science Magazine*(1984년 11월호)에 의하면, 미국의 과학자들은 1900년 이후 과학에 있어서의 많은 발견들 가운데 가장 값진 것의 하나로 통계학을 지적하고 있으며, 통계학을 우리 인류생활에 가장 큰 변화를 초래한 것 가운데 하나라고 결론을 내리고 있다. 그 잡지는 통계학과 더불어 우리 인간의 생활에 커다란 변화를 초래한 것들로 우리가 잘 알고 있는 항생학(antibiotics), 플라스틱 제품, 컴퓨터, 레이저, 텔레비전, 살충제 등을 들고 있다.

오늘날 통계학은 사회과학, 자연과학을 막론하여 모든 학문에 적용되는 필수적인 학문이 되었다. 예를 들어 심리학에서는 새로 입학한 대학생들의 수능고사 평균점수에 관심을 가질 수 있다. 사회학에서는 부모의 사회경제적 요인이 자녀의 교육에 어떠한 영향을 미치는가에 대해 관심을 가질 수 있다. 정치학에서는 어느 특수 정당의 후보자를 지지하는 투표자의 비율에 대한 관심을 가질 수 있다. 경영학에서는 어떠한 상품의 소비성향에 있어서 두 개 이상의 연령집단간의 차이를 비교하는 데 관심을 가질 수 있다. 이러한 모든 학문에 있어서 연구자는 연구에 필요한 자료를 수집하고 자료를 정리하여 연구목적에 맞는 통계분석을 시도하여 얻은 결과를 이용하여 관심사를 해결하게 되는 것이다.

1. 통계학의 정의

한국통계학회에서 발행된 통계용어사전에 의하면 "통계학이란 연구목적에 필요한 자료 및 정보를 최적한 방법으로 수집하고, 수집된 자료를 과학적이고 논리적인 이론에 의하여 정리 · 분석하는 학문"으로 정의하고 있다. 자료를 분석하는 목적은 분석을 통하여 얻은 결과를 이용하여 현재의 상황뿐만 아니라 미래에 대한 예측을 하는 데 있다고 볼 수 있다.

따라서 통계학이란 자료를 수집하고, 수집한 자료를 연구목적에 알맞게 정리하고 분석하여 얻은 결과를 이용하여 미래를 예측하는 학문으로 정의할 수 있다.

2. 자료의 수집

연구대상을 선정하여 연구에 필요한 자료를 수집하는 것을 말한다. 연구의 대상이 되는 주체를 **분석단위**(unit of analysis)라고 한다. 사회과학에 있어서 분석단위는 주로 사람이 되며 연구주제에 따라서 그룹, 기업, 정부, 단체, 도시, 기업, 국가 등이 되기도 한다. 연구대상이 되는 분석단위의 전체집단을 **모집단**(population 또는 universe)이라 하고, 이 모집단 가운데 일부분을 **표본**(Sample)이라고 한다. 모집단과 모집단의 일부분인 표본을 구성하고 있는 각 개체를 **요소**(element)라고 한다. 표본을 구성하는 요소의 수를 **표본의 크기**(sample size)라고 하며, 모집단을 구성하는 요소의 수를 **모집단의 크기**(population size)라 한다.

모집단 전체를 조사하는 것을 **전수조사**(census)라 하고, 모집단의 일부분을 조사하는 것을 **표본조사**(sample survey)라 한다. 연구대상을 선정할 때 가장 좋은 방법은 모집단 전체를 대상으로 자료를 수집하는 것이 가장 바람직한 일이다. 그러나 대개의 경우 모집단은 크기가 매우 방대하므로 모집단을 대상으로 자료를 수집하는 데에는 많은 시간이 소요되며, 시간이 충분하더라도 경제적인 여건을 고려해 볼 때 모집단을 연구의 대상으로 자료를 수집하는 일은 사실상 불가능한 일이다. 따라서 연구자는 표본조사를 실시하여 모집단의 특성을 파악하게 되는 것이다.

자료의 수집에서 주의해야 할 점은 연구대상인 표본이 모집단의 특성을 반영하여야 한다는 것이다. 즉 모집단의 여러 특성을 대표하는 표본을 선정하여야 한다. 만약 대통령에 대한 중간평가를 조사하기 위하여 20세 이상 성인남녀 2,000

명을 대상으로 전화인터뷰를 실시한다면, 이 연구에서 모집단은 우리나라 "20세 이상의 남녀가 될 것이고 표본은 본 연구를 위해 선정된 2,000명이 될 것이다. 제일 먼저 연구자는 임의대로 표본을 선정하지 말고 모집단의 모든 대상이 동일하게 연구대상으로 선택될 수 있는 확률추출(probability sampling) 방법을 이용하여야 한다. 또한 표본을 일부 사회계층에 속한 사람만을 선정한다든지, 동일한 연령그룹에서만 선정하여서는 안 된다. 표본은 사회경제적인 배경뿐 아니라 연령, 지역분포, 종교, 성별 등에서 모집단의 전체 속성을 반영하여야만 된다.

그림 1-1 모집단과 표본

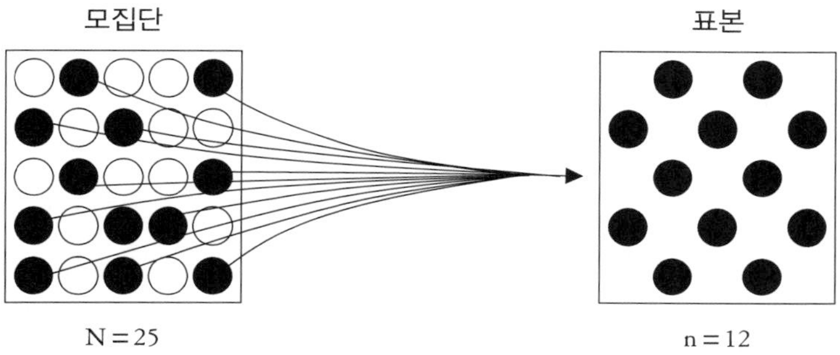

3. 표본의 선택방법

표본을 선택하는 방법에는 **확률추출(표집)방법**(probability sampling)과 **비확률추출(표집)방법**(nonprobability sampling)이 있다. 확률추출방법이란 모집단의 개별요소가 선택될 수 있는 확률이 동일하다는 것을 의미한다. 이에 반해 모집단의 개별 구성요소가 표본에 포함될 확률이 동일하지 않은 것을 비확률추출방법이라 한다.

다음과 같은 상황에서는 비확률표출방법을 쓰게 된다. 첫째, 확률추출이 사실상 불가능하거나 모집단을 정확하게 규정지울 수 없는 경우, 둘째, 연구가 처음 실시되어 그 주제에 대해 거의 알려진 사실이 없을 때 시행되는 **탐색연구**(exploratory study)일 경우는 표본을 대상으로 얻은 통계정보를 이용하여 모집단에 대한 모수를 추론하는 것이 목적이 아니라 이론의 형성을 위한 기초작업으로서 일반적인 사실을 발견하는 것이 목적일 경우이다. 그러나 표본을 분석한 결과 나타난 통계량(statistic)을 이용하여 모집단의 모수(parameter)를 추론하기 위해서는 반드시 확률추출방법을 써야 한다.

연구자가 연구에 필요한 자료수집을 위하여 연구대상이 결정되고 나면 다음 단계는 그 연구대상을 어떠한 방법으로 선택할 것이냐를 결정해야 한다. 사회과학 분야에서 표본을 선택할 때 자주 사용하는 방법에는 다음과 같은 것들이 있다.

3.1 확률추출방법(probability sampling)

(1) 단순무작위표집(simple random sampling)

모집단의 전체 구성요소를 파악한 다음 개별요소에 대하여 고유한 일련번호를 부여하고 그 가운데에서 필요한 수의 표본을 추출하는 가장 간단한 방법을 말한다(예, 복권추첨). 일단 표본의 구성요소로 결정이 되면 다시 선택될 수 없다.

모집단 전체가 800명이고 그 가운데에서 100명으로 구성된 표본을 선택하고자 단순무작위표집을 할 때를 가정하자. 모집단 전체는 1번에서부터 800번까지 고유한 번호를 부여한다 (001, 002, 003, 004...............797, 798, 799, 800). 그런 다음 **난수표(table of random number)**를 이용하여 100명을 선발한다.

(2) 체계적 표집(systematic sampling)

단순무작위표집방법은 이해하기는 쉽지만 실질적인 사용에 있어서 사실상 거의 불가능하다. 모집단의 요소가 적을 경우에는 별 문제가 없지만, 대개 모든 경우에 있어서 모집단의 크기는 매우 방대하다. 또한 모집단의 각 요소에 대하여 미리 번호를 부여하고 난수표를 이용하는 일은 매우 번거로운 일이다. 따라서 전체 모집단 가운데 매 n번째에 있는 요소를 선택하여 원하는 표본크기가 될 때까지 표집하는 방법을 사용하게 되는데, 이러한 방법을 체계적 표집이라 한다. 따라서 n이 2일 경우는 2, 4, 6, 8 …번째 요소가 선택되어 모집단의 반(1/2)을 표집하는 것을 의미한다. 이 방법 역시 모집단의 각 구성요소에 대한 명부(list)를 작성하여야 한다.

만약 모집단의 수가 10,000이고 그 가운데서 100명을 선택할 경우 모집단 전체에 대한 명부에서 매 100번째에 있는 요소를 선택한다. 즉 100번째, 200번째, 300번째...............9,800번째, 9,900번째, 10,000번째에 있는 요소를 표본으로 선택한다.

이와 같이 체계적 표집방법은 모집단의 크기가 매우 방대할 경우 시간과 예산을 절약하여 간단히 자료수집을 할 수 있는 좋은 방법이다. 그러나 모집단이 특정한 서열이나 순서로 배열되어 있을 때 체계적 표집을 이용하면 모집단의 특성을 제대로 반영하지 않는 왜곡된 표본을 창출할 수 있다는 사실을 유념해야 한다. 예를 들어, 연구자가 사병들에 관한 연구를 수행하기 위해 국방부에서 발행하는 사병인명부를 이용하여 연구에 필요한 표본을 구하기로 결정하였다. 만약 그 인명부가 이병, 일병, 상병, 병장의 일정한 서열순서로 배열되었을 경우 모집단의 크기를 고려하고 필요한 표본의 크기에 따라 매 n번째에 있는 요소를 선택하면 별 큰 문제가 없을 것이다. 그러나 그 인명부가 이병, 일병, 상병, 병장을 한 조로 하여 배열되었을 경우, 연구자 매 4번째에 있는 요소를 선택한다면 그 표본은 병장만으로만 구성되어 있는 왜곡된 표본을 창출하게 되어 연구결과를 신뢰할 수 없게 된다.

따라서 체계적 표집을 이용하고자 할 때에 연구자는 모집단의 명부가 어떻게 배열되어 있는가를 확인한 다음 사용하여야 한다.

(3) 층화표집(stratified sampling)

단순무작위표집과 체계적 표집방법에 있어서 모집단으로부터 선택되는 각 요소들은 서로 독립적인 관계에 있으므로 이러한 과정을 거쳐 선택된 표본은 모집단의 특성을 제대로 반영하지 못할 수도 있는 것이다. 이러한 문제점을 보완하기 위해서 모집단을 몇 개의 하위집단(strata)으로 먼저 나눈 다음 각 하위집단에서 확률추출방법인 단순무작위표집이나 체계적 표집방법을 이용하여 적절한 수의 표본을 추출하는 방법이다(예, 지역, 종교, 인종, 소득, 정당, 성별 등으로 층화한 다음 표출한다).

예를 들어 연구대상이 대학교수인 경우를 생각해 보자. 연구자는 직위에 상관없이 이름의 자모순으로 정리되어 있는 대학교수 인명부를 가지고 있다. 이 인명부를 가지고 단순무작위표집과 체계적 표집을 이용하여 표본을 선택하였을 경우, 특정 직위의 교수가 지나치게 많을 수도 있고 적을 수도 있게 된다. 따라서 모집단의 특성을 반영하고 있는 표본을 가질 수 없게 된다. 이럴 경우 연구자는 먼저 대학교수 인명부를 직위별로 전임강사, 조교수, 부교수, 정교수로 4개의 집단으로 분류한 다음 각 집단으로부터 단순무작위표집이나 체계적 표집을 이용하여 필요한 수의 표본을 추출한다.

(4) **집락표집**(cluster sampling)

모집단의 명부가 없거나 명부를 마련하는 것이 현실적으로 불가능할 경우 일단 모집단을 몇 개의 집락으로 나눈 다음 단순무작위표집방법을 이용하여 그 집락들 가운데 일부를 선택하여 선택된 집락(들)에 있는 대상자를 표본대상으로 한다. 이러한 점에서 위에서 설명한 층화표집과 다르다. 층화표집에서는 모집단을 몇 개의 하위집단으로 나눈 다음 각 하위집단으로부터 적절한 수를 표집하는 방법이다.

예를 들어 서울시의 거주자를 샘플로 하고자 할 경우 서울시를 몇 개의 구로 나누고 단순무작위표집방법을 이용하여 강남구 한 개를 선택하여 강남구에 살고 있는 대상자를 표본으로 한다. 이 경우 조심할 점은 선택된 집락이 다른 집락과 비교하여 상이한 특징이 있을 수 있다는 점이다. 예로 들은 강남구에 거주하는 주민은 서울의 다른 구에 거주하는 주민들과 비교하여 경제적으로 부유하고 높은 교육수준을 가지고 있기 때문에 모집단 전체의 특성을 제대로 반영하지 못한다는 점이다.

집락표집을 이용한 다단계추출방법을 예로 들어 보기로 한다. 한 연구자가 서울시에 거주하고 있는 국민학생 100명을 대상으로 연구를 하고자 한다. 연구자는 집락을 동(洞)으로 하여 그 가운데에서 보문동, 개포동, 수유동 3개를 무작위표집방법으로 선택하였다. 만약 각 동에 3개의 국민학교가 있다고 가정할 때 모두 9개의 국민학교에서 연구자는 단순무작위표집방법으로 2개의 국민학교를 선택하였다. 2개의 국민학교 학생 가운데는 모두 100개의 반으로 구성되어 있을 경우 또 다시 단순무작위표집방법으로 2개의 학급을 선택하여 각 학급에서 50명을 선택한 100명을 표본으로 삼는다.

3.2 비확률추출방법(nonprobability sampling)

(1) **편의표집**(convenience sampling)

연구자가 주위에서 손쉽게 이용가능한 대상만을 선택하는 방법이다. 시간과 돈을 절약할 수 있는 방법이지만 모집단의 특성을 전혀 고려하지 않는 표본을 갖게 된다. 예를 들면, 연구자가 필요한 표본을 위해 자기가 가르치는 과목을 수강하고 있는 학생만을 대상으로 하는 경우 또는 어느 백화점에 쇼핑 온 사람을 상대로 표집하는 경우를 들 수 있다.

(2) **유의표집**(purposive sampling) **또는 판단표집**(judgemental sampling)

연구자가 모집단의 사전지식을 바탕으로 자신이 판단하여 연구목적에 적합한 사람만을 골라 표집하는 방법을 말한다. 국회의원들에 관련된 주제를 연구하고자 하는 연구자는 과거에 국회의원을 지낸 경험이 있는 사람만을 찾아서 연구대상으로 표집하는 경우를 예로 들 수 있다.

(3) **눈덩이표집**(snowball sampling)

마치 눈사람을 만들기 위해서는 제일 먼저 눈을 뭉치고, 그 작은 눈덩이를 여러 번 굴림으로써 점차로 커져 눈사람이 되는 것과 마찬가지로, 눈덩이표집방법은 표집대상자 소수를 먼저 접촉하고 다음 단계로 이들을 정보제공자로 이용하여 그들이 소개한 사람들과 접촉하여 연구에 필요한 표본을 구하는 방법이다. 이와 같이 눈덩이표집은 몇 개의 단계를 거쳐서 연구에 필요한 표본을 표집하게 된다. 첫번째 단계에서는 연구자가 연구하려는 대상에 적합한 사람들을 접촉한다. 첫 단계에서 접촉한 사람들로부터 연구에 필요한 정보를 얻은 다음 그들을 이용하여 다음 연구대상자를 소개받는다. 즉 첫 단계에서 접촉한 사람은 다음 연구대상자를 구하기 위한 제공자(협력자)로 이용한다. 두번째 단계에서는 소개받은 사람들을 접촉하고 그들로부터 또 다시 다음 연구대상자를 소개받는다. 이와 같은 과정을 되풀이하여 연구에 필요한 자료를 구하게 된다.

눈덩이표집은 연구대상자가 소수민족이거나 모집단의 크기가 매우 작아서 구하기가 어렵고, 확률추출방법이 어려울 경우에 자주 사용되는 것으로 최근에 사회과학 분야에서 많이 이용되고 있는 표본집단의 선택방법이다.

(4) **할당표집**(quota sampling)

할당표집은 확률추출방법의 하나인 층화표집과 비슷한 방법을 이용한다. 다만 표본을 몇 개의 하위집단으로 나눈 다음 각 하위집단의 표본수를 모집단의 비율과 동일한 비율만큼 할당한다.

대학생을 연구대상으로 하여 할당표집을 이용할 경우를 예로 들면, 제일 먼저 연구자는 수행할 연구에 있어서 연구대상을 어떻게 적절하게 하위집단으로 분류할 것인가를 결정한다. 따라서 연구자는 학년별로 4개의 하위집단으로 분류하기로 결정하였다(만약 종교에 관련된 연구라면 불교, 구교, 신교, 무교 등으로 분류한다). 그 다음 각 학년에 대한 모집단의 분포비율과 동일하게 각 하위집단을 할당한다. 만약 모집단에 있어서 각 학년의 분포가 30%, 25%, 25%, 20%일 경우, 연구자는 특정한 학년만을 선택하여 연구대상으로 하기를 원하지는 않을 것이다 만약 표본크기가 200명일 경우 연구자는 모집단의 비율에 따라 1학년 60명, 2학년 50명, 3학년 50명, 4학년 40명을 연구대상에 포함시킨다. 물론 학년별에 따라 선택된 각 연구대상자는 확률추출방법으로 선택되지는 않았지만, 각 연구대상자는 모집단의 분포비율과 동일한 비율로 구성된다.

4. 통계학의 분류

자료가 수집되면 자료를 정리한 다음 분석을 하게 된다. 이 단계에서 연구자는 통계학을 이용하게 되는데 통계학은 일반적으로 **기술통계학**(descriptive statistics)과 **추론통계학**(또는 추리통계학, inferential statistics)으로 구분된다. 기술통계학이란 수집된 자료를 이용하여 표나 그림으로 나타내거나 또는 중위수(median), 최빈수(mode), 평균(mean), 또는 표준편차를 이용한 분포의 형태 등을 나타내어 수집된 자료의 특성을 쉽게 파악할 수 있도록 자료를 정리・요약하는 방법에 관한 통계학을 말한다. 반면에 추론통계학이란 모집단과 표본을 구별하여 표본을 이용하여 표본에 내포된 **통계량**(statistic) 정보를 분석하여 모집단의 **모수**(parameter)를 추정하거나 가설을 검정하여 연구자가 연구를 통해 밝히고자 하는 여러 가지 특성에 관하여 과학적으로 추론하는 방법에 관한 통계학을 말한다.

5. 사회과학에서의 통계분석과정

사회과학에서 연구를 진행할 때 거쳐야 되는 특별한 공식적인 과정은 없지만 먼저 월터 왈라스(Walter L. Wallace)에 의하여 제시된 과학적 연구의 과정을 살펴보기로 한다.

왈라스는 과학의 연구과정을 [그림 1-2]와 같이 묘사하고 있다. 이 과정을 간단히 설명하면 다음과 같이 요약될 수 있다.

연구자는 연구주제에 대한 지금까지의 연구결과들에 의해 널리 알려진 사실(이론, theory)로부터 연구과정에서 검증될 **가설**(hypotheses)을 세운다. 이 가설을 검증하기 위하여 연구자는 표본(연구대상자)을 구한다. 그런 다음 연구에 사용될 연구변수를 결정하고 연구목적에 맞도록 그 변수들을 조작화한다. 그 다음 단계가 관찰(observation)이다. 이 관찰과정에서 연구자는 표본을 이용한 통계분석을 통하여 모집단의 모수를 추정하고 연구자가 제시한 가설들이 맞는지 또는 틀리는지를 검정하여 연구결과 발견된 사실에 대한 결론을 내린다. 이 연구결과의 결론을 가지고 연구자는 기존 이론의 재정립을 위하여 모집단에 대한 일반화된 사실을 제시하게 되는데, 이것을 **일반화**(generalization)라고 한다. 이러한 일반화된 사실을 가지고 연구자는 기존의 이론을 수용하거나 새로운 제안을 하게 되며, 경우에 따라서는 기존의 이론을 일부 수정하게 되는 것이다. 이러한 지속적인 과정을 통하여 새로운 지식이 축적되어 이론으로 정립되면서 과학은 계속 발전하게 되는 것이다.

그림 1-2 왈라스(Walter L. Wallace)의 과학적 연구의 과정(재구성하였음)

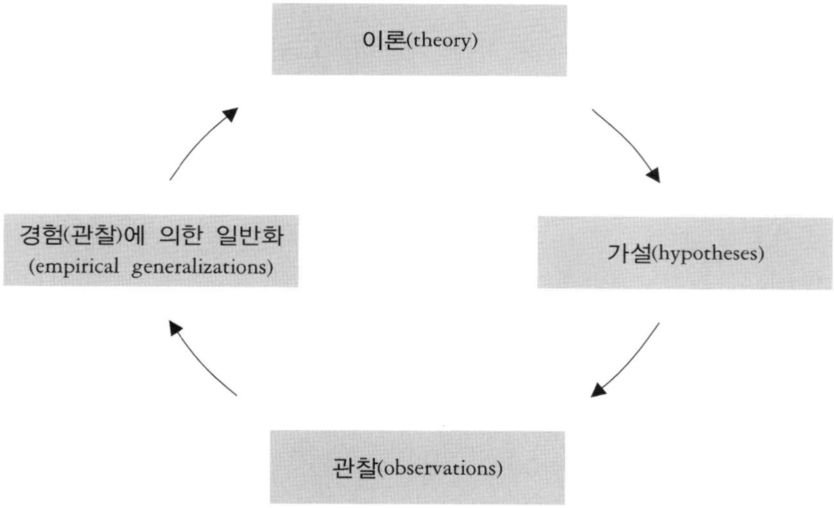

자료: Walter L. Wallace, 1971, The Logic of Science in Sociology, p.18
New York: Aldine Publishing Company

지금까지 설명한 왈라스의 연구과정에 대한 독자들의 이해를 돕기 위해 더 세분화하여 설명하면 다음과 같다. 대부분의 사회과학 분야에서는 다음과 같은 연구과정을 할 수 있다.

첫째, 관심있는 연구주제를 선택하여 문제점을 파악한다.

제일 먼저, 연구자는 그가 속해 있는 학문 분야에서 관심있는 주제에 대한 지금까지의 연구흐름(연구의 배경)을 파악하는 일이다 연구배경을 조사하고 난 다음 연구주제에 대하여 다른 연구자들이 이해할 수 있고 공감을 가질 수 있는 문제점을 제시하여야 한다. 예를 들어, 연구주제에 대해 아직까지 연구가 전혀(또는 활발히) 진행되지 않고 있다거나 또는 연구는 많이 진행되고 있으나 연구대상의 선정이나 방법론상의 한계점이나 문제점을 지적할 수 있다. 이러한 것을 바탕으로 연구의 필요성을 제시하고 연구의 목적을 설정한다. 이 과정에서 연구자들은 연구주제에 대해 이미 존재하고 있는 연구에 대한 이론의 적법성을 가리기 위한 가설들을 선정할 수 있다.

둘째, 연구대상을 결정한다.

즉 모집단을 결정하는 일이다. 이 단계에서 연구자는 관심있는 연구대상이 무엇인지를 정확히 결정해야 한다. 예를 들어, 노인을 대상으로 '노후생활만족에 영향을 미치는 요인'에 대한 연구에 있어서 연구자는 다음과 같은 사항을 결정해야 한다. 몇 세 이상의 노인집단을 연구대상으로 볼 것인가? 연구대상자로 남녀노인 전체를 대상으로 할 것인가 아니면 남성노인만 또는 여성노인만 대상자로 할 것인가를 결정해야 한다. 또는 부부노인만을 대상으로 할 것이냐 아니면 사별한 노인, 또는 독신노인만을 연구대상으로 할 것인가를 구체적으로 밝혀야 한다. 만약 60세 이상 노인 가운데 배우자와 사별한 여성 노인을 연구대상으로 할 경우, 모집단은 60세 이상 노인 가운데 배우자와 사별한 여성 노인이 된다.

셋째, 자료를 수집한다.

전 단계에서 결정한 모집단 가운데 연구에 사용될 표본을 선정하는 일이다. 모집단의 특성을 가장 잘 반영하는 표본을 선정하여 자료를 수집하게 된다. 다른 자료수집방법으로는 다른 연구자 또는 연구기관에서 이미 확보해 놓은 자료가 본 연구에 사용될 수 있을 경우에는 기존 자료를 이용할 수도 있다. 또한 실험이나 문헌조사를 통하여 연구에 필요한 자료를 수집할 수도 있다.

넷째, 자료에 대한 측정방법에 대하여 설명한다.

연구에 이용될 연구변수들을 어떠한 방법으로 측정할 것인가를 결정하여야 한다. 연구변수의 결정은 지금까지 연구주제에 대한 연구배경을 조사하여 결정하게 된다. 이 때 중요한 사항은 연구목적에 맞는 통계기법을 이용할 수 있도록 연구변수를 조작화하여야 한다는 사실이다. 즉 자료의 형태(scale of measurement)를 결정하여야 한다. 위에서 예를 들은 '노후생활만족에 영향을 미치는 요인'에 대한 연구변수의 결정에 있어서 연구자는 지금까지의 연구배경을 검토한 결과 노후생활만족에 영향을 미치는 주요 요인이 소득, 학력수준, 건강, 소속정당이었음을 알았을 경우(가정), 각 변수를 본 연구목적에 맞는 통계기법(이 경우 회귀분석)에 활용할 수 있도록 변수를 조작화하여야 한다. 즉 회귀분석에서 사용할 수 있는 모든 변수는 등간척도와 비율척도 또는 모조변수(dummy variable)만이 사용될 수 있다(또한 등간/비율척도를 서열척도화하여 사용가능). 이 경우 소득, 학력수준, 건강 변수에 대한 측정방법에는 문제가 없지만, 소속정당(신한국당, 자민련, 국민회의, 소속정당 없음)은 명목척도이기 때문에 회귀분석에서는 사용할 수가 없다는 것이다. 이럴 경우에는 소속정당 있음과 없음으로 2분화한 모조변수를 사용하든지 참고집단(reference group)을 이용하여 참고집단과 각 집단을 비교할 수 있을 뿐이다.

그림 1-3 사회과학에서의 통계분석과정

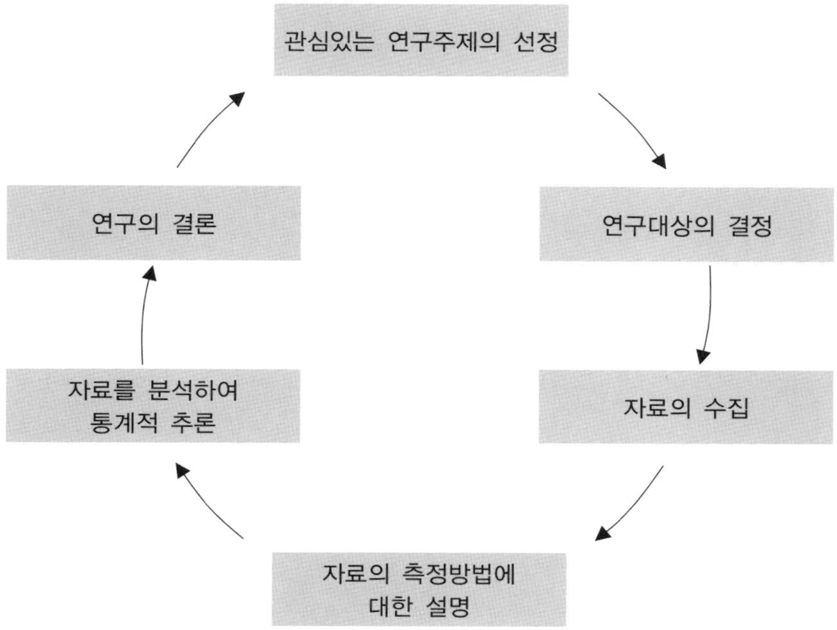

다섯째, 표본의 자료를 분석하여 통계적 추론을 하고 연구의 결론을 내린다.

표본집단의 자료를 분석하여 통계량(statistic)을 구하고 그 통계량을 이용하여 모집단의 모수에 대한 추측이나(추정, estimation)이나 추정치를 이용하여 모수의 신뢰성을 결정하는 검정(test)을 한다. 보통 사회과학에서는 기존에 세워진 이론에 대한 가설의 주장이 옳은가를 검정하게 되는데, 이를 가설검정(testing hypothesis)이라 한다. 이 결과에 따라 연구의 결론을 내린다.

앞의 [그림 1-3]은 지금까지 설명한 과학에서의 통계분석과정을 간략히 요약한 것이다.

연습문제

1. 다음에서 모집단과 표본 그리고 관심있는 연구의 주제가 무엇인지를 설명하시오.
   1) 우리나라 고속도로에서 발생하는 자동차사고 가운데 음주운전과 관련이 있는 비율을 조사하기 위해 작년 1년 동안 경부고속도로상에서 발생한 자동차사고를 조사한 결과 모두 1,000건이 발생했으며 이 가운데 600건이 음주운전과 관련이 있었다.
   2) A대학교 입시관리과의 한 관계자는 본 대학에 재학중인 학생 가운데 과연 몇 %가 그들이 첫번째 지망한 대학에 다니는가를 알아보기 위해 본 대학교 신입생 1,300명을 대상으로 조사하였다.

2. 다음의 예에서 이용하고 있는 표본선택방법의 유형은 무엇인가.
   1) 국회의원선거 결과를 예측하기 위하여 선거인단명부를 이용하여 5번째 있는 사람을 선택하였다.
   2) 자동차응모 당첨자 한 명을 선발하기 위해 모든 응모자의 엽서를 통 안에 집어넣고 그 가운데에서 1명을 뽑았다.
   3) 개인재산세 납부의 진위를 가리기 위해 개인재산 납세자 가운데 각 시에 거주하는 10명을 무작위로 추출하였다.
   4) 대학생의 노부모 부양의식을 조사하기 위해 연구자가 가르치고 있는 교양과목 학생을 대상으로 표본을 삼았다.

3. 연구를 수행함에 있어서 전수조사(census)를 시행하지 않고 표본조사(sample survey)를 시행하는 두 가지 이유는 무엇인가.

4. 표본조사를 실시할 때 응답자와 접촉하는 방법으로는 우편조사(mailed survey), 직접면담(personal interview), 전화면담(telephone interview)의 3가지로 나누어 볼 수 있다.
   1) 응답률이 가장 낮은 방법은?
   2) 응답률이 가장 높은 방법은?
   3) 신뢰성이 가장 높은 방법은?
   4) 신뢰성이 가장 낮은 방법은?
   5) 가장 많은 비용이 소요되는 방법은?
   6) 가장 적은 비용이 소요되는 방법은?
   7) 가장 많이 사용되는 방법은?

5. 관심있는 연구주제를 선택하여 [그림 1-3]이 제시하는 통계분석과정 순서에 의해 직접 연구계획서를 작성해 보시오.

제 2 장 자료의 분류와 형태

1. 자료의 분류
2. 자료의 형태

1. 자료의 분류

통계분석에 이용되는 자료에는 여러 종류와 형태가 있다. 2장(章)에서는 이러한 자료에 대하여 구체적으로 살펴보기로 한다. A대학교 사회과학대학 4학년 학생 5명의 입학성적과 지금까지의 평점과의 관계를 조사한 결과 다음과 같은 자료를 얻었다고 가정하자.

〈표 2-1〉 입학성적과 평점과의 관계

성 별	전 공	부모직업	평 점	입학성적
남	사회복지학	대학교수	3.2	620
남	상담산업심리학	상 업	3.3	610
여	경 제 학	기 술 자	3.4	560
남	행 정 학	의 사	2.2	400
여	경 영 학	예 술 인	3.5	560

위의 성별, 전공, 부모직업, 평점, 입학성적은 **변수**(variable)라고 한다. 변수란 여러 값을 취할 수 있는 어떠한 특성치를 말하며 모든 실체는 나름대로의 서로 다른 값을 취한다. 자료에서 각 변수를 설명하는 단어나 숫자, 즉 속성을 **변수값**(value) 또는 변수의 관측치(observation)라 한다. 예를 들어 위의 자료에서 전공은 변수이며, 사회복지학・산업심리학・경제학・행정학・경영학은 전공의 하위범주들로 변수값이 된다.

위의 자료는 분석단위(사회과학대학 4학년 학생)에 대하여 3개 이상의 변수를 측정하였기 때문에 **다변량자료**(multivariate date)라 한다. 분석단위에 대하여 한 개의 변수만을 가지고 있는 자료(예, 학생들의 성별만을 나타내는 자료)를 **일변량자료**(univariate data)라 하고, 각 분석단위에 대하여 2개의 변수만(예, 학생들의 성별과 평점)을 가지고 있는 자료를 **이변량자료**(bivariate data)라 한다.

성별, 진공, 부모직업과 같이 2개의 범주나 3개 이상의 다범주로 한정되어 있어서 수량으로 나타낼 수 없는 변수를 **질적 변수**(qualitative variable)라 하고 평점과 입학성적과 같이 고유한 수량으로 나타낼 수 있는 변수를 **양적 변수**(quantitative variable)라 한다. 몸무게, 연령, 소득, 출산율, 자녀수, 일년 동안의 자살률 등은 양적 변수이며, 정당, 직업, 종교, 혼인 여부, 혈액형, 고용상태 등은 질적 변수이다.

양적 변수는 **불연속변수**(또는 이산변수, discrete variable)**와 연속변수**(continuous variable)로 더 세분하여 분류될 수 있다. 불연속변수는 한정된 수량값 또는 셀 수 있는 값을 가지는 양적 변수를 말하고(여기서 셀 수 있는 값이란 정수(整數)를 말한다. 즉 0, 1, 2, 3.…과 같이 0과 1, 1과 2, 2와 3 사이의 간격에 있는 어떠한 수를 무시한 수) 연속변수는 정수 사이의 간격에 있는 수량값을 포함하여 한정된 숫자로 셀 수 없는 양적 변수를 말한다. 불연속변수의 예로는 자녀수를 들 수 있다. 어느 가정에 있는 자녀수는 1.2명, 1.3명, 2,7명으로 나타낼 수 없고 1명, 2명, 3명의 정수로만 나타낼 수 있다. 이번에는 어느 대학생의 평점(4.5 만점)을 알아보자. 평점은 물론 1, 2, 3, 4와 같이 정수일 경우도 있지만 1.3, 2.7, 3.8, 4.2 등과 같이 정수 사이의 간격에 있는 수량값으로 표시할 수도 있다.

우리는 질적 변수라 할지라도 변수의 각 범주에 숫자를 부여하여 의도적으로 수량화시킬 수도 있다. 예를 들어, 성별이라는 질적 변수의 경우, 남성을 1(또는 0), 여성을 0(또는 1)으로 부호화하여 수량화시킬 수 있다. 이러한 변수를 **모조 변수**(dummy variable)라 한다. 또한 대학생 학년의 경우 1학년을 1, 2학년을 2, 3학년을 3, 4학년을 4로 부호화시킬 수 있다. 질적 변수를 이렇게 부호화하여 수량화하는 일은 자료를 컴퓨터에 입력시킬 때 매우 유용한 방법으로 사용된다. 연구에서 사용되는 두 변수가 있을 때, 그 두 변수에 있어서 한 변수값의 변화가 다른 변수값의 변화에 영향을 미칠 경우, 영향을 미치는 변수를 **독립변수**(independent variable)라 하고, 영향을 받는 변수를 종속변수(dependent variable)라 한다. 일반적으로 사회과학에 있어서 어떠한 현상의 변화에 영향을 미치는 독립변수들이 하나로 한정되는 경우는 극히 드물다. 따라서 어떠한 현상에 변화를 주는 여러 개의 독립변수들이 존재한다. 위에서 제시한 연구자료에 있어서 연구자는 사회과학대학 4학년 학생들을 대상으로 입학 당시의 성적과 평점과는 어떠한 관계가 있는가를 알아보는 것이다. 즉 입학성적은 독립변수이고, 평점은 종속변수가 된다. 평점에 영향을 미치는 변수에는 입학성적 외에도 여러 요인이 있을 것이다. 예를 들어 부모의 학력, 부모의 직업, 성별, 노력의 정도, 이성교제 … 이러한 요인들 모두가 독립변수들이 되는 것이다.

2. 자료의 형태(Scale of Measurement)

관심있는 분야의 연구를 위해 연구변수가 정해진 다음에 자료가 수집되고 분석된다. 그러나, 자료를 분석하기 전에 연구변수에 적용할 적절한 자료의 형태를 결정하여야 한다. 이렇게 자료의 형태를 결정하는 일은 자료가 보여 줄 수 있는 정보량을 결정할 뿐만 아니라 연구목적에 적합한 통계분석방법의 사용을 위한 것이다. 모든 자료는 다음과 같은 4가지 형태로 구분된다.

2.1 명목척도(nominal scale)

변수가 2개 이상의 범주로 분류되는 것을 명목척도라 한다. 명목척도는 측정하고자 하는 변수의 가능한 범주를 모두 포함하여야 하며(**포괄성,** collectively exhaustive), 변수의 여러 범주 가운데 각 응답자에 해당되는 범주가 오직 하나뿐이어야만(**상호배타성,** mutually exclusive) 한다.

연구자가 각 응답자의 결혼상태를 알기 위해 설문지에 당신의 결혼상태는 무엇입니까? 라는 질문을 하였다. 결혼상태에 해당되는 범주를 모두 포함하면 독신, 결혼, 이혼, 사별, 별거만이 존재하며 모든 응답자는 이 5가지 범주 가운데 오직 하나만이 해당된다. 만약 컴퓨터에 자료를 입력하고자 각 범주에 1(독신), 2(결혼), 3(이혼), 4(사별), 5(별거)를 부여하였다고 할 때, 이 점수는 아무런 수치상의 의미를 가지지 못한다. 즉 1번이 2번보다 크거나(높다) 또는 작거나(낮다)의 서열 의미를 주지 못하며 더군다나 3번이 1번보다 3배 이상 크다 또는 작다의 개념을 나타내지는 못한다. 단지 명목척도는 각 범주와 범주를 구분해 주는 역할만을 수행할 뿐이다.

4가지 자료의 형태 중에서 가장 적은 양의 정보를 제공한다. 위에서 예를 들은 결혼상태에 대한 응답자(200명)의 결과가 다음과 같다고 가정한다.

〈표 2-2〉 명목척도를 이용할 경우 가능한 통계정보

결혼상태	코 드	응답자수	퍼센트
독신	1	50명	25%
결혼	2	80명	40%
이혼	3	30명	15%
사별	4	40명	20%
별거	5	0명	0%

위의 결과를 보고 연구자는 응답자 가운데 결혼한 응답자(코드 2)가 가장 많고(최빈수), 전체 응답자 가운데 40%임을 알 뿐이다. 성별(남과 여), 종교(구교, 신교, 불교, 천도교, 이슬람교, 기타 종교, 종교 없음), 정당가입, 직업, 주민등록번호, 야구선수 백넘버 등이 명목척도에 속한다.

2.2 서열척도(ordinal scale)

측정대상간의 서열관계(많고 적은 것 또는 높고 낮은 것)를 나타내는 척도이다. 서열척도는 명목척도가 나타낼 수 있는 모든 정보를 제공하고 그 외 중위수(median), 서열상관관계, 서열간의 차이분석 등의 통계를 이용할 수 있다. 그러나 서열척도의 각 범주간의 간격이 일정하지가 않기 때문에 산술평균이나 표준편차와 같은 산술적 계산이 포함된 분석을 할 수 없다.

서열척도는 응답자의 태도나 의견을 나타낼 때 주로 이용된다. 서열척도의 예로는 교수평가(우수, 양호, 보통, 낮다, 아주 낮다), 학생성적(수, 우, 미, 양, 가), 선호도(아주 좋아한다, 좋아한다, 보통이다, 싫어한다, 아주 싫어한다), 대학생 등급(1학년, 2학년, 3학년, 4학년) 등을 들 수 있다.

2.3 등간척도(interval scale)

등간척도는 서열의 개념을 포함할 뿐 아니라 관측치 사이의 간격을 산술적으로 나타낼 수 있다. 그러나 관측치 사이의 비율계산이 가능하지 않은 척도이다. 즉 속성의 양적인 정도 차이를 나타내 주며 해당 속성이 전혀 없는 상태(zero)는 존재하지 않는다.

등간척도의 예를 온도로 설명하기로 한다. 온도가 섭씨 0도라는 것은 해당 속성이 전혀 없는 상태, 즉 온도가 없다는 뜻은 아니다. 또한 섭씨 40도와 50도는 섭씨 80도와 90도 처럼 10도의 간격을 유지하고 있다고 말할 수 있다. 그러나 우리는 80도의 온도가 40도의 온도보다 2배만큼 더 뜨겁다고 말할 수는 없다. 등간척도로는 범위, 평균값, 표준편차, 상관계수의 통계 등 모든 통계분석기법을 이용할 수 있다.

2.4 비율척도(ratio scale)

비율척도는 등간척도가 갖는 특성에 추가하여 관측치 사이의 비율계산이 가능한 척도다. 즉 진정한 0의 의미가 존재하는 경우를 말한다. 비율척도인 소득과 평점의 예를 들어보자. 소득이 0이라는 것은 소득이 전혀 없다는 것을 의미하고 또한 어느 대학생의 1년간 평점이 0이라는 것은 학점을 하나도 이수하지 못했다는 사실을 의미한다.

관측치가 0의 속성을 가지고 있을 때 비로소 비율 계산이 가능하다. 몸무게가 100kg인 사람은 50kg인 사람보다 정확히 2배가 무겁다고 말할 수 있다. 왜냐하면 몸무게가 0이라는 사실은 무게가 없다는 뜻을 의미하기 때문이다. 비율척도의 예로는 연령, 가격, 가구수, 신장, 출산율 등을 들 수 있다. 등간척도와 마찬가지로 모든 통계분석기법을 이용할 수 있다.

자료의 형태에 관한 지금까지의 설명을 종합해 보면 명목척도가 가장 적은 통계정보를, 등간척도와 비율척도가 가장 많은 통계정보를 제공한다. 등간척도와 함께 비율척도는 어떠한 형태의 통계분석이 가능하기 때문에 일반적으로 통계학에서는 등간척도와 비율척도를 별개로 구분하지 않고 등간/비율척도로 일괄적으로 사용하고 있다. 따라서 자료의 형태를 명목척도, 서열척도, 등간/비율척도로 3가지로 구분하기도 한다.

등간/비율척도를 이용한 자료는 통계정보의 제공에 있어서 그보다 아래 단계인 서열척도나 명목척도로 나타낼 수 있으며, 서열척도의 자료는 한 단계 아래인 명목척도로 나타낼 수 있다. 예를 들면, 대학생의 학점(비율척도)인 경우 수량화하지 않고 A, B, C, D, F로 변형할 수 있다. 또한 일반적으로 사회과학에서 많이 쓰이는 방법으로 비율척도인 소득의 경우 각 응답자의 월(또는 연)소득액을 그대로 사용하지 않고 소득이 없을 때(0)를 1, 1-5십만원까지를 2, 1백만까지를 3, 1백5십만원까지를 4, 2백만원까지를 5, 그 이상을 6으로 서열화시켜 분석하기도 한다.

자료의 분류에서 설명한 질적 변수는 보통 명목척도나 서열척도로 측정하고 양적 변수는 등간척도와 비율척도로 측정한다.

연습문제

1. 국민학생의 학교성적이 부모의 직업에 영향을 받는지를 알아보기 위해 연구가 수행되고 있다.
   1) 독립변수는 무엇인가?
   2) 종속변수는 무엇인가?
   3) 1)에서 구한 독립변수 외에 종속변수에 영향을 미치리라 생각되는 독립변수를 예를 들어보시오.

2. 다음의 자료가 질적 변수인지 양적 변수인지를 구분하고 양적 변수일 경우 불연속변수와 연속변수로 분류하시오.
   1) 초선 국회의원의 연령
   2) 대학교수의 직위
   3) 신생아의 몸무게
   4) 서울 거주자의 일인당 국민소득
   5) 천안시의 일년 동안의 살인율
   6) 국민학교 한 학급당 학생수
   7) 우리나라에서 생산되는 현대자동차 모델
   8) 담배 한 가치에 있는 타르(tar)의 양
   9) 올림픽 경기에서 한국선수들이 받은 금메달 수

3. 다음 자료의 형태를 구분하시오.
   1) 전화번호
   2) 주소
   3) 우리나라 인구 100,000만명당 자동차 도난 비율
   4) 교육수준을 상(대학 이상), 중(고등학교), 하(중학교 이하)로 분류

한글 SPSS 21.0의 설치 및 운영

SPSS 실습

1. 한글 SPSS 21.0에 대하여

SPSS(Statistical Package for Socail Science: 사회과학 통계 패키지)는 컴퓨터를 사용하여 복잡한 자료를 편리하고 쉽게 처리·분석할 수 있도록 만들어진 통계분석 전용 소프트웨어이다. SPSS는 DOS버전에서 시작하여 Windows의 운영체제에 맞게 만들어진 Windows 버전으로 발전하였다. Windows 버전에서는 아이콘을 클릭하여 여러 가지 통계적 분석을 손쉽게 처리할 수 있는 시스템으로 보완되었다. SPSS는 SAS(Statistical Analysis System)와 더불어 연구자들에 의해서 널리 사용되고 있는 프로그램으로 특히 사회과학 분야에서 탁월한 통계분석 패키지로 알려져 있다.

이 SPSS 패키지를 적절하게 잘 이용하면 원하는 분석결과를 손쉽게 얻을 수 있다. 단순한 통계치에서부터 복잡한 통계결과를 구체적인 수치, 표 그리고 그래프로 만들 수 있으며, 이것을 통하여 다른 사람들이 쉽게 이해 할 수 있는 보고서를 작성할 수 있다. 또한 여타의 데이터베이스에서 작성된 자료를 직접 불러와 사용할 수도 있고 분석자료를 다른 프로그램에서도 사용할 수 있어 그 활용 범위가 상당히 넓다.

최근에는 합리적이고 객관적인 의사결정의 중요성이 강조되고 있고 컴퓨터가 널리 보급되면서 통계 패키지를 사용한 통계분석이 정부기관, 연구소, 기업체와 같은 다양한 분야에서 많이 사용되고 있다. 이외에도 학문적 연구에서 경험적 데이터를 분석·처리하여 연구결과를 얻는 데에도 매우 유용한 도구가 될 수 있다.

2. 한글 SPSS 21.0의 설치

① IBM SPSS Statistics 21.0 CD-ROM을 드라이브에 넣는다. 그러면 [그림 2-1]과 같은 화면이 나타난다.

그림 2-1 SPSS 21.0의 초기 설치화면

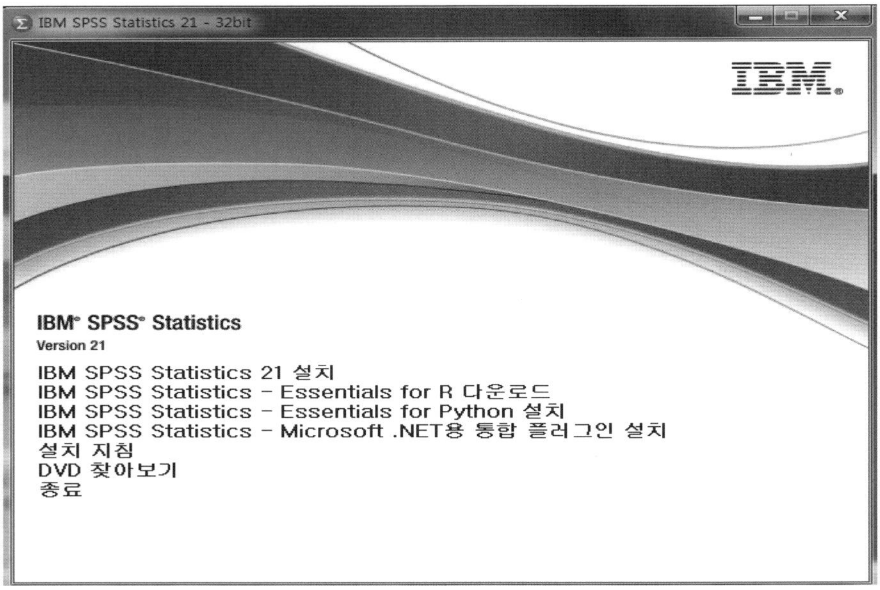

② 【IBM SPSS statistics 21.0 설치】를 마우스로 지정하고 순서에 따라 진행하면 프로그램 설치가 완료된다.

3. SPSS 21.0의 기본구성

SPSS 21.0은 기본적으로 데이터 편집기, 출력결과 항해사, 피벗표 편집기, 도표 편집기, 텍스트 출력결과 편집기, 명령문 편집기, 스크립트 편집기 등과 같은 7가지 유형의 창으로 구성되어 있다. 그리고 각 창에는 해당 창의 운영에 필요한 메뉴가 있어 이를 통해 필요한 작업을 실행시킬 수 있다.

창유형	설 명
데이터 편집기	이 창은 데이터를 입력하고 입력된 데이터를 통계분석에 알맞게 변환할 때 사용된다.
출력결과항해사	이 창은 통계분석을 실시한 분석의 결과를 나타낸다.

피벗표 편집기	출력결과 항해사 창에 출력된 피벗표를 더블 클릭하면 피벗표 편집창이 열린다. 이 창에서는 텍스트를 편집하고 열의 크기를 변경할 수 있다.
도표 편집기	이 창은 작성된 차트를 다양하게 편집 수정할 수 있다.
텍스트출력결과 편집기	텍스트 출력결과를 편집하고 글꼴의 유형과 색상, 크기를 바꿀 수 있다.
명령문 편집기	이 창에서는 대화상자의 선택을 통하지 않고 직접 명령문을 써서 프로그램을 실행시킬 수 있다.
스크립트편집기	이 창은 통계분석과 관련된 각종 포맷을 사전에 정의하고 자동화할 수 있다.

4. SPSS의 도구들

SPSS 프로그램을 시작하면 [그림 2-2]와 같은 데이터 편집기 창이 나타난다. 맨 위쪽에 제목표시줄이 있다. 이 제목표시줄은 현재작업중인 파일의 제목을 나타내준다. 바로 밑에 있는 "메뉴"는 대부분의 다른 윈도우 프로그램과 비슷한 구조를 가지고 있으며 10개의 메뉴창으로 구성되어 있다.

메 뉴	설 명
파일(F)	파일 메뉴로 새로운 파일을 만들거나 데이터 파일을 열고 저장하며 기타 응용프로그램에서 작성된 파일을 변형하여 읽고 인쇄하는 기능을 수행한다.
편집(E)	편집메뉴로 기존 자료를 편집하여 통계분석에 알맞도록 변환을 수행한다.
보기(V)	보기메뉴로 도구모음의 표시, 상태표시줄의 설정과 해제, 변수값 설명이나 데이터 설명에 대한 출력 등을 제어한다.
데이터(D)	데이터 메뉴로 변수정의, 변수와 케이스 삽입, 파일합치기 등과 같이 자료파일에 변화를 가져오는 기능을 한다.
변환(T)	변환메뉴로 데이터 파일에서 작성된 자료와 변수를 변경하여 새로운 수식을 가지는 자료와 변수를 만든다.
분석(A)	통계분석 메뉴로 교차분석, T-검정, 분산분석, 상관분석, 회귀분석 등 분석하려는 목적에 따라 여러 통계분석 프로세서를 선택한다.
그래프(G)	그래프 메뉴로 막대도표, 원도표, 선점도와 같은 그래프를 작성하여 분석결과를 보다 용이하게 볼 수 있도록 한다.
유틸리티(U)	데이터 파일의 변수정보와 변수목록을 제어한다.
창(W)	SPSS창 간에 활동창을 변경하거나 열려있는 SPSS창을 아이콘으로 표시할 수 있도록 한다.
도움말(H)	도움말 메뉴로 SPSS 주요기능에 대한 도움말을 제공한다.

그림 2-2 SPSS 초기화면

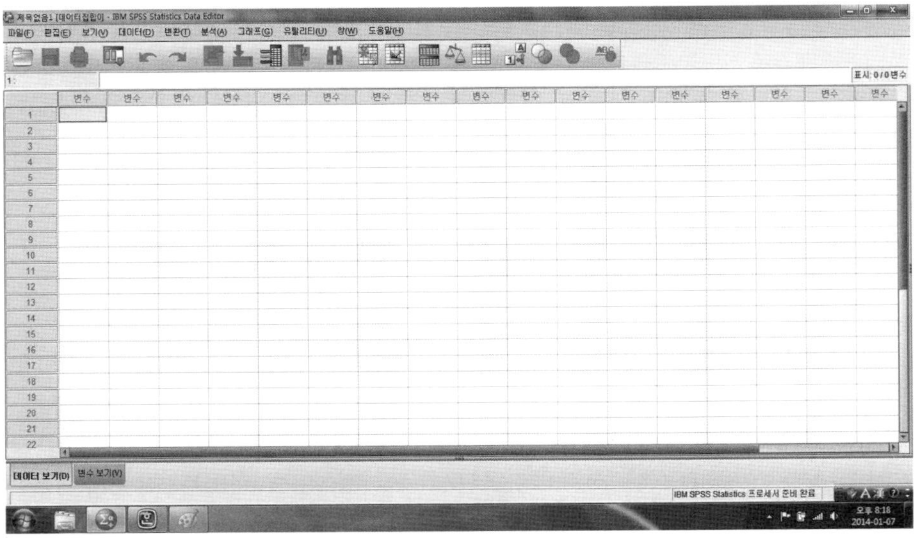

5. 자료입력

SPSS를 이용하여 통계분석을 하기 위해서는 우선 수집된 자료를 입력해야 한다. 아래의 자료를 이용하여 자료를 입력하는 방법에 대해 알아보기로 한다. 다음 표는 A대학교 사회과학대학 4학년 학생 5명의 입학성적과 지금까지의 평점과의 관계를 조사한 결과에 대한 자료이다.

성 별	전 공	부모직업	평 점	입학성적
남	사회복지학	대학교수	3.2	620
남	상담산업심리학과	상업	3.3	610
여	경제학	기술자	3.4	560
남	행정학	의사	2.2	400
여	경영학	예술인	3.5	560

1) 데이터 편집기 창에 직접 입력하기

① 위의 데이터를 SPSS 프로그램의 초기화면인 데이터 편집기 창에서 [그림 2-3]에서와 같이 직접 입력한다.

그림 2-3 입력자료

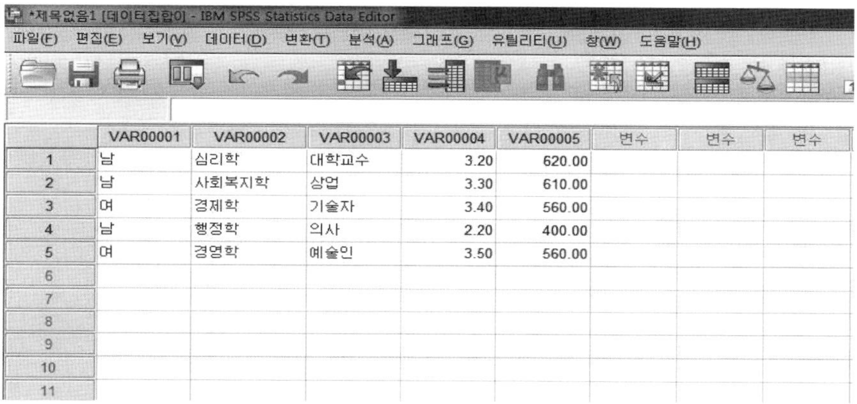

② 데이터를 모두 입력하였으면 변수의 이름을 지정하고 소수점 이하자릿수를 지정하는 것과 같은, 변수를 정의하는 작업을 해야 한다. 불러온 초기화면의 하단에 있는 [변수보기]를 클릭하면 다음과 같은 화면이 나타난다.

그림 2-4 입력자료 변수보기창

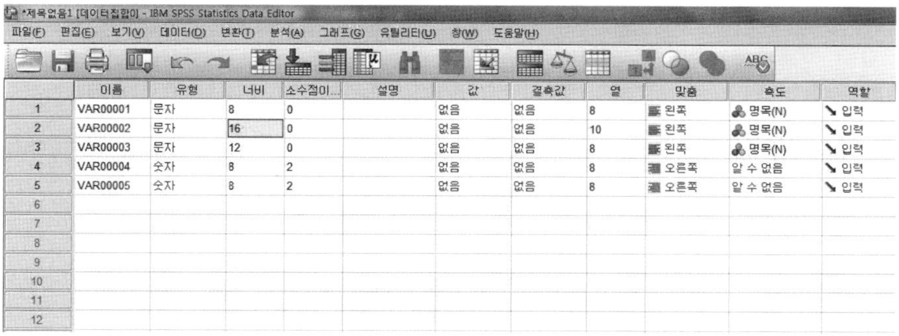

③ 이 [변수보기]의 창에서 각각의 변수의 [이름], [유형], [자리수], [소수점이 하자리], [설명], [값], [결측값], [열], [맞춤], [측도]를 지정할 수 있도록 되어 있다.

그림 2-5 입력자료 변수보기창

④ 각각의 변수명은 [그림 2-5]에서와 같이 [이름]란에 해당 변수명을 기입하면 된다. [유형]은 변수의 유형을 지정하는 곳으로 해당 셀을 클릭하면 콤보박스가 나타나고 이를 누르면 [그림 2-6]과 같은 대화상자가 나타난다.

그림 2-6 변수유형 대화상자

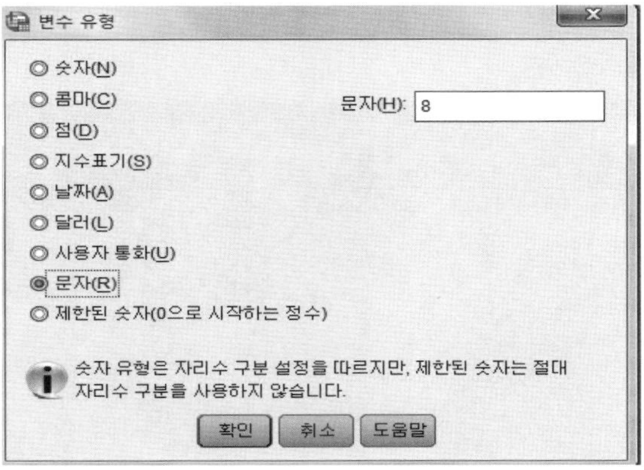

변수 값이 수치로 주어진 경우에는 숫자를 지정해주고, 문자로 주어진 경우에는 문자열을 지정해 주어야 한다. 자리수란은 입력자료의 자리수를 지정하는 곳으로 여기서는 8자리로 되어 있다. 자리수를 임의로 조정하고자 할 경우는 해당 셀을 클릭하여 화살표가 나타나면 원하는 자리수만큼 변경을 할 수 있다.

그리고 디폴드 값으로 되어 있는 [소숫점이하자리수]를 변경시킬 수 있다. [설명]란에서는 변수에 대한 구체적인 설명을 덧붙일 필요가 있는 경우 사용된다. 그 다음의 [값]란에는 범주의 변수값을 나타내기 위하여 변수값이 수치로 주어진 경우 이를 설명할 때 사용된다. 예를 들어 위 데이터에서 성별의 변수 값이 남자는 1로 여자는 2로 입력이 되었다고 가정하면(이런 방식이 더욱 일반적이다) [그림 2-7]과 같이 변수값 설명을 지정할 수 있다.

그림 2-7 변수값 설명 대화상자

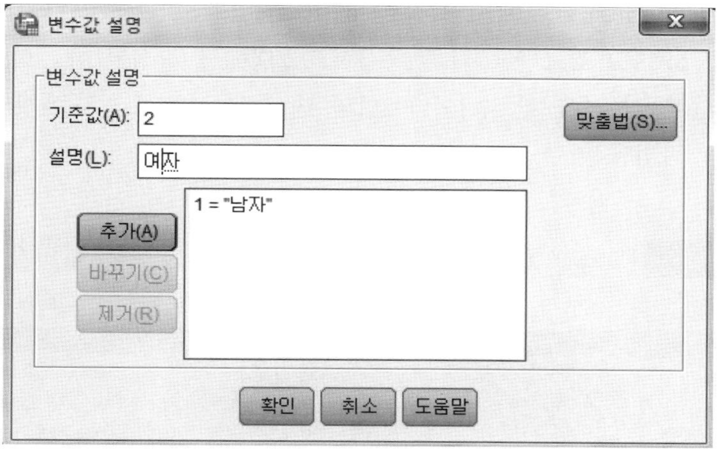

[결측값]란은 분석에서 제외되는 데이터 값을 지정할 때 사용되고 [맞춤]란은 자료입력에서 정렬방식을 지정할 때 사용된다.

⑤ 이와 같은 방식으로 변수정의가 끝나면, 하단의 [데이터 보기]를 누른다. 그러면 [그림 2-8]에서와 같이 사용자가 원하는 방식으로 보기 좋게 정리된 입력데이터를 얻을 수 있다.

그림 2-8 데이터 편집기 창

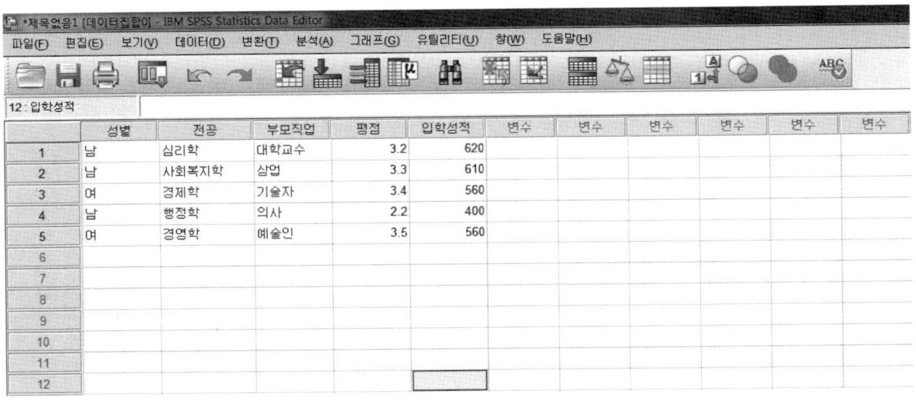

2) Microsoft Excel에서 작성한 데이터를 SPSS로 불러오기

① SPSS 프로그램은 다른 응용프로그램에서 작성된 데이터 파일을 불러와서 통계분석을 할 수 있다. 위의 데이터를 [그림 2-9]에서와 같이 Excel에서 작업을 한다.

그림 2-9 Excel의 입력자료

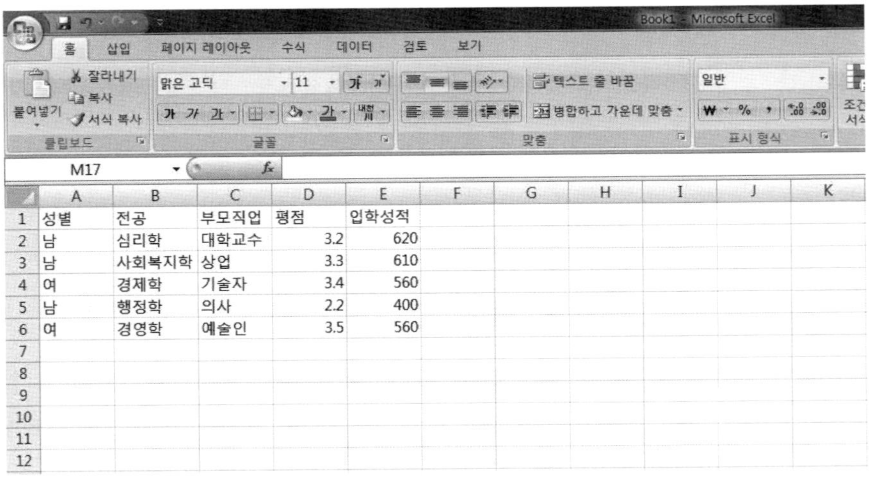

② Excel 프로그램에서 입력된 데이터에 경로를 지정하여 [그림 2-10]에서와 같이 저장한다.

그림 2-10 Excel에서 자료저장

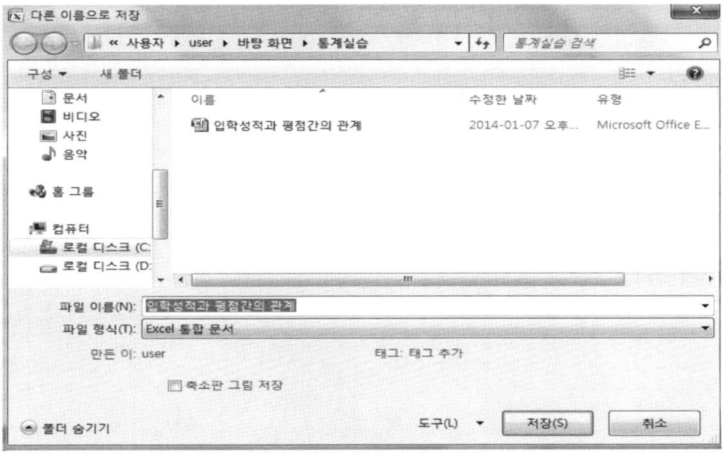

③ Excel 파일을 SPSS 프로그램에서 불러오기 위해서 [그림 2-11]에서와 같이 지정한다.

그림 2-11 실행명령 지정

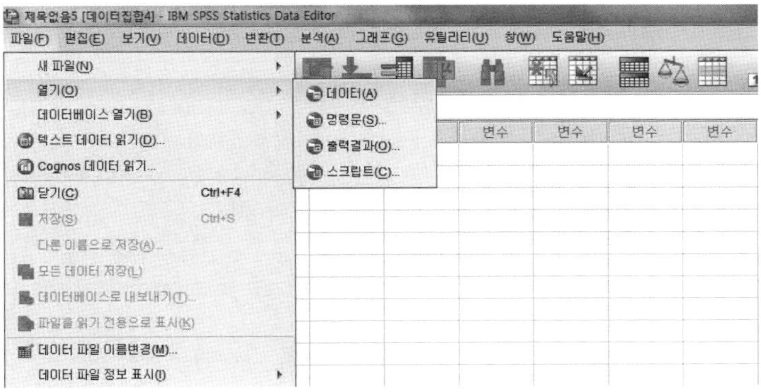

④ [그림 2-12]의 파일열기 대화상자에서 Excel에서 저장된 경로를 지정해 준다.

그림 2-12 파일열기 대화상자

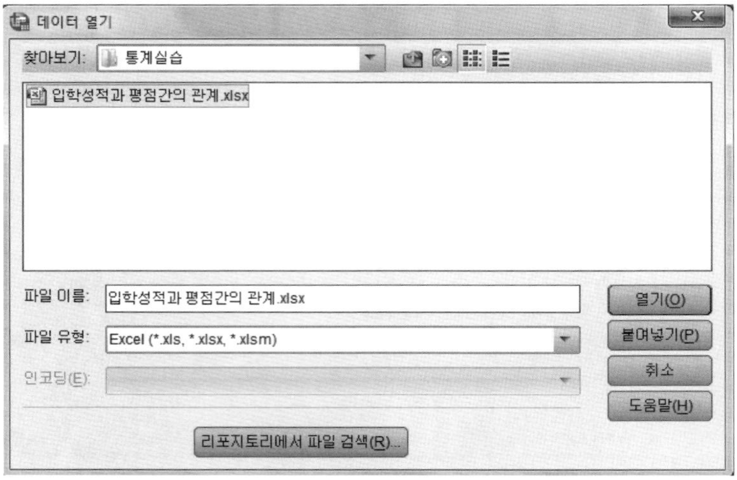

⑤ 그 다음에 [그림 2-13]에서와 같이 파일옵션 열기 대화상자가 나타나면 [데이터 첫 행에서 변수이름 읽어오기]를 지정하고 확인을 클릭하면 [그림 2-14]에서와 같이 SPSS 데이터 편집기창에 데이터가 나타난다.

그림 2-13 옵션열기 대화상자

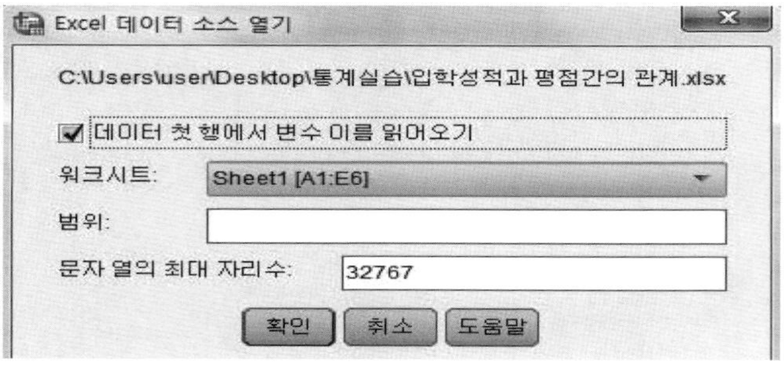

그림 2-14 데이터 편집기 창

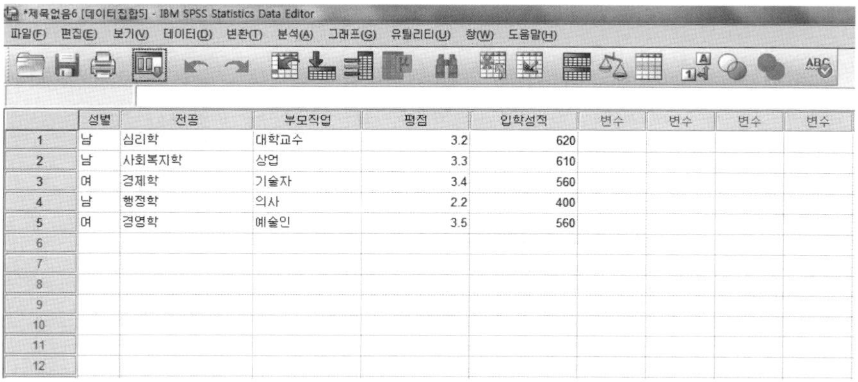

3) 텍스트 파일로 저장된 데이터 읽어오기

사회과학의 연구에서는 심리척도를 사용하여 사람들의 심리적 속성과 태도를 조사하는 경우가 종종 많이 있다. 이러한 경우 심리검사의 경우에서와 같이 질문지의 문항이 많은 경우가 대부분이다. 이때 이 많은 문항을 직접 SPSS 프로그램 데이터 편집기 창에 직접 입력하는 것은 가능하기는 하지만 현실적으로 대단히 비효율적이다. 이러한 경우에는 데이터를 흔글에서와 같은 텍스트 파일로 작성하여 SPSS프로그램으로 불러와서 통계분석 작업을 하는 것이 일반적이다.

예를 들어 학생들의 자아개념이 학업성취도에 미치는 영향을 조사한다고 가정해보자. 이 경우 학생들의 자아개념을 측정하기 위한 20개의 문항으로 구성된 척도를 포함하여 학업성취도 변수, 성별 변수들로 구성된 질문지가 작성되고 이 질문지를 통해서 다음과 같은 10개의 케이스 자료가 얻어졌다고 가정해 보자.

01	1	65	2323321332	3322212232
02	1	83	3243234434	5434534544
03	2	90	5434543554	5323434555
04	1	71	2132432134	3213423232
05	2	82	3434245432	4324353242
06	2	89	3543434554	5543434434
07	2	63	3213213232	4324333422
08	1	87	3443445434	5543234324

09 1 73 3423433433 4332345333

10 2 85 3223445445 4432223332

이 텍스트 데이터의 각각의 칼럼은 다음과 같은 의미를 나타낸다.

칼 럼	변 수 값
1-2	응답자의 ID
3	공란으로 비워둠(변수값들을 구별하기 쉽도록 하기 위하여)
4	성별(1=남자, 2=여자)
5	공란으로 비워둠
6-7	학업성취도 점수
8	공란으로 비워둠
9-18	자아개념 문항 1-10
19	공란으로 비워둠
20-29	자아개념 문항 11-20

① 위의 데이터를 [그림 2-15]에서와 같이 흔글의 텍스트 문서로 작성하여 파일형식을 텍스트 문서로 저장한다.

그림 2-15 흔글 텍스트 문서

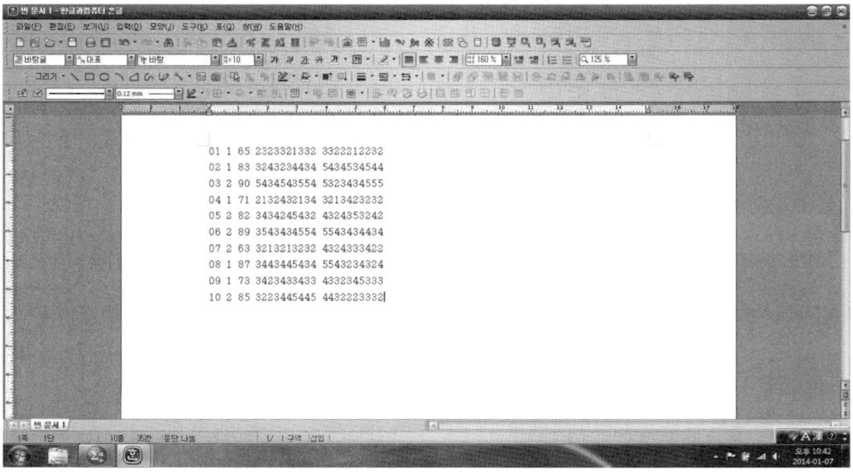

② 이 텍스트 파일로 저장된 데이터를 SPSS 프로그램에서 불러오기 위해 메뉴의 [파일(F)]에서 [텍스트 데이터 읽기(R)]를 클릭하면 [그림 2-16]에서와 같이 파일열기 대화상자가 나타난다. 여기에서 불러올 파일의 경로를 지정해주고 [열기]를 클릭한다.

그림 2-16 파일열기 대화상자

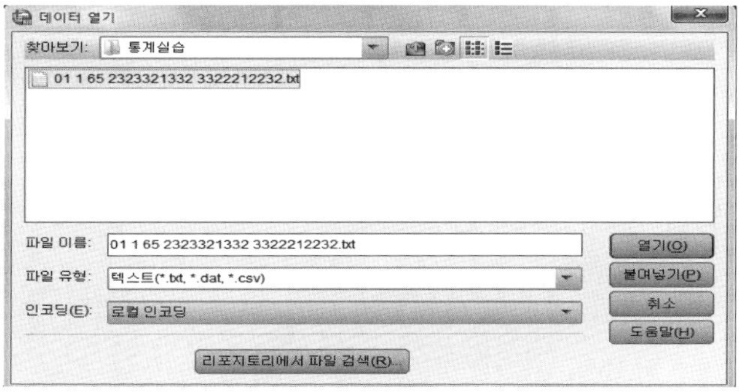

③ 불러올 파일의 경로를 지정해 주면 [그림 2-17]에서와 같이 텍스트 가져오기 마법사 6단계 중 1단계가 나타난다.

그림 2-17 텍스트 가져오기 1단계

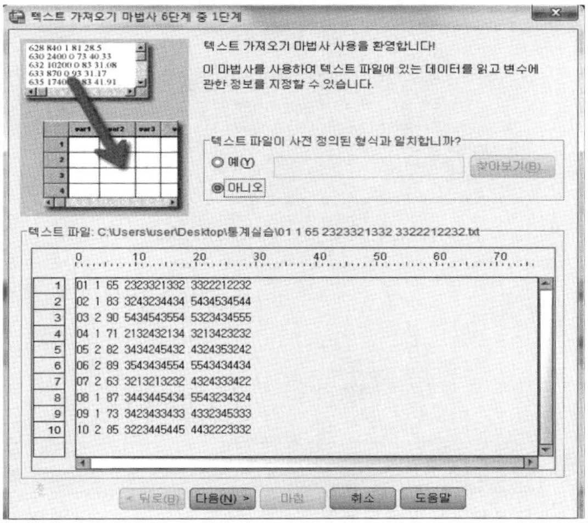

③ 형식을 사전에 정해 놓은 경우에만 [예]를 선택하고, 그 이외의 경우는 [아니오]를 선택하고 [다음]을 클릭한다.

④ 위의 예제에서는 자료가 고정된 너비로 배열되어 있으므로 [그림 2-18]에서 [고정 너비로 배열]을 지정한 후 [다음]을 클릭한다.

그림 2-18 텍스트 가져오기 2단계

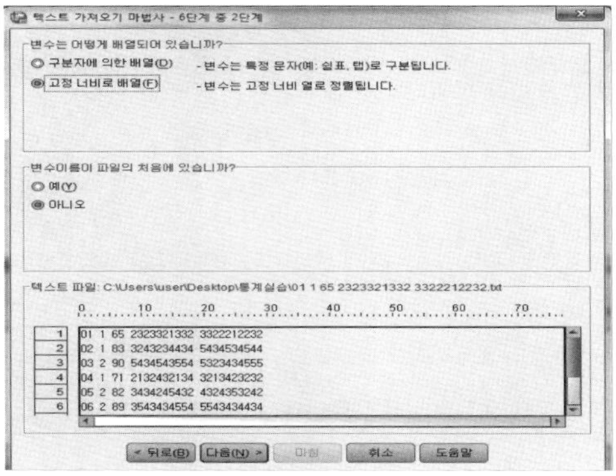

⑤ 그 다음에 [그림 2-19]에서와 같이 지정한다(데이터의 첫번째 케이스는 첫 줄에서 시작하고 각각의 줄은 하나의 케이스를 나타내고 모든 케이스를 가져온다). 그리고 난 후 [다음]을 클릭한다.

그림 2-19 텍스트 가져오기 3단계

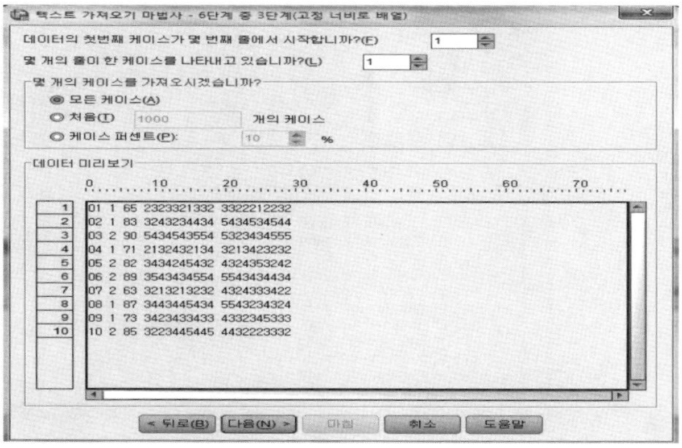

⑥ [그림 2-20]에서 각각의 변수를 구분하기 위해서 숫자와 숫자사이에 마우스를 위치시킨 후 클릭을 하면 변수를 구분해 주는 줄이 생긴다. 변수를 모두 구분해 주었으면 [다음]을 클릭한다.

그림 2-20 텍스트 가져오기 4단계

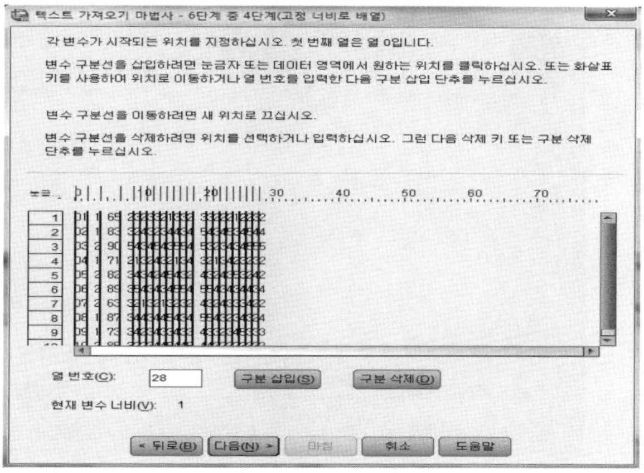

⑦ 그 다음에 [그림 2-21]에서 [다음]을 클릭한다.

그림 2-21 텍스트 가져오기 5단계

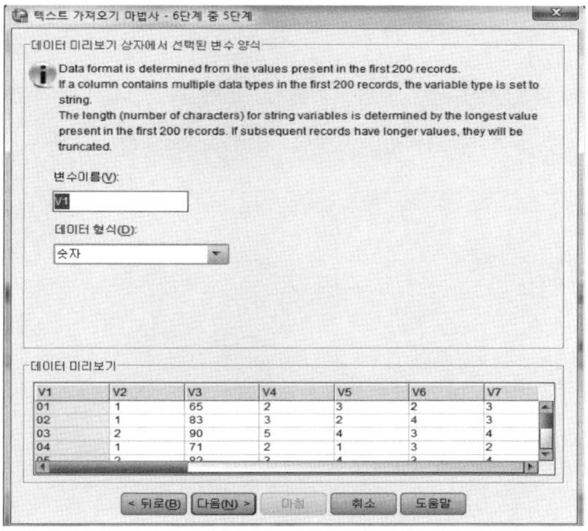

⑧ [그림 2-22]에서와 같이 지정한 후에 [마침]을 클릭한다.

그림 2-22 텍스트 가져오기 6단계

V1	V2	V3	V4	V5	V6	V7
01	1	65	2	3	2	3
02	1	83	3	2	4	3
03	2	90	5	4	3	4
04	1	71	2	1	3	2
05	2	82	3	4	3	4
06	2	89	3	5	4	3
07	2	63	3	2	1	3
08	1	87	3	4	4	3
09	1	73	3	4	2	3
10	2	85	3	2	2	3

⑨ 그러면 [그림 2-23]에서와 같이 텍스트 데이터가 SPSS 프로그램의 데이터 편집기 창에 나타난다.

그림 2-23 데이터 편집기 창에 불러온 데이터

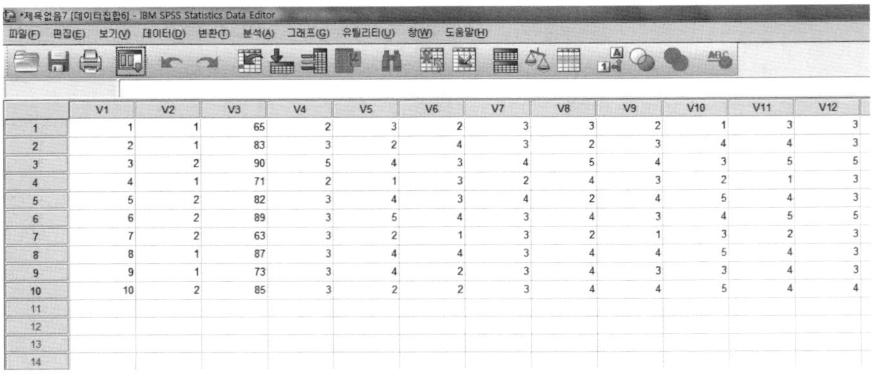

	V1	V2	V3	V4	V5	V6	V7	V8	V9	V10	V11	V12
1	1	1	65	2	3	2	3	3	2	1	3	3
2	2	1	83	3	2	4	3	2	3	4	4	3
3	3	2	90	5	4	3	4	5	4	3	5	5
4	4	1	71	2	1	3	2	4	3	2	1	3
5	5	2	82	3	4	3	4	2	4	5	4	3
6	6	2	89	3	5	4	3	4	3	4	5	5
7	7	2	63	3	2	1	3	2	1	3	2	3
8	8	1	87	3	4	4	3	4	4	5	4	3
9	9	1	73	3	4	2	3	4	3	3	4	3
10	10	2	85	3	2	2	3	4	4	5	4	4
11												
12												
13												
14												

그리고 마지막으로 이 창의 하단에 있는 [변수보기]를 클릭하여 변수를 정의해주면 [그림 2-24]에서와 같이 보기 좋게 정리된다.

그림 2-24 정돈된 입력데이터

	일련번호	성별	성취도	문항1	문항2	문항3	문항4	문항5	문항6	문항7	문항8	문항9	문항10
1	1	1	65	2	3	2	3	3	2	1	3	3	2
2	2	1	83	3	2	4	3	2	3	4	4	3	4
3	3	2	90	5	4	3	4	5	4	3	5	5	4
4	4	1	71	2	1	3	2	4	3	2	1	3	4
5	5	2	82	3	4	3	4	2	4	5	4	3	2
6	6	2	89	3	5	4	3	4	3	4	5	5	4
7	7	2	63	3	2	1	3	2	1	3	2	3	2
8	8	1	87	3	4	4	3	4	4	5	4	3	4
9	9	1	73	3	4	2	3	4	3	3	4	3	3
10	10	2	85	3	2	2	3	4	4	5	4	4	5
11													
12													
13													

6. SPSS를 이용한 변수계산 실습

기존의 변수를 이용하여 새로운 변수를 만들고, 이들 새로운 변수값을 변환하는 과정을 살펴보기로 한다. 예를 들어 위에서 사용한 학생들의 자아개념이 학업성취도에 미치는 영향을 조사하는 예제에서 자아개념을 측정하기 위하여 20개의 문항으로 구성된 척도가 사용되었다.

각 개인의 자아개념의 정도를 알아보기 위하여 각각의 20개의 문항을 합한 합계점수 또는 평균점수를 계산할 필요가 있다. 그리고 이들 자아개념 척도가 신체, 성격, 사회, 능력과 같은 4개의 하위척도로 분류될 경우 이들 각각의 하위척도 점수를 계산해서 분석해야 한다.

우선 앞에서 사용한 예제를 이용하여 자아개념 검사 척도의 전체문항의 합계와 평균을 계산하는 방법을 알아보자.

① [그림 2-25]에서와 같이 입력자료를 불러온다.

그림 2-25 입력

② 이 자료에서 문항 1부터 문항 20까지 합계를 내기 위하여 [그림 2-26]에서와 같이 지정해 준다.

그림 2-26 수행명령 지정

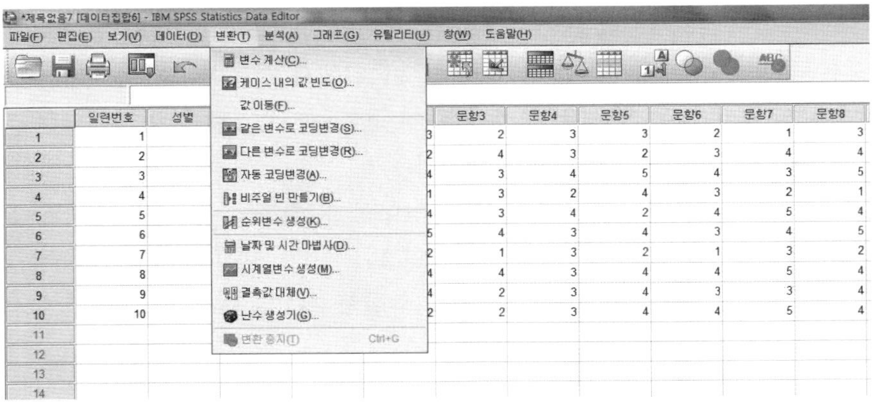

③ [그림 2-27]에서와 같이 변수계산 대화 상자가 나타나면 [대상변수(T)]를 지정해 주고 [숫자표현식(E)]에 문항 1부터 문항20까지를 더해 주고 [확인]을 클릭한다.

그림 2-27 변수계산 대화상자

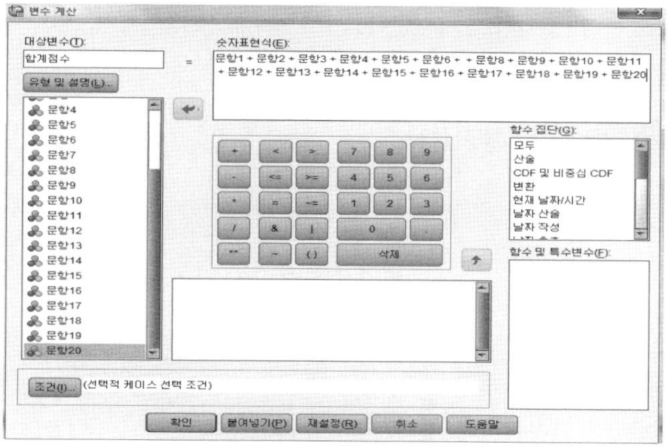

④ 그러면 [그림 2-28]에서와 같이 입력자료의 마지막 columm에 새로운 합계점수가 새로 생겨난다. 평균의 경우 [숫자표현식(E)]에서 모두 더한 20개의 문항을 문항수인 20으로 나누어 주면 평균값을 계산할 수 있다.

그림 2-28 새로운 변수의 생성

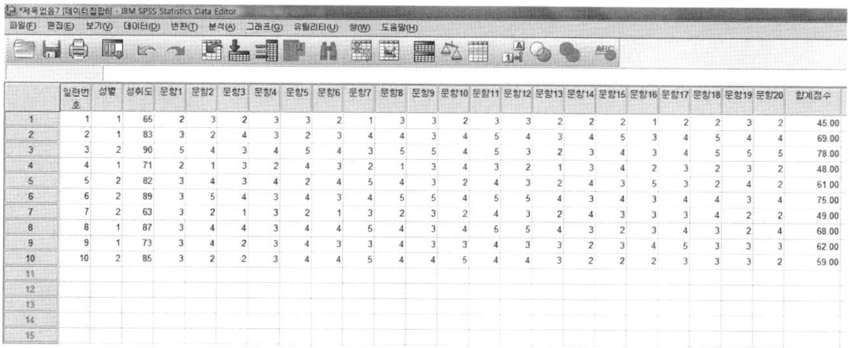

	일련번호	성별	성취도	문항1	문항2	문항3	문항4	문항5	문항6	문항7	문항8	문항9	문항10	문항11	문항12	문항13	문항14	문항15	문항16	문항17	문항18	문항19	문항20	합계점수
1	1	1	65	2	3	2	3	3	2	1	3	3	2	3	3	2	2	2	1	2	2	3	2	45.00
2	2	1	83	3	2	4	3	2	3	4	4	3	4	5	4	3	4	5	3	4	5	4	4	69.00
3	3	2	90	5	4	3	4	5	4	3	5	5	4	5	3	2	3	4	3	4	5	5	5	78.00
4	4	1	71	2	1	3	2	4	3	2	1	3	4	3	2	1	3	4	2	3	2	3	2	48.00
5	5	2	82	3	4	3	4	2	4	5	4	3	2	4	3	2	4	3	5	3	2	4	2	61.00
6	6	2	89	3	5	4	3	4	3	4	5	5	4	5	5	4	3	4	3	4	4	3	4	75.00
7	7	2	63	3	2	1	3	2	1	3	2	3	2	4	3	2	4	3	3	3	4	2	2	49.00
8	8	1	87	3	4	4	3	4	4	5	4	3	4	5	5	4	3	2	3	4	3	2	4	68.00
9	9	1	73	3	4	2	3	4	3	3	4	3	3	4	3	3	2	3	4	5	3	3	3	62.00
10	10	2	85	3	2	2	3	4	4	5	4	4	5	4	4	3	2	2	2	3	3	3	2	59.00
11																								
12																								
13																								
14																								
15																								

20개의 문항에서 4개의 하위척도인 신체, 성격, 사회, 능력점수 합계를 구하는 경우도 기본적으로는 전체문항 합계를 구하는 방식과 동일하다. 우선 각각의 하위척도에 해당하는 문항을 규정하고 이들 각각의 문항을 위에서와 동일한 절차

를 거쳐 각각의 합계점수와 평균값을 구할 수 있다. 예를 들어 신체에 관한 문항이 문항1부터 문항5로 구성되어 있다면, 이 신체 하위척도 평균점수를 계산하는 방법은 [그림 2-29]에서와 같이 지정한 후 [확인]을 클릭한다.

그림 2-29 변수계산 대화상자

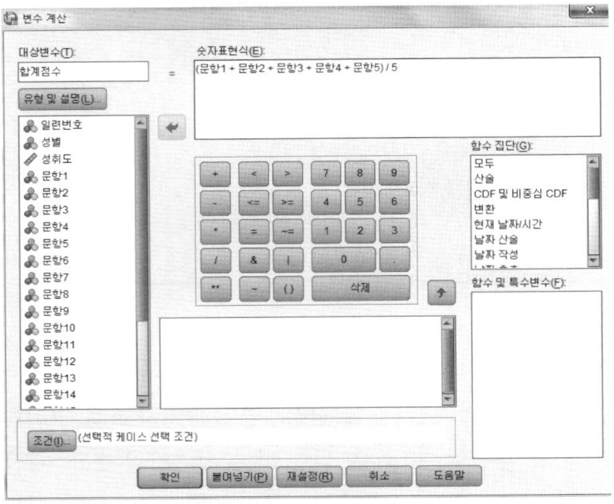

그러면 [그림 2-30]에서와 같이 새로운 신체합계 변수가 생겨난다. 이와 같은 방식으로 다른 하위척도 합계 또는 평균점수를 계산할 수 있다.

그림 2-30 새로운 변수의 생성

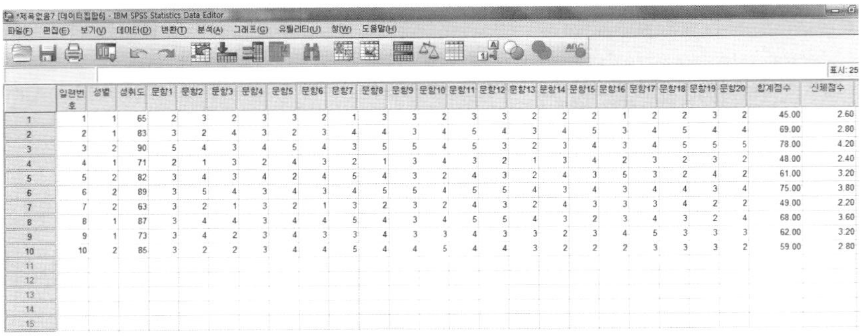

	일련번호	성별	성취도	문항1	문항2	문항3	문항4	문항5	문항6	문항7	문항8	문항9	문항10	문항11	문항12	문항13	문항14	문항15	문항16	문항17	문항18	문항19	문항20	합계점수	신체점수
1	1	1	65	2	3	2	3	3	2	1	3	3	2	3	3	2	2	2	1	2	2	3	2	45.00	2.60
2	2	1	83	3	2	4	3	2	3	4	4	3	4	5	4	3	4	5	3	4	5	4	4	69.00	2.80
3	3	2	90	5	4	3	4	5	4	3	5	5	4	5	3	2	3	4	3	4	5	5	5	78.00	4.20
4	4	1	71	2	1	3	2	4	3	2	1	3	4	3	2	1	3	4	2	3	2	3	2	48.00	2.40
5	5	2	82	3	4	3	4	2	4	5	4	3	2	4	3	2	4	3	5	3	2	4	2	61.00	3.20
6	6	2	89	3	5	4	3	4	3	4	5	5	4	5	5	4	3	4	3	4	4	3	4	75.00	3.80
7	7	2	63	3	2	1	3	2	1	3	2	3	2	4	3	2	4	3	3	3	4	2	2	49.00	2.20
8	8	1	87	3	4	4	3	4	4	5	4	3	4	5	5	4	3	2	3	4	3	2	4	68.00	3.60
9	9	1	73	3	4	2	3	4	3	3	4	3	3	4	3	3	2	3	4	5	3	3	3	62.00	3.20
10	10	2	85	3	2	2	3	4	4	5	4	4	5	4	4	3	2	2	2	3	3	3	2	59.00	2.80
11																									
12																									
13																									
14																									
15																									

7. 케이스 선택 실습

통계분석을 하다보면 일정한 조건에 해당하는 변수만을 분석해야 할 때가 종종있다. 예를 들어 설문조사 대상자 중에서 남자만, 흡연자만 또는 일정한 점수 이상의 사람만을 선택해서 분석하고 싶을 경우 케이스 선택의 기능(Select Case)를 사용하면 편리하다. 위에서 사용한 학생들의 자아개념이 학업성취도에 미치는 영향을 조사하는 예제를 이용하여 케이스 실습을 해 보도록 하자.

그림 2-31 입력자료

	일련번호	성별	성취도	문항1	문항2	문항3	문항4	문항5	문항6	문항7	문항8	문항9
1	1	1	65	2	3	2	3	3	2	1	3	3
2	2	1	83	3	2	4	3	2	3	4	4	3
3	3	2	90	5	4	3	4	5	4	3	5	5
4	4	1	71	2	1	3	2	4	3	2	1	3
5	5	2	82	3	4	3	4	2	4	5	4	3
6	6	2	89	3	5	4	3	4	3	4	5	5
7	7	2	63	3	2	1	3	2	1	3	2	3
8	8	1	87	3	4	4	3	4	4	5	4	3
9	9	1	73	3	4	2	3	4	3	3	4	3
10	10	2	85	3	2	2	3	4	4	5	4	4
11												
12												
13												

① [그림 2-31]의 자료에서 케이스 선택을 하기 위하여 [그림 2-32]에서와 같이 지정한다.

그림 2-32 실행명령 지정

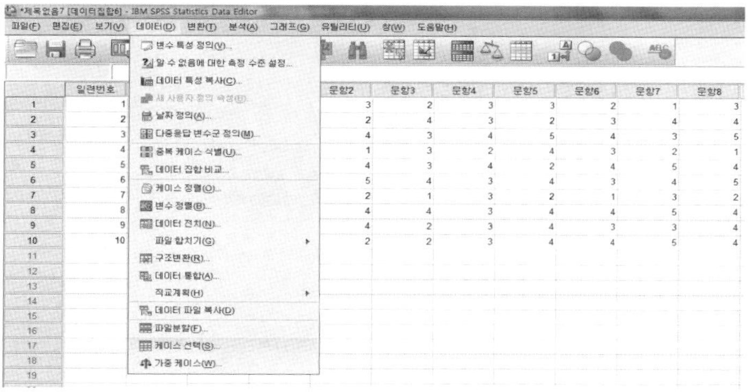

② 그러면 [그림 2-33]에서와 같이 케이스 선택 대화상자가 나타난다.

그림 2-33 케이스 선택 대화상자

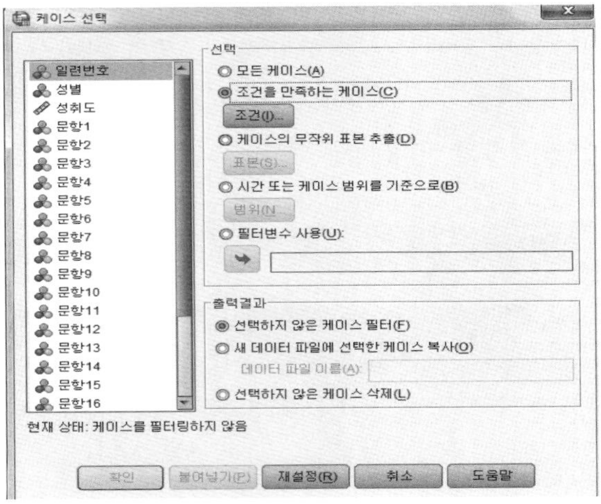

③ 여기에서 [조건을 만족하는 케이스(C)]를 지정하고 [조건(I)]를 클릭하면 [그림 2-34]에서와 같은 대화상자가 나타난다. 그리고 예를 들어 남자(변수값=1)만을 선택하여 분석하고자 하는 경우 변수 [성별]을 오른쪽으로 이동시키고 [성별=1]이라는 조건식을 만들어준다.

그림 2-34 케이스 선택 대화상자

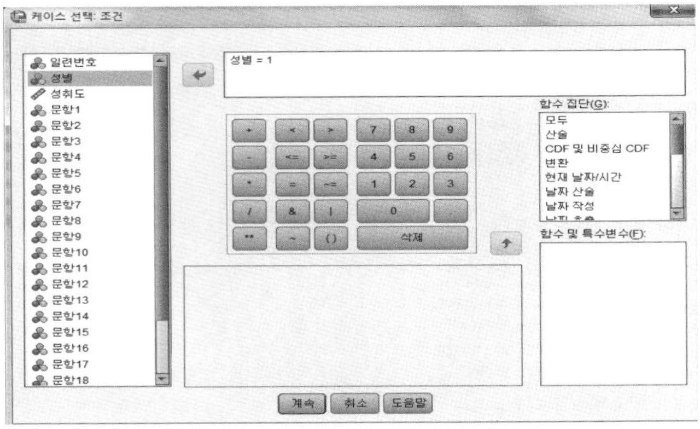

④ 그러면 [그림 2-35]에서와 같이 데이터 편집창의 좌측 case를 나타내는 곳에 선택되지 않은 case에 사선이 그려져 있는 것을 확인할 수 있다. 이는 사선이 그려진 case(여기서는 변수값이 2인 여자에 해당하는)는 분석에서 제외된다는 것을 나타내고 있다. 이 상태에서 분석을 할 경우는 선택된 남자의 사례만을 대상으로 분석을 하게 된다. 그리고 케이스 선택을 해제하고자 할 경우에는 [그림 2-33]의 케이스 선택 대화상자에서 [전체케이스(A)]을 선택하면 된다.

그림 2-35 케이스가 선택된 입력자료

⑤ 또한 두 개의 조건식을 혼합하여 사용하는 경우가 종종 있다. 예를 들어 여자와 학업성취가 85점 이상인 case만 선택해서 분석하는 경우를 생각해

그림 2-36 케이스 선택 대화상자

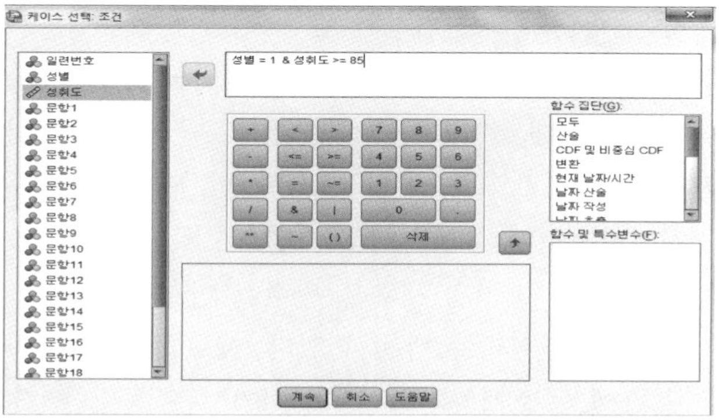

보자. 이 경우 케이스 선택 대화상자에서 [조건을 만족하는 케이스(C)]를 지정하고 [조건(I)]를 클릭하면 위에서와 같이 [그림 2-34]와 같은 대화상자가 나타난다. 이번에는 [그림 2-36]에서와 같은 조건식을 만들어준다.

⑥ 그러면 [그림 2-37]에서와 같이 여자이면서 학업성취가 85점 이상의 case가 선택된 것을 확인할 수 있다.

그림 2-37 케이스 선택 결과

	일련번호	성별	성취도	문항1	문항2	문항3	문항4	문항5	문항6	문항7
1	1	1	65	2	3	2	3	3	2	1
2	2	1	83	3	2	4	3	2	3	4
3	3	2	90	5	4	3	4	5	4	3
4	4	1	71	2	1	3	2	4	3	2
5	5	2	82	3	4	3	4	2	4	5
6	6	2	89	3	5	4	3	4	3	4
7	7	2	63	3	2	1	3	2	1	3
8	8	1	87	3	4	4	3	4	4	5
9	9	1	73	3	4	2	3	4	3	3
10	10	2	85	3	2	2	3	4	4	5
11										
12										
13										

8. 코딩변경 실습

통계분석에서 변수의 변수값이 다른 형태로 변환되어야 하는 경우가 종종 있다. 연령의 경우 22세, 23세, 32세 등과 같이 변수값이 실제 연령으로 주어진다. 이들 변수값은 평균과 표준편차와 같은 기술통계분석을 하는 데 매우 유용하다. 그러나 20대, 30대, 40대와 같이 연령대별 빈도와 비율을 알아보고자 할 경우에는 연령을 20대, 30대, 40대 등과 같이 각각 구역을 나누어 재정리하는 코딩변경 작업을 해야한다. 또한 코딩변경은 질문지의 문항이 역산문항일 경우 다시 원점수로 변경하고자 할 때 유용하게 사용할 수 있다.

코딩변경을 하는 방법은 새로운 변수를 만들어 변환시키는 방법과 동일한 변수 내에서 값을 변환시키는 방법이 있다. 새로운 변수를 만들어 변환하는 방법은 4장 SPSS 실습에서 소개하기로 하고 여기서는 동일한 변수 내에서 변환시키는 방법에 대해서 설명하기로 한다.

심리학 연구에서 사람들의 심리적 속성과 태도를 조사하는 경우 심리검사를 사용한다. 심리검사는 많은 문항들로 구성되어 있고 이들 문항 중에 일부는 역산문항들이 포함되어 있다. 따라서 검사결과를 분석할 때는 이들 역산문항의 값을 원점수로 변환시켜야 한다. 즉 문항의 응답지가 5점척도로 이루어져 있을 경우 1은 5로 2는 4로 4는 2로 5는 1로 변환시켜 주어야 한다.

여기서는 앞에서 사용한 예를 가지고 동일한 변수 내에서 값을 변환시키는 방법에 대하여 설명하기로 한다.

① [그림 2-38]에서와 같이 데이터를 입력한다.

그림 2-38 자료입력

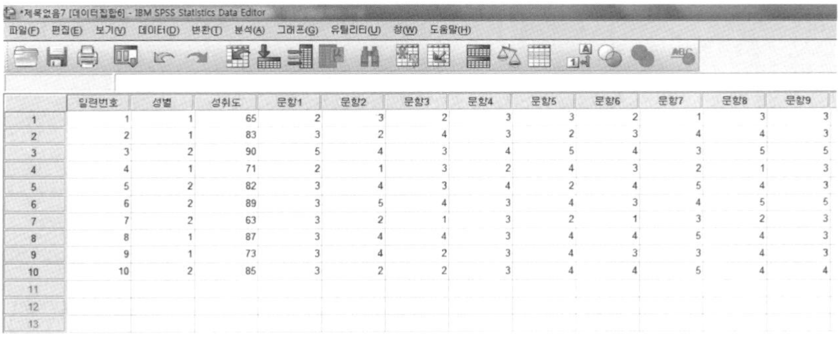

② [그림 2-39]에서와 같이 실행명령을 지정한다.

그림 2-39 실행명령 지정

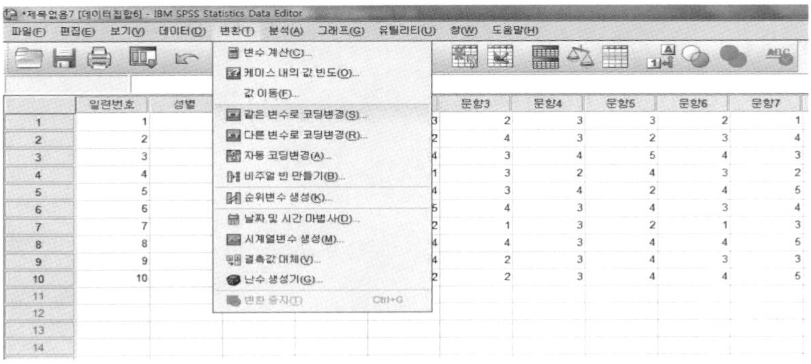

③ 그러면 [그림 2-40]에서와 같이 코딩변경 대화상자가 나타난다. 여기에서 역산문항을 선택해서(예를 들어 문항2, 5, 11, 16) 오른쪽의 [숫자변수(V)]로 이동시킨다.

그림 2-40 코딩변경 대화상자

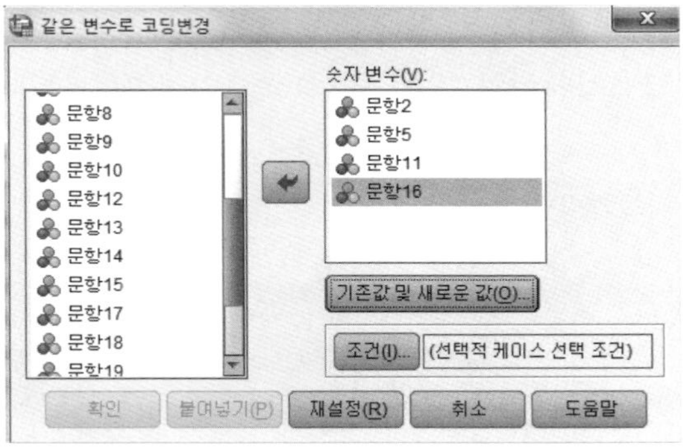

④ 그 다음에는 [기존값 및 새로운 값(O)]을 클릭하면 [그림 2-41]에서와 같은 기존값 및 새로운 값 대화상자가 나타난다. 대화상자의 [기존값]에 원래의 변수값을 [새로운 값]에는 변경되는 값을 입력하고 추가를 누른다. 이러한 절차를 변수값이 모두 변경될 때까지 계속한다.

그림 2-41 기존값 및 새로운 값 대화상자

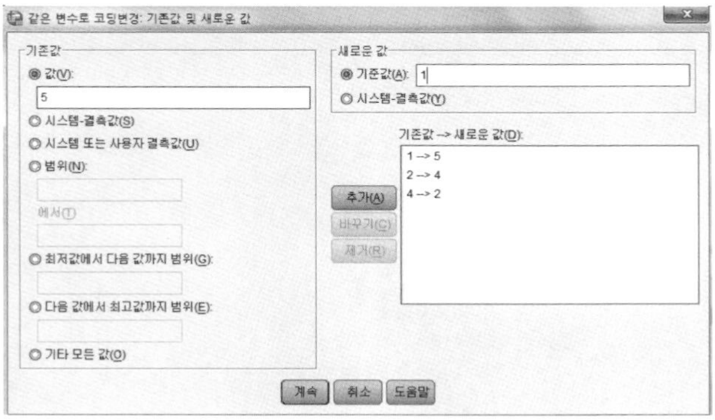

⑤ 그리고 나서 [계속], [확인]을 누르면 [그림 2-42]에서와 같이 해당 변수값이 변경되어 나타난다.

그림 2-42 변경된 입력자료

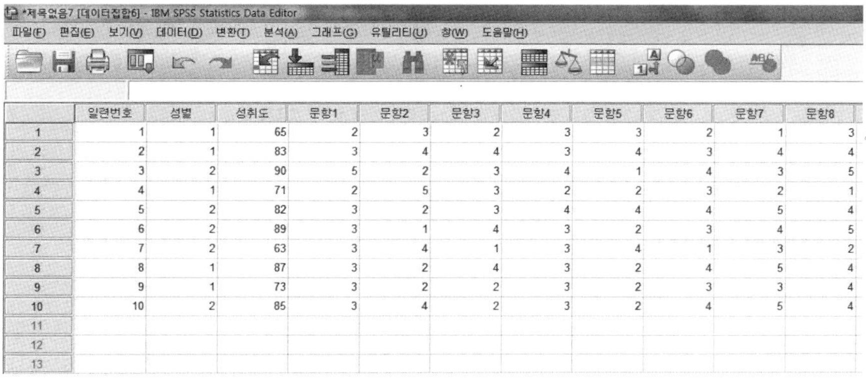

	일련번호	성별	성취도	문항1	문항2	문항3	문항4	문항5	문항6	문항7	문항8
1	1	1	65	2	3	2	3	3	2	1	3
2	2	1	83	3	4	4	3	4	3	4	4
3	3	2	90	5	2	3	4	1	4	3	5
4	4	1	71	2	5	3	2	2	3	2	1
5	5	2	82	3	2	3	4	4	4	5	4
6	6	2	89	3	1	4	3	2	3	4	5
7	7	2	63	3	4	1	3	4	1	3	2
8	8	1	87	3	2	4	3	2	4	5	4
9	9	1	73	3	2	2	3	2	3	3	4
10	10	2	85	3	4	2	3	2	4	5	4
11											
12											
13											

제 3 장 자료의 정리

1. 명목척도와 서열척도를 이용한 자료의 정리
2. 등간척도와 비율척도를 이용한 자료의 정리

자료의 정리란 자료가 수집되면 그 자료를 알아보기 쉽게 간단히 정리하여 그 내용을 쉽게 파악할 수 있도록 하는 것을 말한다. 따라서 연구자는 자료를 표나 그래프 등을 이용하여 되도록 간단한 형태로 나타낸다.

독자의 이해를 돕기 위하여 제2장에서 학습한 자료의 형태에 따라 변수의 측정에 있어서 명목척도/서열척도를 이용하였을 경우와 등간척도/비율척도를 이용하였을 경우의 2가지로 나누어 각 경우에 있어서의 주요 정리방법에 대해 설명하고자 한다.

〈표 3-1〉 자료의 정리방법

명목/서열척도일 경우	등간/비율척도일 경우
도수분포표	도수분포표
막대 그래프(bar graph)	줄기와 잎 그림(stem and leaf diagram)
파이 차트(pie chart)	히스토그램(histogram)
* 분할표(contingency table)	도수다각형(frequency polygon)
	* 스캐터 다이어그램(scatter diagram)

* 두 개 변수간의 관계를 정리할 때 사용된다.

1. 명목척도와 서열척도를 이용한 자료의 정리

1.1 도수분포표(frequency table)

명목 또는 서열척도를 이용하여 수집된 자료를 적절한 범주로 분류하여 각 범주에 대한 도수(관찰값의 수, frequency)를 테이블로 나타내는 것을 도수분포표라 한다.

[예 3.1] 명목척도일 경우

담배를 마약으로 간주하는 정부정책에 대해 한 연구자는 국민의 여론을 조사하기 위해 대학생 1,000명을 표본으로 그들에게 담배를 마약으로 볼 수 있는지에 대해 질문을 하였다.

그 결과 예라고 응답한 대학생은 380명, 아니오라고 응답한 대학생은 470명, 나머지 150명은 응답하지 않았다. 연구자는 이 결과를 다음과 같이 도수분포표를 이용하여 나타냈다. **상대도수**(relative frequency)란 총

도수에 대한 각 범주의 도수의 비율을 말한다. 따라서 상대도수의 합은 항상 1이다.

〈표 3-2〉 도수분포표를 이용한 자료의 정리(명목척도일 경우)

범 주	도 수	상대도수
예	380	380/1,000=0.38
아니오	470	470/1,000=0.47
무응답	150	150/1,000=0.15
계	1,000	1.00

[예 3.2] 서열척도일 경우

A대학교 기숙사에 생활하는 학생 1,200명을 대상으로 기숙사 환경에 대한 학생들의 만족도를 조사한 결과 120명은 매우 만족, 180명은 만족, 360명은 보통, 240명은 불만족, 나머지 300명은 매우 불만족한 것으로 나타났다. 연구자는 도수분포표를 이용하여 다음과 같이 자료를 정리하였다.

〈표 3-3〉 도수분포표를 이용한 자료의 정리(서열척도일 경우)

의 견	도 수	상대도수
매 우 만 족	120	120/1,200=0.1
만 족	180	180/1,200=0.15
보 통	360	360/1,200=0.3
불 만 족	240	240/1,200=0.2
매우불만족	300	300/1,200=0.25
계	1,200	1.00

1.2 막대 그래프(Bar Graph)

도수분포표를 이용하여 자료를 정리할 경우 도수분포표에 나타나 있는 관측치를 해석하는 데 종종 어려움이 따를 수 있다. 이러한 경우 자료를 막대 그래프를 이용하여 시각적으로 간단히 나타내면 훨씬 빠르게 이해를 할 수 있다.

막대 그래프는 가로축(x축)에 범주, 세로축(y축)에 빈도를 표시하여 자료의 빈도수를 나타내는 직사각형 모양의 기둥을 발한다.

[예 3.3] [그림 3-1]은 우리나라 「1990 인구주택총조사보고서」 결과 중 총인구에 대한 60세 이상 고령인구가 차지하는 비율을 지역별로 나타낸 막대 그래프이다. 가로축은 지역을 나타내며 세로축은 퍼센트(%)를 나타낸다. 1990년 우리나라 총인구는 약 43,390,374명이었으며 이 가운데에서 60세 이상 노인은 약 3,319,298명으로 전체인구의 7.6%를 차지하고 있었다. 서울특별시와 광역시 및 각 도에서 60세 이상 고령인구가 차지하는 비율을 순서대로 나타내면 다음과 같다: 서울 5.4%; 부산 5.5%; 인천 5.5%; 대구, 5.8%, 광주, 6.2%; 대전, 6.2%; 경기, 6.8%; 제주, 8.2%; 경남; 9.5%; 강원, 9.7%; 충북, 10.6%; 전북, 11.0%; 충남, 11.6%; 전남, 11.6%; 경북, 12.1%이었다.

이와 같은 자료를 정리할 때에는 도수분포표보다는 막대 그래프를 이용하여 나타내는 것이 훨씬 효과적이다. 독자는 쉽게 어느 지역에 60세 이상 고령인구가 가장 많고 적음을 한 눈으로 알아볼 수 있게 된다.

그림 3-1 시도별 60세 이상 고령인구 비율(총인구 대비율)

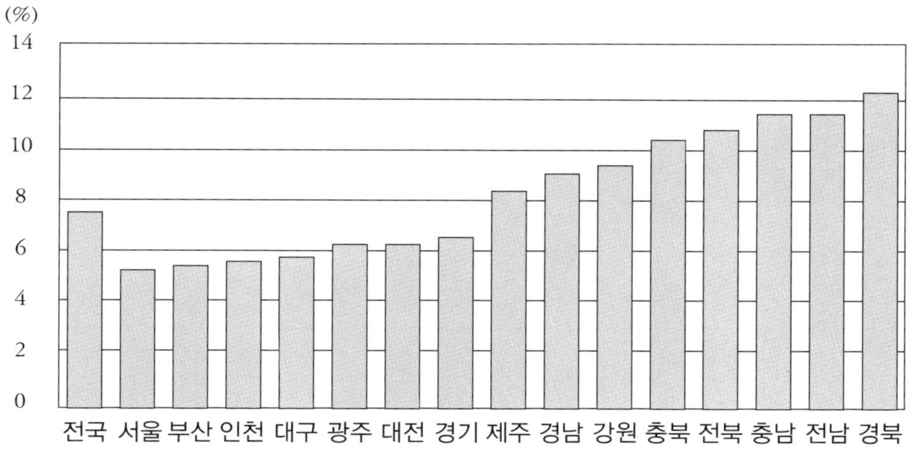

자료: 1990 인구주택총조사보고서 제8권 고령자. 통계청, 1993

1.3 파이차트(pie Chart)

파이차트는 명목/서열척도를 이용한 자료를 정리하기 위한 다른 방법으로 변수의 범주 분류수에 따라 조각으로 나누어지는 원형모양을 말한다. 따라서 나누어진 조각의 각도는 그 범주에 속해 있는 빈도를 말하며 퍼센트로 나타낸다.

[예 3.4] [그림 3-2]는 통계청에서 매년 발행하는 1995년도 「한국의 사회지표」 가운데에서 1994년도 우리나라 사람들의 주요 사망원인을 파이차트를 이용하여 나타낸 결과이다.
남자, 여자의 경우 주요 사망원인은 순환기질환과 악성종양이었음을 쉽게 알 수 있다.

그림 3-2 주요 사망원인별 구성비(1994)

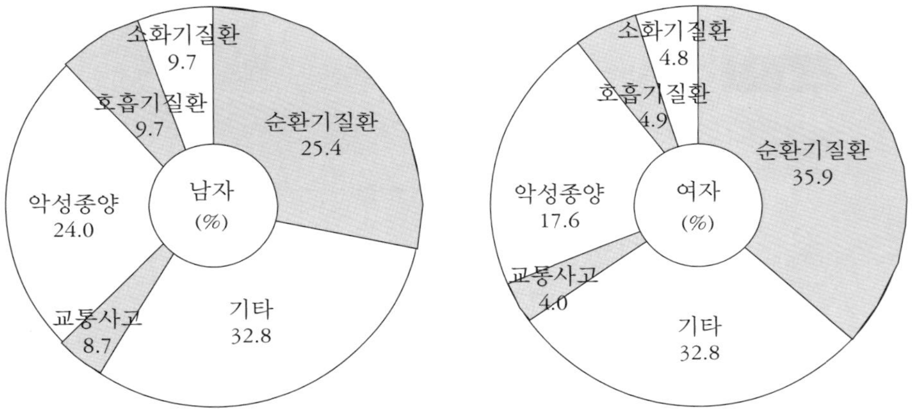

자료: 한국의 사회지표, 1995. 통계청

1.4 분할표(Contingency Table)

명목척도와 명목척도(또는 서열척도)로 측정된 두 개 변수간의 관계를 도수분포표로 나타낸 것을 분할표라 한다.

[예 3.5] 다음은 어떤 공장에 종사하고 있는 400명의 종업원을 대상으로 혼인상태와 직업의 만족도를 조사한 결과를 분할표로 나타낸 것이다. 혼인상태는 명목변수이고 직업의 만족도는 서열변수이다.

〈표 3-4〉 두 개 변수간의 관계를 정리한 분할표

직업만족도	미 혼	결 혼	(혼인상태) 이 혼	사 별	계
만 족	46	46	28	5	125
보 통	30	64	42	18	154
불만족	12	42	62	5	121
계	88	152	132	28	400

우리는 위의 분할표를 이용하여 다음과 같은 사실을 알 수 있다.

① 결혼한 종업원 가운데 몇 %가 직업에 만족하고 있는가?
46/152=0.303=30.3%

② 직업에 만족한 사람 가운데 몇 %가 결혼하였는가?
46/125=0.368=36.8%

③ 종업원 가운데 몇 %가 결혼하고 직업에 만족하는가?
46/400=11.5%

④ 어떤 혼인상태에 있는 종업원이 직업에 만족하는가를 순서대로 나열하시오.
미혼: 46/88=0.523
결혼: 46/152=0.303
이혼: 28/132=0.212
사별: 5/28=0.179 순으로 직업에 만족한다.

따라서 미혼집단이 직업에 가장 만족하고 있으며, 배우자와 사별한 집단이 직업에 가장 불만족하고 있음을 알 수 있다.

2. 등간척도와 비율척도를 이용한 자료의 정리

2.1 도수분포표(frequency table)

자료가 등간/비율척도로 수량화되어 있거나 양이 많아 복잡할 때에는 자료를 적당한 크기로 나누어 구간별로 관측치를 기록한 도수분포표를 이용한다. 여기서 주의할 점은 계급구간이 너무 적을 경우에는 정보의 손실이 크게 되고 너무 많으면 자료를 잘 요약할 수 없다는 것이다. 따라서 자료의 분포특성을 잘 파악하여 적당한 크기의 계급구간을 결정해야 한다. 일반적으로 도수분포표를 작성할 때에는 다음과 같은 순서에 따른다.

〈표 3-5〉 도수분포표 작성순서

1 단계 : 자료의 수를 센다.
2 단계 : 자료의 범위(R: Range)를 구한다.
자료의 범위란 자료의 최대값(X_{max})과 최소값(X_{min})의 차이를 말한다.
3 단계 : 계급의 수를 정한다. 계급의 수는 자료의 크기에 따라 결정된다. 자료의 수를 감안하여 임의적으로 결정하기도 하나, 일반적으로 계급의 수(k)를 결정하는 방법의 하나로 스터지스(Sturges)가 제안한 방법을 많이 사용하고 있다. 그러나 절대적인 방법은 아니다.

스터지스 방법 $k=1+\log N/\log 2$(N=자료의 수) (3-1)

4 단계 : 계급구간을 정한다(계급구간: 범위/계급의 수) (3-2)
식 (3-2) 역시 절대적인 방법은 아니다.
5 단계 : 각 계급구간에 속하는 도수를 파악한다.
6 단계 : 상대도수를 구한다(총 빈도수에 대한 각 계급의 도수의 비율을 말한다).
7 단계 : 누적도수와 누적상대도수(cumulative relative frequency)를 구한다.

[예 3.6] 다음은 무작위로 추출한 결혼한 남성 50명의 결혼할 당시의 나이를 나타내고 있다. <표 3-5>의 도수분포표 작성순서에 의해 도수분포표를 작성하여 보자.

20	25	29	49	18	33	28	39	19	22
35	27	41	28	24	37	17	27	44	29
36	31	27	33	23	34	40	30	20	25
26	22	34	31	30	20	43	28	24	27
22	46	29	28	35	38	33	31	29	30

제1단계 : 자료의 수는 50이다.

제2단계 : 자료의 범위를 한다. 최대값은 49이고 최소값은 17이므로 범위는 32이다.

제3단계 : 계급의 수를 정한다. 자료의 수와 자료의 분포를 감안하여 계급의 수를 결정하는 것이 가장 바람직하다. 식 (3-1)을 이용하면 계급의 수는 7이다. 그러나 계급의 수는 다음 단계의 계급구간을 감안하여 결정하여야 한다.

계급의 수: $k=1+\log N/\log 2 \rightarrow k=1+1.698/0.301=1+5.641\fallingdotseq 6.6$

제4단계 : 계급의 수를 7개로 할 경우 계급구간은 식 (3-2)를 이용하여 32/7≒4.6이 된다. 계급의 수를 4, 5, 6개로 할 수도 있으나 이럴 경우 자료의 정보를 구체적으로 전달할 수 없기 때문에 계급의 수를 7개로 결정하였다. 계급구간을 5로 하여 16-20세, 21-25세, 26-30세, 31-35세, 36-40세, 41-45세, 46-50세로 나누었다.

제5단계 : 각 계급구간에 속하는 도수를 구한다. 주어진 자료가 각 계급구간에 몇 명이나 속하는지를 알아보는 것이다.

초혼의 연령이 16-20세에 속해 있는 사람의 수=6명
초혼의 연령이 21-25세에 속해 있는 사람의 수=8명
초혼의 연령이 26-30세에 속해 있는 사람의 수=16명
초혼의 연령이 31-35세에 속해 있는 사람의 수=10명
초혼의 연령이 36-40세에 속해 있는 사람의 수=5명
초혼의 연령이 41-45세에 속해 있는 사람의 수=3명
초혼의 연령이 46-50세에 속해 있는 사람의 수=2명

제6, 7단계 : **누적도수**(cumulative frequency)란 지금까지 계급구간의 도수를 합한 총도수를 말한다. 상대도수를 누적한 수를 **누적상대도수**(cumulative relative frequency)라 한다. 누적도수, 상대도수, 누적상대도수를 구한 결과는 <표 3-6>에 나타나 있다.

〈표 3-6〉 등간/비율척도를 이용한 도수분포표

계 급	계급중간값	도 수	누적도수	상대도수	누적상대도수
16-20세	18	6	6	0.12	0.12
21-25세	23	8	14	0.16	0.28
26-30세	28	16	30	0.32	0.60
31-35세	33	10	40	0.2	0.8
36-40세	38	5	45	0.1	0.9
41-45세	43	3	48	0.06	0.96
46-50세	48	2	50	0.04	1.00
계		50		1.00	

각 계급구간에 있어서 작은 값을 **계급하한**(lower class limit)이라 하고 큰 값을 **계급상한**(upper class limit)이라 한다. 각 계급의 중간값을 **계급중간값**(class mark)이라 한다. <표 3-6>의 경우 첫번째 계급구간에서 16은 계급하한이고 20은 계급상

한이 된다.

2.2 줄기와 잎 그림(stem and leaf plot/diagram)

줄기와 잎 그림은 등간/비율척도로 측정된 양적 자료를 쉽고 빠르게 정리하는 방법으로 가장 작은 관측치부터 큰 관측치까지 순서대로 나타내기 때문에 자료의 위치를 파악하는 데 매우 유용한 방법이다.

[예 3.7] 다음은 A대학교 사회복지학과 3학년 학생 20명의 통계학시험의 결과이다. 줄기와 잎 그림을 이용하여 자료를 정리하여 보자.

84	59	82	78	74	96	44	76	85	66
77	91	62	54	72	65	84	38	76	70

[풀이] 위의 자료를 관찰해 보면 모두 10단위인 두 자리수로 구성되어 있고 30점대에서 90점대로 분포가 되어 있음을 알 수 있다. 따라서 10단위가 줄기가 되고 1단위가 잎이 된다. 이것을 수직선상에 나열하면 [그림 3-3]과 같다.

그림 3-3

줄 기	잎					
3	8					
4	4					
5	9	4				
6	6	2	5			
7	8	4	6	7	2	6 0
8	4	2	5	4		
9	6	1				

[그림 3-3]의 줄기와 잎 그림을 90도 시계반대방향으로 움직이면 막대 그래프의 모양을 하고 있으며 줄기값에 따른 모든 관측치의 분포 상태를 나타낸다[그림 3-4].

그림 3-4

				0		
				6		
				2		
				7	4	
			5	6	5	
		4	2	4	2	1
8	4	9	6	8	4	6
3	4	5	6	7	8	9

[예 3.7]의 통계학시험 결과를 줄기와 잎 그림으로 나타낸 [그림 3-3]과 [그림 3-4]에 의하면 70점대 학생이 가장 많고 30점대에 1명이 있다는 사실을 쉽게 알 수 있다. 그러나 위 두 그림은 자료를 가장 작은 관측치부터 큰 관측치까지 순서대로 정리하지 않았기 때문에 자료의 정확한 위치는 파악할 수 없다. 예를 들어 78점을 받은 학생은 20명 가운데 몇 등인지를 그림을 보고 쉽게 알 수가 없다. 따라서 각 줄기에 있는 관측치를 작은 것에서부터 순서대로 서열화시킨 줄기와 잎 그림을 이용하게 되는데, 이를 서열화된 줄기와 잎 그림(ordered stem and leaf plot)이라 한다. 아래 의 두 그림은 [그림 3-3]과 [그림 3-4]를 각각 서열화된 줄기와 잎 그림으로 나타낸 결과이다.

그림 3-5

3	8						
4	4						
5	4	9					
6	2	5	6				
7	0	2	4	6	6	7	8
8	2	4	4	5			
9	1	6					

그림 3-6

				8		
				7		
				6		
				6	5	
			6	4	4	
		9	5	2	4	6
8	4	4	2	0	2	1
3	4	5	6	7	8	9

위의 두 그림을 이용하여 관측치를 순서대로 나타내 보면 가장 낮은 점수를 받은 학생은 38점이고 44, 54, 59 ··· 82, 84, 84, 85, 91, 96점 순으로 자료가 분포되어 있음을 쉽게 알 수 있다. 또한 78점을 받은 학생은 20명 가운데 7등을 하였다는 사실도 쉽게 알 수 있다.

[예 3.7]에서 우리는 양적 자료의 정리방법의 하나로 간단한 줄기와 잎 그림에 대하여 학습하였다. 이번에는 이것보다 조금 더 복잡한 줄기와 잎 그림을 다음의 예를 들어 설명하기로 한다.

[예 3.8] 어느 생태학자는 수질오염으로 인한 호수의 수은공해 수준을 측정하기 위하여 소양강에서 25마리의 잉어를 잡아서 각 잉어에 포함되어 있는 수은의 양(단위: ppm)을 측정한 결과 다음과 같이 나타났다. 이 자료를 **서열화된 이중줄기와 잎 그림**(ordered double-stem and leaf plot)을 이용하여 정리하시오.

2.2	3.4	3.0	2.6	3.8
1.8	2.8	3.2	3.7	1.4
2.7	3.6	1.9	2.2	3.0
3.3	2.3	1.7	2.6	3.5
3.0	2.9	3.4	3.1	2.4

[풀이] 잉어에 포함되어 있는 수은의 양(단위: ppm)이 소수로 되어 있을 때에는 일단 소수를 무시하고 모든 자료를 정수로 간주한다. 그 결과 수은의 양이 모두 10단위인 두 자리수로 되어 있고 적게는 14에서부터 가장 많은 것은 38로 분포를 이루고 있다(본래는 1.4-3.8). 따라서 줄기를 10단위로 하고, 잎을 1단위로 하는 것이 바람직할 것이다. 자료의 최소값이 14이고, 최대값이 38이므로 줄기를 1, 2, 3으로 결정하여 다음과 같이 나타낸다.

그림 3-7

1	8 4 9 7
2	2 6 8 7 2 3 6 9 4
3	4 0 8 2 7 6 0 3 5 0 4 1

[그림 3-7]과 같이 자료를 정리하였을 경우 큰 문제는 없으나 한 줄기에 너무 많은 잎들이 있어서 자료의 분포상태가 눈에 쉽게 들어오지 않는다. 이러한 문제점을 감안하여 줄기를 더 세분화하여 이중으로 나타내는 **이중줄기와 잎 그림**(double-stem and leaf plot)으로 나타내는 것이 바람직하다. 즉 *는 잎이 0에서 4까지를 나타내고, **는 잎이 5에서 9까지를 나타낸다. 그 결과 자료를 다음과 같이 이중줄기와 잎 그림으로 나타낸다.

그림 3-8

1*	4							
1**	8	9	7					
2*	2	2	3	4				
2**	6	8	7	6	9			
3*	4	0	2	0	3	0	4	1
3**	8	7	6	5				

그 다음에 [그림 3-8]을 서열화시키면 [그림 3-9]와 같으며, 이를 서열화된 이중줄기와 잎 그림이라 한다.

그림 3-9

1*	4							
1**	7	8	9					
2*	2	2	3	4				
2**	6	6	7	8	9			
3*	0	0	0	1	2	3	4	4
3**	5	6	7	8				

그러나 각 관측치는 사실 소수로 되어 있다는 사실을 우리는 알고 있다.

2.3 히스토그램(Histogram)과 도수다각형(frequency polygon)

등간/비율척도를 이용한 자료를 도수분포표로 정리할 때 종종 해석하기가 어려울 경우가 있다. 이럴 경우 사용되는 다른 자료정리방법으로는 히스토그램과 도수다각형이 있다. 히스토그램이란 도수분포표를 이용하여 가로축에 계급을, 세로축에 도수를 표시하여 그린 직사각형 모양의 기둥을 말한다. 명목/서열척도를 이용한 자료의 정리방법으로 이미 설명한 막대 그래프와 히스토그램의 차이점은 히스토그램은 양적 변수 가운데서 연속변수일 경우에 이용되며, 막대간의 간격이 없이 붙어 있다는 점이다. 도수다각형이란 히스토그램 각 계급경계구간 막대기둥의 맨 위 중간점(midpoint)들을 직선으로 연결하여 다각형으로 나타낸 그래프를 말한다.

[예 3.9] [예 3.7]에서 이용한 A대학교 사회복지학과 3학년 학생 20명의 통계학 시험의 결과를 이용하여 히스토그램과 도수다각형을 작성하여 보기로 한다.

84	59	82	78	74	96	44	76	85	66
77	91	62	54	72	65	84	38	76	70

[풀이] 제일 먼저 계급의 수를 결정해야 한다. 점수가 30점대에서 90점대까지 분포되어 있으므로 계급의 수를 7개로 하는 것이 바람직하다. 계급구간도 10으로 하는 것이 적당하다. 또한 히스토그램은 막대 그래프와는 달리 간격 사이가 없이 붙어있기 때문에 계급경계값(class boundaries)을 구해야 한다. 계급경계값이란 각 계급구간에서 계급하한값보다 0.5 작은 수와 계급상한값보다 0.5 큰 수의 영역을 의미한다. 따라서 계급구간이 30-39의 경우 계급경계값은 29.5-39.5가 된다. 계급경계값을 구한 다음 도수분포표에 포함되는 도수, 누적도수, 상대도수와 누적상대도수를 구하면 된다. <표 3-7>은 자료를 이용하여 그린 도수분포표이다.

<표 3-7>의 계급경계값을 가로축에 놓고 각 계급구간의 도수를 세로축에 표시하여 막대그래프를 그리면 히스토그램이 된다. [그림 3-10]은 주어진 자료를 이용하였을 때의 히스토그램을 나타낸다.

[그림 3-10]의 히스토그램을 이용하여 쉽게 도수다각형을 그릴 수 있다. 도수다각형이란 히스토그램 각 계급경계구간 막대기둥의 맨 위 중간점(midpoint)들을 직선으로 연결하여 다각형으로 나타낸 그래프로 [그림 3-11]은 도수다각형을 나타낸다. 도수다각형은 두 개 이상 집단

〈표 3-7〉 도수분포표

계 급	계급경계값	도 수	누적도수	상대도수	누적상대도수
30-39	29.5-39.5	1	1	1/20	1/20
40-49	39.5-49.5	1	2	1/20	2/20
50-59	49.5-59.5	2	4	2/20	4/20
60-69	59.5-69.5	3	7	3/20	7/20
70-79	69.5-79.5	7	14	7/20	14/20
80-89	79.5-89.5	4	18	4/20	18/20
90-99	89.5-99.5	2	20	2/20	20/20
계		20		1.00	

그림 3-10 히스토그램

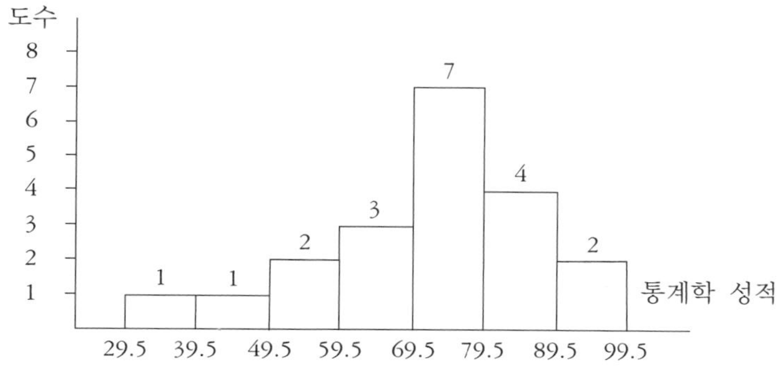

그림 3-11 도수다각형

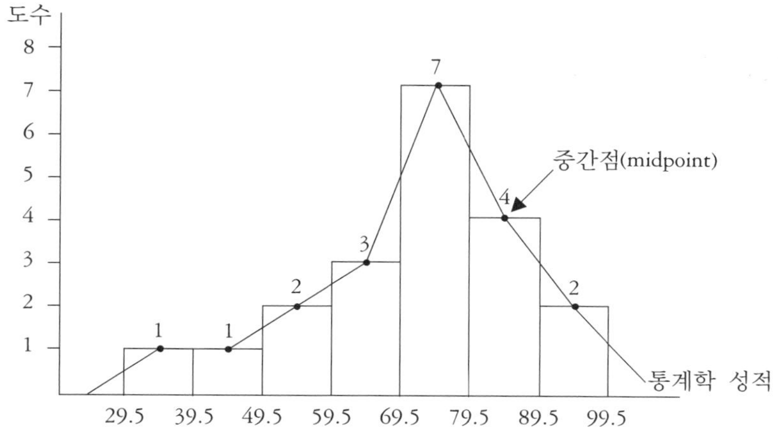

간 자료의 분포상태를 비교하는 데 매우 유용한 방법이다. 그러나 자료의 관측치가 매우 많을 경우에는 도수다각형은 커브 모양을 나타내는데 이를 도수곡선(frequency curve)이라 한다.

2.4 스캐터 다이어그램(또는 산포도, scatter diagram)

우리는 앞에서 명목과 서열척도로 된 이중자료는 분할표를 이용하여 정리하였다. 등간/비율척도로 이루어진 두 변수간의 선형관계(linear relationship)는 스캐터 다이어그램을 이용하여 정리한다. 스캐터 다이어그램의 구체적인 작성방법은 다음의 예를 들어 설명하기로 한다.

[예 3.10] 한 연구자는 대학교 입학성적과 평점간에는 정상관 관계가 있다는 이론에 대하여 연구하고자 한다. 이러한 이론의 진위 여부를 조사하기 위해 확률표집방법으로 A대학교에 재학중인 10명의 4학년생을 선택하여 그들의 입학성적(100점 만점)과 평점(4점 만점)과의 관계를 조사한 결과 다음과 같은 자료를 얻었다. 스캐터 다이어그램을 작성하여 보자.

	1	2	3	4	5	6	7	8	9	10
입학성적	90	60	70	95	80	73	69	89	78	92
평점	3.5	2.5	3.0	3.7	3.7	2.7	2.0	3.3	3.0	4.0

[풀이] 연구자는 입학성적과 학점과의 관계를 조사하기 위해 가로축에는 각 연구대상 4학년 학생의 입학성적을, 세로축에는 입학 후 지금까지의 평점을 나타내는 점을 표시한다. 결과는 [그림 3-12]와 같다.

그림 3-12 스캐터 다이어그램

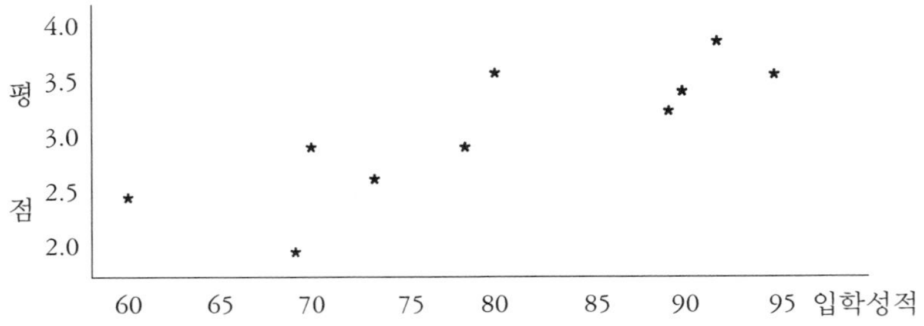

표본크기가 작아서 일반화하기에는 문제의 소지가 있으나 [그림 3-12]의 스캐터 다이어그램은 입학성적과 평점과는 정선형상관(positive linear correlation)이 있음을 보여준다. 즉 대학입학시험성적이 좋은 학생일수록 입학 후의 성적도 좋다는 것을 의미한다. 두 변수의 선형상관에 대한 자세한 내용은 제12장의 상관분석과 회귀분석을 참조하기 바란다.

연습문제

1. A기업 남자 대졸 신입사원 392명에 대한 병역조사를 실시하였다. 그 결과 124명은 하사관 출신이었고, 150명은 병장 출신, 15명은 R.O.T.C. 출신, 나머지 103명은 군복무 면제를 받은 것으로 나타났다.
   1) 도수분포표를 이용하여 자료를 정리하시오.
   2) 막대 그래프를 이용하여 자료를 정리하시오.
   3) 파이차트를 이용하여 자료를 정리하시오.

2. 60세 이상 노인들의 취업상태를 파악하고자 남성노인 1,000명 여성노인 1,000명을 대상으로 설문조사를 한 결과 남성노인 가운데 100명, 여성노인 가운데 500명은 직업이 없는 것으로 나타났다. 또한 남성노인 650명, 여성노인 400명은 한 개의 직업을 가지고 있었고, 나머지는 두 개 이상의 직업을 가지고 있는 것으로 나타났다.
   1) 분할표를 이용하여 자료를 정리하시오.
   2) 남성노인의 취업상태를 막대 그래프를 이용하여 정리하시오.

3. A대학교 교내 주차정책에 대한 의견을 파악하고자 학생 500명, 교수 100명, 직원 30명을 대상으로 설문조사를 실시하였다. 그 결과 학생 360명, 교수 60명, 직원 5명이 교내 주차정책에 반대하고 있는 것으로 나타났다. 교내 주차정책에 대한 대학 내에서의 신분(학생, 교수, 직원)과 태도(찬성과 반대)를 이용하여 분할표를 작성하시오. 그리고 다음 질문에 답하시오.
   1) 표본 가운데 교내 주차정책에 반대하는 비율은?
   2) 학생 가운데 몇 %가 교내 주차정책에 반대하는가?
   3) 교수 가운데 몇 %가 교내 주차정책에 반대하는가?

4. 다음 자료를 서열화된 줄기와 잎 그림을 이용하여 정리하시오.

24	31	54	62	36	28	37	55	18	27
58	32	37	41	55	39	56	42	29	35

5. 위의 4의 자료를 이용하여 히스토그램을 작성하시오

6. 다음은 우리나라 2급 공무원 가운데 특정 부처에 근무하는 25명에 대한 연령이다.

35	45	63	42	59	45	50	62	36	64	50	26	51
54	45	59	57	64	28	38	48	42	61	54	60	

위의 자료를 도수분포표를 이용하여 정리하시오.

7. A초등학교 도서관장은 학생들의 독해력과 I.Q.의 관계를 파악하고자 14명의 5학년 학생을 선택하여 조사한 결과 다음과 같은 자료를 얻었다 스캐터 다이어그램을 이용하여 자료를 정리하고 두 변수간에 어떠한 관계가 있는 알아보시오.

독해력 점수	42	35	61	28	48	46	59	21	47	29	65	37	35	53
I.Q. 점수	105	110	122	92	112	100	120	85	125	96	130	90	107	120

자료의 정리 SPSS 실습

1. 도수분포표 작성하기

[예제 1]

다음은 무작위로 추출한 결혼한 남성 50명의 결혼할 당시의 나이를 나타내고 있다. 이 자료를 이용하여 도수분포표를 작성하여 보자.

20	25	29	49	18	33	28	39	19	22
35	27	41	28	24	37	17	27	44	29
36	31	27	33	23	34	40	30	20	25
26	22	34	31	30	20	43	28	24	27
22	46	29	28	35	38	33	31	29	30

① 우선 이 자료를 [그림 3-13]에서와 같이 SPSS 데이터 편집기창에 입력한다.

그림 3-13 입력데이터

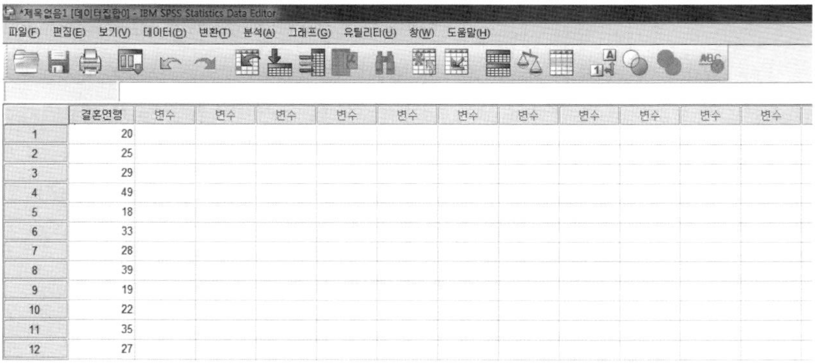

② 이 자료를 가지고 도수분포표를 만들기 위해서는 우선적으로 계급의 수와 계급구간의 범위를 작성하여야 한다(여기에서는 16-20세, 21-25세, 26-30세

등으로 지정하는 것이 적당하다).

③ 지정된 범위를 하나의 변수값으로 가정하여 새로운 변수값을 설정해 준다. 예를 들어 16-20세는 1로, 21-25세는 2로, 이와 같이 하여 모든 계급에 새로운 변수값을 지정해 준다. 이것을 변수의 리코딩(recoding)작업이라고 한다.

④ 리코딩을 하기 위해서 위의 자료입력화면에서 [그림 3-14]에서와 같이 지정해 준다.

그림 3-14 실행명령 지정

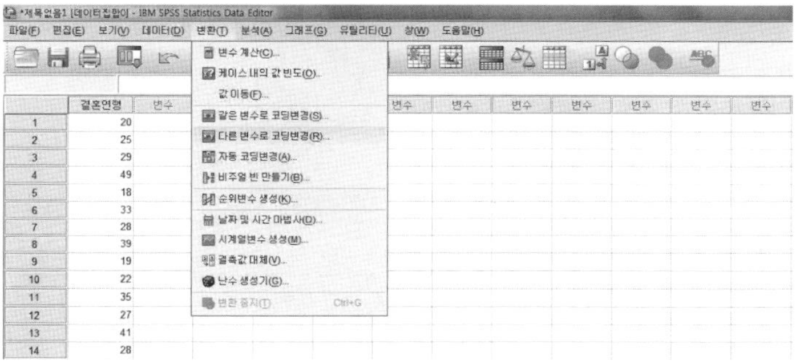

⑤ 그러면 코딩변경 대화상자가 나타난다. 여기에서 결혼연령 변수를 우측으로 이동하면 그 우측에 있는 [출력변수]가 활성화된다. 여기에 [그림 3-15]에서와 같이 새로운 변수명 “계급연령”을 입력한 후에 [바꾸기]를 클릭한다.

그림 3-15 코딩변경 대화상자

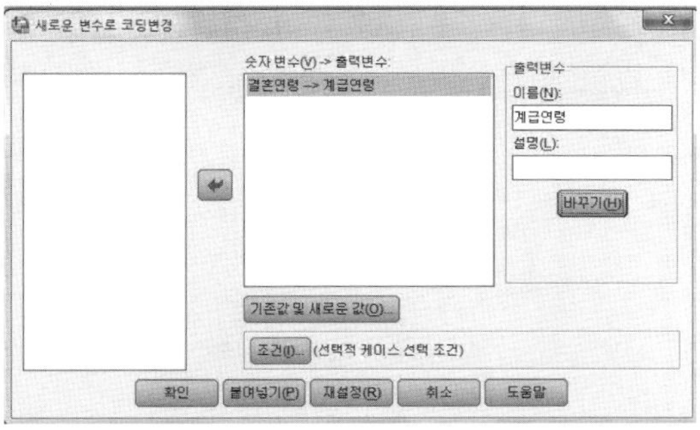

⑥ 그 후 [기존값 및 새로운 값(O)]을 클릭하면 [그림 3-16]과 같은 기존값 및 새로운 값 대화상자가 나타난다.

그림 3-16 기존값 및 새로운 값 대화상자

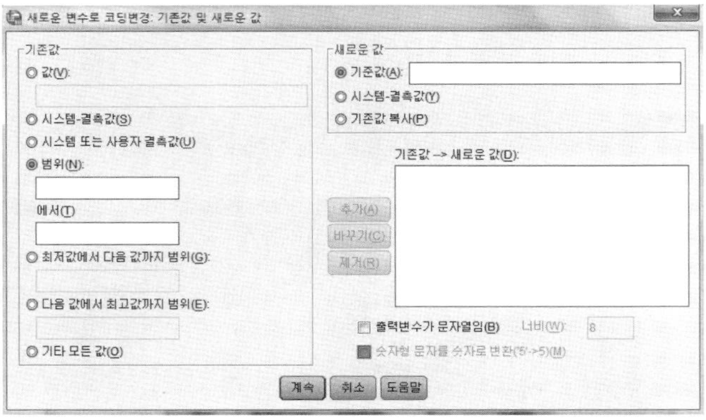

⑦ 이 대화상자에서 [기존값]에서 [범위(N)]을 지정하여 16과 20을 입력하고 [새로운 값]에서 "1"을 입력한 후 바로 아래의 [추가]단추를 클릭한다. 이와 같은 절차를 [그림 3-17]에서와 같이 모든 계급에 대해 반복하여 수행한다.

그림 3-17 기존값 및 새로운 값 대화상자

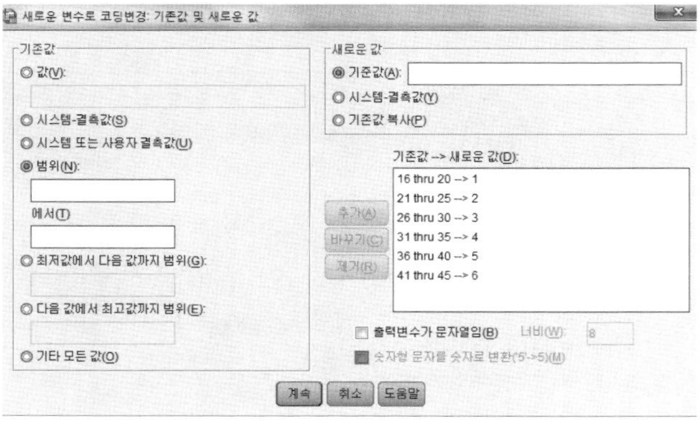

⑧ 그 후 [계속] [확인]을 클릭하면 [그림 3-18]에서와 같이 새로운 계급연령 변수가 생성되고 여기에서 원래의 데이터가 계급 변수값으로 변경되어 있음을 볼 수 있다.

그림 3-18 리코딩된 입력자료

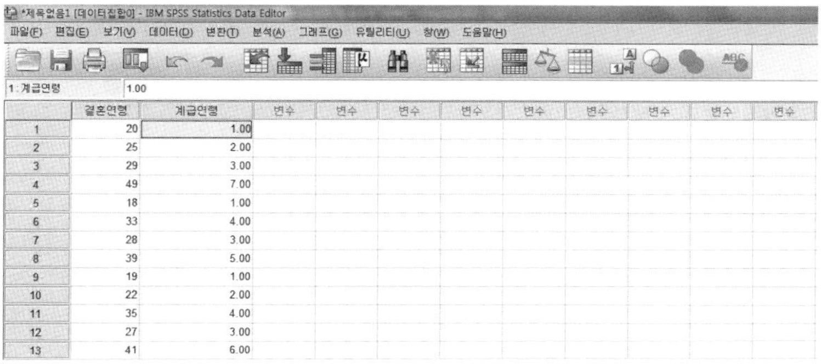

⑨ 이제 이 새로운 데이터를 가지고 도수분포표를 만들기 위하여 [그림 3-19]에서와 같이 지정해 주면 [그림 3-20]과 같은 빈도분석 대화상자가 나타난다.

그림 3-19 실행명령 지정

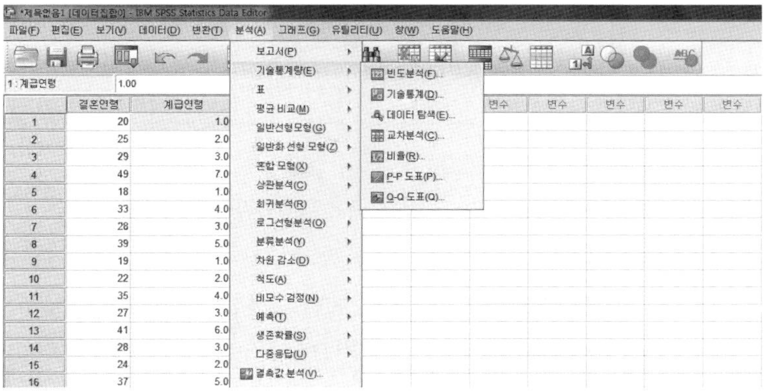

그림 3-20 빈도분석 대화상자

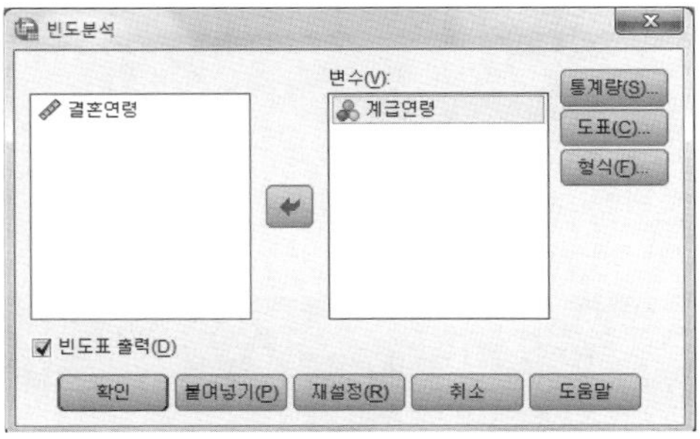

⑩ [그림 3-20]에서 계급연령 변수를 우측 [변수(V)]칸으로 이동시킨 후 [확인]을 누르면 [그림 3-21]에서와 같이 도수분포표가 작성되어 나타난다.

그림 3-21 도수분포표

계급연령

		빈도	퍼센트	유효 퍼센트	누적퍼센트
유효	1.00	6	12.0	12.0	12.0
	2.00	8	16.0	16.0	28.0
	3.00	16	32.0	32.0	60.0
	4.00	10	20.0	20.0	80.0
	5.00	5	10.0	10.0	90.0
	6.00	3	6.0	6.0	96.0
	7.00	2	4.0	4.0	100.0
	합계	50	100.0	100.0	

⑪ 이 빈도분석 결과인 도수분포표를 마우스로 더블 클릭하면 출력결과인 표를 수정할 수 있는 피벗표 편집기 창이 활성화된다. 이 창에서 원하는 정보를 수정·편집할 수 있다. 예를 들어 [그림 3-22]에서와 같이 계급연령의 변수값을 범위값으로 구체적으로 기술해 줄 수 있다. 그러면 [그림 3-23]에서와 같이 잘 정리된 최종 도수분포표가 작성된다.

그림 3-22 도수분포표 수정

계급연령

		빈도	퍼센트	유효 퍼센트	누적퍼센트
유효	16-20	6	12.0	12.0	12.0
	21-25	8	16.0	16.0	28.0
	26-30	16	32.0	32.0	60.0
	31-35	10	20.0	20.0	80.0
	5.00	5	10.0	10.0	90.0
	6.00	3	6.0	6.0	96.0
	7.00	2	4.0	4.0	100.0
	합계	50	100.0	100.0	

그림 3-23 수정된 도수분포표

계급연령

		빈도	퍼센트	유효 퍼센트	누적퍼센트
유효	16-20	6	12.0	12.0	12.0
	21-25	8	16.0	16.0	28.0
	26-30	16	32.0	32.0	60.0
	31-35	10	20.0	20.0	80.0
	36-40	5	10.0	10.0	90.0
	41-45	3	6.0	6.0	96.0
	46-50	2	4.0	4.0	100.0
	합계	50	100.0	100.0	

2. 그래프 그리기

자료를 정리하고 요약하기 위하여 도수분포표가 널리 이용되지만 그래프로 나타내면 자료의 특성을 시각적으로 파악하기가 더욱 쉽다. 위의 자료를 이용하여 막대그래프를 그리는 방법에 대하여 설명해 보기로 하자.

① 막대그래프를 그리기 위하여 [그림 3-24]와 같이 지정하면 [그림 3-25]와 같은 막대도표 작성 대화상자가 나타난다.

그림 3-24 막대도표 작성 실행명령 지정

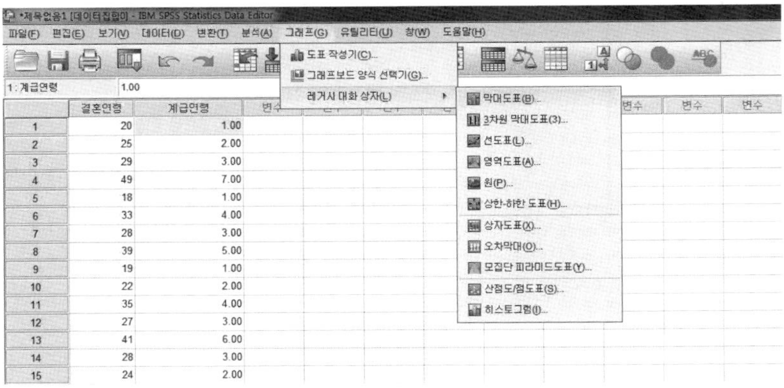

그림 3-25 막대도표 작성 대화상자

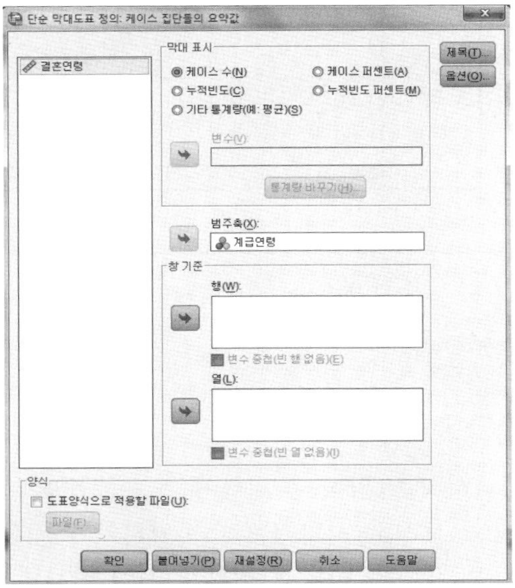

② [그림 3-25]에서와 같이 범주축(X)에 계급연령 변수를 이동시킨 후에 확인을 클릭하면 [그림 3-26]에서와 같이 막대 그래프가 나타난다.

그림 3-26 막대도표

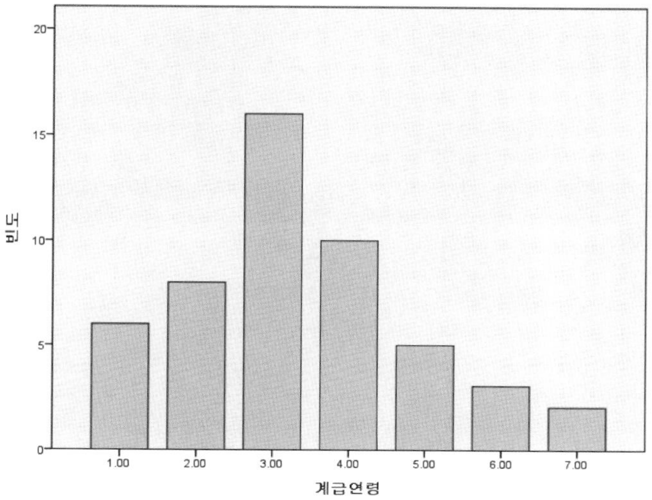

③ 이 그래프를 사용자가 원하는 방식으로 수정하고자 할 경우에는 그래프에 마우스를 위치시키고 더블 클릭을 하면 도표 편집기창이 나타나고 여기에서 색상과 형태들을 원하는 방식으로 변경할 수 있다.

제 4 장　자료의 통계적 처리

1. 자료의 위치 측정
2. 산포도의 측정
3. 비대칭도의 측정

제3장에서는 어떤 연구를 목적으로 수집된 표본의 자료를 표나 그림을 이용하여 간단히 정리하는 방법에 대하여 학습하였다. 이 방법을 이용할 경우 자료의 분포상태를 시각적으로 파악할 수는 있다. 그러나 예를 들어 두 집단간의 자료를 비교할 경우 한 집단이 다른 집단보다 얼마만큼 어디에 집중되어 있는가라는 물음에는 정확한 답을 주지 못한다. 본 장에서는 표본을 이용하여 얻은 자료의 분포상태를 보다 정확하게 파악하기 위하여 그림이나 표보다는 하나의 수량화한 측정치로 표시하는 여러 방법에 대하여 학습하기로 한다.

본 장에서는 자료의 통계적 처리방법으로 다음과 같은 3가지에 대하여 학습하기로 한다.

〈표 4-1〉 자료의 통계적 처리방법

첫째 - 자료의 위치측정: 자료가 어디에 집중되어 있는가를 나타낸다. 둘째 - 산포도의 측정: 자료가 흩어져 있는 정도를 나타낸다. 셋째 - 비대칭도의 측정: 자료가 좌우대칭에서 왼쪽이나 오른쪽으로 치우쳐 있는 정도와 위로 뾰족한지 또는 완만한지의 첨예한 정도를 나타낸다.

1. 자료의 위치 측정(measures of location)

자료가 어디에 집중되어 있는가를 나타내 주는 것으로는 산술평균, 기하평균, 중위수(median), 최빈수(mode), 사분위수(quartiles) 등이 있다.

1.1 산술평균(평균)(arithmetic mean)

산술평균은 우리가 보통 평균으로 간단하게 사용하고 있다. 자료의 모든 관측치를 대표하는 값으로 모든 관측치의 합을 표본의 크기로 나눈 값을 말한다. 일반 자료값과 도수분포표를 이용하여 평균을 구하는 방법에 대하여 설명하기로 한다.

모집단 N개(표본일 경우 n: 표본의 크기)의 자료값이 x_1, x_2, x_3, ············x_N이라고 할 때, 전체의 자료값의 합을 N(표본: n)으로 나눈 값이 산술평균이다. 관측값이 모집단일 경우 모집단의 산술평균(population mean)은 μ(뮤), 표본의 산술평균(sample mean)은 ($\overline{X}$)로 나타낸다.

모집단의 산술평균 : $\mu = \frac{x_1 + x_2 + ... + x_N}{N} = \frac{1}{N}\sum_{i=1}^{N} x_i$ (4-1)

표본의 산술평균 : $\overline{X} = \frac{x_1 + x_2 + ... + x_n}{n} = \frac{1}{n}\sum_{i=1}^{n} x_i$ (4-2)

[예 4.1] 다음은 우리나라 대학생의 영어능력을 평가하기 위하여 모집단인 전체 대학생 가운데 확률표집방법에 의해서 선발된 10명의 표본 대학생의 TOEFL 성적이다. 평균성적을 구해 보자.

450	475	490	430	455	480	485	440	495	500

[풀 이] 모든 관측치의 합은

450＋475＋490＋430＋455＋480＋485＋440＋495＋500＝4,700

모든 관측치의 합을 표본의 크기인 10으로 나누면 4,700/10＝470. 즉 산술평균은 470이다.

[예 4.2] 다음은 1997년 6월 우리나라 전국 주요 도시의 50평 민간아파트의 판매가격(단위: 백만)이라고 가정하자. 줄기와 잎 그림으로 정리하고 평균을 구해 보자.

서울: 545 부산: 475 인천: 335 대전: 325 대구: 360

천안: 130 수원: 358 안산: 350 분당: 355 구리: 290

[풀 이] 우리나라 주요 도시의 아파트 판매가격의 범위는 1억3천만원에서 5억4천5백만원이다. 따라서 줄기는 억단위인 1, 2, 3, 4, 5로 하고 천과 백만을 잎으로 하여 나타내면 [그림 4-1]과 같다.

그림 4-1

1	30					
2	90					
3	35	25	60	58	50	55
4	75					
5	45					

[그림 4-1]의 줄기와 잎 그림을 서열화시키면 [그림 4-2]와 같다.

그림 4-2

1	30					
2	90					
3	25	35	50	55	58	60
4	75					
5	45					

[그림 4-2]의 서열화된 줄기와 잎 그림을 보면 아파트 값의 평균은 약 3억5천만원 정도가 될 것이라는 것을 예상할 수 있다. 그러나 평균값과 비교하여 극단적으로 비싼 서울의 가격과 싼 천안의 가격은 평균에 커다란 영향을 미칠 것이라는 것을 짐작할 수 있다. 산술평균은 모든 관측치들이 평균계산에 포함되기 때문에 극단적으로 큰 값이나 작은 값은 평균에 커다란 영향을 주게 된다. 이와 같이 평균값과 비교하여 극단적인 값을 **이상점**(異常點, outlier)이라 한다.

이상점이 존재할 때에는 이상점을 제외한 나머지 관측치의 합을 이용하여 평균을 계산하는 것이 합리적이다. 모든 관측치를 이용할 경우 평균은 3523/10＝352.3, 즉 3억5천2백3십만원이 된다. 또한 이상점인 서울과 천안을 제외할 경우 평균은 2848/8＝356, 즉 3억5천6백만원이 된다. 우리는 이상점을 제외한 나머지 관측치만을 이용하여 계산하여 얻은 평균인 3억5천6백만원이 우리나라 주요 도시를 대표하는 더 정확한 평균가격이라고 할 수 있다. 서울의 아파트 가격은 다른 도시에 비해 지나치게 비싸다는 것을 의미하고 천안의 아파트 가격은 다른 주요 도시와 비교하여 매우 싸기 때문이다.

표본크기가 10인 경우 줄기와 잎 그림에서 좌우대칭을 기준하여 이상점으로 왼쪽에 한 개, 오른쪽에 한 개를 각각 트림하였을 경우 10%를 트림하였다고 하고 그 결과로 얻은 평균을 10% **트림한 평균**(α % trimmed mean)이라고 한다. 자료를 트림하였을 경우에는 극단적인 이상점의 영향을 최소화시킬 수 있다.

1.2 도수분포표를 이용한 산술평균

자료가 도수분포표로 정리되어 있을 때에는 계급구간의 중앙값을 대표값으로 간주하여 산술평균을 구한다. 따라서 정확한 평균값은 구할 수 없다.

도수분포표를 이용하여 산술평균을 구하는 식은 다음과 같다.

$$\text{산술평균 : } \overline{X} = \frac{f_1 x_1 + f_2 x_2 + \cdots + f_k x_k}{n} = \sum_{i=1}^{k} \frac{f_1 x_i}{n} \qquad (4\text{-}3)$$

여기서 k는 계급의 수, x_1, x_2, x_3 ………… x_k는 각 계급구간의 중앙값, f_i는 i번째 계급의 도수이며 n은 자료의 수이다.

[예 4.3] 다음은 3장에서 인용한 [예 3.7]의 A대학교 사회복지학과 3학년 학생 20명의 통계학 성적의 결과이다. 도수분포표를 작성하여 평균을 구해 보자.

84	59	82	78	74	96	44	76	85	66
77	91	62	54	72	65	84	38	76	70

[풀 이] 도수분포표를 구하지 않고 각 관측치를 모두 합하여 표본크기인 20으로 나누어 산술평균을 구해도 되지만 이미 도수분포표가 작성되어 있을 경우에는 그것을 이용하여 쉽게 산술평균을 구할 수 있다. 식 (4-3)에 포함되어 있는 항목을 도수분포표에 나타내면 다음과 같다.

계급구간	중앙값(x_i)	도수(f_i)	$f_i\, x_i$
30-39	34.5	1	34.5
40-49	44.5	1	44.5
50-59	54.5	2	109
60-69	64.5	3	193.5
70-79	74.5	7	521.5
80-89	84.5	4	338
90-99	94.5	2	189
계		20	1,430

위의 도수분포표를 식 (4-3)에 대입하여 산술평균을 구하면 다음과 같다.

$$\overline{X} = \frac{34.5 + 44.5 + \cdots + 338 + 189}{20} = \frac{1,430}{20} = 71.5$$

1.3 기하평균(geometric mean)

기하평균은 물가의 변동률, 경제성장률, 인구의 변동률과 같이 어느 기간 동안의 변동률의 평균을 나타내는 것으로, 자료의 값이 x_1, x_2……x_n으로 구성되어 있을 때 기하평균 G는 다음과 같이 나타낸다. 즉 자료값들을 모두 곱한 값의 n제곱근을 취한 값을 말한다.

$$G=\sqrt[n]{x_1 \cdot \ x_2 \cdot \ \cdots \cdot \ x_n}$$ 양변에 상용로그를 취하면

$$\log G=\frac{1}{n} log(x_1 \cdot \ x_2 \cdot \ \cdots \cdot \ x_n)$$

$$=\frac{\log x_1+\log x_2+\cdots x_n}{n}=\frac{\sum_{i=1}^{n}\log x_i}{n} \quad (4\text{-}4)$$

[예 4.4] 어느 회사의 지난 5년 동안의 임금인상률이 5%, 9%, 10%, 3%, 13%였다고 한다면 5년 동안의 임금인상률에 대한 기하평균을 구해 보자.

[풀 이] 만약 5년 전인 1992년도의 임금이 10,000원이었다면, 지난 5년 동안의 임금인상률을 적용하면 1993년에는 10,500원, 1994년에는 10,500에서 9% 증가하였으므로 11,445원 … 같은 방법으로 12,589원, 12,967원, 14,653원으로 인상되었다.

연 도	임금인상률(%)
1992	-
1993	5
1994	9
1995	10
1996	3
1997	13

log G=1/5(log 5+log 9+log 10+log 3+log 13)

=1/5(0.699+0.954+1+0.477+1.114)

=1/5(4.244)

=0.8488

따라서 G=7.060

[예 4.5] 추석 4일 전 제수용품으로 가장 좋은 사과 하나의 가격이 1,000원이었다. 그러나 4일 후 추석날에는 6,000원으로 인상하였다. 사과가격의 하루 평균 증가율은?

[풀 이] 하루 평균 증가율을 k라 하면

2일 째 사과값은: $1{,}000+1{,}000k=1{,}000(1+k)$

3일 째 사과값은: $1{,}000(1+k)+1{,}000(1+k)k$

$=1{,}000+1{,}000k+1{,}000k+1{,}000k^2$

$=1{,}000+2{,}000k+1{,}000k^2$

$=1{,}000(1+2k+k^2)$

$=1{,}000(1+k)^2$

4일 째 추석날 사과값은: $1{,}000(1+k)^2+1{,}000(1+k)^2k$

$=1{,}000(1+2k+k^2)+1{,}000(1+2k+k^2)k$

$=1{,}000+2{,}000k+1{,}000k^2+1{,}000k+2{,}000k^2+1{,}000k^3$

$=1{,}000k^3+3{,}000k^2+3{,}000k+1{,}000$

$=1{,}000(k^3+3k^2+3k+1)$

$=1{,}000(k+1)^3=6{,}000$

따라서 $(k+1)^3=6$

$k+1=\sqrt[3]{6}$

$k=\sqrt[3]{6}-1$

$k=1.817-1$

$=0.817$ 즉 81.7%

1.4 중위수(또는 중앙값, median, Me)

자료의 위치를 측정하는 다른 방법으로 극단적인 이상점에 영향을 받지 않는 것은 중위수이다. 중위수는 자료를 크기 순서대로 나열하였을 때 가운데에 위치하는 자료값을 말한다. 중위수를 구하는 방법은 다음과 같다.

> 자료의 수를 n이라 할 때
>
> n이 홀수일 때 : $\frac{n+1}{2}$번째 자료값
>
> n이 짝수일 때 : $\frac{n}{2}$번째와 $\frac{n}{2}+1$번째 자료값의 평균 (4-5)

[예 4.6] 다음과 같은 자료가 있을 때 중위수를 구해 보자.

64	4	28	13	94	17	18	19	45	22
24	26	6	29	34	42	38	36	19	53
56	1	73	81	16					

[풀 이] 제일 먼저 위의 자료를 서열화시켜야 한다. 서열화시키면 다음과 같다.

1	4	6	13	16	17	18	19	19	22
24	26	28	29	34	36	38	42	45	53
56	64	73	81	94					

자료의 수는 25개 홀수이므로 식 (4-5)를 이용하면 중위수는 26/2=13번째 자료값인 28이 된다.

[예 4.7] [예 4.6]에 1개의 자료값인 104가 추가되었을 경우의 중위수를 구해 보자.

64	4	28	13	94	17	18	19	45	22
24	26	6	29	34	42	38	36	19	53
56	1	73	81	16	104				

[풀 이] 위의 자료를 서열화시키면

1	4	6	13	16	17	18	19	19	22
24	26	28	29	34	36	38	42	45	53
56	64	73	81	94	104				

자료의 수가 짝수이므로($n=26$), 식 (4-5)에 의하여 중위수는 $n/2$번째와 $n/2+1$번째 자료값의 평균이므로 13번째와 14번째의 자료값의 평균이다. 13번째 자료값은 28, 14번째는 29이다. 이 두 자료값의 평균은 $(28+29)\div2=28.5$이다.

1.5 최빈수(mode, Mo)

자료 가운데 빈도수가 가장 많은 자료값을 말한다. 중위수와 마찬가지로 자료 가운데 극단적인 이상점에 영향을 받지 않는다. 그러나 경우에 따라서 최빈수가 없거나 또는 두 개 이상 존재할 경우도 있다.

[예 4.8] 자료 A. 1 1 2 5 5 7 7 8 9 9 9 10 15의 최빈수는 9이다.
자료 B. 1 2 4 6 8 9의 최빈수는 없다.
자료 C. 1 1 1 2 2 4 6 6 6 8 8 9 9의 최빈수는 1과 6이다.

[풀 이] 자료 A의 경우 빈도수가 가장 많은 자료값은 9로서 빈도수는 3이다. 따라서 최빈수는 9이다. 자료 B의 경우 모든 자료의 빈도수는 1로서

동일하므로 최빈수는 없다. 자료 C의 경우 자료값 1의 빈도수는 3번, 2의 빈도수는 2번, 6의 빈도수는 3번, 8의 빈도수는 2번, 9의 빈도수는 2번이다. 따라서 빈도수가 가장 많은 자료값인 최빈수는 1과 6이다.

1.6 4분위수(quartiles)

자료를 서열화시켰을 때 1/4, 2/4, 3/4번째에 위치한 자료의 값을 말한다.

1/4번째 있는 자료값을 Q1(first quartiles),
2/4번째 있는 자료값을 Q2(second quartiles),
3/4번째 있는 자료값을 Q3(third quartiles)로 나타낸다면,

Q1 = 25/100 × 자료수(n)번째 값
Q2 = 50/100 × 자료수(n)번째 값
Q3 = 75/100 × 자료수(n)번째 값 (4-6)

4분위수를 그림으로 나타내면 [그림 4-3]과 같다.

그림 4-3

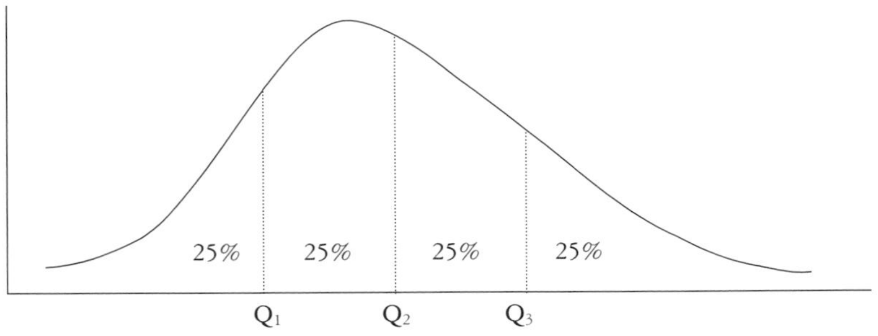

[예 4.9] [예 4.6]을 이용하여 Q1, Q2, Q3를 구해 보자.

1	4	6	13	16	17	18	19	19	22
24	26	28	29	34	36	38	42	45	53
56	64	73	81	94					

[풀 이] [예 4.9]의 자료를 서열화된 줄기와 잎 그림으로 나타내면 다음 [그림 4- 4]와 같다.

그림 4-4

0	1	4	6			
1	3	6	7	8	9	9
2	2	4	6	8	9	
3	4	6	8			
4	2	5				
5	3	6				
6	4					
7	3					
8	1					
9	4					

식 (4-6)을 이용하면,

$Q1 = 25/100 \times 25 = 6.25$ 따라서 7번째 있는 자료값 18이 된다.

$Q2 = 50/100 \times 25 = 12.5$ 따라서 13번째 있는 자료의 값은 28이 된다.

$Q3 = 75/100 \times 25 = 18.75$ 따라서 19번째 있는 자료값 45가 된다.

2. 산포도의 측정(measures of dispersion)

자료가 집중되어 있는 위치의 측정만을 가지고는 자료의 분포상태를 정확히 파악할 수 없다. 다음과 같은 예를 보자. 대학생의 평균신장을 측정하기 위해서 모집단으로부터 2개의 표본을 선택하여 측정한 결과가 다음과 같다.

표본 A:	155	160	165	163	157
표본 B:	150	170	155	180	145

두 개 표본의 평균신장은 모두 160(cm)이다. 그러나 표본 A의 모든 관측치들은 평균값에 거의 집중되어 있으나, 표본 B의 경우 거의 모든 관측치들은 평균값

으로부터 상당히 분산(spread out)되어 있음을 알 수 있다. 이와 같이 자료가 평균으로부터 밀집되어 있는 정도를 측정하는 것이 **산포도**이다. [그림 4-5]는 표본 A와 표본 B와 같이 평균은 같으나 산포도가 다른 두 집단의 분포를 나타내고 있다. 산포도를 측정하기 위하여 가장 많이 쓰이는 통계방법에는 범위, 4분위편차, 평균편차, 표준편차가 있다.

그림 4-5

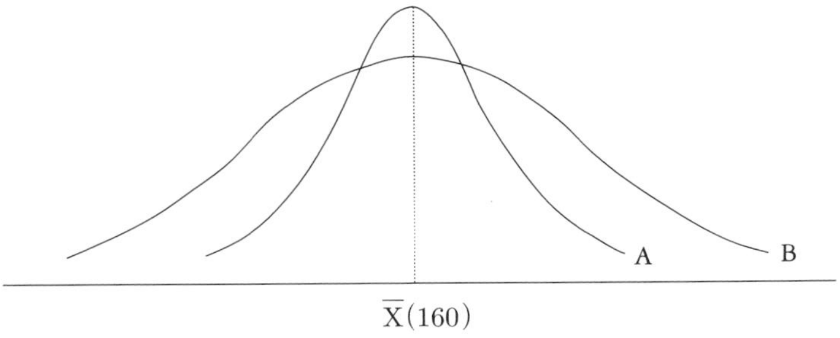

2.1 범위(range)

자료의 분산을 측정하는 가장 간단한 방법은 범위이다. 범위는 자료의 관측치 가운데 가장 큰 최대값과 가장 작은 최소값과의 차이를 말한다.

$$범위(R)=X_{max}(자료의\ 최대값)-X_{min}(자료의\ 최소값) \qquad (4\text{-}7)$$

식 (4-7)을 이용하여 위의 표본 A와 B의 범위를 구해보면 표본 A는 165-155=10이고, 표본 B는 180-145=35이다. 따라서 표본 B가 표본 A보다 평균으로부터 더 많이 분산되어 있음을 쉽게 알 수 있다. 표본의 크기가 작을 경우는 범위를 이용하여 자료의 분산을 쉽게 알 수 있으나 표본의 크기가 매우 클 경우에는 범위를 사용하는 일은 용이한 일이 아니다. 이러할 경우 자료의 분산을 측정하기 위해 가장 많이 사용되는 방법으로 표준편차를 이용하고 있다.

2.2 4분위편차(quartile deviation)

앞에서 우리는 4분위수(quartiles)에 대하여 학습하였다. 자료를 크기 순서대로 배열하여 4등분하였을 때 전체의 1/4에 위치한 자료의 값을 Q1, 2/4, 즉 가운데에 위치한 자료의 값을 Q2, 3/4에 위치한 자료의 값을 Q3로 나타내었다. 4분위편차는 다음 식 (4-8)과 같이 정의된다. 즉 산포도의 측정에 있어서 4분위편차의 의미는 자료를 4등분하였을 때 1/4번째의 값인 Q1과 3/4번째의 값인 Q3의 차를 2로 나눈 값이다. 앞서 학습한 자료의 범위는 자료의 최대값과 최소값의 차이를 나타내기 때문에 간단하기는 하지만 극단적인 이상점이 있을 경우에 심한 영향을 받는다. 그러나 4분위편차는 극단적인 이상점에 영향을 거의 받지 않는다.

$$4분위편차(Q) = \frac{Q_3 - Q_1}{2} \tag{4-8}$$

[예 4.10] [예 4.6]을 이용하여 4분위편차를 구해 보자.

1	4	6	13	16	17	18	19	19	22
24	26	28	29	34	36	38	42	45	53
56	64	73	81	94					

Q1 = 25/100×25 = 6.25 따라서 7번째 있는 자료값 18이 된다.
Q3 = 75/100×25 = 18.75, 따라서 19번째 있는 자료값 45가 된다.
따라서 4분위범위(Q3 − Q1) = 45 − 18 = 27
4분위편차 Q = 27/2 = 13.5가 된다.

2.3 평균편차(mean deviation)

편차(deviation)란 관측치들의 평균값으로부터 떨어져 있는 거리(distance)를 의미한다. 평균편차란 평균값에 대한 모든 관측치들의 편차의 절대값을 합한 수의 평균을 말하며 식 (4-9)와 같이 정의된다.

$$평균편차(MD) = \frac{1}{n}\sum_{i=1}^{n}|X_i - \overline{X}| \tag{4-9}$$

[예 4.11] 다음은 통계학을 수강하는 학생 9명의 성적이다. 평균편차를 구해 보자.

75	85	70	80	75	79	82	64	92

[풀 이] 우선 9명 학생의 통계학 성적의 평균 ($\overline{X}$)을 구하면 702/9 = 78이다.

점 수(X_i)	$X_i - \overline{X}$	$\lvert X_i - \overline{X} \rvert$
75	75−78=−3	3
85	85−78=7	7
70	70−78=−8	8
80	80−78=2	2
75	75−78=−3	3
79	79−78=1	1
82	82−78=4	4
64	64−78=−14	14
92	92−78=14	14
계		56

식 (4-9)에 대입하면 평균편차는 $\frac{1}{9}(56)=6.22$이다.

2.4 분산과 표준편차(variance & standard deviation)

모집단으로부터 추출된 표본의 크기가 작을 경우 범위는 산포도를 측정하는 데 매우 유용한 통계적 처리방법이다. 그러나 표본의 크기가 클 경우 산포도의 측정을 위해서는 보다 정밀한 통계적 처리방법이 필요하다. 이럴 경우 통계학에서 산포도의 측정을 위해 가장 널리 쓰이는 방법이 표준편차이다. 표준편차를 구하기 위해서는 제일 먼저 분산을 구해야 한다.

N개의 자료값으로 구성된 모집단의 관측치가 x_1, x_2 ……x_n이라 할 때 모분산(population variance)은 σ^2(시그마 제곱), 모집단에서 표본의 크기가 n개로 이루어진 표본을 추출했을 때 표본분산(sample variance)은 S^2로 표시하며 식 (4-10)과 같이 정의된다.

모집단의 분산(σ^2)$=\frac{1}{N}\sum_{i=1}^{N}(x_i-\mu)^2$, μ는 모평균

표본의 분산(S^2)$=\frac{1}{n-1}\sum_{i=1}^{n}(x_i-\overline{X})^2$, $\overline{X}$는 표본평균 (4-10)

표본의 분산을 나타내는 식에서 n대신에 n-1(자유도, degree of freedom)로 나누는 이유는 모집단의 분산을 추정하는 데 n-1로 나누는 것이 더 정확하기 때문이다. 표본분산에 있어서 $x_i-\overline{X}$는 모든 관측치에 대한 평균값으로부터의 편차를 의미하며 모든 관측치 x_i가 평균으로부터 얼마나 떨어져 있는가를 나타낸다. $\overline{X}$는 표본의 평균이므로 모든 관측치에 대한 편차의 합은 항상 0(zero)이므로 모

든 관측치에 대한 편차의 합의 평균도 역시 0이 된다. 그러나 자료의 모든 관측치에 대한 편차의 제곱의 합의 평균은 0이 아니고 표본의 분산을 나타낸다. 그러나 분산은 모든 관측치에 대한 편차의 제곱의 합의 평균이기 때문에 측정단위에 대한 제곱으로 나타내게 된다. 이러한 분산의 특성은 문제를 야기시킨다. 예를 들어 대학생 10명의 토익(TOEIC) 성적을 분산으로 나타낼 경우 단위는 점수의 제곱이 된다. 점수의 제곱은 우리에게 직시적인 의미를 주지 못한다. 몸무게일 경우 단위는 kg^2, 연령일 경우는 연령^{2}이 된다. 이러한 문제점을 해결하기 위한 방법으로 본래의 단위로 전환시키기 위하여 분산의 제곱근(square root)인 표준편차를 이용하는 것이다. 즉 표준편차는 분산의 제곱근이며 분석의 대상인 자료의 관측치와 동일한 단위를 사용하게 된다. 표준편차(standard deviation)는 식 (4-11)과 같이 정의된다.

$$\text{모집단의 표준편차}(\sigma) = \sqrt{\frac{\sum_{i=1}^{N}(x_i - \mu)^2}{N}}$$

$$\text{표본의 표준편차}(S) = \sqrt{\frac{\sum_{i=1}^{n}(x_i - \overline{X})^2}{n-1}} \tag{4-11}$$

[예 4.12] 다음은 어느 대학교에서 통계학을 수강하는 사회복지학과와 행정학과 학생 10명의 퀴즈 성적이다. 각 과 학생 점수의 표준편차를 구하고 그 결과를 해석해 보자.

사회복지학과 :	5	4	6	4	7	5	6	4	3	6
행 정 학 과 :	4	6	9	8	7	2	1	0	3	10

[풀 이] 사회복지학과

x_i	$x_i - \overline{X}$	$(x_i - \overline{X})^2$
5	5−5= 0	0
4	4−5=−1	1
6	6−5= 1	1
4	4−5=−1	1
7	7−5= 2	4
5	5−5= 0	0
6	6−5= 1	1

4	4−5=−1	1
3	3−5=−2	4
6	6−5= 1	1
계 50		14

평균은 5이고 분산(S^2)은 14/9=1.556이다. 따라서 표준편차(S)는 $\sqrt{1.556}$ =1.247이다.

행정학과

x_i	$x_i-\overline{X}$	$(x_i-\overline{X})^2$
4	4−5=−1	1
6	6−5= 1	1
9	9−5= 4	16
8	8−5= 3	9
7	7−5= 2	4
2	2−5=−3	9
1	1−5=−4	16
0	0−5=−5	25
3	3−5=−2	4
10	10−5= 5	25
계 50		110

행정학과 학생 퀴즈 성적의 평균은 5이고 분산(S2)은 110/9=12.222이다. 따라서 표준편차(S)는 $\sqrt{12.222}$ =3.496이다. 사회복지학과와 행정학과 학생 퀴즈 성적의 표준편차를 비교하면 사회복지학과보다 행정학과 학생 퀴즈 성적의 표준편차가 더 크기 때문에 행정학과 학생 퀴즈 성적이 평균값으로부터 더 분산되어 있다고 말할 수 있다. 육안으로 보아도 쉽게 식별할 수 있다.

식 (4-11)은 표준편차의 개념을 설명하기 위한 것으로(definitional form) 이를 이용하여 표준편차를 구할 수도 있으나 간단한 계산법(computational form)을 소개하면 식 (4-12)와 같다.

$$S=\sqrt{\frac{\Sigma x_i^2-(\Sigma x_i)^2/n}{n-1}} \qquad (4\text{-}12)$$

[예 4.13] [예 4.12]에서 사회복지학과 학생 퀴즈 성적의 표준편차를 간단한 계산

법을 이용하여 구해 보자.

사회복지학과 : 5 4 6 4 7 5 6 4 3 6

[풀 이]

x_i	${x_i}^2$
5	25
4	16
6	36
4	16
7	49
5	25
6	36
4	16
3	9
6	36
계 50	264

이 결과를 식 (4-12)에 대입하면 표준편차(S)는

$$\sqrt{\frac{264-(50)^2/10}{9}}=\sqrt{\frac{14}{9}}=1.247$$

로서 이는 식 (4-11)을 이용한 [예 4.12]의 결과와 동일하다.

(1) **경험법칙**(Empirical Rule)**과 체비쉐브의 법칙**(Chebyshev's Rule)

두 개의 자료가 있을 때 각 자료에 대한 표준편차를 비교하여 그 결과를 해석하는 일은 매우 간단하고 쉬운 일이다. 한 자료의 표준편차 값이 다른 자료의 그것보다 크다는 것은 표준편차 값이 작은 집단보다 자료의 관측치들이 평균으로부터 더 분산되어 있다는 것을 의미한다. [예 4.12]의 결과 행정학과 학생의 통계학 퀴즈 점수에 대한 표준편차가 사회복지학과 학생 통계학 퀴즈 점수보다 크다는 것은 행정학과 학생의 점수가 사회복지학과 학생과 비교할 때 평균으로부터 더 분산되어 있다는 것을 의미한다. 더 쉽게 설명하면 행정학과 학생 가운데 통계학의 실력 차이가 더 크다는 것을 의미한다고 볼 수 있다.

그렇다면 하나의 자료만이 존재할 때 이 자료의 관측치들이 평균으로부터 어느 정도나 분산되었는지를 어떻게 알 수 있는가. 가장 널리 이용되는 방법은 평균으로부터 특정한 표준편차 값 내에 자료의 몇 퍼센트가 포함되는지를 확인하는 방법이다. 예를 들어, 평균으로부터 1배의 표준편차 값 내에 자료의 몇 퍼센트가 포함되어 있는가? 2배의 표준편차 값 내에 자료의 몇 퍼센트가 포함되어 있는가? 물론 이러한 질문에 대한 답은 자료가 어떻게 분포되어 있느냐에 달려 있다.

만약 자료가 정규분포(normal distribution, bell-shape, 종모양)를 이를 경우 경험법칙은 평균값으로부터 1배, 2배, 3배의 표준편차 값 내에 자료가 대략 얼마나 포함되어 있는지를 설명한다. 이론적으로 경험법칙은 모집단의 분포에 적용되는 것이지만 표본의 크기가 커서 자료가 정규분포를 이룰 때 자료의 분포상태를 합리적으로 예측하는 데 사용될 수 있다.

〈표 4-2〉 경험법칙(Empirical Rule)

표본의 자료가 정규분포를 이루고 있을 경우에,

1. 평균에 대한 1배의 표준편차 값 내에 자료 관측치의 약 68%가 포함된다.
   ($\overline{X}-1S < 68\% < \overline{X}+1S$)
2. 평균에 대한 2배의 표준편차 값 내에 자료 관측치의 약 95%가 포함된다.
   ($\overline{X}-2S < 95\% < \overline{X}+2S$)
3. 평균에 대한 3배의 표준편차 값 내에 자료의 전체 관측치가 포함된다.
   ($\overline{X}-3S < 100\% < \overline{X}+3S$)

표본의 크기에 상관없이 자료가 어떠한 모양으로 분포되었다 할지라도, <표 4-3>의 체비쉐브의 법칙을 이용하여 자료의 산포도를 파악할 수 있다.

〈표 4-3〉 체비쉐브(Chebyshev's Rule)의 법칙

자료의 분포모양에 상관없이,

1. 적어도 관측치의 2/3는 2배의 표준편차 값 내에 존재한다.
   ($\overline{X}-2S <$ 75% 이상 $< \overline{X}+2S$)
2. 적어도 관측치의 8/9는 3배의 표준편차 값 내에 존재한다.
   ($\overline{X}-3S <$ 89% 이상 $< \overline{X}+3S$)

[예 4.14] 다음은 어느 대학 경영학과 3학년 학생 30명의 학기 말 통계학 성적이다. 경험법칙이나 체비쉐브의 법칙을 이용하여 자료의 산포도를 측정하라.

57	88	65	74	82	45	38	59	44	68
48	56	75	63	69	53	80	55	47	60
54	58	61	72	35	62	78	46	52	71

[풀 이] 경험법칙이나 체비쉐브의 법칙 가운데 어떤 법칙을 이용할 것인지를 결정하기 위해 제일 먼저 자료의 분포가 종모양을 이루고 있는지를 알기 위해서 자료를 줄기와 잎 그림으로 나타내면 다음과 같다.

3	5	8						
4	4	5	6	7	8			
5	2	3	4	5	6	7	8	9
6	0	1	2	3	5	8	9	
7	1	2	4	5	8			
8	0	2	8					

위의 줄기와 잎 그림을 보면 자료의 분포상태가 종모양과 비슷함을 알 수 있다. 따라서 경험법칙에 적용한다. 식 (4-12)의 간단한 계산법을 이용한 결과 평균($\overline{X}$)=60.5이고 표준편차(S)는 13.387이다.

자료 관측치의 약 68%가 1배의 표준편차 값 내에 포함되는지를 조사해 보자.

$$\overline{X}-S=60.5-13.387=47.113,\quad \overline{X}+S=60.5+13.387=73.887$$

47.113과 73.887 사이에는 18개의 관측치가 포함된다. 따라서 18/30 =0.6=60%

자료 관측치의 약 95%가 2배의 표준편차 값 내에 포함되는지를 조사해 보자.

$$\overline{X}-2S=60.5-2(13.387)=33.726,\quad \overline{X}+2S=60.5+2(13.387)=87.274$$

33.726과 87.274 사이에는 29개의 관측치가 포함되므로 29/30= 0.967=96.7%

마지막으로 3배의 표준편차 값 내에는 자료의 모든 관측치가 포함된다.

즉 $\overline{X}-3S=60.5-3(13.387)=60.5-40.161=20.339,$

$\overline{X}-3S=60.5-3(13.387)=60.5-40.161=100.661$

풀이 결과를 볼 때 1배의 표준편차 값 내에는 자료의 60%가 포함되어 있고, 2배의 표준편차 값 내에는 96.7%가 포함되어 있다. 이러한 사실은 경험법칙의 조건들을 만족시킨다고 볼 수 있다. 주어진 표준편차 값 내에서 경험법칙의 조건에서 규정하고 있는 자료의 관측치의 비율보다 현저히 적은 관측치를 포함하고 있을 경우 자료가 분산되어 있다고 본다.

만약 자료의 분포가 종모양을 이루고 있지 않을 경우 체비쉐브의 법칙을 이용할 수 있다. [예 4.14]를 체비쉐브 법칙에 적용하여 적어도 관측치의 75%가 33.726과 87.274 사이에 포함되어야 한다. 또한 적어도 관측치의 89%가 20.339와 100.661 사이에 포함되어야 한다. [예 4.14]의 자료는 이러한 조건들을 만족시킨다.

(2) **표준편차와 이상점**(outliers)

우리가 예상할 수 있듯이 표준편차는 이상점에 대하여 매우 민감한 반응을 보인다. 다음과 같은 예를 통하여 살펴보기로 하자.

[예 4.15] 다음은 고등학교 3학년 자녀를 둔 서울 한 지역 30가구에서 고3 학생 1명을 위해 한달 과외비로 지출되고 있는 금액을 나타내고 있다(단위 만원). 평균과 표준편차를 구해 보자. 또한 10% 트림한 평균과 표준편차를 구해 보자. 이상점이 표준편차에 어느 정도의 영향을 미치는가를 알아보자.

99	67	149	100	83	115	92	93	102	94	73	107	48	98	123
97	81	101	102	94	103	105	106	95	108	86	117	98	134	94

[풀 이] 자료를 서열화된 줄기와 잎 그림으로 나타내면 다음과 같다.

4	8								
5									
6	7								
7	3								
8	1	3	6						
9	2	3	4	4	4	5	7	8	8	9
10	0	1	2	2	3	5	6	7	8
11	5	7							
12	3								
13	4								
14	9								

자료의 평균을 구하면 98.8이고 표준편차는 18.92이다. 자료의 평균이 98.8임을 감안할 때 자료의 관측치들 가운데 평균으로부터 동떨어진 몇 개의 극단적인 이상점을 발견할 수 있다. 따라서 자료를 10% 트림한 서열화된 줄기와 잎 그림으로 나타내면 다음과 같다. 평균을 중심으로 양쪽에 대한 10%를 트림하면 표본의 크기가 30이므로 좌측 3개, 우측 3개 모두 6개를 트림한다.

8	1	3	6							
9	2	3	4	4	4	5	7	8	8	9
10	0	1	2	2	3	5	6	7	8	
11	5	7								

10% 트림한 자료의 평균을 구하면 98.75이다. 그러나 표준편차는 8.79로 본래 자료의 표준편차와 비교하여 약 2배 정도나 감소하였다는 것을 알 수 있다. 이와 같이 이상점이 있을 경우 트림을 하여도 평균에는 큰 변화가 없으나 표준편차에는 커다란 변화를 준다는 사실을 알 수 있다.

3. 비대칭도의 측정(measures of skewness)

지금까지 자료의 수량적 측정치 가운데 자료의 집중도와 산포도에 관하여 학습하였다. 마지막으로 자료분포의 특징을 더 자세히 파악하기 위해 자료의 집중도와 산포도 외에 분포의 모양이 대칭분포(symmetric distribution)로부터 얼마나 벗어나 있는지, 즉 자료분포가 대칭을 이루고 있는지 어느 한 쪽으로 치우쳐 있는지와, 자료분포의 모양의 첨예한 정도, 즉 위로 뾰족한지 완만한지를 알아보는 방법에 대하여 알아보기로 한다.

3.1 왜도(skewness)

자료의 분포모양이 어느 쪽으로 얼마만큼 기울어져 있는가, 즉 비대칭 정도를 나타내는 척도이다. 대칭을 이루는 정규분포(normal distribution)에서는 최빈수와 함께 평균과 중위수가 중앙의 한 곳에 위치하게 된다([그림 4-6] 참조). 그러나 최빈수가 도수곡선(frequency curve)의 왼쪽이나 오른쪽에 위치할 경우 평균과 중위수는 최빈수의 위치와는 다른 곳에 위치하게 된다. 이럴 경우 도수곡선 모양의 한 쪽이 다른 쪽보다 더 길 때 이것을 비대칭이라 한다. 왼쪽으로 긴 꼬리를 가

그림 4-6

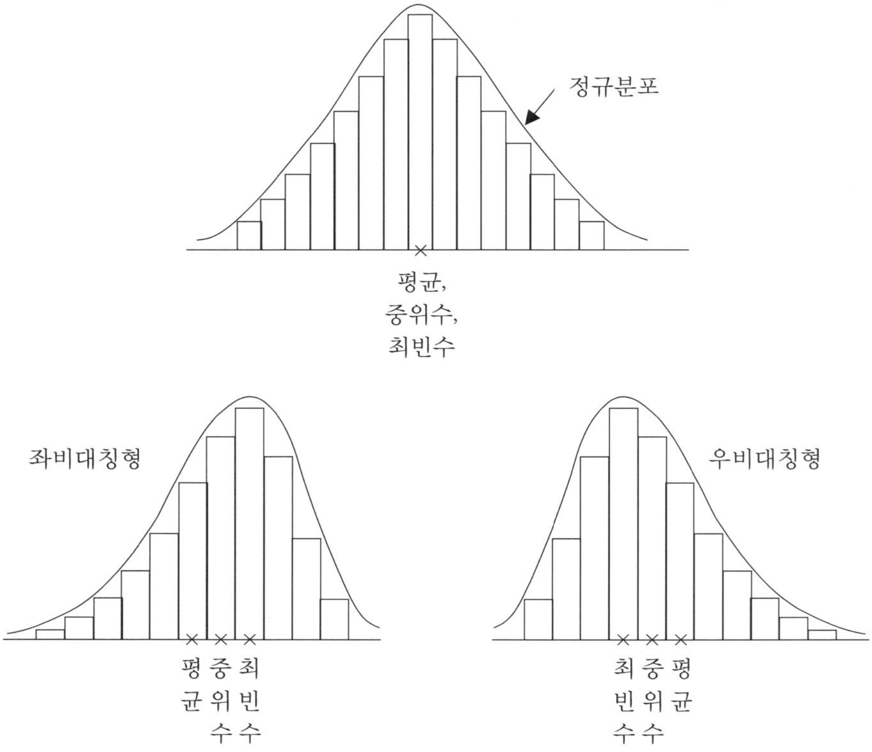

지면 좌비대칭형(skewed left)이라 하고 이 때에는 음의 왜도(negative skewness)를 갖는다. 오른쪽으로 긴 꼬리를 가지면 양의 왜도(positive skewness)를 가지며 우비대칭형(skewed right)이라 한다. 이 외에도 비대칭형으로는 J형, L형, U형, 쌍봉형 등이 있다.

자료분포의 왜도를 측정하는 방법 가운데에는 여러 방법이 있으나 가장 많이 사용되는 **피어슨**(Karl Pearson)**의 비대칭계수**에 대하여 학습하기로 한다.

피어슨은 비대칭 척도를 측정하는 방법으로 평균값과 최빈수, 평균값과 중위수의 거리를 기준으로 두 가지로 나누어 전자간의 관계를 중심으로 나타낸 것을 왜도의 **제1차 계수**(first coefficient of skewness)라 하고 후자간의 관계를 나타낸 것을 왜도의 **제2차 계수**(second coefficient of skewness)라 칭하고 있다. 여기서는 피어슨의 제2차 계수에 대해서만 설명하기로 한다.

식 (4-13)은 산술평균, 중위수 및 표준편차 사이의 관계를 나타내는 것으로 왜도를 나타내는 계수(Sk)가 0보다 크면 자료의 분포상태를 나타내는 도수곡선이 오른쪽으로 긴 꼬리를 가진 우비대칭형을 보이고(즉 평균이 중위수보다 오른쪽에 위치), 0보다 작으면 왼쪽으로 긴 꼬리를 가진 좌비대칭형을 나타낸다(즉 평균이 중위수보다 왼쪽에 위치). 계수가 0이면 좌우대칭인 정규분포를 이룬다(즉 중위수와 평균이 동일한 곳에 위치하게 된다).

$$\text{왜도}(Sk) = \frac{3(\overline{X} - M_e)}{S} \qquad \left(\begin{array}{l} \overline{X} : \text{평 균} \\ Me : \text{중 위 수} \\ S : \text{표준편차} \end{array} \right)$$

$$(-1 < Sk < +1) \qquad (4\text{-}13)$$

[예 4.16] [예 4.6]의 자료를 이용하여 피어슨의 제2차 비대칭계수를 구해 보자.

64	4	28	13	94	17	18	19	45	22
24	26	6	29	34	42	38	36	19	53
56	1	73	81	16					

[풀 이] 식 (4-13)을 이용하여 피어슨의 제2차 비대칭계수를 구하려면 평균, 중위수 및 표준편차를 알아야 한다. 이들을 구하기 전에 자료분포의 모양을 알기 위해 자료를 서열화시키면 다음과 같다.

1	4	6	13	16	17	18	19	19	22
24	26	28	29	34	36	38	42	45	53
56	64	73	81	94					

자료를 서열화된 줄기와 잎 그림으로 나타내면 다음과 같다.

0	1	4	6			
1	3	6	7	8	9	9
2	2	4	6	8	9	
3	4	6	8			
4	2	5				
5	3	6				
6	4					
7	3					
8	1					
9	4					

자료의 분포는 정규분포를 이루지 않고 오른쪽으로 긴 꼬리를 가진 우비대칭형을 보이고(즉 평균이 중위수보다 오른쪽에 위치) 있으므로 왜도를 나타내는 계수가 0보다 클 것이라는 것을 예측할 수 있다.

자료의 수는 25개 홀수이므로 식 (4-5)를 이용하면 중위수는 26/2=13번째 자료값인 28이 된다. 식 (4-12)를 이용하여 평균과 표준편차를 구한 결과 평균은 34.3이고 표준편차는 24.3이다. 이 결과를 식 (4-13)에 대입하면 왜도(Sk)=3(34.3−28)/24.3=0.778이다.

피어슨의 제2차 비대칭계수는 0.778로 계수가 0보다 크므로 오른쪽으로 긴 꼬리를 가진 우비대칭이라는 것과 또한 평균값인 34.3이 중위수인 28보다 더 크다고 예측한 사실이 입증되었다.

3.2 첨도(kurtosis)

자료의 분포모양의 첨예(尖銳)의 정도, 즉 도수커브가 위로 뾰족한가 아니면 완만한가를 나타내는 척도이다. 첨도를 측정하는 방법 가운데 가장 널리 이용되고 있는 것은 피어슨(Karl Pearson)에 의하여 소개된 **적률계수**(α_4)이며 식 (4-14)와 같다.

$$\alpha_4 = \frac{m_4}{{m_2}^2}$$
$$m_4 = \sum_{i=1}^{n}(x_i - \overline{X})^4/n$$
$$m_2 = \sum_{i=1}^{n}(x_i - \overline{X})^2/n \qquad (4\text{-}14)$$

식 (4-14)에서 $\alpha_4=3$일 때는 자료가 정규분포(중첨)를 이루고 있음을 나타낸다. 만약 $\alpha_4 > 3$일 때는 자료의 분포가 정규분포보다 위로 뾰족한 급첨을 나타내고, $\alpha_4 < 3$일 때는 자료의 분포가 정규분포보다 아래로 완만한 완첨을 나타낸다.

[그림 4-7]은 자료분포의 모양의 첨예의 정도에 따른 급첨, 중첨, 완첨을 나타내고 있다.

그림 4-7

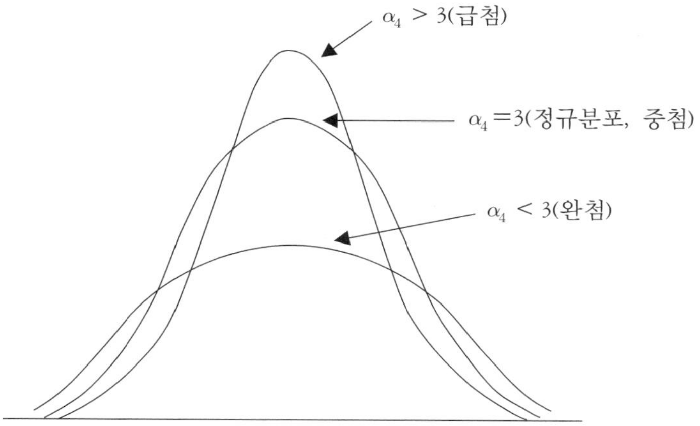

연습문제

1. 다음 자료의 평균과 20% 트림한 평균을 각각 구하시오.

215	247	169	210	242
198	184	275	170	211

2. 다음은 A자동차에서 생산되는 800cc B승용차 10대를 운전한 결과 고속도로에서 1리터당 주행거리(km)이다. 다음의 통계량을 구하시오.

21 22 21 19 18 23 21 20 21 24

1) 평균
2) 중위수
3) 최빈수
4) 범위
5) 4분위편차
6) 평균편차
7) 표준편차
8) 피어슨의 비대칭계수(Sk)
9) 피어슨의 적률계수(α_4)

3. 다음은 A대학교 경제학과 3학년 학생 31명과 경영학과 3학년 학생 27명의 통계학 기말고사 점수이다 줄기와 잎 그림으로 나타내고 표준편차를 구하시오.

경제학과 :

81	73	86	90	75	80	75	81
85	87	83	75	70	65	80	76
64	74	86	80	83	67	82	78
76	83	71	90	77	81	82	

경영학과 :

87	77	66	75	78	82	82	71
79	73	91	97	89	92	75	89
75	95	84	75	82	74	77	87
69	96	65					

4. 다음 자료를 이용하여
   1) 편차의 합은 항상 0임을 확인하시오.
   2) 표준편차를 구하시오.

   6.8 5.7 9.2 8.4 7.4

5. 산포도를 측정할 때 분산을 이용하지 않고 표준편차를 이용하는 이유에 대해 설명하시오.

6. 최근 3년 동안 쌀 한 가마 가격의 인상률이 9%, 8%, 7%였다. 3년 동안의 쌀가격 인상률에 대한 기하평균을 구하시오.

1. 원자료(raw data)를 이용한 기술통계 분석

[예제 1]

다음은 A 대학교 사회복지학과 3학년 학생 20명의 통계학 성적의 결과이다.

84	59	82	78	74	96	44	76	85	66
77	91	62	54	72	65	84	38	76	70

이 자료의 특성치를 파악하기 위하여 평균, 최빈수, 중앙값, 분산, 표준편차, 왜도, 첨도 등을 구해 보자.

① 위의 데이터를 [그림 4-8]에서와 같이 SPSS 데이터 편집기 창에 입력한다.

그림 4-8 입력자료화면

② 기술통계치를 구하기 위하여 [그림 4-9]에서와 같이 실행명령을 지정한다.

그림 4-9 실행명령 지정

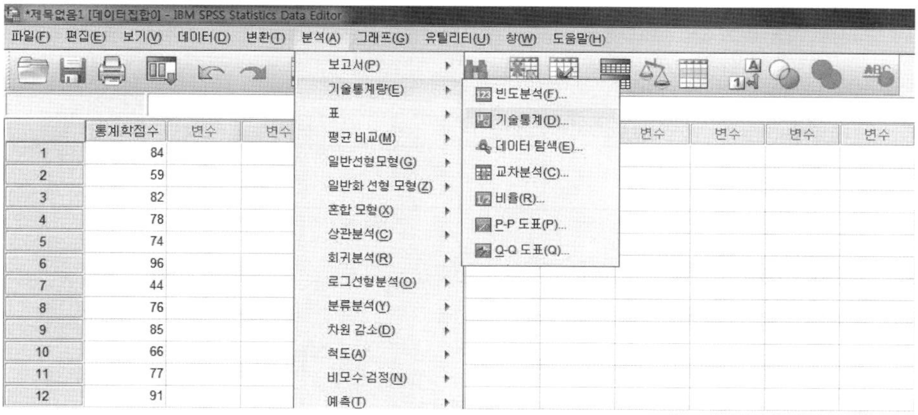

③ 그 다음 [그림 4-10]에서와 같이 원하는 통계치를 구하기 위하여 기술통계 대화상자에서 통계학점수 변수를 오른쪽 [변수(V)]란으로 이동시키고 우측의 옵션(O)을 클릭하여 해당 부분을 지정해 준다.

그림 4-10 빈도 분석 대화상자

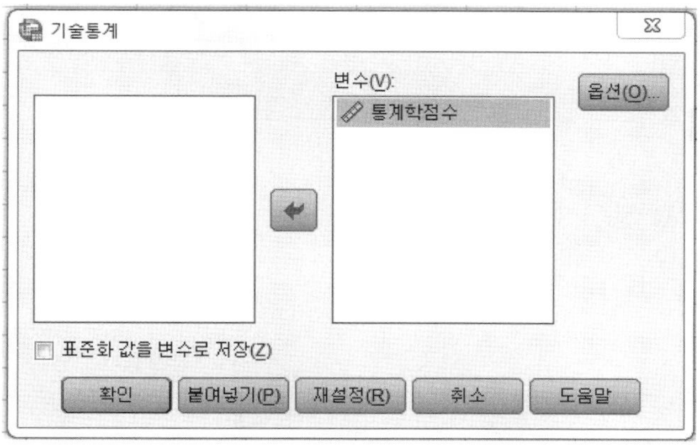

⑤ 필요한 부분을 모두 지정한 후 확인을 누르면 [그림 4-11]에서와 같이 출력결과창에서 분석결과가 나타난다.

그림 4-11 기술통계 분석결과

기술통계량

	N	최소값	최대값	합계	평균	표준편차	분산
통계학점수	20	38	96	1433	71.65	14.887	221.608
유효수 (목록별)	20						

2. 도수분포표를 이용한 기술통계분석

위의 데이터가 다음과 같이 도수분포표로 정리되어 있다. 이 경우 SPSS를 활용하여 평균을 구하는 방법에 대하여 알아보자.

계급구간(x)	중간값(m)	도수(f)
30-39	34.5	1
40-49	44.5	1
50-59	54.5	2
60-69	64.5	3
70-79	74.5	7
80-89	84.5	4
90-99	94.5	2
계		20

① 먼저 [그림 4-12]에서와 같이 자료를 입력한다.

그림 4-12 입력자료화면

② 위의 자료에서 합계를 얻기 위해서는 중간값에 도수를 곱해 주어야 한다. 이러한 연산을 수행하도록 하기 위하여 [그림 4-13]에서와 같이 지정한다.

그림 4-13 실행명령 지정

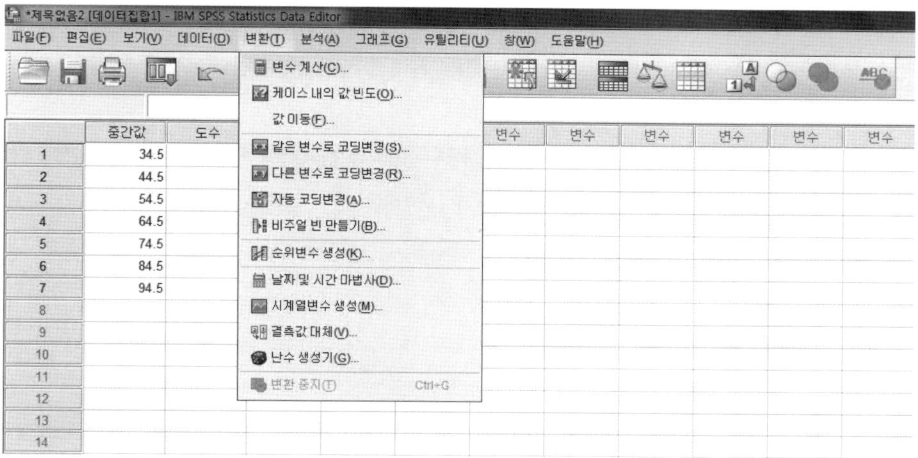

③ [그림 4-14]에서와 같이 [대상변수(T)]를 지정해 주고 [숫자표현식(E)]에 좌측의 중간값과 도수 변수를 이동하여 곱하여 준다.

그림 4-14 변수계산 화면

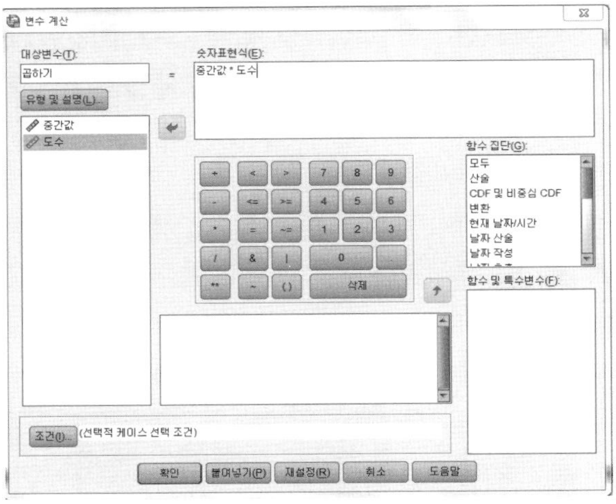

④ 그 후 [확인]을 클릭하면 입력자료 화면에 [그림 4-15]에서와 같이 새로운 변수가 생겨난다.

그림 4-15 새 입력자료

	중간값	도수	곱하기	변수	변수	변수	변수	변수	변수	변수	변수
1	34.5	1	34.50								
2	44.5	1	44.50								
3	54.5	2	109.00								
4	64.5	3	193.50								
5	74.5	7	521.50								
6	84.5	4	338.00								
7	94.5	2	189.00								
8											
9											
10											
11											
12											

⑤ 이 새 입력자료를 가지고 [그림 4-16]에서와 같이 지정하여 기술통계분석을 한다.

그림 4-16 실행명령 지정

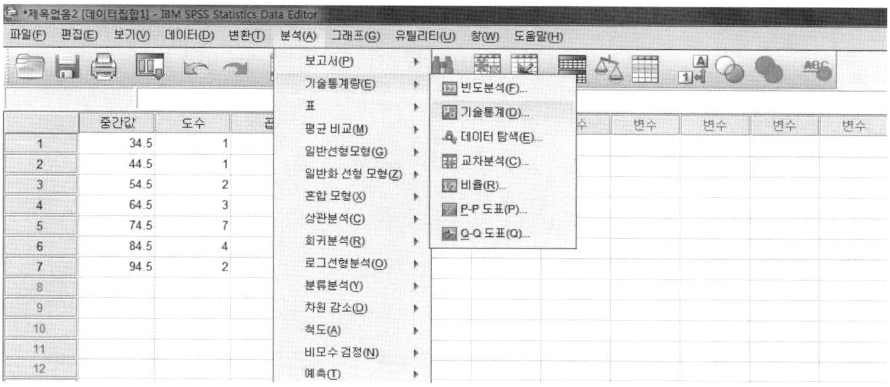

⑥ 기술통계 분석을 실시하면 [그림 4-17]에서와 같이 결과가 분석되어 나타난다.

그림 4-17 기술통계 분석 결과

기술통계량

	N	최소값	최대값	합계	평균	표준편차
곱하기	7	34.50	521.50	1430.00	204.2857	174.30454
유효수 (목록별)	7					

⑦ 여기에서 평균을 구할 경우 합계를 도수로 나누어 주면 된다.

제 5 장　초급 확률론

1. 무작위실험과 표본공간
2. 집합의 개념과 순열
3. 확률의 개념과 정의
4. 확률에 관한 정리와 계산
5. 조건확률과 베이즈 정리

앞장에서 몇 가지 기술통계(Descriptive Statistics)방법에 대해 배웠다. 이런 것이 수집된 각종 정보를 정리하고 분류하여 명료하고 유용한 자료로 만들어 활용하는 방법이었다면 이제 보다 정교한 방식으로 기본통계정보를 활용하여 새로운 정보와 사실을 밝혀내는 통계추론도구의 개발에 대해 공부를 하게 된다. 그러기 위해서는 먼저 우리가 우리의 판단이 어느 정도 불확실하고 불충분한 정보에 의존하고 있으며 어느 정도 오류의 가능성을 갖고 있는지를 사전에 인지할 수 있는 확률적 지식이 필요하다. 여기에서는 초급 확률이론에 대해 배우고 이런 확률이론을 바탕으로 확률변수(Random Variables)와 확률분포(Probability Distributions)에 대해 배우기로 한다.

1. 무작위실험(Random Experiment)과 표본공간(Sample Space)

우리는 축구시합 전에 심판이 양팀 주장을 불러놓고 그들 앞에서 동전을 높게 던져 공격방향과 공을 선택하게끔 하는 것을 보곤 한다. 이렇게 동전을 던져 앞뒷면이 어떻게 나올지 모르게 할 때 이런 행위가 대표적인 무작위실험(Random Experiment)이라고 할 수 있다. 즉, 여기서 무작위(random)란 우연의 요소가 있다는 것을 의미하며 그러한 **우연적인 요소를 갖도록 어떤 결과를 나타나게 하는 행위를 실험**(experiment)이라고 한다. 그러면 실제 우리 주위에 어떤 일들이 이런 '무작위실험'과 관련된 것이라고 할 수 있을까?

가. 두 개의 주사위를 굴려 주사위 맨 윗면에 몇 개의 점들이 나왔는지 세어 보았다.
나. 동전을 10번 던져 "앞면"이 나오는 총 횟수를 세어 보았다.
다. 전국 70개 도시 중에 1개 도시를 무작위로 선정했다. 어느 도시가 선정되었나?
라. 일정기간 동안 A회사에서 만든 MP3 중에 몇 개의 불량품이 나왔는지 세어보았다.
마. 교차로에서 1시간 동안 지나가는 차들의 숫자를 전부 세어보았다.

위의 보기들 전부 다가 '무작위 실험'이라고 할 수 있다. 즉, **무작위실험이란 우리가 어떤 관측을 하면서 실제 그 관측결과의 향방이 어떻게 나올지 확신할 수 없는 상황**을 지칭하는 것이다. 앞의 여러 실험에서 정확한 결과는 알 수 없다.

결과를 예측할 수 없는 것이다. 그러나 우리는 그 실험결과 일어날 수 있는 모든 가능성을 목록으로 만들 수는 있다. 이때 결과적으로 일어날 가능성 하나 하나를 우리는 결과(outcome) 라고 부르며 더 이상 나누어지지 않는 원소가 된다. 즉, 결과(outcomes)란 우연히 일어날 수 있는 최소의 단위라고 할 수 있다. 이때 **어떤 주어진 실험에서 모든 결과들의 총합을 표본공간**(sample space)**이라고 부르며 글자 S로 나타낸다.**

예를 들어 동전을 던졌을 때, 동전의 앞면과 뒷면 두 개의 결과밖에 나올 수 없다. 그러면 동전의 앞면을 뜻하는 H와 뒷면을 뜻하는 T를 사용하여 표본공간 S={H, T} 라고 표시한다.

여기에서 만약에 우리가 두 개의 주사위를 던진다면 각 윗면에 나타난 점들의 수를 다 더할 경우 어떻게 될까? 가장 작은 수는 2부터 3, 4, 5, 6,……12까지 나오게 될 것이다. 그렇다면, 이 보기에서 S={2, 3, 4,……,12} 라고 표기하면 될 것이다. 사건이란 표본공간 S의 한 부분집합이다.

무작위실험(random experiment)**과 표본공간**(sampling space)

> 무작위실험이란 우리가 어떤 관측을 하면서 실제 그 관측결과의 향방이 어떻게 나올지 확신할 수 없는 우연적 상황을 만드는 행위를 무작위실험(random experiment)이라고 하며 그러한 무작위실험에서 나타난 모든 결과들의 총합을 표본공간(sample space)이라고 하고 글자 S로 나타낸다.

2. 집합의 개념과 순열

확률을 논하기 위해서는 집합의 개념을 사용하면 매우 편리하다. 따라서, 확률을 논하는 데 필요한 집합의 개념과 순열 및 조합에 대해 공부하기로 한다. 먼저, 집합(set)이란 우리 생각의 대상물로서 일정한 범위내에 있는 것들을 모아 하나의 전체로 생각한 것을 말한다. 이때 일정한 범위내에 있는 각각의 대상물들을 가리켜 이 집합의 원소(element)라고 부르며, 원소 a가 집합 A안에 속할 때 집합 A는 a를 포함한다 라고 한다. 이것을 다음과 같이 표시한다.

$$a \in A \text{ 또는 } A \ni a$$

반면에 원소가 없는 집합을 공집합이라고 하고 이를 $\varnothing$로 표시한다. 이런 집합의 개념을 나타내는 데에는 보통 두 가지 방법을 사용한다. 하나는 집합 A의 원소 a, b, c, …… 일 때 그 원소를 모두 나열하고 괄호로 묶어서 A={a, b, c, ……}와 같이 나타내는 방법이고, 또 하나는 어떤 조건 $p(x)$를 만족하는원소 x들 전체의 집합 A를 A={X‖ $p(x)$}로 나타내는 방법이다.

또한, 두 집합 A, B가 똑같은 원소를 가질 때는 이 두 집합은 동일하다 또는 같다라고 하고 A=B로 나타낸다.

따라서, 두 집합 A와 B가 같으면 A의 원소는 모두 B에 속하고 또 B의 원소는 모두 A에 속한다고 말할 수 있다. 즉,

$$A=\{a,\ b,\ c\},\ B=\{c,\ b,\ a\}$$

위에서 보듯이, 원소를 나열하는 순서에 상관없이 위의 A와 B 집합은 둘 다 같은 집합인 것이다.

만약에 두 집합 A, B에서 A의 모든 원소가 B에 속할 때, 집합 A는 B의 부분집합(subset)이라고 하고 기호로 A⊆B 또는B⊇A 라고 표시한다.

중요한 것은 모든 집합은 그 자신의 부분집합이며, 공집합은 모든 집합의 부분집합이라는 것인데, 특히 A⊆B이지만 동시에 A≠B인 경우에 A를 B의 진부분집합이라고 하고 A⊂B 또는 B⊃A로 표시한다.

예를 들어, 여기서 A={1, 2, 3}의 부분집합을 구하면 ∅, {1}, {2}, {3}, {1,2}, {1,3}, {2,3} {1,2,3}이 된다.

즉, A의 부분집합은 모두 23=8개 이다.

추상적으로 하나의 일정한 큰 집합을 생각하고 그 원소나 부분집합에 대해서만 고찰할 경우에 이때 집합 U를 전체집합 또는 전집합(universal set)이라고 한다. 전집합 U의 부분집합인 A, B가 있을 때 이 두 집합 중에 적어도 한 집합에 속하는 원소들 전체의 집합을 A와 B의 합집합(union)이라고 하고 $A \cup B=\{x|x \in A$ 또는 $x \in B\}$로 표시한다.

그런데, 만약에 전집합 U의 두 부분집합인 A, B가 있을 때, 집합 A에 속하는 동시에 집합 B에도 속하는 원소들의 집합을 A와 B의 공통부분집합, 또는 교집합(intersection)이라고 하고 이를 A∩B로 표시한다. 즉,

$$A \cap B=\{x|x \in A,\ x \in B\}$$

이때 A와 B에 공통원소가 없다면 A∩B=∅이며 서로 배타적이라고 한다.

[그림 5-1]이 이러한 것을 잘 보여주고 있다. 반면에 [그림 5-2]가 보여주듯이,

전집합 U의 부분집합 A에 대하여 집합 A에 속하지 않는 U의 원소들로만 모여서 된 집합을 A의 여집합(complement)이라고 하고 이를 $\overline{A}$ 또는 A^c로 나타낸다.

예를 들어, 전집합 U={6, 7, 8, 9, 11, 13, 15}에서, A={6, 8, 11}의 여집합은 $\overline{A}$={7, 9, 13, 15} 이다.

그림 5-1 A∩B=∅의 관계

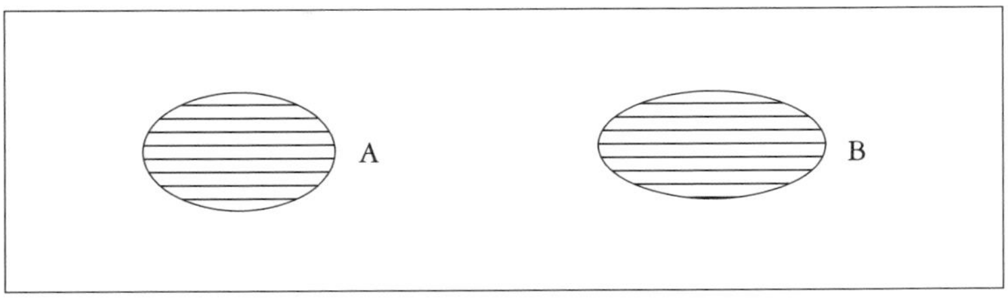

그림 5-2 $\overline{A}$={7, 9, 13, 15}

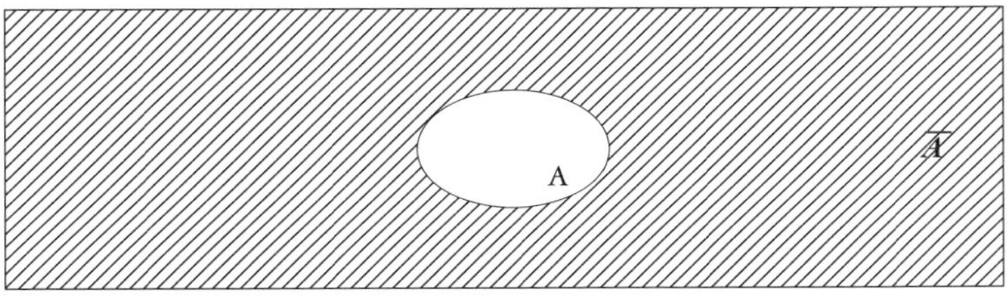

2.1 순열과 조합

어떤 사건의 확률을 구하기 위해서는 그 사건이 일어날 수 있는 모든 경우의 수를 알아야 한다. 첫째, 사건 A가 n_1가지 방법으로 일어나고 사건 B가 n_2가지 방법으로 일어날 때, 이 두 사건이 절대로 동시에 일어나지 않는다면 A 또는 B가 일어나는 경우의 총수는 n_1+n_2이라고 할 수 있다. 반면에, 사건 A가 n_1가지 방법으로 일어나고 그 각각의 경우에 사건 B가 n_2가지 방법으로 일어난다면, 사건 A에 잇달아 사건 B가 일어날 경우의 총수는 $n_1 \times n_2$라고 할 수 있다.

서로 다른 n개의 물건 중에서 r개를 추출하여 순서대로 나열하는 경우의 수를 순열(permutation)이라고 하며 다음과 같이 정의한다.

$$nPr=\frac{n!}{n-r}! \quad , \qquad \text{단 } n!=n(n-1)(n-2) \cdots 2\cdot 1$$

또한 이 식을 변형하면

$$nPr=n(n-1)(n-2) \cdots\cdots (n-r+1), \qquad (n\geq r)\text{이 된다.}$$

예를 들어 1,2,3,4,5,6,7의 정수를 이용하여 만들 수 있는 서로 다른 네 자리 정수는 몇 가지인지 계산해 보면, 1234와 4321은 같은 네 자리 정수이지만 각각의 정수값배열순서에 따라 서로 다른 정수가 되므로 앞에서 배운 순열공식을 이용하면 ${}_7P_4=7\times6\times5\times4=840$이 된다.

이러한 순열에는 중복순열, 원순열 등 여러 가지 종류가 있다. 그 중에 중복순열은 서로 다른 n개 중에서 중복을 허락하여 r개를 추출하는 순열로서 기호는 $n\prod r$이라고 나타낸다.

$$n\prod r=n^r$$

반면에, 전체 n개 중에서 순서에 상관없이 r개를 임의로 뽑는 방법을 조합(combination)이라고 하고 nCr로 표시한다. 순열과 조합의 상관관계를 살펴보면 앞에서 nPr의 의미는 n개 중에서 r개를 뽑아내어 순서대로 배열하는 것이므로 다음과 같은 식이 성립된다. 즉,

$$nPr=nCr\times r!=n(n-1)(n-2) \cdots (n-r+1)$$

따라서 $$nCr=\frac{nPr}{r!}=\frac{n!}{r!(n-r)!}\text{이 된다.}$$

예를 들어 52장의 카드 중에서 3장의 카드를 순서없이 뽑는 방법은 몇 가지가 될 것인가?

$$nCr=\frac{n!}{r!(n-r)!}=\frac{52!}{3!(52-3)!}$$

$$=\frac{52!}{3!\times 49!}$$

$$=22100$$

순열과 조합의 공식

가) $nCr = \frac{nPr}{r!}$

나) $nPr = nCr \times r!$

다) $nCr = \frac{n!}{r!(n-r)}!$

3. 확률의 개념과 정의

어떤 결과의 향방이 불확실하게 나타나는 상황을 실험이라고 하였다. 표본공간에서 그러한 실험결과의 모든 가능성을 전부 다 적을 수는 있겠지만 그러나 당장 실험 결과가 어떻게 일어날지는 모른다. 예를 들면 주사위를 던졌을 때, 우리는 모든 가능성을 1부터 6까지 적을 수는 있겠지만 지금 던져서 당장 1이 나올지 6이 나올지는 모르는 것이다. 이때 **표본공간 S에 있는 어떤 사건에 숫자를 부여하여 그 사건이 일어날 가능성을 나타낼 수 있는데 이러한 발생가능성을 표시한 수를 확률**이라고 부른다.

여기에서 앞의 주사위문제로 돌아가서 다시 실험을 해 보자. 주사위를 굴려 주사위에 나타날 수 있는 제일 큰 숫자 6이 나오는 가 실험해보는 것이다. 10번을 굴렸을 때 6이 몇번 나왔는가? 50번을 굴렸을 때는 몇번이며 100번을 던졌을 때 몇번이나 6이 나왔는가? 여기에서 우리가 시행한 횟수에 대해 6이 나온 횟수를 나누면 우리는 대체로 6이 나올 수 있는 가능성 즉, 확률을 알게 된다.

즉, 어떤 실험의 횟수가 계속 증가할수록 사건 A가 발생할 상대적 빈도수가 임의의 가치 P를 중심으로 안정화되는 경향이 있는데, 이때 P를 사건 A의 확률이라고 부르며 *P*(*A*)라고 표기한다. 위의 보기에서 숫자 6이 나올 확률은 1/6, 대략 0.17이기 때문에 P(A)≒0.17이라고 표기한다.

3.1 확률의 정의

표본공간 S에 있는 어떤 사건에 숫자를 부여하여 그 사건이 일어날 가능성을 나타낼 때 이러한 발생가능성을 표시한 수를 확률이라고 한다. 즉, 어떤 실험의 횟수가 계속 증가할수록 사건 A가 발생할 상대적 빈도수가 임의의 가치 P를 중심으로 안정화되는 경향이 있는데, 이때 P를 사건 A의 확률이라고 부르며 *P*(*A*)라고 표기한다.

3.2 확률의 종류

어떤 사건의 확률은 보통 다음과 같은 3가지 방법으로 정의된다.

(1) 논리적 방법

어떤 실험의 가능한 결과가 모두 n개이고 이들 결과가 나타날 가능성이 동일하고 중복되지 않는다면 사건 A의 확률을 a/n으로 정하는 것이다. 즉, 우리가 동전을 던졌을 때 그 동전의 앞면과 뒷면이 나타날 가능성이 동일하고 중복되지 않기 때문에 앞면이 나올 확률은 1/2이다. 이처럼 동전을 여러번 던져 앞면과 뒷면이 나올 가능성이 반반씩이라고 논리적으로 예상할 수 있을 때 이와 같이 논리적이고 선험적인 판단에 근거를 두어 얻어낸 확률을 논리적 확률, 선험적 확률이라고 부른다.

(2) 경험적 확률

어떤 사건에 대한 확률을 수많은 반복시행을 통해 나타난 사건의 상대빈도수로 그 사건의 확률로 정하는 방법이다. 어떤 실험을 동일조건 아래 n번 반복시행했을 때 사건 A가 a번 나타나면 이 사건의 상대빈도수는 a/n이다. 이때 a/n의 값을 사건 A의 확률로 정하는 것이다. 예를 들면 우리가 앞의 보기에서처럼 주사위를 10번 굴렸을 때 주사위 표면에 6개의 점이 나타나는 횟수를 세어 보았을 때 2이었다고 가정하자. 이런 식으로 100번, 1000번 던졌을 때 "6"이 나온 횟수가 각각 18, 169라고 한다면 그때 "6"이 나오는 사건의 확률은 169/1000, 즉 대략 $P(A)=0.17$이라고 정하는 것과 같은 경우이다. 이와 같이 경험적 결과에 근거하여 사건의 상대빈도수에 따라 확률을 정하는 방법을 경험적 확률이라고 한다. 이에 대표적인 경우가 출산의 경우이다. 남아출산의 확률일 경우, 많은 출산의 결과에 기초하여 확률을 정하는데 이와 같이 경험적인 결과에 기초하여 정하는 확률을 경험적 확률이라고 부르며 위의 논리적 방법과 마찬가지로 객관적 확률이라고 부른다.

(3) 주관적 방법

위의 객관적 확률방식과는 달리 실제로 자주 경험할 수 없거나 또는 단 한번의 실험결과를 가지고 부득이 어떤 사건이 일어날 확률을 예측해야 할 경우가 있다. 이런 경우 확률은 개인적인 확신이나 주관에 따라 좌우된다. 즉, 개인의 확신과 주관에 따라 어떤 사건의 확률을 정할 수밖에 없는데, 이런 경우의 확률을 주관적 확률(subjective probability)이라고 한다. 예를 들어 1부터 39까지의 숫자가 있는 회전판에 주사위를 던져 숫자를 맞추는 카지노의 룰렛게임에서 이론적으로 확률은 1/39 즉, 대략 0.025정도이다. 하지만 프로 딜러의 주사위를 던지는 솜씨와 기술을 감안하여 베팅이 많이 걸린 앞번호 숫자(1~26번까지)가 아니라 베팅이 많이 안 놓인 뒷번호 숫자(27~39)가 걸릴 가능성(확률)을 더 높게 보고 자신의 주관적 판단으로 뒷번호 숫자에 베팅을 할 경우에 이처럼 임의로 정하는 확률을 가리킨다. 이러한 주관적 확률은 이론적으로 우리에게 알려진 것보다 실제 현실상황은 매우 달라서 객관적인 방법만으로 확률을 구하기가 어려운 경우에 사용되는 확률적인 방법이다. 예를 들면, 남북통일이 될 확률, 인플레 억제를 위한 특정 경제정책 A의 목표달성확률 등 이런 것은 상당부분 정책결정자의 주관적 판단과 신념에 의해 결정되는 주관적 확률이지만 매우 중대한 사안이기때문에 활용도에서는 비록 객관적 확률보다 떨어지지만 현실적으로 쉽게 경시할 수 없는 확률이다.

4. 확률에 관한 정리와 계산

지금까지 확률에 대한 이론과 개념에 대해 살펴보았으며 주어진 실험에서 결과의 가능성을 놓고 사건의 확률을 정하는 방식에 대해서도 알아보았다. 이러한 확률적 지식을 수학적으로 표현하여 공리로 나타낸 다면 다음과 같이 정의할 수 있다.

> A가 표본공간 S내에 있는 한 사건(event)이라고 할 때,
> 공리 1. $P(A) \geq 0$.
> 공리 2. $P(S) = 1$.
> 공리 3. B가 S의 또 다른 사건으로 서로 상호 배타적이라면 $P(\text{A} \cup \text{B}) = P(\text{A}) + P(\text{B})$

여기에서 공리 1은 표본공간 S내에서 사건 A가 일어날 확률값은 실수값을 갖는다는 것을 의미하며, 공리 2는 표본공간 S 자체가 실험에 따른 모든 결과를 다 포함한다는 것을 전제로 하기 때문에 반드시 일어날 확률 1을 갖는다는 것을 의미한다. 여기에 공리 3은 사건 A와 B가 서로 배타적인 사건으로 일어난다면 그

두 사건이 발생할 확률은 사건 A의 확률과 사건 B의 확률을 합한 것과 같다는 것을 의미한다.

예를 들어, 어떤 회사의 직원들 학력을 조사했는데, 중졸 15%, 고졸 25%, 대졸 34%, 대학원졸 이상이 26%라고 한다. 여기에서 중졸 이하의 사람이 추출될 사건을 A, 고졸 이하의 사람을 추출될 사건을 B라고 한다면 두 사건은 서로 배타적이기 때문에 만약 우리가 고졸 이하의 사람을 추출할 확률을 구한다면 다음과 같다.

$$P(A \cup B) = P(A) + P(B)$$

$$P(A \cup B) = 0.15 + 0.25 = 0.40$$

한편, 두 사건이 서로 배타적으로 일어나지 않고 중복되어서 나타나는 경우도 생각할 수 있는데, 이때 확률의 덧셈법칙은 다르게 계산된다. 즉, 각 사건이 일어날 확률을 전부 다 더한 다음에 두 사건이 동시에 일어날 확률을 빼는 방식으로서 이러한 방법은 다음과 같은 식으로 표현될 수 있을 것이다.

$$P(A \cup B) = P(A) + P(B) - P(A \cap B)$$

예를 들어, 어떤 학과에 다니는 학생들 39명의 고향을 조사하였는데, 영남출신이 17명, 호남출신이 15명, 그리고 양쪽 지역에 다 걸쳐 성장한 학생이 1명이라고 한다면 이들 중에 영호남이 고향인 사람의 확률은 어떻게 계산할 수 있는가? 먼저 영남출신의 확률을 $P(A)$, 호남출신의 확률을 $P(B)$라고 하면

$$P(A \cup B) = P(A) + P(B) - P(A \cap B) = (17/39) + (15/39) - (1/39) = 31/39$$

즉, ≒0.79라고 할 수 있다.

5. 조건확률과 베이즈 정리(Bayes' Theorem)

어떤 사건 A가 이미 일어난 상태에서 또 다른 사건 B가 뒤이어 일어날 확률을 가리켜 조건확률(conditional probability)이라고 한다. 즉, **두 개의 사건 A와 B가 있는데, 사건 B의 발생이 사건 A가 먼저 발생한 상태에서 뒤이어 일어날 가능성을 염두에 두는 경우 이를 A가 발생한 상태에서 B가 발생할 조건확률**이라고 하며 $P(B/A)$라고 나타낸다. 여기에서 $P(B/A)$는 B의 발생에 A의 영향을 염두에 둔

확률개념이므로 A가 발생하더라도 B에 전혀 영향을 미치지 못하는 독립적 사건일 경우에는 조건확률의 의미가 없다고 하겠다.

그러면 여기에서 조건확률의 예를 들어 보자. 지난 30년간 모 대학교 역대 학생회장 30명의 출신학과를 조사해 보았다. 조사해 본 결과, 사회계열이 18명이고 나머지 계열이 12명이었다. 이들 중에 임의로 2명을 선택한다면 첫번째 선택된 사람이 사회계열이었을 경우 다음 두번째 사람이 사회계열일 확률은 조건확률로서 다음과 같이 계산될 수 있다.

$$P(\mathrm{B}/\mathrm{A}) = \frac{18-1}{30-1} = \frac{17}{29}$$

즉, 첫번째 선택에서 사회계열출신이 나옴으로써 사회계열출신은 17명이 남고 남은 학생의 총 숫자는 29명이 된다. 첫번째 사회계열출신이 선택되는 사건을 A라고 하고 두번째 사회계열 출신이 선택되는 사건을 B라고 할 경우에 $P(\mathrm{A}) = \frac{18}{30}$이지만 조건확률 $P(\mathrm{B}/\mathrm{A})$는 사건 A의 영향을 받기 때문에 $\frac{18-1}{30-1} = \frac{17}{29}$가 되는 것이다.

조건확률의 정의

> 어떤 사건 A가 이미 일어난 상태에서 또 다른 사건 B가 뒤이어 일어날 확률을 가리켜 조건확률(conditional probability)이라고 한다. 즉, 두 개의 사건 A와 B가 있는데, 사건 B의 발생이 사건 A가 먼저 발생한 상태에서 뒤이어 일어날 가능성을 염두에 두는 경우 이를 A가 발생한 상태에서 B가 발생할 조건확률이라고 부르며 $P(\mathrm{B}/\mathrm{A})$라고 나타낸다.

위의 조건확률에서는 주어진 상황하에서 하나의 사건이 발생할 확률을 의미하는 것이지만, 만약에 둘이상의 사건이 동시에 발생할 확률을 따질 경우에는 확률의 곱셈법칙을 적용하여야한다. 즉, 만약에 사건 A, B가 서로 독립적인 사건이 아니라면 사건 A의 발생으로 인하여 사건 B의 발생이 함께 영향을 받으므로 사건 A와 B가 동시에 발생할 확률은 사건 A가 일어날 확률에다가 A의 영향을 받게 되는 사건 B의 조건확률을 곱한 것과 같다. 이럴 경우 사건 A와 B가 동시에 발생할 조건확률은 다음과 같은 식으로 표기된다.

$$P(\mathrm{A} \cap \mathrm{B}) = P(\mathrm{A}) \cdot P(\mathrm{B}/\mathrm{A})$$

앞에서 보기를 든 모 대학의 역대 학생회장에 대한 조사를 예로 들어보자. 30명의 역대 회장 중에서 임의로 두 사람을 동시에 선택할 때 두 사람이 모두 다

사회계열출신일 확률은 어떻게 될 것인가? 앞의 보기에서는 한 사람이 두번째 선택될 확률을 구하였지만, 여기에서는 두 사람 모두가 동시에 선택될 확률을 구하는 것이므로 첫번째 사회계열 출신이 선택되는 사건을 A, 두번째 사회계열 출신이 선택되는 사건을 B라고 할 경우에 $P(A)=18/30$, $P(B/A)=17/29$로서 이들의 곱한 값 0.351이 우리가 구하는 확률이 된다.

$$P(A \cap B)=P(A) \cdot P(B/A)=18/30 \times 17/29=0.351$$

이처럼 확률의 곱셈은 두번의 시도를 하여 두 사건이 동시에 발생할 확률을 구할 때도 적용되지만 한번의 시도에서 서로 다른 두 사건이 동시에 일어날 확률을 구할 때도 적용된다.

앞의 보기에서 모 대학교의 역대 회장들이 나온 지역별 출신을 살펴보았는데 30명 중에서 수도권출신이 13명이고 나머지는 지방출신이었다고 하면, 이들 중에서 임의로 한 명을 뽑을 경우 이 사람이 사회계열이면서 수도권출신일 경우의 확률은 다음과 같이 확률의 곱셈법칙으로 계산된다.

$$P(A \cap B)=P(A) \cdot P(B/A)=\frac{18}{30} \times \frac{12}{29}=0.248$$

베이즈 정리(Bayes' theorem)는 앞에서 설명한 확률의 곱셈법칙과 조건확률을 이용하는 이론이다. 예를 들어, 모 대학의 총학생회장선거에서 중간 여론조사를 하였더니 갑이라는 후보를 지지하는 학생들이 40%이고 을이라는 후보를 지지하는 학생들이 60%라고 한다. 갑을 지지하는 학생들 중에는 여학생이 30%이고 을을 지지하는 학생들 중에는 여학생이 40%로서 을후보가 여학생들에게 더 인기가 있는 것으로 나타났다. 그러면 여기서 방송인터뷰를 하기 위해 임의로 한 여학생을 선정했을 경우에 이 여학생이 갑이라는 후보를 지지하고 있을 확률은 어떻게 될까?

먼저, A1=갑의 지지자를 선택하게 되는 사건
A2=을의 지지자를 선택하게 되는 사건
M=남학생을 선택하게 되는 사건
F=여학생을 선택하게 되는 사건이라고 한다면

이 경우에 확률 $P(A_1/F)$를 구하는 식은 다음과 같다.

$$P(A_1/F) = \frac{P(A_1)P(F/A_1)}{P(A_1)P(F/A) + P(A_2)P(F/A_2)}$$

$$= \frac{\frac{12}{100}}{\frac{12}{100} + \frac{24}{100}} = \frac{12}{36} = \frac{1}{3}$$

		$P(M/A_1)=7/10$	남자 $P(A_1 \cap M)=4/10 \cdot 7/10=28/100$
$P(A_1)=4/10$	갑		
		$P(F/A_1)=3/10$	여자 $P(A_1 \cap F)=4/10 \cdot 3/10=12/100$
		$P(M/(A_2)=6/10$	남자 $P(A_2 \cap M)=6/10 \cdot 6/10=36/100$
$P(A_2)=6/10$	을		
		$P(F/(A_2)=4/10$	여자 $P(A_2 \cap F)=6/10 \cdot 4/10=24/100$

만약에 여기에서 이 여자가 을을 지지하는 사람일 경우의 확률을 구한다면,

$$P(A_2/F) = \frac{P(A_2)P(F/A_2)}{P(A_1)P(F/A_1) + P(A_2)P(F/A_2)}$$

$$= \frac{24}{100} / \frac{36}{100} = \frac{2}{3}$$

베이즈 정리

어떤 표본공간 S에 관해 k개의 사건 A_1, A_2, A_3, ⋯ A_k가

1) $S=A_1 \cup A_2, \ \cup A_3 \cup \cdots \cup A_k$
2) $A_i \cap A_j = \varnothing$, $i \neq j$의 조건을 만족한다고 하면, 즉 k개의 사건 A_1, A_2, ⋯ A_k 중에 하나, 그리고 꼭 한 사건만이 일어난다고 하면 사건 B에 대하여 다음과 같은 식이 성립하는데 이를 베이즈 정리(Bayesian Theorem)라고 한다.

$$P(A_i/B) = \frac{P(A_i)P(B/A_i)}{P(A_1)P(B/A_1) + \ldots + P(A_k)P(B/A_k)}$$

$(i=1,\ 2,\ \cdots,\ k)$

연습문제

1. 집합 A={4, 6, 9}의 부분집합을 모두 구하라.

2. 1개의 주사위를 던졌을 때 표면이 홀수가 나올 확률을 구하라.

3. Pr(A)=0.4, Pr(B)=0.2, Pr(A/B)=0.6 일 때 Pr(A∩B)의 값은?

4. statistics라는 10개의 철자를 늘어 놓는 방법은 모두 몇 가지인가?

5. 카드 52장을 가지고 포카를 치고 있는데, 뽑은 카드를 다시 넣지 않고 나누어 줄 경우에 에이스 3장 즉, 에이스 트리플을 가질 확률을 구하라.

6. 어느 공장에서 20개의 MP3마다 1개의 불량품이 나온다고 한다. 만약에 임의로 2개를 추출한다면 2개다 불량품이 나올 확률은 얼마인가? 하나는 결함이 있고 또 하나는 결함이 없을 확률은 얼마인가? 또 2개 다 불량품이 아닐 확률은 얼마인가?

7. 5원짜리 동전 1개와 10원짜리 동전 1개를 동시에 던진 다고 할 때, 표본공간을 구하라.

8. 자연수 전체가 하나의 집합일 경우에 자연수의 집합을 집합기호로 나타내라.

9. 확률의 공리적 정의에 대하여 설명하라.

10. 베이즈의 정리란 무엇을 말하는지 설명하라.

11. 논리적 확률이란 어떤 확률을 말하는가?

제 6 장 확률변수와 확률분포

1. 확률변수
2. 확률분포
3. 이항 분포와 포아송 분포
4. 연속확률분포
5. 표준정규분포
6. 이항 분포의 정규근사

앞장에서 우리는 무작위적인 실험을 통해 어떤 사건들이 일어날 확률과 확률 이론, 그런 확률을 계산하는 여러 가지 방법에 대하여 배웠다. 우리가 살아가는 현실세계는 비록 아주 똑같지는 않지만 그런 이론적 확률모델과 많은 부분이 유사하거나 또는 많은 부분이 닮은 형태로 있다. 따라서, 이러한 확률적 분포의 유형에 대해 잘 알게 되면 유사한 형태의 현실세계 문제를 분석하거나 예측하는 데 아주 강력한 도움이 된다. 이 6장에서는 현실세계를 분석하는 데 도움이 되는 여러 가지 확률분포의 유형과 그에 대한 수학적 모델의 구성방법에 대해 공부하기로 한다.

1. 확률변수(random variables)

앞에서 우리는 동전을 던지는 실험을 통하여 여러 가지 확률에 대한 공부를 하였다. 여기에서 또 다시 3개의 동전을 던져 동전앞면이 나오는 것을 세어보자. 동전의 앞면이 나오는 형태는 다음과 같은 확률을 갖게 될 것이다.

S = {HHH, HHT, HTH,HTT,THH,THT,TTH,TTT}
P(전부 다 뒷면)=1/8, *P*(1개의 앞면)=3/8
P(두 개의 앞면)=3/8, *P*(전부다 앞면)=1/8

만약에 이 보기에서 우리가 동전앞면이 나온 결과에 대해 세 개가 나오면 3이라는 숫자를, 2개의 경우는 2, 1개는 1, 없는 것은 0이라고 매길 경우에 이처럼 우리가 무작위실험(random experiment)을 하여 나타난 결과의 수가 일정한 확률값을 가지고 변수로 존재할 수 있을 때, 이러한 변수를 확률변수(random variables)라고 한다.

즉, 확률변수란 표본공간 S로부터 모든 결과에 숫자를 부과하는 실수값에 대한 함수를 의미한다. 또 다른 예를 든다면 주사위 2개를 굴려서 맨 윗면에 나타난 점의 숫자를 합할 경우에 이러한 것이 확률변수가 될 수 있으며 어떤 회사에서 100개의 제품 중에 20개씩 선택하여 불량품이 나오는 숫자같은 경우가 될 수 있겠다. 이러한 확률변수 중에는 어느 구간의 모든 실수값을 갖지 않고 0,1,2,3⋯과 같은 고립된 값만을 가지는 경우가 있는데, 이러한 확률변수를 이산확률변수(discrete random variables) 또는 이산변수라고한다. 반면에, 확률변수 X가 어느 구간내의 모든 실수값을 가질 수 있을 때 이러한 확률변수를 연속확률변수(continuous random variables) 또는 연속변수라고 간단히 부른다.

예를 들어, 어느 가게에서 모회사의 아이스크림을 파는데 지난 1달간 매일 판매량 X를 조사하였더니, 1개 팔린 날이 4일, 2개 팔린 날이 6일, 3개 팔린 날이 10일, 4개 팔린 날이 7일 5개 팔린날이 3일 6개 팔린 날 이 1일이라고 한다면 이때 아이스크림 판매량 X는 이산확률변수가 된다. 반면에, 통에 담긴 아이스크림의 무게를 X라고 하고 아이스크림의 무게를 재어보았더니, 0.95kg, 0.98kg, 0.99kg, 1.01kg, 1.02, 1.05kg 등등 0.95부터 1.05 사이의 무한히 많은 값을 택하는 것으로 나타났다면 아이스크림 무게 X는 연속확률변수라고 할 수 있다. 이처럼 키, 몸무게, 시간과 같은 것을 측정하는 실험의 변수는 본질적으로 연속변수라고 하겠다. 이제 여기에서 배운 확률변수의 개념을 이용하여 확률분포의 개념에 대해 알아보자.

확률변수의 정의와 유형

무작위실험(random experiment)을 하여 나타난 결과의 수가 일정한 확률값을 가지고 변수로 존재할 때, 이러한 변수들을 확률변수(random variables)라고 한다. 즉, 확률변수란 표본공간 S로부터 모든 결과에 숫자를 부과하는 실수값에 대한 함수를 의미하는 것으로 이러한 확률변수 중에 어느 구간의 모든 실수값을 갖지 않고 고립된 값만을 가지는 경우에, 이러한 확률변수를 이산확률변수(discrete random variables)라고 하며, 반면에, 확률변수 X가 어느 구간내의 모든 실수값을 가지는 경우에 이러한 확률변수를 연속확률변수(continuous random variables)라고 한다.

2. 확률분포(probability distribution)

앞장에서 도수분포표에 대해 공부할 때 도수분포표는 어떤 변수의 가치들 즉, 분포의 형태, 중심경향, 분산정도 등을 잘 보여주는 표와 같은 형태를 이루고 있었다. 많은 시행을 계속 할 경우에는 확률도 또한 이처럼 일종의 상대도수처럼 나타나기 때문에 확률변수(random variables)의 가능한 가치들에게 확률의 분배가 어떻게 나타나는 지를 묘사하는 분포표를 생각해 볼 수 있다.

앞의 아이스크림 판매의 예를 들어 들어보자. 모회사의 아이스크림을 파는데 지난 1달간 매일 판매량 X를 조사하였더니, 1개 팔린 날이 4일, 2개 팔린 날이 6일, 3개 팔린 날이 7일, 4개 팔린 날이 10일, 5개 팔린날이 3일, 6개 팔린 날이 1일이라고 한다면 이때 확률변수 X가 취할 수 있는 각각의 값 x에 대하여 발생할 확률의 분포는 <표 6-1>과 같다. 이때 (가)는 X의 모든 값을 보여주고, (나)는 아이스크림 판매량의 빈도를 나타내며, (다)는 X의 값의 상대도수 즉, 확률을 나타낸다.

이처럼 아이스크림 판매량인 확률변수 X와 X가 취할 수 있는 각각의 값 x에 대하여 발생할 확률의 관계를 확률분포라고 하며 이러한 관계를 표로 만든 것을 확률분포표라고 부른다. 확률분포는 확률변수의 유형에 따라 이산확률분포와 연속확률분포로 나눌 수 있으며 이산확률분포의 대표적인 유형에는 이항분포와 포아송분포가 있고 연속확률분포의 대표적인 형태에는 정규분포, 지수분포 등이 있다.

확률분포의 정의와 유형

확률변수 X와 X가 취할 수 있는 각각의 값 x에 대하여 발생할 확률의 관계를 나타낸 것을 확률분포라고 하며 이러한 확률분포는 확률변수의 유형에 따라 이산확률분포와 연속확률분포로 나눌 수 있다.

〈표 6-1〉 확률분포표

(가) 확률변수 X의 값	(나) 일수(도수)	(다) 상대도수(확률)
1	4	0.13
2	6	0.19
3	7	0.22
4	10	0.32
5	3	0.10
6	1	0.04
합계	31	1.00

먼저, 이산확률분포에 대해 알아보자. 바로 앞의 보기에서처럼 아이스크림 판매량 확률변수 X는 이산변수 X의 각 값에 대응하는 확률의 분포를 나타내므로 이산확률분포라고 할 수 있는데, 여기에서 이산확률변수 X가 취할 수 있는 값 $x_1, x_2, x_3, \cdots$의 각각에 대하여 확률 $Pr(X=x_1)$, $Pr(X=x_2)$, $Pr(X=x_3), \cdots$를 대응시켜주는 관계를 X의 확률질량함수(probability mass function)라고 한다. 즉

$$P(x_i)=Pr(X=x_i \qquad x=x_i\text{일 때 } (i=1,2,3\cdots)$$
$$0 \qquad \text{기타}$$

로 정의되는 함수 $p(x_i)$가 확률변수 X의 확률질량함수이다.

> X가 이산확률변수이고 모든 가능한 출현값 x_i에 대해 다음 식을 만족할 때, 함수 $p(x_i)$를 X의 확률질량함수라 한다.
> (1) $p(x_i) \geq 0$
> (2) $\sum_i p(x_i) = 1$
> (3) $Pr(X = x_i) = p(x_i)$

앞에서 이산확률변수의 분포는 확률변수 X가 취할 수 있는 값들에 대한 확률로 유도해 내었으나 연속확률분포의 경우에는 이와 달리 확률변수가 취할 수 있는 수직선내의 임의의 구간의 확률로 확률분포를 유도해 낼 수 있다.

즉, 앞의 보기에서 아이스크림의 무게를 재는 것을 이용해서 생각해보자. 아이스크림 한 통의 무게가 전부 다 0.95kg에서 1.05kg 사이라고 하고 아이스크림의 무게를 50g 간격으로 분류하여, 각 구간에 속하는 아이스크림 수가 전체에 차지하는 비율을 각 구간의 면적으로 표시하여 히스토그램을 그렸다고 하자. 그 것은 [그림 6-1]의 가)처럼 될 것이다. 이번에는 다시 그 단위를 무한히 작게 하여 히스토그램의 기둥들 윗부분의 꼭지점들을 계속해서 연결한 선을 생각해 보자. 그러면 그 것은 [그림 6-1]의 나)와 같은 형태가 될 것이며 그래프 내부면적의 합은 1이 될 것이다. 이처럼 연속확률변수 X의 확률분포를 나타낼 때 함수의 기호는 $f(x)$로 표기하며 함수 $f(x)$를 확률밀도함수(probability density function)라고 부른다.

그림 6–1 연속확률분포의 보기

가) 100g 간격으로 분류한 히스토그램

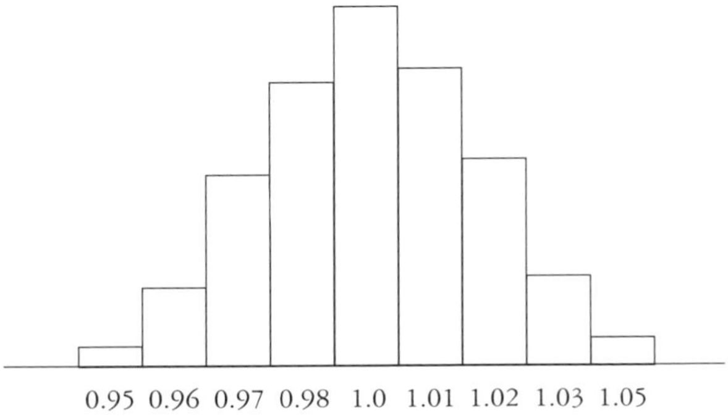

나) 단위를 무한히 작게 한 경우

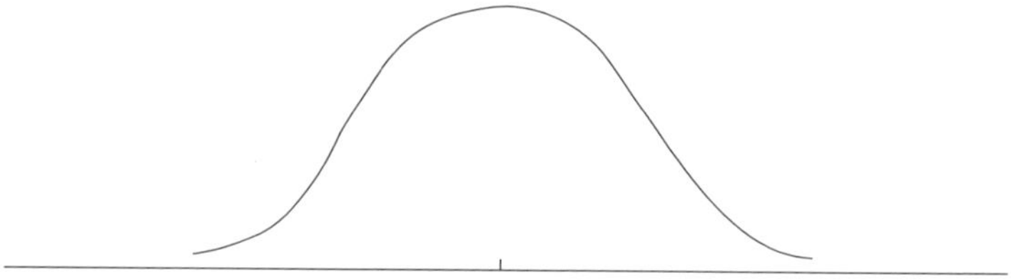

확률밀도함수의 정의

임의의 실수구간 상에 정의된 연속확률변수 X에 대한 함수 $f(x)$가 다음 식을 만족하면 함수 $f(x)$를 X의 확률밀도함수라 한다.

(1) $f(x_i) \geq 0$, 모든 실수 x에 대하여

(2) $\int_{-\infty}^{\infty} f(x)dx = 1$

(3) $Pr(a < X < b) = \int_{-\infty}^{\infty} f(x)dx$

앞에서 기술통계를 배우면서 우리는 주어진 자료의 중심성향에 대한 측정으로서 자료의 평균을 배웠고 산포에 대한 측정방법으로 자료의 분산에 대해 배웠다. 이제 확률분포의 특성을 나타내는 척도로서 기대값(expected value)과 분산(variance)에 대해 공부해 보자. 이산확률변수 X가 취하는 값 x_1, x_2, x_3, 이고, $X = x_i$ 일 확률이 $p(x_i) = Pr(X = x_i)$ I=1, 2, ⋯ 로 주어질 때 $\sum_{i=1}^{\infty} x_i P(x_i) = x_1 Pr(X = x_1) + x_2 Pr(X = x_2) + \cdots$를 이산확률변수 X의 평균(mean) 또는 기대값(expected value)이라고 하고 기호로는 $E(X)$, 또는 μ로 나타낸다. 반면에 연속확률변수 X가 임의의 구간(a, b)의 모든 값을 취하고 X의 확률밀도함수가 $f(x)$일 때, $\int_a^b xf(x)dx$를 연속확률변수 X의 평균 또는 기대값이라고 한다.

확률변수 X의 확률질량함수를 P(xi), 또한 확률밀도함수를 f(x)라고 할 때, 기대값 E(X)는 다음과 같다.

$$E(X) = \begin{cases} \sum_{i=1}^{\infty} x_i P(x_i) & (X: discrete\ \ random\ variables) \\ \int_{-\infty}^{\infty} xf(x)dx, & (X: continuous\ \ random\ \ variables) \end{cases}$$

예를 들어, 어떤 가게의 매상이 다음과 같은 확률분포를 이룬다고 할 때, 그 가게의 1일 평균매상을 구한다면 다음과 같다.

가게의 하루 매상: x (단위: 만원)	0	16	20	25	합계
확 률: $P(x)$	0.3	0.2	0.3	0.2	1.0

여기에서 앞의 기대치 공식을 적용하면,

$E(X)=\mu=0\times0.3+16\times0.2+20\times0.3+25\times0.2=14.2$

따라서, 이 가게의 하루 평균매상은 142,000원이다.

위에서 확률변수 X의 평균을 μ라고 하면, X의 분포가 중심위치 척도인 μ로부터 떨어져 산포된 정도를 나타내는 양으로서 $E[(X-\mu)^2]$를 생각할 수 있는 데, 이 것을 확률변수 X의 분산(variance)라고 하고 $Var(x)$로 나타낸다. 확률변수 X의 분산은 $(X-\mu)^2$의 기대값이므로 X와 그의 분산의 단위가 다르게 된다. 그러나, 같은 단위에서의 산포도에 대한 척도가 자주 요구되므로 분산의 양의 제곱근을 취하여 사용하는 경우가 있는데, 우리는 이를 표준편차(standard deviation)라고 하며 $SD(X)$로 표시한다.

확률변수 X의 평균이 μ일 때

(a) $Var(X)=E[(X-\mu)^2]$

$$=\begin{cases}\sum(x_i-U)^2P(x_i), & X: discrete\ \ variables\\ \int_{-\infty}^{\infty}(x-U)^2f(x)dx\ , & X: continuous\ \ variables\end{cases}$$

(b) $SD(X)=\sqrt{Var(X)}=\sqrt{E|(X-\mu)^2}$

3. 이항 분포와 포아송 분포

앞에서 설명하였듯이 확률변수가 이산형이냐 연속형이냐에 따라 확률분포를 이산형 확률분포와 연속형 확률분포로 나누어진다. 그러면, 먼저 이산확률분포의 대표적인 유형인 이항 분포와 포아송 분포에 대해 공부하기로 하자.

먼저, 우리가 주사위 던지기 게임을 한다고 하자. 한번 던져서 3의 배수 즉, 3

이나 6이 나오면 이기고(성공), 나머지 다른 수가 나오면 지는 것(실패)이라고 할 때 게임을 이길 확률과 지는 확률(성공과 실패의 확률)은 어떻게 될까? 우리가 주사위를 던지는데 6개의 숫자 중에 3과 6이라는 두 가지 수가 나오면 이기는 것(성공)이되므로 여기에서 우리가 이길 확률(성공확률)은 1/3이 되고 반면에 질 확률(실패확률)은 2/3이 된다고 하겠다. 이처럼 오직 두 가지 상호 배반적인 결과, 즉 성공과 실패중에서 한가지 결과만을 산출시키는 실험이나 과정을 베르누이 시행(Bernoulli trial)이라고 부르는데, 이것은 스위스의 수학자였던 James Bernoulli (1654-1705)에 의해 창안되었다.

〈표 6-3〉 베르누이 시행의 조건

(1) 각 시행에는 성공과 실패라고 부르는 두 가지 결과 중 한 가지만 나타난다.
(2) 여러번 반복해서 시행되어도 각각의 시행에서의 확률은 똑같다.
(3) 각각의 시행은 서로 독립이다.

베르누이 시행은 여러번 반복 시행되어도 각 시행에서의 성공의 확률은 같다. 보통 성공의 확률은 p, 실패의 확률은 $1-p$(혹은 q)로 표시하고 각 시행은 독립적이다. 여기에서 베르누이 분포(Bernoulli distribution)란 베르누이 시행을 단 1회 시행할 때 '성공의 수'를 확률변수 X라고 할 때의 확률분포를 말한다. 베르누이 시행을 단 1회만 시행하므로 X가 취할 수 있는 값(성공의 수)은 0,1이며 성공의 확률을 p라고 하면 확률질량함수는 다음과 같은 식으로 표현된다.

$$p(x)=p^{x}q^{1-x}, \qquad (\text{단, } x=0,1, \qquad p+q=1)$$

확률변수 X가 베르누이 분포를 할 때 흔히 $X\sim B(1,\ p)$로 표시하며, 확률분포를 기호로 표시하는 경우에 괄호에 들어있는 값을 모수(parameter)라고 하는데, 그 분포의 기대값이나 분산을 결정하는 중요한 역할을 하는 값으로 여기에서 베르누이 분포의 경우에는 p가 된다.

베르누이 분포의 기대값과 분산

$X\sim B(1,\ p)$일 때,
(1) $E(X)=\mu=p$
(2) $V(X)=\sigma^2=pq,\ (p+q)=1$

앞의 보기에서 본 것처럼, **모집단(population)의 구성형태가 2가지 형태 즉, 성공과 실패, 정품과 가짜, 찬성과 반대 등으로만 구성되어 있는 모집단을 이항 모집단**(binomial population)이라 한다. 따라서, 이항 모집단의 확률분포는 베르누이 분포를 따른 다고 볼 수 있는데, 표본을 추출할 경우 한번에 하나씩 추출하여 그것을 측정한 다음에 다시 모집단에 다시 집어넣고 다음 추출을 하는 경우를 우리는 **복원추출**(sampling with replacement)라고 한다. 예를 들면, 노란공 4개와 파란공 5개가 들어있는 주머니에서 복원추출에 의하여 임의로 공 3개를 꺼낸다고 하면 매번 노란공이 나올 확률은 4/9가 된다. 이러한 식으로 이항 모집단에서 복원추출을 한다면 이것은 베르누이 시행의 조건을 만족하게 되는 것이다.

그러나, 만약에 이항 모집단에서 표본을 추출할 경우에 한번에 하나씩 추출하여 그것을 측정한 다음에 다시 되돌려 넣지 않고 빼는 다음에 다음 추출을 하는 경우 이것을 **비복원추출**(sampling without replacement)이라고 한다. 이처럼 이항 모집단에서 비복원추출을 할 경우에는 그것은 베르누이 시행의 조건을 만족시키지 못한다.

예를 들어 앞의 보기에서처럼 노란공 4개와 파란공 5개가 들어있는 주머니에서 비복원추출로 공 3개를 임의로 꺼낸다면 처음에 노란공이 나올 확률은 4/9이겠지만 처음 노란공이 나오고 다음에 노란공이 나올 확률은 3/8, 처음 파란공이 나오고 노란공이 나올 확률은 4/8이 될 것이다. 마찬가지로 세번째 노란공이 나올 확률은 처음과 두번째 나온 공의 결과에 따라서 달라지게 된다. 물론, 여기에서 이항 모집단이 크고, 단지 그것의 적은 일부분만을 추출할 때는 비복원추출이라하더라도 복원추출에 근사적으로 적용할 수 있으며 모집단이 무한한 경우에는 비복원추출도 복원추출로 간주할 수 있다.

이항 분포는 이산확률분포의 대표적인 유형으로서 베르누이 시행에 그 기초를 두고 있다. 즉, 성공확률이 p인 베르누이 시행을 n번 반복 시행할 때 '성공의 수'를 확률변수 X라고 할 때의 확률분포를 말한다. 이항 분포에서 x가 취할 수 있는 값 즉, 성공의 수는 0, 1, 2, ⋯ n이다. 베르누이 시행을 n번 시행할 때, x번 성공하는 경우의 수는 바로 n개 가운데에 x개를 꺼내는 조합의 수와 동일하므로 ${}_nC_x = \binom{n}{x} = \frac{n!}{x!(n-x!)}$이 되며 각 경우마다 x번 성공하고 $n-x$번 실패할 확률은 $p^x(1-p)^{n-x}$이 되므로 이항 분포의 확률질량함수는 다음과 같다.

$$p(x)=\binom{n}{x}p^x(1-p)^{n-x}$$
$$=\binom{n}{x}p^xq^{n-x},\ (\text{단},\ x=0,\ 1,\ 2,\ \cdots\cdots,\ n,\ q=1-p)$$

확률변수 X가 모수 n,p인 이항 분포를 한다는 것을 보통 $X \sim B(n,p)$로 나타낸다.

이항분포의 기대값과 분산

> $X \sim B(n,p)$일 때
> (1) $E(X)=\mu=np$
> (2) $V(X)=\sigma^2=npq$

포아송 분포(Poisson distribution)는 이항 분포의 특수한 경우에 해당하는 확률 분포로서 프랑스의 수학자 Simeon Denis Poisson(1781-1840)에 의해 창안된 것이다. 여기에서 이항 분포의 특수한 경우라고 하는 것은 모수 p가 0에 가깝고 시행수 n이 무한대에 가까운 경우인 데도 np가 일정(=λ)한 경우로서 이때의 확률변수 X는 0, 1, 2, 3, ⋯ 을 갖는다. 포아송 분포의 확률질량함수는 다음과 같은 식으로 나타내진다.

$$p(x)=\frac{e^{-\lambda}\lambda^x}{x!}, \qquad (\text{단},\ x=0,\ 1,\ 2,\ \cdots)$$

확률변수 X가 모수 λ인 포아송 분포한다는 것을 $X \sim Po(\lambda)$로 나타내는데, 보통 시간당 발생건수나, 교통사고의 수 등이 포아송 분포로 잘 설명된다고 한다.

포아송 분포의 기대값과 분산

> $X \sim Po(\lambda)$일 때
> (1) $E(X)=\mu=\lambda$
> (2) $V(X)=\sigma^2=\lambda$

이러한 포아송 분포는 다음과 같은 특징을 갖는다. 즉, 기대치와 분산은 같다는 것으로 $E(X)=V(X)=\lambda$이며, $\lambda \geq 5$일 때 정규분포에 근사한다.

이외에도 이산확률의 분포로는 기하분포(geometric distribution), 이산 일양분포(discrete uniform distribution) 등이 있으나 다음 기회에 공부하기로 하고 여기서는 생략한다.

4. 연속확률분포(continuous probability distribution)

확률변수 X가 어떤 특정한 두 값 x_1과 x_2 사이의 모든 실수값을 취할 수 있을 때, 이러한 확률변수 X를 연속확률변수라고 하며, 이때 확률변수 X의 분포를 연속확률분포라고 배웠다. 즉, 실제 현실세계의 문제를 다루는 데 있어서 연속확률분포는 분포의 상태를 잘 나타내주는 이론적 모형으로서 유용하게 쓰인다. 그러한 연속확률분포의 여러 가지 유형중에서도 정규분포는 C. Gauss(1777~1855)에 의해 물리학 실험을 행할 때 수반되는 계측오차에 대한 확률분포로서 제시된 후에 모든 학문에서 확률모형, 또는 근사적 확률모형으로 적용되어 왔다. 이에 따라 정규분포를 가우스 분포(Gausss distribution)라고도 하는데, 연속확률분포의 대표적인 분포로서 가장 널리 이용되는 중요한 분포이다.

정규분포란 확률변수 X의 밀도함수인 $f(x)$가 다음의 식과 같을 때의 확률분포를 의미하는데, 여기서 π와 e는 상수로서 각각 3.1416과 2.7183의 값을 가지며, μ는 평균을 σ는 표준편차를 가리킨다.

$$F(X) = \frac{1}{\sqrt{2\pi\sigma^2}} \cdot e^{-\frac{(x-\mu)^2}{2\sigma^2}} \quad , \qquad -\infty \le X \le \infty$$

그림 6-2 정규곡선

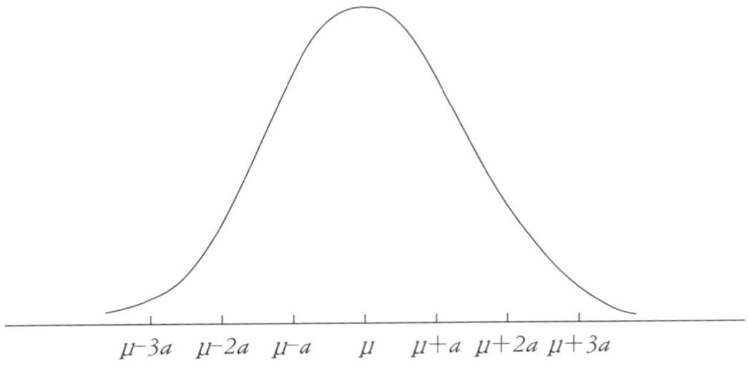

이때 $f(X)$를 그림으로 나타내면, [그림 6-2]와 같이 종모양의 대칭형태 곡선이 되는데, 이를 정규곡선(normal curve)이라고 부른다. 이 정규곡선은 몇 가지 특성

을 갖고 있다. 첫째, 부드럽고 좌우 대칭적인 종모양(bell shape)을 이룬다. 둘째, X가 평균 μ에서 멀어질수록 정규곡선이 X축에 가깝게 접근하지만 결코 X축에 닿지 않고 무한대(∞)로 나간다. 즉, X 값의 범위는 $-\infty \leq X \leq \infty$이다. 셋째, 정규곡선은 그 모양과 위치가 주로 평균 μ와 표준편차 σ에 의해 결정된다. 넷째, 정규곡선과 X축 사이의 면적은 항상 1이 된다. 왜냐하면, 확률변수 X의 확률 $P(X)$를 모두 합하면 '1'이 되기 때문이다. 따라서, 정규곡선은 평균 μ를 중심으로 좌우대칭의 형태를 이루고 있기 때문에 X가 평균보다 작을 확률과 큰 확률은 항상 동일하게 0.5가 된다.

정규분포의 형태를 결정짓는 두 가지 요인은 평균 μ와 표준편차 σ라고 배웠다. 특히, 평균은 위치모수로서 정규분포의 위치를 결정하고 표준편차는 분산모수로서 분포형태(모양)를 결정한다. 따라서, 평균 μ가 크면 클수록 중심위치가 오른쪽으로 이동하고 작아지면 왼쪽으로 옮겨지게 된다. 반면에, 표준편차 σ가 커지면 분포형태는 넓고 완만한 경사를 이루게 되며 작아지면 끝이 뾰족하고 경사도 가파른 형태가 될 것이다. [그림 6-3]은 이러한 변화를 잘 보여주고 있다. 그러면, 평균과 표준편차 두 가지가 다 달라지는 경우에는 그 형태가 어떻게 변화할 것인가? [그림 6-3]에서 ⓒ는 이처럼 평균과 표준편차가 모두 달라서 전혀 다른 형태를 나타내는 경우를 보여주고 있다.

그림 6-3 정규분포(normal distribution)의 형태

ⓐ 모집단의 평균이 다르고 분산이 같을 때

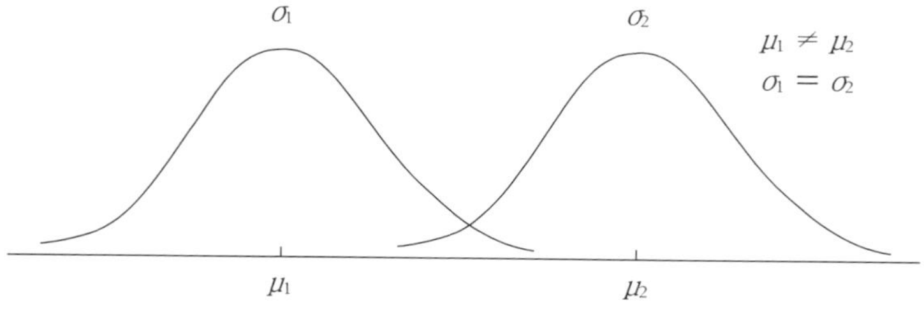

ⓑ 모집단의 평균은 같으나 분산이 다를 때

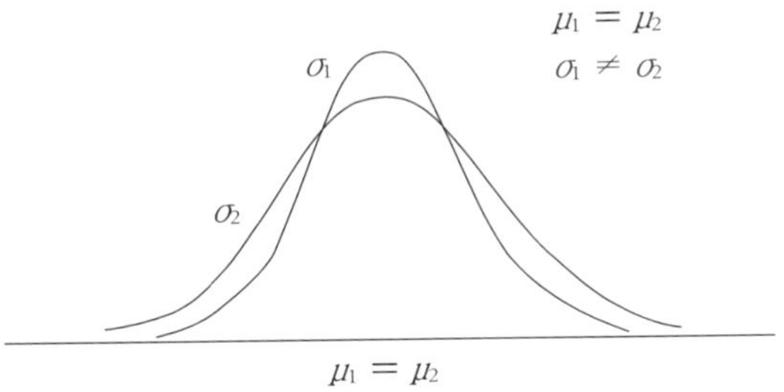

ⓒ 모집단간의 평균과 분산이 전부 다를 때

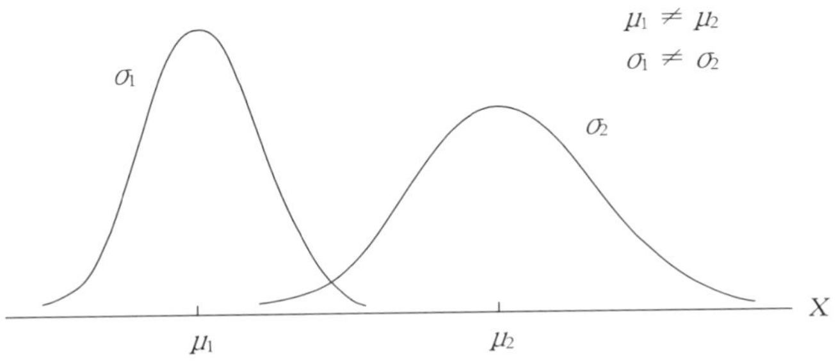

5. 표준정규분포

앞에서 정규분포의 특성에 대해 알아보았다. 특정한 정규분포가 주어졌을 때 그 정규확률변수 X가 일정한 구간(a, b)의 값을 취할 확률은 앞의 식을 구간(a, b)에 대하여 적분하면 되지만 그 계산과정이 쉽지 않다. 또한, 평균 μ와 표준편차 σ가 취할 수 있는 값도 무수히 많으므로 모든 μ와 σ에 대한 정규분포의 표를 만드는 것도 쉽지 않다. 따라서, 정규분포중 대표적인 표준정규분포(standard normal distribution)의 확률표를 만들어서 이표를 이용하여 다른 정규분포의 확률을 계산하게 되는데, 이처럼 모든 정규분포의 평균을 0으로 하고 표준편차를 1로 표준화시킨 분포를 표준정규분포라고 하고, 이러한 표준정규분포를 따르는 표준정규확률변수를 Z로 나타낸다.

$$Z = \frac{X-\mu}{\sigma}$$

위 식에서 X는 정규분포의 확률변수이고 Z는 표준정규분포의 확률변수이다. 이 Z를 Z점수 또는 표준점수라고도 부르며 이 표준정규분포를 간단히 Z분포라고도 부른다. 그러면, 여기서 정규분포의 확률변수 X값을 Z값으로 전환시키는 과정을 살펴보자. 예를 들어, 모대학교 경영학과 학생들의 평균 몸무게는 65.3Kg이고 표준편차는 10.5kg이다. 이때 여학생 A의 몸무게가 54.7Kg이고, 남학생 B의 몸무게가 76.2kg이라고 한다면 이때 학생 A와 B의 Z값은 어떻게 되며 각각의 확률은 어떻게 되는가? 먼저, X값을 Z값으로 전환시키기 위해 우리는 앞의 공식을 이용하여 Z값을 계산해낸다. 즉,

여학생 A: $Z = \frac{X-\mu}{\sigma} = \frac{54.7-65.3}{10.5} = -1.01$

남학생 B: $Z = \frac{X-\mu}{\sigma} = \frac{76.2-65.3}{10.5} = 1.04$

여기에서 학생 A와 B의 Z값은 구하였으나 이것만으로는 정규분포의 확률을 구할 수가 없으므로 이들 Z값에 해당하는 확률을 표준정규분포표에서 찾아내야 한다.

표준정규분포표는 Z값이 속하는 확률을 계산해 놓은 표로서 이 표를 읽을 때는 Z값이 소수 둘째자리까지 표시되어 있으므로 소수 첫째자리는 좌측 끝에 소수 둘째자리는 가장 위쪽에 표시되어 있는 좌표를 따라 읽어야 한다. 위의 예에서 -1.01을 찾으려면 먼저 왼쪽 좌표에서 1.0까지 읽고 그 다음에 위쪽 좌표에서 다시 0.01을 찾아 내려오면 그 교차점의 값은 0.8438이 된다. 마찬가지로 남학생의 경우에는 1.04의 Z값이 0.8508이 된다. 이것은 결국 표준정규분포가 평균 0을 중심으로 하여 대칭을 이루고 있기 때문에 이 54kg 나가는 여학생보다 가벼운 학생들이 표준정규분포상 1-0.8438=0.1562의 확률을 갖는다는 것을 의미하며 반면에 76.2kg이 나가는 남학생의 경우는 전체학생 중에 대략 85.08% 정도에 위치하고 있어서 이 학생보다 무거운 학생의 확률은 0.1492밖에 안된다는 것을 의미한다.

〈표 6-4〉 표준정규분포의 누적확률표

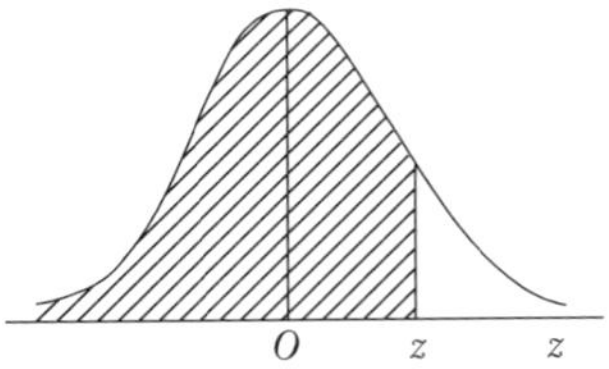

Z	0.00	0.01	0.02	0.03	0.04	0.05	0.06	0.07	0.08	0.09
0.0	0.5000	0.5040	0.5080	0.5120	0.5160	0.5199	0.5239	0.5279	0.5319	0.5359
0.1	0.5398	0.5438	0.5478	0.5517	0.5557	0.5596	0.5636	0.5675	0.5714	0.5753
0.2	0.5793	0.5832	0.5871	0.5910	0.5948	0.5987	0.6026	0.6064	0.6103	0.6141
0.3	0.6179	0.6217	0.6255	0.6293	0.6331	0.6368	0.6406	0.6443	0.6480	0.6517
0.4	0.6554	0.6591	0.6628	0.6664	0.6700	0.6736	0.6772	0.6808	0.6844	0.6879
0.5	0.6915	0.6950	0.6985	0.7019	0.7054	0.7088	0.7123	0.7157	0.7190	0.7224
0.6	0.7257	0.7291	0.7324	0.7357	0.7389	0.7422	0.7454	0.7486	0.7517	0.7549
0.7	0.7580	0.7611	0.7642	0.7673	0.7703	0.7734	0.7764	0.7794	0.7823	0.7852
0.8	0.7881	0.7910	0.7939	0.7967	0.7995	0.8023	0.8051	0.8078	0.8106	0.8133
0.9	0.8159	0.8186	0.8212	0.8238	0.8264	0.8289	0.8315	0.8340	0.8365	0.8389
1.0	0.8413	0.8438	0.8461	0.8485	0.8508	0.8531	0.8554	0.8577	0.8599	0.8621
1.1	0.8643	0.8665	0.8686	0.8708	0.8729	0.8749	0.8770	0.8790	0.8810	0.8830
1.2	0.8849	0.8869	0.8888	0.8907	0.8925	0.8944	0.8962	0.8980	0.8997	0.9015
1.3	0.9032	0.9049	0.9066	0.9082	0.9099	0.9115	0.9131	0.9147	0.9162	0.9177
1.4	0.9192	0.9207	0.9222	0.9236	0.9251	0.9265	0.9279	0.9292	0.9306	0.9313
1.5	0.9332	0.9345	0.9357	0.9370	09382	0.9394	0.9406	0.9418	0.9429	0.9441
1.6	0.9452	0.9463	0.9474	0.9484	0.9495	0.9505	0.9515	0.9525	0.9535	0.9545
1.7	0.9554	0.9564	0.9573	0.9582	0.9591	0.9599	0.9608	0.9616	0.9625	0.9633
1.8	0.9641	0.9649	0.9656	0.9664	0.9671	0.9678	0.9686	0.9693	0.9699	0.9706
1.9	0.9713	0.9719	0.9726	0.9732	0.9738	0.9744	0.9750	0.9756	0.9761	0.9767
2.0	0.9772	0.9778	0.9783	0.9788	0.9793	0.9798	0.9803	0.9808	0.9812	0.9817
2.1	0.9821	0.9826	0.9830	0.9834	0.9838	0.9842	0.9846	0.9850	0.9854	0.9857
2.2	0.9861	0.9864	0.9868	0.9871	0.9875	0.9878	0.9881	0.9884	0.9887	0.9890
2.3	0.9893	0.9896	0.9898	0.9901	0.9904	0.9906	0.9909	0.9911	0.9913	0.9916
2.4	0.9918	0.9920	0.9922	0.9925	0.9927	0.9929	0.9931	0.9932	0.9934	0.9936
2.5	0.9938	0.9940	0.9941	0.9943	0.9945	0.9946	0.9948	0.9949	0.9951	0.9952
2.6	0.9953	0.9955	0.9956	0.9957	0.9959	0.9960	0.9961	0.9962	0.9963	0.9964
2.7	0.9965	0.9966	0.9967	0.9968	0.9969	0.9970	0.9971	0.9972	0.9973	0.9974
2.8	0.9974	0.9975	0.9976	0.9977	0.9977	0.9978	0.9979	0.9979	0.9980	0.9981
2.9	0.9981	0.9982	0.9982	0.9983	0.9984	0.9984	0.9985	0.9985	0.9986	0.9986
3.0	0.9987	0.9987	0.9987	0.9988	0.9988	0.9989	0.9989	0.9989	0.9990	0.9990

a	0.100	0.050	0.025	0.010	0.005
z_a	1.282	1.645	1.960	2.326	2.576

그러면, 여기서 이 학과 학생 중에 어떤 학생을 임의로 선발할 경우 그 학생의 몸무게가 50kg 이하일 확률은 어떻게 되는가? 또, 어느 학생의 몸무게가 56kg에서 65.3kg에 포함될 확률은 얼마인가?

$$Z = \frac{X-\mu}{\sigma} = \frac{50-65.3}{10.5} = -1.46$$

1.46의 Z값은 표준정규분포표를 읽으면 0.9279이다. 그런데, 표준정규분포표는 평균 0을 중심으로 좌우대칭을 이루고 있으므로 $Pr(Z \leq -1.46) = 1 - Pr(Z \leq -1.46) = 1 - 0.9279 = 0.0721$이 된다.

또한, $Pr(56 \leq X \leq 65.3) = Pr(\frac{56-65.3}{10.5} \leq Z \leq \frac{65.3-65.3}{10.5}) = -0.89 \leq Z \leq 0$

$$= 0.8133 - 0.5 = 0.3133$$

즉, 학생의 몸무게가 50kg 이하로 나갈 확률은 0.0721이고 어떤 학생이 몸무게가 56kg과 65.3 kg 사이에 속할 확률은 0.3138이 되겠다.

그러면, 여기서 정반대로 우리가 Z의 누적확률값을 알고 있을 때 Z값을 계산하는 방법을 공부해 보자. 즉, 우리가 앞에서 공부한 보기를 들어서 Z의 전체 누

그림 6-4 정규분포와 표준정규분포와의 관계

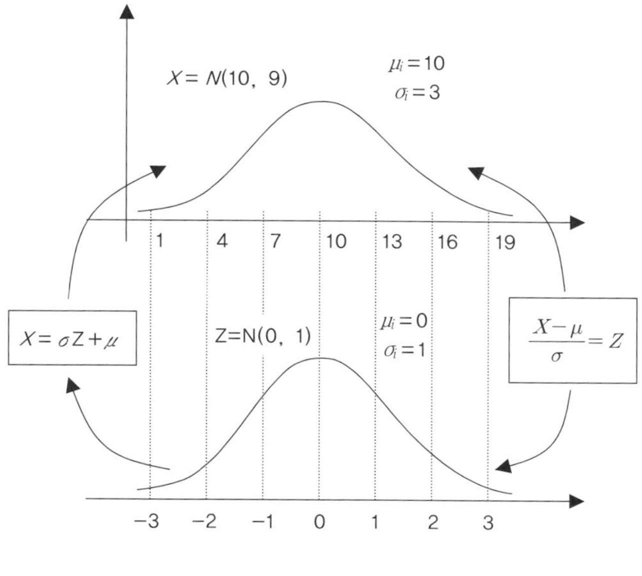

그림 6–5 표준정규분포 Z의 확률값

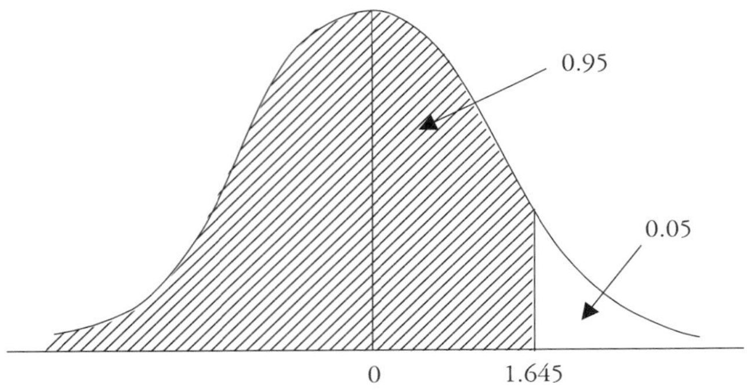

적확률 95%에 속하는 Z값은 어느 정도일까? 앞의 표에서 우리는 누적확률값이 0.95인 경우를 찾아서 Z값을 읽으면 대략 1.64와 1.65 사이에 있음을 알게 된다. 따라서, 이 경우에 Z값은 1.645라고 할 수 있으며 반면에 우리가 Z의 누적확률이 0.99인 경우를 찾아보게 되면 대략 2.33인 것을 알 수 있다.

여기서 중요한 것은 앞에서 말한 것처럼 이 Z 분포는 평균 0을 중심으로 좌우대칭형을 이루고 있기 때문에 90% 즉, 0.900의 범위는 좌우 정규곡선의 면적이 0.900/2 즉, 0.450이 되며, 또한 95%는 0.9500으로 좌우 정규곡선의 면적이 각각 0.475가 된다는 것이다.

6. 이항 분포의 정규근사

앞에서 배운 이항 분포(binomial distribution)의 확률을 구하는 계산에서 n이 커지면 확률계산이 매우 복잡해지고 시간이 많이 걸리게 된다. 따라서, 이 문제를 해결하기 위한 대안으로서 n이 클 때는 $B(n, p)$의 확률분포를 $N(np.\ \mathrm{np}(1-p))$인 정규분포로 접근시키는 방법이 사용될 수 있는데, 이를 가리켜 이항 분포의 정규근사법(normal approximation)이라고 부른다. 일반적으로 n이 크고 p가 0이나 1에 가깝지 않은 경우, 이항 분포 $B(n, p)$는 $N(np, np(1-p))$인 정규곡선 아래의 $\frac{x-1}{2}$에서 $\frac{x+1}{2}$까지의 면적으로 근사값을 구할 수 있다. 이것을 표준화하면 다음과 같이 된다.

$X \sim B(n,\ p)$ 일 때,

$$Pr(X=x) \fallingdotseq \Pr\left(\frac{\left(x-\frac{1}{2}\right)-np}{\sqrt{np(1-p)}} < Z < \frac{\left(x+\frac{1}{2}\right)-np}{\sqrt{np(1-p)}}\right),$$ 단 n이 크고 p가 0이나 1에 가깝지 않은 때이다.

예를 들어, 어느 시내버스회사에서 1년 동안 버스를 운행하는데, 버스 1대가 사고를 낼 확률이 0.3이라고 하자. 이 버스회사에는 약 300대의 버스가 있는데 그렇다면 이 중에 약 $\frac{1}{3}$인 100대 이상이 1년에 사고를 낼 확률은 얼마인가를 계산해 보자. 여기에서 X는 1년 동안에 사고를 내는 버스의 숫자라고 하자. 그렇다면, 이산확률변수 X는 $n=300$, $p=0.3$인 이항 분포를 한다고 볼 수 있다. n이 매우 크므로 위의 정규근사법에 의한 계산방식을 활용하면

평균: $\mu = np = 300 \times 0.3 = 90$

분산: $\sigma_2 = np(1-p) = 300 \times 0.3 \times 0.7 = 63$

따라서, X는 $N(90,\ 63)$을 근사적으로 따르게 된다고 볼 수 있다. 그렇다면,

$$\begin{aligned} Pr(X \geq 100) &= Pr\left(Z > \frac{100.5-90}{\sqrt{63}}\right) = Pr(Z > 1.32) \\ &= 0.5 + Pr(0 < Z < 1.32) \\ &= 0.5 + 0.4066 = 0.9066 \end{aligned}$$

결국, 위의 정규근사법 계산에 따르면, 이 버스회사에서 운행하는 약 300대의 버스 중에 약 $\frac{1}{3}$인 100대 이상이 1년에 사고를 낼 확률은 0.9066, 대략 90.66%가 되겠다.

연습문제

1. 다음의 확률변수는 이산확률변수인가? 아니면 연속확률변수인가?
   1) 어느 상점에 하루 동안 들어온 고객의 수
   2) 어느 주유소에서 판매한 휘발유의 판매량
   3) 어느 가족이 한달 동안 소비한 쌀 소비량
   4) 어느 햄버거가게에서 하루 판매한 햄버거의 숫자와 음료수의 양
   5) 어느 학과 학생들의 몸무게

2. 표준정규분포곡선에 대하여 다음의 면적을 구하라
   1) Z=0과 Z=0.7 사이
   2) Z=−0.6과 Z=2.2 사이
   3) Z=−1.2에서 왼 쪽 끝까지

3. 연속변수 Z가 표준정규분포를 그릴 때 $P(1.96 \leq Z)$의 확률은 얼마인가?

4. 변수 X가 μ=400, σ=200인 정규분포를 이룰 때 $P(X \leq 800)$의 확률은?

5. 어느 택시회사에서 1년에 택시 한 대가 사고를 낼 확률이 0.4라고 한다. 이 택시회사에는 약 200대 가량이 운행되고 있는데, 그 중에 절반인 100대가 사고를 낼 확률은 얼마인가?

6. 동전 4개를 동시에 던져서 나오는 겉면의 수를 X라고 할 때 다음의 확률을 구하라.
   1) X의 확률분포를 구하라
   2) X의 평균과 표준편차를 구하라

7. 연속변수 Z가 표준정규분포를 이룰 때, $P(1.65 \leq Z)$의 확률은 얼마인가?

8. 연속변수 Z가 표분정규분포를 이룰 때 $P(2.58 \leq Z)$의 확률은 얼마인가?

9. 정규분포의 특성에 대하여 설명하라.

10. 정규분포와 표준정규분포와의 관계를 설명하라.

확률변수와 확률분포 SPSS 실습

3장에서 사용한 결혼연령의 예를 이용하여 이들 각각의 개별적인 결혼연령을 SPSS를 이용하여 표준화된 Z값으로 환산하는 방법을 살펴보도록 한다.

① 우선 개별적인 결혼연령을 [그림 6-6]에서와 같이 입력한다.

그림 6-6 입력자료

② 이 자료에서 기술통계분석을 실행하기 위하여 [그림 6-7]과 같이 지정한다.

그림 6-7 실행명령 지정

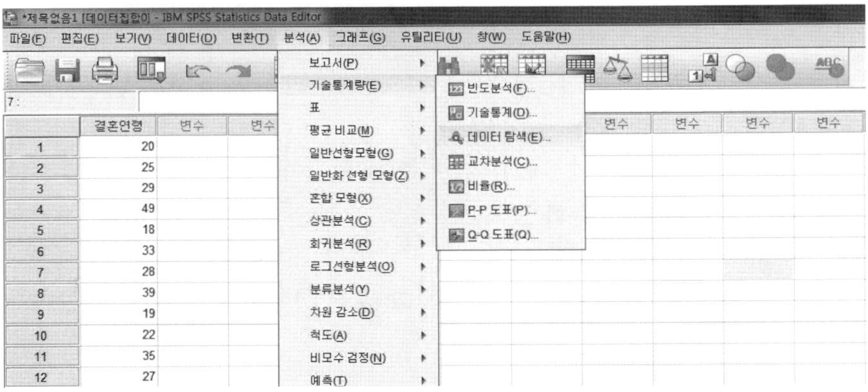

③ 그러면 [그림 6-8]에서와 같이 기술통계분석 대화상자가 나타난다. 여기에서 결혼연령 변수를 오른쪽의 [변수(V)]로 이동시키고, 이 대화 상자 하단부에 있는 [표준화 값을 변수로 저장(Z)]부분을 지정해 주고 [확인]을 클릭한다.

그림 6-8 기술통계 분석 대화상자

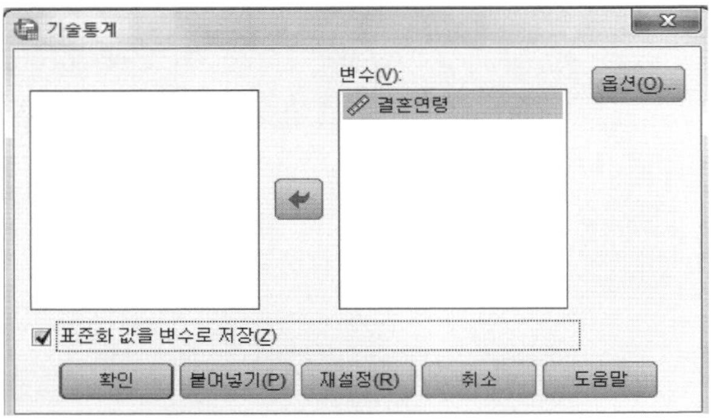

④ 그 후 입력데이터로 돌아가 보면 [그림 6-9]에서와 같이 새로운 변수가 생성된 것을 볼 수 있다. 이 변수의 값들이 개별 결혼연령에 대한 표준화 값인 Z점수이다.

그림 6-9 표준화 값이 나타난 입력데이터

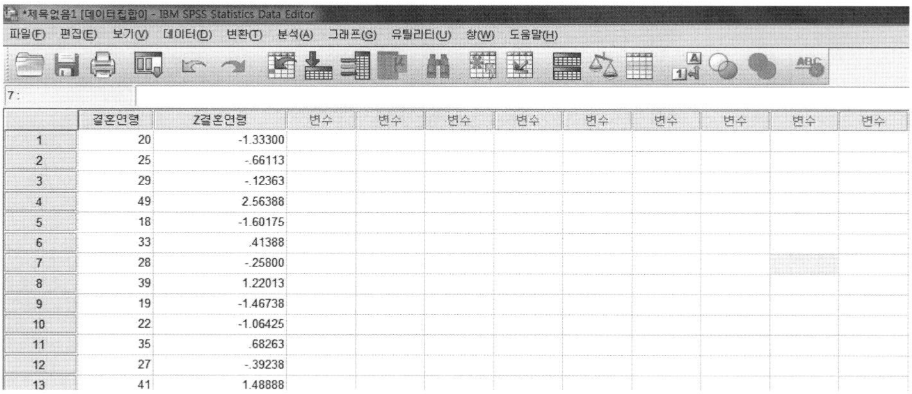

	결혼연령	Z결혼연령	변수	변수	변수	변수	변수	변수	변수	변수	변수
1	20	-1.33300									
2	25	-.66113									
3	29	-.12363									
4	49	2.56388									
5	18	-1.60175									
6	33	.41388									
7	28	-.25800									
8	39	1.22013									
9	19	-1.46738									
10	22	-1.06425									
11	35	.68263									
12	27	-.39238									
13	41	1.48888									

⑤ 예를 들어 첫번째 케이스의 결혼연령 값이 20이고 표준화 Z점수는 -1.333 이다. 이를 확인하려면 다음과 같은 공식을 사용하여 계산해 볼 수 있다.

$$Z = X - \mu / \sigma$$

Z=20-29.92/7.44(결혼연령의 평균값: 29.92; 표준편차: 7.44)를 계산해 보면 SPSS 프로그램에서 나타난 것과 같이 -1.333임을 확인할 수 있다.

제 7 장 표본분포

1. 표본추출과 표본오차
2. 표본분포와 중심극한정리
3. 표본평균분포와 표본비율분포의 확률계산
4. x^2(카이 스퀘어) 분포
5. t-분포와 F 분포
6. F 분포
7. 각 분포들 간의 관계

1. 표본추출과 표본오차

지금까지 주로 우리는 관심대상집단인 모집단(population)의 특성을 분석하는 것에 대해 배웠다. 즉, 모집단의 분포와 관련하여 그 주요 모수(parameter)인 평균과 분산에 대해 배웠다. 이것은 전체 모집단으로부터 그 특성의 일부를 찾아내는 일종의 연역적인 방식이다. 그러나, 현실세계에서 이처럼 전체 모집단의 자료를 전부 다 조사하여 그 통계특성인 평균이나 분산을 알아낸다는 것은 사실 매우 어렵다. 따라서, 우리는 모집단의 수가 너무 커서 조사가 불가능하거나 시간이 너무 걸리게 되는 경우에 모집단의 일정 표본(sample)을 추출하여 모집단의 특성을 파악해내는 좀더 쉽고 효율적인 방식을 선호하게 된다. 즉, 이것은 어떤 한 일부분의 조사를 통해 전체의 특성을 알아내는 일종의 귀납적인 추론방식이다. 문제는 이처럼 표본으로부터 추출된 정보를 통하여 모집단의 특성과 관련된 정보를 알아내려 할 경우에, 표본의 특성이 반드시 모집단의 특성과 일치한다고는 볼 수 없다. 그러므로 사전에 이러한 표본오차에 대한 정확한 인식을 갖고 표본특성을 분석할 수 있도록 기본적인 통계추론방식에 대하여 공부하기로 한다.

먼저, 표본추출방법에 대해서는 이미 앞장에서 배웠기 때문에 여기서는 간단히 설명하기로 한다. 일반적으로 표본을 추출하는 방식에는 두 가지 방식, 즉 확률표본방식과 비확률표본방식이 있다. 확률표본추출방법(probability sampling)은 모집단의 구성요소들이 표본으로 선택될 확률을 미리 알 수 있는 방법으로 이 방법은 표본으로 선택될 확률뿐만 아니라 표본추출시에 발생하는 오차까지도 객관적으로 추정할 수 있으므로 매우 객관적이며 중립적인 추출방식이라고 하겠다. 이러한 **확률표본추출방식에는 ① 단순무작위 추출(simple random sampling), ② 층화추출(stratified sampling), ③ 체계적 추출(systematic sampling), ④ 집락추출(cluster sampling)방식** 등이 있다. 반면에, 주관적인 판단의 개입으로 표본오차도 파악하기 어렵고 객관성이나 정확성이 떨어지지만 당장의 융통성이나 편리성 때문에 조사자가 임의로 표본을 추출하는 방법을 비확률추출방법(nonprobability sampling)이라고 한다. 이 비확률추출방법에는 ① 편의추출(convenience sampling), ② 판단추출(judgement sampling), ③ 할당추출(quota sampling) 등의 방식이 있다.

위에서 여러 가지 표본추출의 방법에 대해 배웠지만, 현실적으로 표본추출을 아무리 잘한다고 하더라도 표본조사에서는 표본의 특성과 모집단의 특성간에 차이가 있기 마련이다. 이처럼 모집단의 특성과 표본 특성과의 사이에 차이가 발생하는 것을 표본오차라고 부르며 이러한 표본오차를 계산하는 데는 평균의 표본오차를 계산하는 방식과 비율의 표본오차를 계산하는 방식 두 가지가 있다.

$$d = Z \cdot S_{\overline{X}} = Z \cdot \frac{s}{\sqrt{n}} \quad \cdots\cdots\cdots ① \text{ 평균의 표본오차}$$

$$d = Z \cdot \sqrt{\frac{p(1-p)}{n}} \quad \cdots\cdots\cdots ② \text{ 비율의 표본오차}$$

위의 식 ①에서 $S_{\overline{X}}$를 표준오차(standard error)라고 부르며 모집단의 표준편차를 알 수 없기 때문에 이 S를 사용한다. 만약에 모집단의 표준편차를 안다면 이 S대신에 σ를 쓸 수 있겠지만, 대체로 모집단의 특성을 알수 없으므로 S를 사용하는 것이 일반적이다. 이 식에서 Z는 신뢰수준에 대한 값으로서 이미 앞에서 배운 것처럼 90%신뢰수준일 경우에는 1.645, 95%신뢰수준일 경우에는 1.96, 99%일 경우에는 Z값이 2.58이 된다. 예를 들어, 모대학교 학생들 280명의 평균용돈을 조사하였더니 월평균 수입이 89,000, 표준오차는 1,280원으로 나왔다. 그러면, 이 조사의 표본오차를 95%수준에서 계산해 보자.

95% 신뢰수준의 Z값은 1.96이므로 표본오차 $d = 1.96 \times 1{,}280 = 1{,}229$

따라서, 이 학교 학생들의 평균용돈은 89,000+1,229=90,229와 89,000−1,229=87,771의 사이가 되며, 이렇게 우리가 추리를 할 때 맞을 확률이 95%가 된다고 하겠다.

여기서 비율의 표본오차를 계산하는 것과 유사한 방법으로 Z는 Z값을, n은 표본크기를 나타낸다. 다만, p는 모집단의 성공비율을 가리키므로 $p(1-p)$의 최대값은 0.25이고 이때 p는 0.5가 된다.

2. 표본분포와 중심극한정리

우리가 관심을 갖는 어떤 한 집단의 특성을 알아내기 위해서 가장 확실한 방법은 그 집단전체를 모두 다 조사하는 것이다. 그 집단의 전수조사(全數調査) 만큼 가장 정확한 방법은 없을 것이기 때문이다. 하지만, 이미 앞에서 언급하였듯이 우리가 관심을 갖는 집단이 숫자가 너무 많아 비용과 시간이 너무걸리거나 현실적으로 조사하기가 어려운은 상황일 경우에는 약간의 오차를 허용하고 표본조사를 하는 것이 바람직한 상황이 많다. 따라서, 우리가 표본조사를 위해 추출한 표본들이 이루는 분포를 표본분포라고 한다. 구체적으로 모집단의 특성을 추리하기 위하여 크기가 N인 모집단으로부터 크기가 n인 표본들을 추출할 때 각 표본들의 통계량(statistic)간에는 차이가 날 수 있다. 예를 들면, $N=10,000$인 모집단에서 $n=100$인 표본들을 추출할 때 가능한 표본의 가지수는 대략 1,000,000이 되는데, 이 백만개 표본들의 통계량 – 평균, 분산 – 은 조금씩 다 다를 수 있다. 즉, 이들 표본들의 통계량 – 평균 또는 분산 – 은 일정한 확률을 가지고 변하는 '확률변수'의 형태가 되고 따라서 이들의 분포는 우리가 앞에서 배운 '확률분포'가 되는 것이다. 이처럼 '우리가 **추출한 표본들의 통계량이 이루는 확률분포를 일반적인 확률분포와 구별하기 위하여 표본분포**(sampling distribution)라고 부른다.

표본분포(sampling distribution)의 정의

우리가 모집단의 특성을 추리하기 위하여 크기가 N인 모집단으로부터 크기가 n인 표본들을 추출할 때 각 표본들의 통계량은 일정한 확률을 가지고 변하는 '확률변수'가 되어 확률분포를 이루게 되는데, 이처럼 추출한 표본들의 통계량이 이루는 확률분포를 표본분포라고 부른다.

그러면, 여기서 표본분포의 개념에 대해서 보다 자세히 알아보자. 예를 들어 숫자 60이라는 숫자와 110이라는 숫자 사이에 실수값으로 구성된 모집단이 있는데, 이 모집단의 평균인 μ가 87.60 이고 표준편차 σ가 14.63이라고 하자. 이러한 모집단의 형태가 [그림 7-1]과 같은 형태를 갖고 있는데, 이 모집단으로부터 표본크기 n이 50인 표본들을 200개 추출하여 각 표본들의 평균값을 [그림 7-2]처럼 나타내었다. [그림 7-2]를 보면 어떤 표본들의 평균값은 81.5 부근에 있고 어떤 표본들은 평균값이 맨 오른 쪽인 93.5 부근에 떨어지고 있다. 그런데, 가장 많은 57개와 51개의 표본들은 그들의 평균값이 86과 87.5사이, 87.5와 89 사이에 있는 것으로 나타나고 있다. 즉, 모집단의 평균값 μ인 87.5 사이에 가장 많이 떨어지고 있는 것이다. 또한, 이 히스토그램의 막대기 꼭지점들을 연결하면 하나의 정규곡선 형태를 이루고 있는 것을 알 수 있다. 따라서, 이들 표본평균의 분포에 대해 우리는 다음과 같은 중요한 관찰을 찾아낼 수 있다. 첫째, 표본평균의 분포는 좌우대칭이 되는 종모양(bell-shaped)의 정규곡선형태를 이룬다는 것이다. 둘째, 표본평균의 평균값이 대략 모집단의 평균값과 근사한 위치에 있어 표본평균의 평균값을 통해 모집단의 평균값을 유추할 수 있다는 것이다.

그림 7-1 표본크기 50개인 표본이 추출될 모집단의 형태

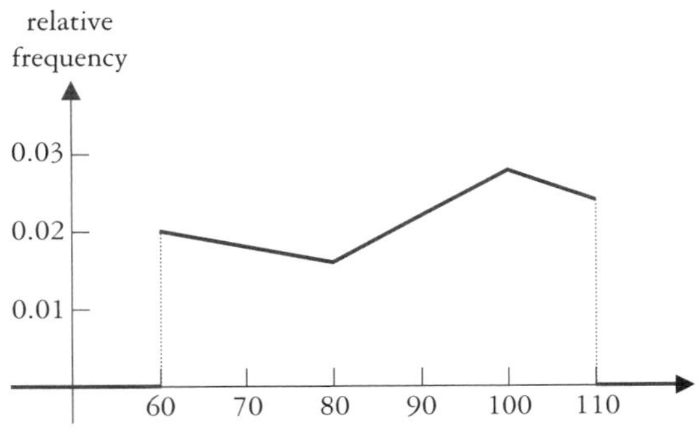

그림 7-2 표본평균의 평균값으로 만든 히스토그램

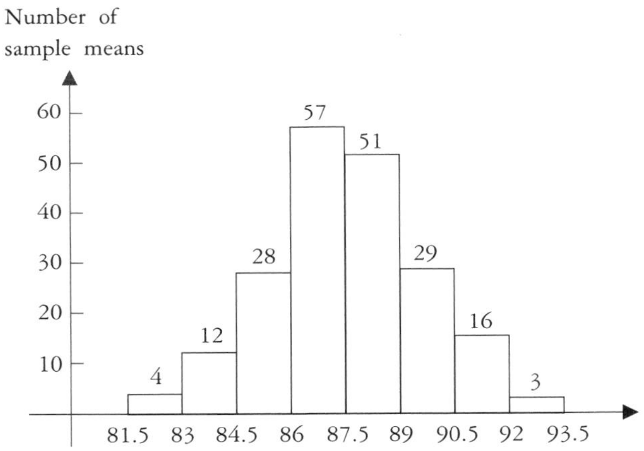

표본평균분포의 개념과 이해

표본평균의 분포는 좌우대칭이 되는 종모양(bell-shaped)의 정규곡선 형태를 이루며 표본평균의 평균값이 대략 모집단의 평균값과 근사한 위치에 있어 표본평균의 평균값을 알면 이를 통해 모집단의 평균값을 유추할 수 있다

우리는 앞에서 정규분포를 이루고 있는 모집단에서 모집단의 특성을 알기 위해 수많은 표본들을 추출하여 표본의 확률분포를 이루게 하면 우리가 추출한 표본들의 평균값이 대략 모집단의 평균값과 유사하다는 것을 배웠다. 따라서, 표본의 통계치인 평균으로부터 모집단의 평균값이 대략 어느 정도라는 것을 추리할 수 있게 되었다. 하지만, 더욱 놀랍고 흥미로운 사실은 우리가 추출할 모집단의 분포형태가 반드시 정규분포를 이루지 않더라도 표본의 크기가 5개, 10개, 30개로 커질수록 그 표본들의 분포가 정상분포를 이루게 된다는 사실이다. 이것은 통계학 이론중에 가장 놀랍고 중요한 사실로서 통계추론의 기반이 된다. 그러면, 아래 [그림 7-3]을 살펴보자. [그림 7-3]에서 첫번째 모집단의 형태 ⓐ는 일종의 직사각형을 이루고 있지만 표본의 크기가 5에서 30으로 늘어날수록 좌우가 대칭형태를 이루는 종모양의 정규곡선형태를 닮아가는 것을 보게 된다. 그 다음 ⓑ와 ⓒ도 마찬가지로 처음의 **모집단 분포형태(삼각형)와 상관없이 표본크기가 커질수록 정규곡선의 형태로 발전하는 것을 알 수 있다. 이처럼, 우리가 평균값 μ와 표준편차 σ인 모집단으로부터 표본크기(n)가 30개 이상인 표본을 추출하게 되면, 표본의 평균값 $\bar{X}$의 표본분포는 평균이 μ이며 표준편차가 $\frac{\sigma}{\sqrt{n}}$인 정규분포를 이루게 되는데 이것을 중심극한정리**(central limit theorem))라고 부른다. 즉, 모집단의 분포형태와 상관없이 평균 μ, 분산 σ^2인 임의의 모집단으로부터 뽑은 크기 n인 표본의 평균을 $\bar{X}$라고 하고, Z를 표준정규변수라고 하면 $P\left(a < \frac{\bar{X}-\mu}{\sigma\sqrt{n}} < b\right)$는 표본크기 n이 커질 때 $P(a<Z<b)$로 접근한다는 사실을 중심극한정리라고 한다.

중심극한정리(central limit theorem)

평균값 μ와 표준편차 σ인 모집단으로부터 표본크기(n)가 30개 이상인 표본을 추출하게 되면, 표본의 평균값 $\bar{X}$의 표본분포는 평균이 μ이며 표준편차가 $\frac{\sigma}{\sqrt{n}}$인 정규분포를 이루게 되는데 이것을 중심극한정리라고 부른다

그림 7-3 중심극한정리를 나타내주는 그래프들

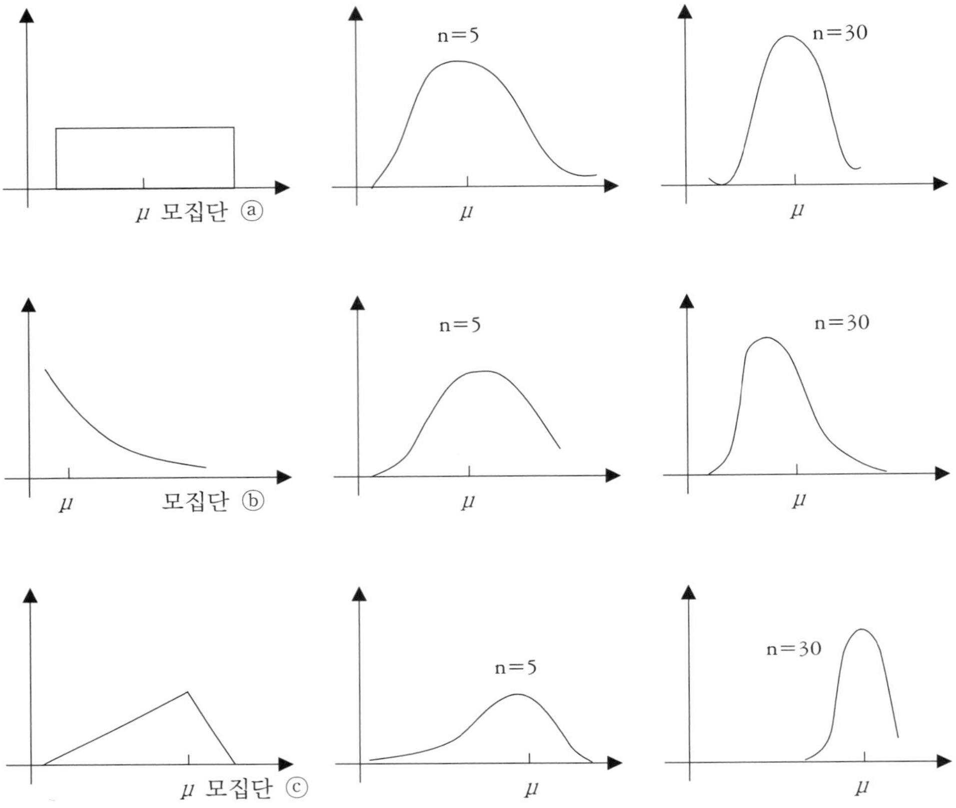

지금까지 모집단분포와 표본분포와 관계를 설명하는 중심극한정리와 표본분포의 개념에 대해 배웠다. 이러한 표본분포의 형태에도 몇가지 유형이 있어서, **표본통계치 중에 평균의 확률분포를 '표본평균의 분포(distribution of sample means)'라고 부르며 비율의 확률분포를 '표본비율의 분포(distribution of sample proportions)', 분산의 확률분포를 '표본분산의 분포'**라고 한다.

3. 표본평균분포와 표본비율분포의 확률계산

모 고등학교 학생들의 키를 조사했더니 평균값이 168cm이고 표준편차가 6cm

라고 한다. 여기서 100명의 학생을 무작위 추출할 경우에 표본평균이 167cm 이상 169cm 이하일 확률은 얼마일까? 모집단의 평균값 μ은 168cm이고 표준편차 σ는 6cm이며 표본크기 n은 100인 경우이다. 그러면 여기서 모집단의 분포는 알려져 있지 않으나 n이 충분히 크므로 중심극한정리에 의해 표본평균값 $\overline{X}$는 정규분포를 하는 것으로 추정할 수 있으므로 표본평균 $\overline{X}$는 168, 분산 $\frac{\sigma^2}{n}=0.6^2$이므로 앞의 공식을 이용하면

$$Pr(167 \leq \overline{X} \leq 169) = Pr\left(\frac{167-168}{0.6} \leq \frac{\overline{X}-168}{0.6} \leq \frac{169-168}{0.6}\right)$$
$$\fallingdotseq Pr(-1.67 \leq Z \leq 1.67 = 0.9525 - 0.0475 = 0.9050$$

즉, 100명의 학생을 무작위로 뽑을 경우 그 학생들이 167cm~169cm에 속할 확률은 0.9050이 되는 것이다.

일반적으로 모집단의 특성, 즉 모수(parameter)를 알아내려할 경우 가장 중요한 모수는 평균과 분산이다. 그러나, 우리들의 관심대상집단인 모집단들 가운데에는 각 단위가 갖는 특성이 '성공', '실패'와 같이 두 가지 형태로 나뉘고 그 비율이 일정하게 주어진 특별한 형태의 모집단이 있을 수 있다. 이미 배운 것처럼, 이런 모집단을 이항 모집단이라고 부르며 이러한 이항모집단에서 표본크기 n인 확률표본을 추출하여 성공의 출현횟수를 X라고 할 때, 표본통계량 $\hat{P}=X/n$을 표본비율(sample proportion)이라고 부른다.

따라서, 6장 이항분포에서 배운 것처럼 표본크기 n인 표본에서 성공의 횟수를 X라고 할 때, 확률변수 X는 $f(X)=\binom{n}{x}p^x(1-p)^{n-1}$인 이항분포를 이루고 그 평균과 분산은 각각 $E(X)=np$, $Var(X)=np(1-p)$가 된다. 따라서, 확률변수 X의 1차함수인 $\overline{P}=X/n$도 이항분포를 이루게 된다. 즉, 표본크기 n이 충분히 크고 p가 작지 않다고 하면 확률변수 X는 평균이 np이고 분산이 $np(1-p)$인 정규분포에 가까운 분포를 이루게 된다는 것인데, 이러한 사실을 바탕으로 우리는 다음과 같은 식이 성립됨을 알 수 있다.

$$Z=\frac{\hat{P}-P}{\sqrt{p(1-p)/n}},$$ (여기서 표본비율의 평균은 0이고 분산은 1)

예를 들어, 어떤 공장에서 만드는 상품 중에 불량품 발생비율이 3%라고 한다. 이들 상품 중에 임의로 300개를 추출하여 조사했을 때 이들 중에서 불량품

의 비율이 0.02에서 0.035가 될 확률은 얼마일까? 먼저, n이 30보다 크므로 표본비율 p는 정규분포와 근사한 분포를 이룬다고 볼 수 있다. 그래서 p의 평균과 분산을 구하면

$$E(\bar{p})=p=0.03$$

$$\text{Var}(\bar{p})=\frac{p(1-p)}{n}=\frac{0.03\times0.97}{300}=\frac{0.0291}{300}$$

따라서, $P(0.02<\bar{p}<0.035$의 확률계산은

$$=P\left(\frac{0.02-0.03}{\sqrt{\frac{0.0291}{300}}}\leq\frac{\bar{p}-p}{\sqrt{\frac{p(1-p)}{n}}}\leq\frac{0.035-0.03}{\sqrt{\frac{0.0291}{300}}}\right)$$

$=P(-1.02\leq Z\leq0.51$ (* 여기서 Z값을 Z분포 표에 가서 확률값으로 바꾸어 계산한다)

$=(0.8461-0.50)+(0.6950-0.50)=0.5411$

즉, 우리가 300개의 표본을 추출하여 불량품의 비율이 2%에서 3.5% 사이가 될 확률은 0.5411이 된다고 하겠다.

4. χ^2(카이 스퀘어)분포

앞절에서 우리는 표본평균분포에 대해 배웠다. 즉, 충분한 크기의 표본을 추출하여 그 평균값을 알게 되면 모집단의 평균값에 대해 추정할 수 있었다. 흥미로운 것은 이러한 추정이 단지 표본의 평균치를 통해서만 가능한 것이 아니라 모집단의 또 하나 특성인 분산에도 적용될 수 있다는 것이다. 다만, 표본평균과는 달리 표본분산은 모집단이 정규분포를 이루고 있다 할지라도 표본의 크기가 충분히 크지 않으면 좌우가 대칭인 정규분포에 접근하지 않는다. 특히, 표본의 크기가 작을 때에는 표본분산의 표본분포는 왼쪽으로 치우친 모양의 형태를 갖게 되는데, 이때 표본분산의 확률분포를 χ^2(카이 제곱 또는 카이스퀘어)분포라고 한다. 그러면, 실제 표본분산과 모분산의 관계가 어떻게 나타나는지 다음의 표본분산평균값을 계산해보자.

예를 들어, 이제 숫자 1, 2, 4, 5가 쓰인 4개의 카드를 상자에 넣고 표본크기

가 2인 표본을 계속 반복하여 뽑는다고 가정하자. 그러면 (1, 1), (1, 2), (1, 4), (1, 5), (2, 1), (2, 2), (2, 4), (2, 5), …… (5, 5)까지 16개의 표본추출이 가능할 것이다. 이때 16개의 표본분산을 우리가 알고 있는 분산을 구하는 공식,

즉 $s^2 = \frac{1}{n-1}\sum(X_i - \overline{X})^2$에 대입하여 계산하면 0.0이 4개, 0.5가 4개, 2.0이 2개, 4.5가 4개, 8.0이 2개가 나온다. 따라서, 이 16개의 표본이 추출될 확률은 모두 1/16이므로 이것을 전부 다 정리하여 표로 나타내면 <표 7-1>과 같은 표본분산표가 나타나게 될 것이다. 이 표에서 $P(s^2)$는 각 분산이 나올 확률을 가리키므로 이 표로부터 표본분산 s^2의 평균 $E(s^2)$를 구하면 다음과 같다.

$$E(s^2)=0.0\times4/16+0.5\times4/16+2.0\times2/16+4.5\times4/16+8.0\times2/16$$
$$=2.5$$

반면에, 모집단의 분산 σ^2를 계산 해 보면 다음과 같다.

$$\sigma^2=\frac{1}{4}(1-3)^2+\frac{1}{4}(2-3)^2+\frac{1}{4}(4-3)^2+\frac{1}{4}(5-3)^2$$
$$=2.5$$

〈표 7-1〉 표본분산표

s^2	$P(s^2)$
0.0	4/16
0.5	4/16
2.0	2/16
4.5	4/16
8.0	2/16

이상에서 우리는 표본분산의 평균값이 모분산의 값에 근사한다는 것을 알 수 있다. 즉, $E(s^2)=\sigma^2$로서 표본분산 s^2의 기댓값이 모분산 σ^2과 같기 때문에 모집단의 분산에 대한 추정을 s^2로 하는 것이다. 그런데, 앞에서 말한 것처럼 표본분산 s^2의 평균이 모분산과 같지만 그 분포의 모양은 왼쪽으로 기울어진 비대칭적인 형태를 이루고 있다. 즉, [그림 7-4]가 보여주고 있는 것처럼 카이스퀘어 분포는 자유도에 따라 그 모양을 달리 하고 있는데, 자유도가 작을수록 왼쪽으로 치우친 형태로 있다가 자유도가 커질수록 정규분포의 형태로 나아가게 된다.

그림 7-4 자유도와 카이스퀘어 분포의 형태

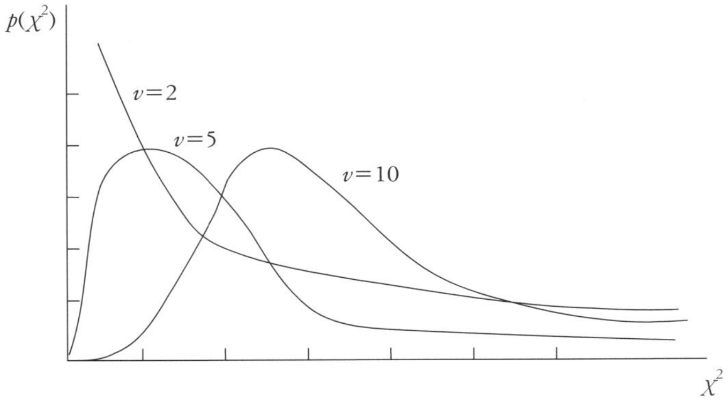

그림 7-5 $P(\chi^2 \leq \chi^2 n,\ \alpha) = \alpha$

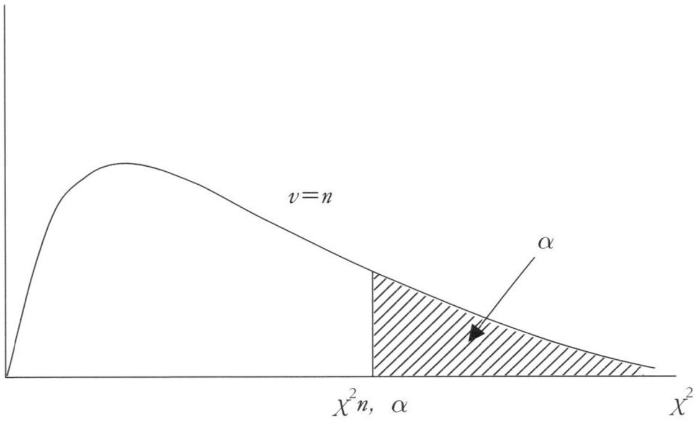

그러면, χ^2분포를 하는 확률변수의 임의 값에 대한 확률은 어떻게 찾아낼 수 있을까? [그림 7-5]는 자유도 $v=n$인 χ^2에서 우측확률이 α가 되는 위치를 나타내 주고 있다. 예를 들면, <표 7-2>에서 $a=0.05$로 표시된 줄에서 $v=15$인 경우를 찾아보면 24.9958인데 이것은 자유도가 15인 χ^2에서 우측확률이 0.05인 위치가 24.9958이라는 것을 뜻한다. 다시 말하면 자유도가 15인 χ^2분포에서 24.9958부터 무한대까지의 확률이 0.05라는 것이다. 보통은 자유도가 n인 χ^2분포에서 우측확

〈표 7-2〉 χ^2(카이 스퀘어)분포표

df \ α	.99	.98	.95	.90	.80	.70	.50	.30	.20	.10	.05	.02	.01	.001
1	$.0^3157$	$.0^3628$	.00393	.0158	.0642	.148	.455	1.074	1.642	2.706	3.841	5.412	6.635	10.827
2	.201	.0404	.103	.211	.446	.713	1.386	2.408	3.219	4.605	5.991	7.824	9.210	13.815
3	.115	.185	.352	.584	1.005	1.424	2.366	3.665	4.642	6.251	7.815	9.837	11.345	16.268
4	.297	.429	.711	1.064	1.649	2.195	3.357	4.878	5.989	7.779	9.488	11.668	13.277	18.465
5	.554	.752	1.145	1.610	2.343	3.000	4.351	6.064	7.289	9.236	11.070	13.388	15.086	20.517
6	.872	1.134	1.635	2.204	3.070	3.828	5.348	7.231	8.558	10.645	12.592	15.033	16.812	22.457
7	1.239	1.564	2.167	2.833	3.822	4.671	6.346	8.383	9.803	12.017	14.067	16.622	18.475	24.322
8	1.646	2.032	2.733	3.490	4.594	5.527	7.344	9.524	11.030	13.362	15.507	18.168	20.090	26.125
9	2.088	2.532	3.325	4.168	5.380	6.393	8.343	10.656	12.242	14.684	16.919	19.679	21.666	27.877
10	2.558	3.059	3.940	4.865	6.179	7.267	9.342	11.781	13.442	15.987	18.307	21.161	23.209	29.588
11	3.053	3.609	4.575	5.578	6.989	8.148	10.341	12.899	14.631	17.275	19.675	22.618	24.725	31.264
12	3.571	4.178	5.226	6.304	7.807	9.034	11.340	14.011	15.812	18.549	21.026	24.054	26.217	32.909
13	4.107	4.765	5.892	7.042	8.634	9.926	12.340	15.119	16.985	19.812	22.362	25.472	27.688	34.528
14	4.660	5.368	6.571	7.790	9.467	10.821	13.339	16.222	18.151	21.064	23.685	26.873	29.141	36.123
15	5.229	5.985	7.261	8.547	10.307	11.721	14.339	17.322	19.311	22.307	24.996	28.259	30.578	37.697
16	5.812	6.614	7.962	9.312	11.152	12.624	15.338	18.418	20.465	23.542	26.296	29.633	32.000	39.252
17	6.408	7.255	8.672	10.085	12.002	13.531	16.338	19.511	21.615	24.769	27.587	30.995	33.409	40.790
18	7.015	7.906	9.390	10.865	12.857	14.440	17.338	20.601	22.760	25.989	28.869	32.346	34.805	42.312
19	7.633	8.567	10.117	11.651	13.716	15.352	18.338	21.689	23.900	27.204	30.144	33.687	36.191	43.820
20	8.260	9.237	11.851	12.443	14.578	16.266	19.337	22.775	25.038	28.412	31.410	35.020	37.566	45.315
21	8.897	9.915	11.591	13.240	15.445	17.182	20.337	23.858	26.171	29.615	32.671	36.343	38.932	46.797
22	9.542	10.600	12.338	14.041	16.314	18.101	21.337	24.939	27.301	30.813	33.924	37.659	40.289	48.268
23	10.196	11.293	13.091	14.848	17.184	19.021	22.337	26.018	28.429	32.007	35.172	38.968	41.638	49.728
24	10.856	11.992	13.848	15.659	18.062	19.943	23.337	27.096	29.553	33.196	36.415	40.270	42.980	51.179
25	11.524	12.697	14.611	16.473	18.940	20.867	24.337	28.172	30.675	34.382	37.652	41.566	44.314	52.620
26	12.198	13.409	15.379	17.292	19.820	21.792	25.336	29.246	31.795	35.563	38.885	42.856	45.642	54.052
27	12.879	14.125	16.151	18.114	20.703	22.719	26.336	30.319	32.912	36.741	40.113	44.140	46.963	55.476
28	13.565	14.847	16.928	18.939	21.588	23.647	27.336	31.391	34.027	37.916	41.337	45.419	48.278	56.893
29	14.256	15.574	17.708	19.768	22.475	24.577	28.336	32.461	35.139	39.087	42.557	46.693	49.588	58.302
30	14.953	16.306	18.493	20.599	23.364	25.508	29.336	33.530	36.250	40.256	43.773	47.962	50.892	59.703

률이 α가 되는 위치를 $\chi^2 n,\ \alpha$로 표시한다. 즉, $\chi^2_{15,\ 0.05}$는 자유도가 15인 χ^2분포에서 우측확률이 0.05인 위치를 나타내는 것으로 카이스퀘어의 확률분포값을 <표 7-2>에서 찾아보면 실제 $\chi^2_{15,\ 0.05}=24.9958$가 된다. 반면에, 자유도가 n인 χ^2에서 좌측확률이 α가 되는 위치는 $\chi^2_{n,\ 1-\alpha}$로 표시한다. $\chi^2_{n,\ 1-\alpha}$부터 무한대까지의 확률이 $1-\alpha$이기 때문이다.

이상에서 우리는 다음과 같이 χ^2분포에 대해서 정리할 수 있겠다.

$N(\mu,\ \sigma^2)$인 정규모집단으로부터 표본크기 n인 확률표본 $X_1,\ X_2,\ \cdots X_n$을 추출할 때, 표본평균 $\overline{X}=\frac{1}{n}\sum_{i=1}^{n}X_i$이고, 표본분산 $S^2=\frac{\sum_{i=1}^{n}(X_i-\overline{X})}{n-1}$이라고 하면 $\frac{(n-1)S^2}{\sigma^2}=\sim\chi^2(n-1)$이 된다.

χ^2(카이 스퀘어)분포의 특성

(1) 카이 스퀘어분포는 정규분포처럼 좌우대칭형이 아니다.
(2) 카이 스퀘어의 값은 음수를 가질 수 없다.
(3) 카이 스퀘어분포의 형태는 자유도에 따라 달라지지만, 자유도가 커질수록 정규분포의 형태에 가깝게 접근한다.
(4) 표준정규분포를 따르는 n개의 확률변수 $Z_1,\ Z_2,\ \cdots\ Z_n$의 제곱합은 자유도 n인 카이 스퀘어분포를 따른다.

그러면 이제 통계추론에서 가장 중심이 되고 있는 다른 두 가지 표본분포인 t 분포, F 분포에 대하여 알아보기로 하자.

5. t-분포와 *F* 분포

우리는 앞에서 정규분포 $N(\mu,\ \sigma_2)$를 따르는 정규모집단에서 표본크기가 n인 임의의 확률표본으로부터 얻은 표본평균 $\overline{X}$가 정규분포 $N(\mu,\ N(\mu, \frac{\sigma^2}{n})$를 따른다는 것을 배웠다. 또한 표준화된 통계량은 표준정규분포를 따른다. 즉,

$$Z=\frac{\overline{X}-\mu}{\sqrt{\frac{\sigma^2}{n}}}\ \sim N(0,\ 1)$$

그러나, 문제는 여기에서 우리가 모분산 σ^2의 값을 모르는 경우이다. n이 충

분히 클 때는 σ^2를 몰라도 표본에서 얻은 추정값 s^2를 사용해도 표준정규분포 $N(0,\ 1)$을 따른다는 것을 알고 있다. 하지만, 표본의 크기가 작은 경우에 즉, 30개 미만인 경우에는 통계량 T는 자유도가 $n-1$인 스튜던트 t-분포(student's t-distribution)라고 불리는 확률분포를 따르며 다음과 같이 표기한다.

$$T=\frac{\overline{X}-\mu}{\sqrt{\frac{\sigma^2}{n}}}\ \sim t(n-1)$$

그러면 이런 t-분포는 어떤 형태를 가질까? 일반적으로 t-분포는 표준정규분포와 매우 비슷하게 좌우대칭으로 종모양의 정규곡선 형태를 가진다. 다만, 자유도 n에 따라 분포형태가 달라지는 것이 특징이다. [그림 7-6]에서 보는 바와 같이 t분포는 표준정규분포와 마찬가지로 평균값 0을 중심으로 해서 대칭을 이루고 있지만 표준정규분포보다는 분산이 큰 형태로 다소 완만한 경사를 보이고 있다. 그러나, 자유도가 커질수록 분산도 점점 작아져서 마침내 자유도가 무한대($n \to \infty$)로 나가면 표준정규분포와 똑같은 모습이 된다. 그러면, 여기에서 t분포를 하는 확률변수의 임의 값에 대한 확률은 어떻게 찾아낼 수 있을까? [그림 7-7]은 자유도 $v=n$인 t에서 우측확률이 α가 되는 위치를 나타내주고 있다. 예를 들면, <표 7-3>에서 $\alpha=0.05$로 표시된 줄에서 $v=15$인 경우를 찾아보면 1.753인데 이것은 자유도가 15인 t에서 우측확률이 0.05인 위치가 1.753이라는 것을 뜻한다. 다시 말하면 자유도가 15인 t분포에서 1.753부터 무한대까지의 확률이 0.05라는 것이다. 보통은 자유도가 n인 t분포에서 우측확률이 α가되는 위치를 $t_{n,\ \alpha}$로 표시한다. 즉, $t_{15,\ 0.05}$는 자유도가 15인 t분포에서 우측확률이 0.05인 위치를 나타내는 것으로 t의 확률분포값을 표에서 찾아보면 실제 $t_{15,\ 0.05}=1.753$이 된다. 반면에, 자유도가 n인 t에서 좌측확률이 α가 되는 위치는 $t_{n,\ -\alpha}$로 표시한다.

〈표 7-3〉 t-분포표

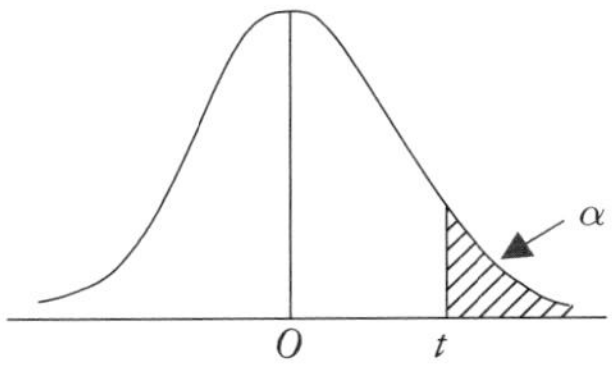

df	$t_{.100}$	$t_{.050}$	$t_{.025}$	$t_{.010}$	$t_{.005}$
1	3.078	6.314	12.706	31.821	63.657
2	1.886	2.920	4.303	6.965	9.925
3	1.638	2.353	3.182	4.541	5.841
4	1.533	2.132	2.776	3.747	4.604
5	1.476	2.015	2.571	3.365	4.032
6	1.440	1.943	2.447	3.143	3.707
7	1.415	1.895	2.365	2.998	3.499
8	1.397	1.860	2.306	2.896	3.355
9	1.383	1.833	2.262	2.821	3.250
10	1.372	1.812	2.228	2.764	3.169
11	1.363	1.796	2.201	2.718	3.106
12	1.356	1.782	2.179	2.681	3.055
13	1.350	1.771	2.160	2.650	3.012
14	1.345	1.761	2.145	2.624	2.977
15	1.341	1.753	2.131	2.602	2.947
16	1.337	1.746	2.120	2.583	2.921
17	1.333	1.740	2.110	2.567	2.898
18	1.330	1.734	2.101	2.552	2.878
19	1.328	1.729	2.093	2.539	2.861
20	1.325	1.725	2.086	2.528	2.845
21	1.323	1.721	2.080	2.518	2.831
22	1.321	1.717	2.074	2.508	2.819
23	1.319	1.714	2.069	2.500	2.807
24	1.318	1.711	2.064	2.492	2.797
25	1.316	1.708	2.060	2.485	2.787
26	1.315	1.706	2.056	2.479	2.779
27	1.314	1.703	2.052	2.473	2.771
28	1.313	1.701	2.048	2.467	2.763
29	1.311	1.699	2.045	2.462	2.756
∞	1.282	1.645	1.960	2.326	2.576

그림 7-6 t-분포와 표준 정규분포

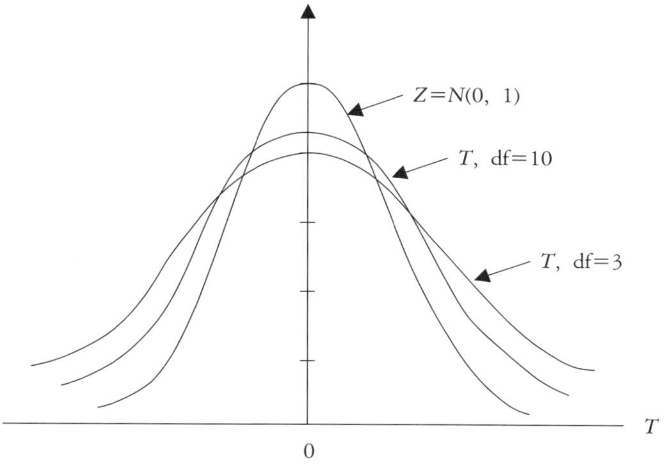

그림 7-7 $P(T \geq t_{n,\ \alpha}) = \alpha$

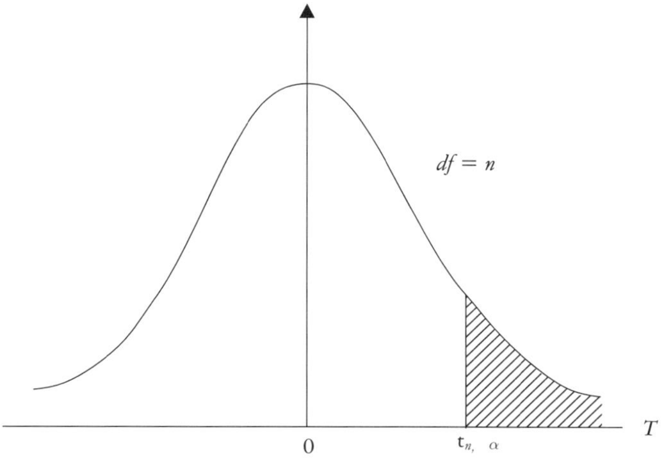

지금까지 t분포의 특성에 관해서 정리하면 다음과 같다. 즉, $N(\mu,\ \sigma^2)$인 정규 모집단으로부터 표본크기가 n인 확률표본 $X_1,\ X_2, \cdots X_n$을 추출할 때,

표본평균 $\overline{X} = \frac{1}{n}\sum_{i=1}^{n} X_i$이고, 표본분산 $s^2 = \frac{\sum_{i=1}^{n}(X_i - \overline{X})}{n-1}$일 때

$$Z = \frac{\overline{X} - \mu}{\sqrt{\frac{\sigma^2}{n}}} \sim N(0,\ 1) \text{ 이고 } \frac{(n-1)S^2}{\sigma^2} = \sim \chi^2(n-1)\text{이 된다.}$$

따라서, t분포의 정의에 따라

$$T = \frac{\frac{\overline{X} - \mu}{\sigma\sqrt{n}}}{\sqrt{\frac{(n-1)S^2}{\sigma^2} / (n-1)}} = \frac{\overline{X} - \mu}{\frac{S}{\sqrt{n}}}$$는 자유도 $n-1$인 t-분포를 따른다.

t-분포의 특성

(1) t-분포는 표본크기에 따라 모양이 달라진다
(2) t-분포는 좌우대칭의 종모양으로 정규분포와 같은 형태를 이룬다
(3) t-분포는 표준정규분포보다 분산이 커서 완만한 경사를 이루지만 n이 커질수록 표준정규분포와 유사한 형태로 된다.
(4) t=0에서 평균을 가지며 이 0을 중심으로 좌우대칭을 이룬다.

6. *F* 분포

앞에서 우리는 모집단의 분산을 추론하기위해 표본분산의 분포인 카이 스퀘어분포에 대해 배웠다. 이제 이런 표본분산의 분포에 대한 지식을 이용하여 두 개의 정규모집단의 분산을 비교하는 추론에 사용되는 F-분포에 대해 공부하기로 한다.

먼저, 모분산이 각각 σ^2_1, σ^2_2인 두 개의 정규모집단에서 추출한 크기 n_1, n_2의 표본에서 각각의 표본분산을 s^2_1, s^2_2라고 할 때, X, Y를 자유도 $n-1$, $n-2$인 카이 스퀘어 분포를 따르는 독립적인 확률변수라고 하면, 아래와 같이 정의된 통계량 F는 자유도($n-1$, $n-2$)인 F-분포(F-distribution)를 따른다고 하며 $F(n_1-1,\ n_2-1)$로 표기한다

$$F = \frac{X/(n_1 - 1)}{Y/(n_2 - 1)} \qquad \sim F(n_1-1,\ n_2-1)$$

이 식에서 확률변수 X, Y는 x^2 분포를 따르므로 위의 식을 다음과 같이 분산의 비로 바꿔 쓸 수 있다. 즉,

$$F=\frac{\frac{(n_1-1)s_1^2}{\sigma_1^2(n_1-1)}}{\frac{(n_2-1)s_2^2}{\sigma_2^2(n_2-1)}}=\frac{\frac{s_1^2}{\sigma_1^2}}{\frac{s_2^2}{\sigma_2^2}}=\frac{s_2^2\sigma_2^2}{s_2^2\sigma_1^2} \quad \sim F\ (n_1-1,\ n_2-1)$$

그림 7-8 *F*분포의 형태

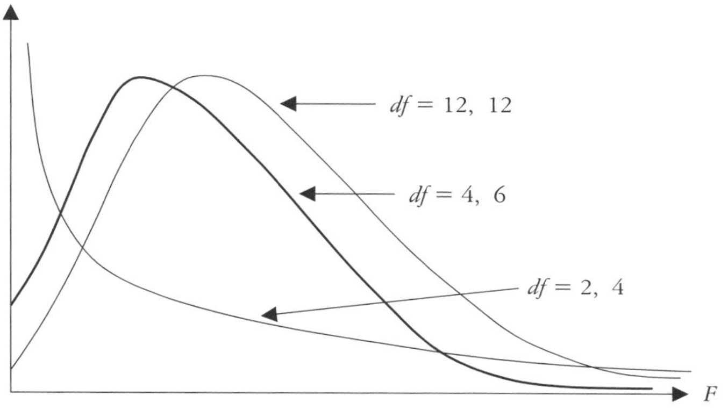

그림 7-9 $P(F \geq F_{n1,\ n2,\ \alpha}) = \alpha$

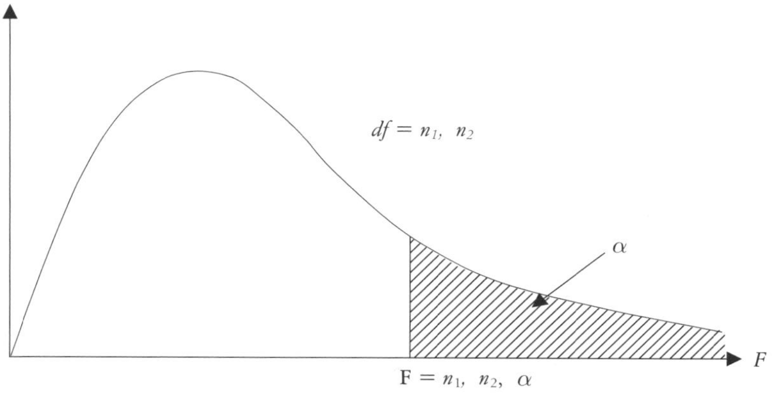

여기서 [그림 7-8]을 보면 F-분포의 모양이 잘 나타나 있다. F-분포의 모양은 카이 스퀘어분포처럼 왼쪽으로 치우쳐서 오른쪽으로 꼬리가 길게 나가는 비대칭적인 형태이다. 그러나, 카이 스퀘어분포처럼 자유도가 커질수록 중앙이 오른쪽으로 나가면서 정규곡선의 형태로 접근한다. 그러면, F의 임의 값에 대한 확률은 어떻게 찾아내는가? 책 뒤에 있는 부록에 보면 자유도가 n_1, n_2인 F분포에서 우측확률 α가 되는 위치를 나타내주고 있다. 예를 들어, 자유도가 각각 $n_1=5$, $n_2=9$인 F분포에서 우측확률 α가 0.05인 경우를 찾는다고 하면, 부록에 있는 F-분포표를 찾아보면 $\alpha=0.05$로 표시된 줄에서 자유도 n_1이 5인 줄과 자유도 n_2가 9인 열이 교차하는 지점에서 3.4817 이라는 숫자를 찾을 수 있다. 이것은 자유도가 각각 5, 9인 F분포에서 우측확률이 0.05 즉, 5%인 위치가 3.4817이라는 것을 의미하며 자유도가 n_1, n_2인 F분포에서 우측확률 α가 되는 위치를 $F_{n1,\ n2,\ \alpha}$로 표시한다. 즉, 자유도가 n_1, n_2인 F분포에서 $F_{n1,\ n2,\ \alpha}$에서 무한대까지의 확률이 α, 즉 여기서는 0.05가 된다는 의미이다. 반면에, 자유도가 n_1, n_2인 F분포에서 좌측확률이 α가 되는 위치는 $F_{n1,\ n2,\ 1-\alpha}$로 표시한다. $F_{n1,\ n2,\ 1-\alpha}$부터 무한대까지의 확률이 $1-\alpha$이기 때문이다.

그러면, 이상에서 우리는 다음과 같이 F분포에 대해서 정리할 수 있겠다.

$N(\mu_1,\ \sigma_1^2)$인 정규모집단 1로부터 표본크기가 n_1인 확률표본 X_{11}, X_{12}, $\cdots X_{1n}$을 추출하고 또 $N(\mu_2,\ \sigma_2^2)$인 정규모집단 2로부터 표본크기가 n_2인 확률표본 X_{21}, X_{22}, $\cdots X_{2n}$을 추출할 때, 각각의 표본평균이

$$\overline{X}_1 = \frac{1}{n_1}\sum_{i=1}^{n_1} X_{1i}\ ,\quad \overline{X}_2 = \frac{1}{n_2}\sum_{i=1}^{n_2} X_{2i}\text{이고}$$

$$\text{표본분산 } S_1^2 = \frac{\sum_{i=1}^{n_1}(X_{1i}-\overline{X})^2}{n_1-1},\quad S_2^2 = \frac{\sum_{i=1}^{n_2}(X_{2i}-\overline{X})^2}{n_2-1}\text{이라고 하면}$$

$$F = \frac{s_1^2\sigma_2^2}{s_2^2\sigma_1^2} \quad \sim F(n_1-1,\ n_2-1)\ \text{이다.}$$

F 분포의 특성

(1) F분포는 카이 스퀘어분포처럼 비대칭형으로 왼쪽으로 치우친다.
(2) F분포는 자유도 n_1, n_2에 의해 모양이 결정되나 자유도가 커질수록 중심이 왼쪽에서 오른쪽으로 나가는 성향을 띤다.
(3) 자유도가 n인 t-분포를 하는 확률변수를 제곱하면 자유도가 1, n인 F분포를 따른다.

7. 각 분포들 간의 관계

지금까지 우리는 여러 가지 확률분포를 공부하면서 이 들간에 상관성이 있다는 것을 알았다. 즉, 표준정규분포, 카이 스퀘어분포, t-분포, F분포들 사이에 서로 상관이 있어서 표준정규분포를 제곱하면 자유도 1인 카이 스퀘어분포가 되고, 표준정규분포와 카이 스퀘어분포에 의해서 t-분포를 정의할 수가 있으며, 또한 자유도가 무한대인 t-분포는 표준정규분포와 일치하게 되며 두 개의 카이 스퀘어분포에 의해서 F분포가 정의 된다는 것도 배웠다. 그래서, 자유도가 n인 t-분포를 하는 확률변수를 제곱하면 자유도가 1, n인 F분포를 따른다는 것도 알 수 있다.

연습문제

1. 통계량(statistic)이란 무엇이며 모수(parameter)와는 어떤 관계가 있는가?

2. 표본분포란 무엇인지 몇 가지 예를 들어 설명하라.

3. 중심극한정리(central limit theorem)란 무엇을 말하는지 설명하라.

4. 어떤 모집단의 평균이 32이고 표준편차가 12이다. 이 모집단으로부터 크기가 64인 단순임의 표본들을 추출하여 만든 표본분포에 대하여 다음 물음에 답하라.
   1) 이 표본평균의 평균과 표준편차를 구하라.
   2) 30에서 35 사이에 있는 표본평균들의 확률을 구하라.
   3) 임의로 추출한 한 개의 표본평균이 35 이상일 확률을 구하라.
   4) 임의로 추출한 한 개의 표본평균이 30 이하일 확률을 구하라.

5. 어느 대기업에서 종업원을 신규로 채용하기 위해 뽑을 때 토익시험을 보았더니 평균이 500이고 표준편차가 50인 정규분포를 이루었다. 어느 종업원의 점수가 500점에서 525점 사이가 될 확률은 얼마인가?

6. 어느 모집단이 (1,2,3,4,5)로 이루어져 있다고 하자. 이 모집단의 평균과 표준편차를 구하라.

7. 표준정규분포표를 이용하여 $Pr(-0.4 \leq Z \leq 2.21)$이 속하는 확률값을 구하라.

8. 모대학교 학생들의 IQ 평균이 100이고 분산이 225인 정규분포를 이룬다고 하자.
   1) 단순확률표본에 의해 추출된 학생의 IQ가 130 이하일 확률은 얼마인가?
   2) 단순확률표본에 의해 추출된 한 학생의 IQ가 91과 97 사이에 있을 확률은 얼마인가?
   3) 표본크기 30인 확률표본에서 평균 IQ가 95와 100 사이에 있을 확률을 구하라.

9. 카이 스퀘어분포의 특성에 대해 설명하라.

10. t-분포와 F-분포와의 상관관계에 대해 설명하라.

제 8 장 통계적 추정

1. 점추정
2. 구간추정
3. 표본크기의 결정

우리는 모집단의 특성을 모르는 상황에서 모집단의 특성을 규명해야 할 필요성을 느낄 때가 있다. 이 장(章)에서는 표본자료(sample data)를 이용하여 모집단 분포의 모수를 추정하는 문제를 다룬다. 예를 들어 우리는 전국 대학생의 표본을 이용하여 대학생의 한달 평균지출액을 추정할 수 있고 주어진 표본을 이용하여 남성과 여성간에 특정 상품을 선호하는 비율을 추정할 수 있을 것이다. 일반적으로 등간척도로 측정된 변수의 경우에는 모집단 분포의 평균을 추정할 수 있으며 명목척도로 측정된 변수의 경우에는 다양한 범주간에 어떤 속성의 비율을 추정할 수 있다.

통계적 추정은 표본의 특성을 나타내는 **통계량**(statistic)을 기초로 모집단의 **모수**(parameter)를 추정하는 통계적 분석방법이다. 이에 반하여 다음 장에서 다루게 될 통계적 가설검정은 모수에 대하여 특정한 가설을 세운 다음 표본의 통계량을 이용하여 이를 기초로 모수에 대한 가설의 진위 여부를 판단하는 통계적 분석방법이다.

통계적 추정에는 두 종류의 유형이 있다. 하나는 **점추정**(point estimate)으로 표본의 통계값을 이용하여 모수의 실제값을 추정하는 것이다. 예를 들어 주어진 표본으로부터 1996년 한국여성이 최초로 결혼할 당시 평균연령이 24.5살이라는 표본의 연구결과를 이용하여 모수의 실제값을 추정하는 것이다. 다른 하나는 **구간추정**(interval estimate)으로 표본통계값을 이용하여 모수의 실제값이 포함되어 있을 것이라고 믿어지는 점추정치의 구간을 추정하는 것이다. 위의 예에서 우리는 주어진 표본으로부터 1996년도 한국 여성의 최초 결혼시 평균연령이 23세에서 26세 사이에 있다고 추정할 수 있을 것이다. 구간추정치는 주어진 표본자료를 이용하여 점추정치의 정확경의 정도를 계산할 수 있게 하여 준다.

1. 점추정

1.1 기본개념

우리는 종종 표본자료를 이용하여 특정 변수에 대한 모집단의 모수를 추정하는 데 관심을 가진다. 예를 들어 일반 유권자를 대상으로 실시한 다가올 국회의원선거에 대한 여론조사(표본조사)의 결과를 이용하여 국회의원선거에서 각 정당의 후보들이 얻을 수 있는 유권자의 지지율을 예측할 수 있을 것이다. 일반적으로 모집단의 모수를 추정하는 과정은 표본자료의 관찰로부터 얻을 수 있는 통계량 가운데 모수를 추정하기에 가장 적절한 것을 선정하여 그 값을 모수의 추정치로 이용한다. 모집단의 모수를 추정하는 데 이용되는 **표본의 통계치**(a sample statistic)를 **모수의 점추정치**라고 한다.

모집단의 평균(μ)를 추정하기 위하여 우리는 표본의 평균($\overline{X}$), 표본의 중앙값(X_m), 최초의 관찰값(X_1) 또는 표본의 최대값(X_{max})과 최소값(X_{min})을 제외한 평균값 즉, ($n-2$)의 평균값 등을 이용할 수 있을 것이다. 만약 최초의 관찰값(X_1)을 모집단의 평균(μ)의 추정치로 이용한다면 이는 다른 관찰값들 (X_2, ⋯⋯, X_n)이 제공해 줄 수 있는 다양하고도 많은 정보를 고려할 수 없기 때문에 최초의 관찰값(X_1)은 모수의 추정량으로 적당하다고 할 수 없다. 일반적으로 모집단의 평균(μ)을 추정하기 위한 가장 적절한 방법 중의 하나는 표본의 평균($\overline{X}$)을 이용하는 것이다. 이때 표본평균($\overline{X}$)을 모집단의 평균(μ)을 추정하기 위한 추정량(estimator)[1]이라고 한다. 과거 몇 십년 동안 통계학자들은 모수의 추정량을 선택하는 다양한 기준을 제시하여 왔다. 이러한 기준들은 추정량이 가지고 있는 통계적 특성을 비교하는 일련의 과정을 포함하고 있다. 일반적으로 가장 적절한 모수의 추정량를 선택하는 기준으로 **불편성**(unbiasedness), **효율성**(efficiency) 및 **일관성**(consistency) 등을 제시할 수 있다.

(1) 불편성(Unbiasedness)

추정량 $\hat{\theta}$의 기대값 E($\hat{\theta}$)가 모수의 실제값 θ와 일치하거나 또는 모수의 실제값에 근접할수록 바람직한 추정량이라 할 수 있다. [그림 8-1]의 (a)에서 처럼 표본의 평균($\overline{X}$, $\hat{\theta}$)이 모수의 실제값을 중심으로 분포되어 있으면 그 추정량은 불편성을 가졌다고 한다. 만약 우리가 일정한 크기의 표본(n)을 반복적으로 추출하여 그때마다 모수의 추정치를 얻는다면 결국, 이러한 추정치의 평균값은 모수의 실제값과 일치하게 될 것이다. 반면에 편의(biased)된 추정량은 평균적으로 모수값을 과대 추정하거나 혹은 과소 추정하는 경향이 있다. [그림 8-1]의 (b)가 보여주는 것처럼 편의(偏倚)의 양은 표본분포의 평균과 추정하려는 모집단의 실제 평

1) 엄격한 의미에서 추정량(estimator)과 추정치(estimate)는 구분된다. 추정량은 모집단의 모수에 대한 추정치를 구하기 위하여 사용되는 방법 또는 수단을 의미하며 추정치는 표본으로부터 얻은 추정량의 실제의 값을 의미한다. 예를 들어 모집단의 평균(μ)을 추정하기 위하여 표본평균($\overline{X}$)을 이용하였을 때, 표본평균($\overline{X}$)은 모집단의 평균을 추정하는 여러 방법 중의 하나로서 모집단의 평균을 추정하기 위한 추정량이 되며, 실제 표본조사를 통하여 얻는 구체적인 표본의 평균값은 모집단의 추정치가 된다.

균과의 차이 $E(\hat{\theta})-\theta$를 의미한다.

편의성(bias)의 개념은 한번 표본을 추출할 때 적용되는 개념이 아니고 표본추출을 반복하였을 때 적용되는 개념이다. 예를 들어 일정 크기의 표본(n)을 한 번 추출하였을 때 $\overline{X}$는 μ보다 크거나 또는 적을 것이다. 이 경우 우리는 $\overline{X}$가 정확하게 μ와 같을 것이라고 기대하지 않는다.

그림 8-1 불편 추정량과 편의 추정량

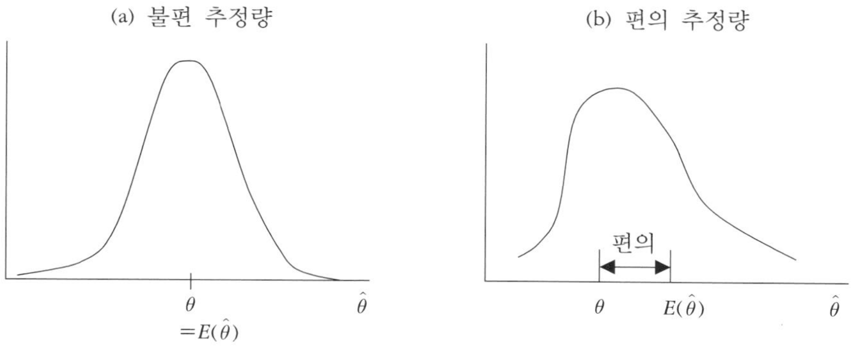

(2) 효율성(Efficiency)

바람직한 추정량의 두번째 속성은 다른 추정량과 비교할 때 적은 표준오차를 가지고 있어야 한다. 모집단의 모수를 추정하는 다른 추정량에 비하여 적은 표준오차를 가진 추정량을 효율적(efficient)인 추정량이라고 한다. 효율적인 추정량은 추정하려고 하는 모집단의 모수에 상대적으로 근접하는 경향이 있다. [그림 8-2]에서처럼 두 가지 추정량의 분산을 비교함으로써 이들 추정량의 상대적 효율성을 평가할 수 있다. [그림 8-2]에서 추정량 $\hat{\theta}_a$가 추정량 $\hat{\theta}_b$보다 상대적으로 더 효율적인 추정량이라 할 수 있다.

그림 8-2 효율적인 추정량과 비효율적인 추정량

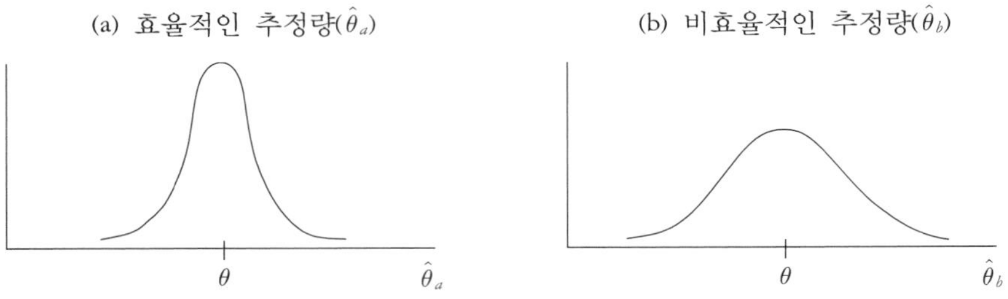

(3) **일관성**(Consistency)

바람직한 추정량의 세번째 속성은 일관성으로 표본의 크기(n)가 증가할수록 편의(偏倚)가 감소되고 그 표본자료에서 얻은 추정량 $\hat{\theta}$은 모수와 일치하게 된다. [그림 8-3]은 표본의 크기 n이 증가함에 따라 $\hat{\theta}$가 θ를 중심으로 근접하게 분포되어 가는 일관성있는 추정량의 예를 보여주고 있다.

그림 8-3 일관성 있는 추정량

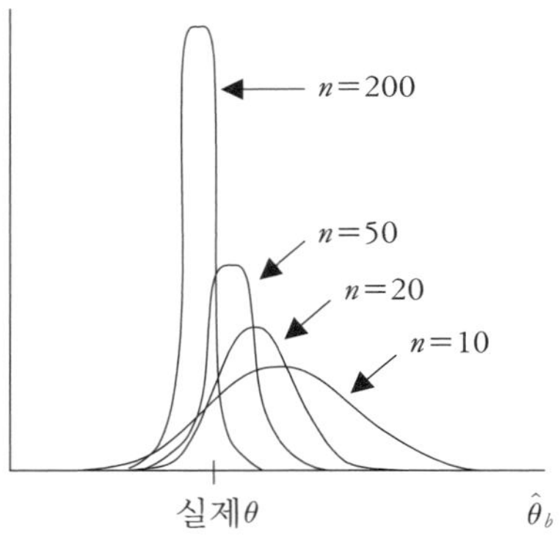

[그림 8-4]는 어떤 변수의 평균 μ를 추정하는 3가지 점추정량의 표본분포를 보여주고 있다. 표본의 평균 ($\overline{X}$)이 모집단 평균의 불편추정량인 반면에 $\overline{X}-10$

은 편의추정량이다. $\overline{X}-10$을 추정량으로 이용한 점추정치는 모집단의 평균 (μ)을 과소 추정하는 경향이 있다. [그림 8-4]에서처럼 표본을 반복적으로 추출하였을 때 추정치는 ($\mu-10$)주위에 집중 분포하게 된다. 모집단의 모수를 추정하기 위한 추정량 X_1은 불편성을 가지고 있지만 효율적이지는 못하다. 그 이유는 추정량 X_1의 표준오차가 다른 추정량의 표준오차보다 매우 크기 때문이다. 만약 우리가 최초의 관찰값 X_1을 모집단 평균을 추정하기 위하여 사용한다면 체계적으로 모집단의 평균을 과대 혹은 과소 추정하게 되어 표본의 평균 ($\overline{X}$)을 추정량으로 사용할 때 보다 더 큰 오차를 가진다.

그림 8-4 어떤 변수의 평균 μ 를 추정하는 3가지 점추정량의 표본분포

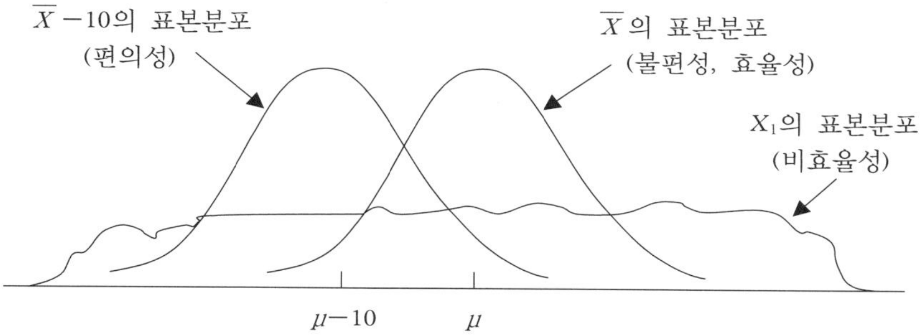

1.2 평균과 표준편차의 점추정치(Point Estimates)

표본의 평균 ($\overline{X}$)은 어떤 변수에 대한 모집단의 평균 (μ)을 추정하는 가장 적절한 추정량이다. 표본의 평균 $\overline{X}$와 모집단의 평균 μ는 구하는 공식이 매우 유사하다.[2] 표본의 평균 $\overline{X}$의 값은 불편성과 효율성의 조건을 충족시키는 모집단 평균 μ의 점추정치로 사용되고 있다. 우리 교과서에서 심볼 "^"는 모집단 모수의 추정치를 대표하는 모수의 심볼로 사용되고 있다. 예를 들어 $\hat{\mu}=\overline{X}$의 값은 모집단 평균의 추정치이다. 또한 $\hat{\sigma}$는 모집단 표준편차 (σ)의 추정치를 의미한다. 표본의 표준편차 S는 모집단의 표준편차 σ의 가장 바람직한 점추정치이다.

2) 표본과 모집단의 평균을 구하는 방법은 제4장을 참조.

$$\hat{\sigma} = S = (\sqrt{\Sigma(X_i - \overline{X})^2} / \sqrt{n-1}) \tag{8-1}$$

[예 8.1] 1996년도 인구센서스 조사에서 A지역에서 표본으로 추출된 10가구의 가구당 가족수는 2, 6, 3, 5, 7, 7, 8, 10, 5, 7명이었다. A지역의 전체 가구당 평균 가족수와 표준편차의 점추정치를 구하여라.

[풀 이] $\hat{\mu} = \overline{X} = 2+6+3+5+7+7+8+10+5+7/10 = 60/10 = 6.$

또한

$$\sum_{i=1}^{10}(X_i - \overline{X})^2 = (2-6)^2 + (6+6) + \cdots + (7-6)^2 = 50$$

모집단 분산 σ^2의 점추정치는

$$\hat{\sigma}^2 = S^2 = \sum_{i=1}^{n}(X_i - \overline{X})^2/n - 1 = 50/9 = 5.56$$

모집단 표준편차의 점추정치는

$$\hat{\sigma} = \sqrt{\hat{\sigma}^2} = \sqrt{5.56} = 2.36$$

따라서 A지역의 가구당 평균가족수는 6명이며 표준편차는 2.36이라고 말할 수 있다.

2. 구간추정

2.1 신뢰구간의 의미

최근 여론조사에서 우리나라 국민의 52%가 대통령의 직무수행에 만족하고 있다던가 또는 우리나라 가구의 월평균 소득이 1,200,000원이라는 조사결과가 보도되었다고 가정할 때, 이러한 여론조사 결과의 수치들은 표본자료를 이용한 모집단의 추정치들이다. 모집단에 관한 추론은 추정치뿐만 아니라 그 추정치의 정확성을 측정하는 것을 포함하고 있다. 이번에는 표본의 추정치가 얼마나 모수의 실제값에 근접하는가를 살펴보기로 한다.

표본의 추정치가 모수의 실제값에 근접하는 정도를 측정하는 방법 중의 하나는 점추정치의 표본분포의 특성을 이용하는 것이다. 즉, 추정량의 값이 모수의 일정한 범위 안에 존재할 확률을 계산하는 것이다. 예를 들어 표본추정치의 분포가 모수의 실제값을 중심으로 정규분포를 하면 그 추정치가 모수의 2표준오차 ($\pm 2 \cdot \sigma_{\overline{X}}$)의 범위 안에 존재할 확률은 약 95%가 된다. 표본분포의 표준오차가 적으면 적을수록 불편추정치의 정확성은 더 높아진다. 따라서 우리가 표준오차의 값을 알면 추정치의 정확성을 판단할 수 있다.

주어진 표본을 가지고 모수의 구간추정치, 즉 알려지지 않은 모수를 포함하고 있는 구간의 범위를 구하기 위해서는 표본분포가 갖는 **중심극한정리**(Central Limit Theorem)의 특성을 이용한다. 일반적으로 모수의 구간추정치를 **신뢰구간**(confidence interval)이라고 부른다. 모수의 신뢰구간은 모수가 존재할 것이라고 기대되는 구간의 범위를 의미한다. 그리고 어떤 구간이 모수의 실제값을 포함하고 있을 가능성을 **신뢰도** 또는 **신뢰계수**(confidence coefficient)라고 부른다. 신뢰구간을 구하는 일반적인 방법은 먼저 점추정치를 구한 다음, 그 추정치에 표준오차와 주어진 신뢰도에 해당되는 Z값과의 승수(multiple)를 가감하여 구한다. 그러면 단일 모집단의 평균 (μ)과 비율 (π)의 신뢰구간을 추정하는 방법을 먼저 살펴보고, 두 모집단의 평균차 ($\mu_1 - \mu_2$)와 비율차 ($\pi_1 - \pi_2$)의 신뢰구간을 추정하는 방법을 살펴보기로 하자.

2.2 단일 모집단 평균의 신뢰구간 추정

(1) 모집단의 표준편차 σ가 알려진 경우

우리는 앞 장의 중심극한정리에서 표본평균 $\overline{X}$의 분포는 표준오차 $\sigma_{\overline{X}}$ $\sigma/\sqrt{n}$를 가진 μ에 대하여 정규분포를 한다고 하였다. [그림 8-5]에서 처럼 95%의 신뢰도(확률)를 가진 $\overline{X}$의 분포는 모수 μ의 $\pm 1.96 \cdot \sigma_{\overline{X}}$ 범위내에 존재한다($\mu - 1.96 \cdot \sigma_{\overline{X}} \leq \overline{X} \leq \mu + 1.96 \cdot \sigma_{\overline{X}}$). 표본이 반복 추출되고 $\overline{X}$가 $\mu \pm 1.96 \cdot \sigma_{\overline{X}}$ 사이에 존재하면 $\overline{X} - 1.96 \cdot \sigma_{\overline{X}}$에서 $\overline{X} + 1.96 \cdot \sigma_{\overline{X}}$까지의 값은 모집단의 평균 μ를 포함한다([그림 8-5]의 (a)참조). 무작위로 추출된 표본자료를 이용하여 $\overline{X}$를 계산한 후 얻은 $\overline{X} \pm 1.96 \cdot \sigma_{\overline{X}}$의 범위가 알려지지 않은 모집단의 평균 μ를 포함할 확률은 .95가 되는 셈이다. 다시 말해 표본의 크기가 n인 표본을 무작위로 반복적으로 추출하였을 때 $\overline{X} \pm 1.96 \cdot \sigma_{\overline{X}}$구간의 95%는 모집단의 평균 μ를 포함한다는 의미와 같다. 이때 $\overline{X} \pm 1.96 \cdot \sigma_{\overline{X}}$가 모집단의 평균 μ를 포함하지 않을 확률은 5%가 된다([그림 8-5]의 (b)참조).

그림 8-5 $\overline{X}$의 표본분포와 μ 의 95% 신뢰구간

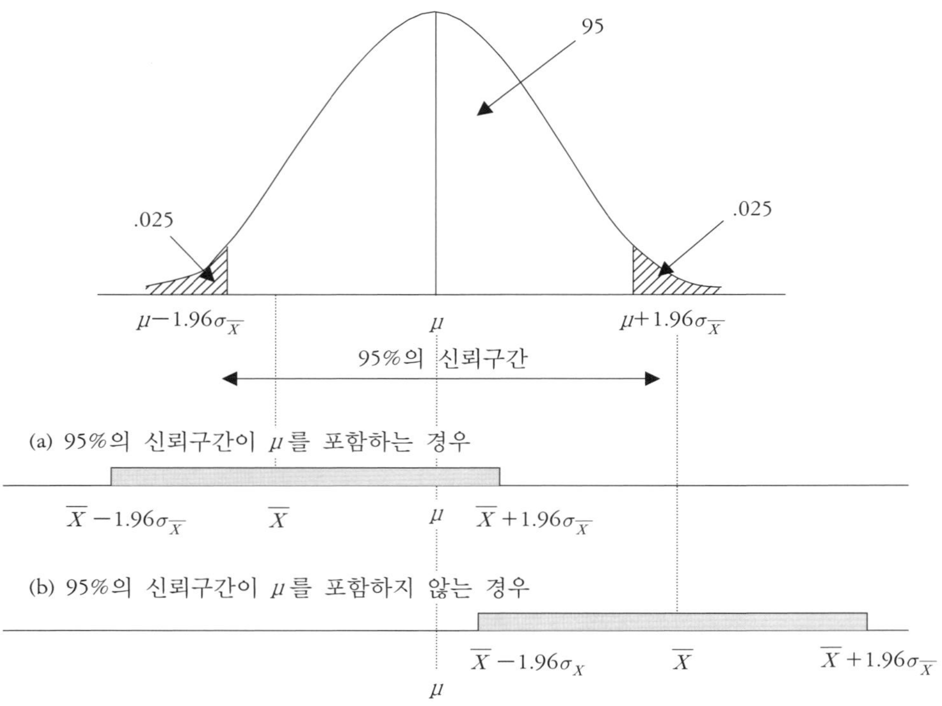

[그림 8-5]에서 $\overline{X} \pm \cdot \sigma_{\overline{X}}$의 구간을 모집단의 평균 μ의 95% 신뢰구간이라고 하며 신뢰도(신뢰계수)는 .95가 된다. 동일한 방법으로 μ의 99%의 신뢰구간은 $\overline{X} \pm 2.57 \cdot \sigma_{\overline{X}}$가 된다. 그 이유는 정규분포의 99%가 평균의 2.57 표준오차의 범위안에 존재하기 때문이다. 따라서 표본평균 $\overline{X}$가 μ의 $\pm 2.57 \cdot \sigma_{\overline{X}}$의 범위안에 존재할 확률은 .99가 되는 것이다. 신뢰구간의 일반적인 형태는 다음과 같이 계산된다.

$$\overline{X} \pm Z_{\alpha/s} \cdot \sigma_{\overline{X}} \qquad (8\text{-}2)$$

$$\overline{X} \pm Z_{\alpha/s} \cdot \sigma_{\overline{X}} = Z_{a/s} \cdot \left(\frac{\sigma}{\sqrt{n}}\right) \qquad (8\text{-}3)$$

표본의 크기가 충분히 클 때($n \geq 30$), 모집단 평균 μ의 신뢰구간은 다음과 같

이 계산된다.

$$\overline{X} \pm Z_{\alpha/s} \cdot \sigma_{\overline{X}} = Z_{\alpha/s} \cdot (\frac{\sigma}{\sqrt{n}}) \qquad (8\text{-}4)$$

위의 공식에서 Z값은 주어진 신뢰도에 의하여 결정된다. 90%의 신뢰구간일 때 Z값은 ±1.64, 95%의 신뢰구간일 때 Z값은 ±1.96, 98%의 신뢰구간일 때 Z값은 ±2.33, 신뢰구간이 99%일 때 Z값은 ±2.57이 된다. 신뢰도가 높을수록 신뢰구간의 범위가 넓어지게 된다. 신뢰구간의 범위가 넓어질수록 그 범위 안에 모집단의 평균을 포함할 가능성은 더 높아진다.

[예 8.2] 보건복지부에서는 여성근로자의 임금실태를 조사하기 위하여 구로공단의 여성근로자 가운데 100명을 단순무작위추출방법으로 추출하여 월 평균임금을 조사하였다. 조사결과 그들의 월 평균임금이 550,000원이었다. 모집단의 표준편차가 50,000원이고 모집단이 정규분포를 이룬다고 가정할 때, 우리나라 여성근로자의 월 평균임금을 95%와 99%의 신뢰도를 가지고 신뢰구간을 추정하여라.

[풀 이] $n=100$, $\sigma=50{,}000$이므로 $\sigma_{\overline{X}} = \frac{\sigma}{\sqrt{n}} = \frac{50{,}000}{\sqrt{100}} = 5{,}000$

① 95%의 신뢰구간

신뢰도가 95%일 때 $Z=\pm1.96$, 공식 (8-4)를 이용하여 신뢰구간을 구하면

$$\overline{X} - Z_{\alpha/2} \cdot \sigma_{\overline{X}} \le \mu \le \overline{X} + Z_{\alpha/2} \cdot \sigma_{\overline{X}}$$

$$\overline{X} - 1.96 \cdot \sigma_{\overline{X}} \le \mu \le \overline{X} + 1.96 \cdot \sigma_{\overline{X}}$$

$$550{,}000 - 1.96 \cdot \frac{50{,}000}{\sqrt{100}} \le \mu \le 550{,}000 + 1.96 \cdot \frac{50{,}000}{\sqrt{100}}$$

$$550{,}000 - 1.96(5{,}000) \le \mu \le 550{,}000 + 1.96(5{,}000)$$

$$550{,}000 - 9{,}800 \le \mu \le 550{,}000 + 9{,}800$$

$$540{,}200 \le \mu \le 559{,}800$$

② 99%의 신뢰구간

신뢰도가 99%일 때 $Z=\pm2.57$, 공식 (8-4)를 이용하여 신뢰구간을 구하면

$$\overline{X} - Z_{\alpha/2} \cdot \sigma_{\overline{X}} \le \mu \le \overline{X} + Z_{\alpha/2} \cdot \sigma_{\overline{X}}$$

$$\overline{X} - 2.57 \cdot \sigma_{\overline{X}} \leq \mu \leq \overline{X} + 2.57 \cdot \sigma_{\overline{X}}$$

$$550{,}000 - 2.57 \cdot \frac{50{,}000}{\sqrt{100}} \leq \mu \leq 550{,}000 + 2.57 \cdot \frac{50{,}000}{\sqrt{100}}$$

$$550{,}000 - 2.57(5{,}000) \leq \mu \leq 550{,}000 + 2.57(5{,}000)$$

$$550{,}000 - 12{,}850 \leq \mu \leq 550{,}000 + 12{,}850$$

$$537{,}150 \leq \mu \leq 562{,}850$$

(2) 모집단의 표준편차 σ가 알려지지 않은 경우

우리는 앞에서 모집단의 평균을 추정할 때 모집단의 표준편차 σ가 알려진 경우를 가정하여 주어진 신뢰도를 가지고 모집단 평균의 신뢰구간을 추정하였다. 그러나 일반적으로 모집단의 평균을 모르면 모집단의 표준편차를 계산할 수가 없다. 모집단의 표준편차 σ가 알려지지 않은 경우에는 모집단의 표준편차 σ를 추정하는 불편추정량인 표본의 표준편차 S를 대신 사용한다. 우리는 제4장에서 표본의 표준편차는 $S = \sqrt{\dfrac{\Sigma(X_i - \overline{X})^2}{n-1}}$ 을 이용하여 구할 수 있었다. 앞에서 표본의 크기가 충분히 크고($n \geq 30$) 모집단의 표준편차 σ가 알려진 경우에는 Z분포를 이용하여 신뢰구간을 구할 수 있다. 그러나 표본의 크기가 적고($n<30$), 모집단의 표준편차 σ가 알려지지 않은 경우에는 Z분포 대신 t분포를 이용하여 모집단 평균의 신뢰구간을 추정한다.

1) t분포의 특성

표본의 크기가 적고 모집단의 표준편차 σ가 알려지지 않은 경우에는 $Z = (\overline{X} - \mu)/\sigma_{\overline{X}}$의 공식에서 $\sigma_{\overline{X}} = \dfrac{\sigma}{\sqrt{n}}$ 대신 $S_{\overline{X}} = \dfrac{S}{\sqrt{n}}$를 사용한다. 이때 표본통계량($\overline{X} - \mu / S_{\overline{X}}$)는 정규분포를 이루지 않고 자유도가 $df = n-1$인 분포를 이루기 때문에 t분포를 이용하여 신뢰구간을 구한다. t통계량은 다음과 같은 공식에 의하여 계산된다.

$$t = \frac{\overline{X} - \mu}{S_{\overline{X}}} = \frac{\overline{X} - \mu}{\frac{S}{\sqrt{n}}} \qquad (8\text{-}5)$$

t분포는 다음과 같은 특성을 가지고 있다.

첫째: t분포는 좌우대칭의 분포를 이루며 정규분포보다 더 평평한 모양을 이루고 있다.

둘째: t분포의 모양은 표본의 크기에 따라 서로 다르다. 즉, t분포의 모양은 자유도에 의하여 결정된다. 자유도는 표본의 크기 n에서 1을 뺀 것이다

$(n-1)$.

셋째: t분포의 분산은 자유도 $(n-1)$가 증가함에 따라 점점 1에 접근하여 간다. 즉 표본의 크기 n이 증가함에 따라 t분포는 정규분포에 접근하여 간다.

[그림 8-6]에서 처럼 $\alpha/2=.025$일 경우 $Z=1.96$이다. 그러나 $\alpha/2=.025$, $df=10$일 경우 $t=2.238$이며, $\alpha/2=.025$, $df=120$일 경우 $t=1.96$으로 표본의 크기 n이 증가함에 따라 t분포는 점차로 정규분포와 비슷한 모양을 이루게 된다. 표본의 크기가 30 이상이 되면($n\geq30$) t분포는 Z분포에 근접하게 되므로 $n\geq30$이면 t값 대신 Z값을 사용하는 것이 일반적이다.

그림 8-6 정규분포와 t 분포의 비교

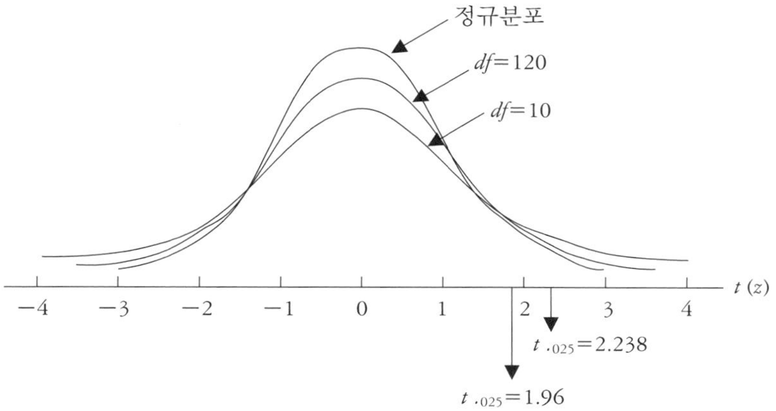

우리 교과서 <부록표 5>의 t분포표를 이용하여 t통계량을 얻기 위해서는 신뢰도 $(1-\alpha)$와 자유도 $(df=n-1)$를 알아야 한다. 예를 들어 표본의 크기가 10이고 $\alpha/2$가 .05인 경우의 t값을 알기 위해서는 <부록표 5>의 t분포표에서 자유도가 $n-1=10-1=9$이고 한쪽 꼬리의 넓이가 $\alpha/2=.05$인 t값을 찾으면 된다. <부록표 5>의 t분포표에서 $df=9$, $\alpha/2=.05$에 해당하는 t값은 ±1.833임을 알 수 있다. 동일한 방법으로 $df=9$이고 $\alpha/2=.025$일 경우 t값은 ±2.262가 된다. 우리는 $df=9$인 경우 계산된 t값이 1.833보다 클 확률이 .05이며, t값이 2.262보다 클 확률은 .025

라고 해석한다([그림 8-7] 참조). 만일 표본의 수가 20이고 양쪽 꼬리(양측 검정)의 넓이가 $\alpha=.05$인 경우 t값을 계산하려면 먼저 자유도 $n-1=20-1=19$를 계산하고 한쪽 꼬리의 넓이 $\alpha/2=.025$를 계산하여 <부록표 5>에서 해당되는 t값 ±2.093을 찾으면 된다. 이 경우 t값이 ±2.093인 이유는 $n=20$일 때, t가 -2.093보다 작을 확률이 .025, t값이 $+2.093$보다 클 확률이 .025라는 것을 의미한다. 즉 t값이 -2.093보다 작고, $+2.093$보다 클 확률이 .05라는 것을 의미한다[$P(t<-2.093$ 또는 $t>2.093)=.05$]. 이를 달리 표현하면 $P(-2.093\leq t\leq 2.093)=.95$라는 의미와 같다.

그림 8-7 자유도 (*df*)가 9인 t 분포

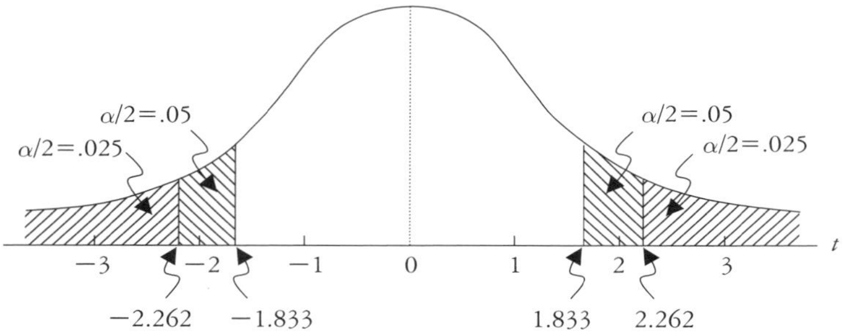

2) t분포를 이용한 신뢰구간의 추정

모집단의 표준편차 σ가 알려져 있지 않을 때 t분포를 이용하여 신뢰구간을 추정하는 방법은 Z값 대신 t값을 이용한다는 것을 제외하고는 정규분포를 이용한 신뢰구간의 추정방법과 동일하다. 따라서 t분포를 이용한 신뢰구간의 추정은 다음과 같은 공식을 이용하여 구할 수 있다.

$$\overline{X}\pm t_{n-1}\cdot S_{\overline{X}}=X\pm t_{n-1}\cdot\left(\frac{S}{\sqrt{n}}\right) \quad (8\text{-}5)$$

$$\overline{X}-t_{n-1}\cdot S_{\overline{X}}\leq\mu\leq\overline{X}+t_{n-1}\cdot S_{\overline{X}} \quad (8\text{-}6)$$

위의 공식에서 t_{n-1}은 주어진 신뢰도에 해당하는 자유도 (*df*)가 $n-1$인 t값으로 <부록표 5>의 t분포표에서 구할 수 있다.

[예 8.3] A 종합병원에서 신체검사를 받는 데 소요되는 평균시간을 알아보려고 한다. 모든 신체검사자를 대상으로 조사하는 것이 불가능하여 단순무작위표본추출방법을 이용하여 16명의 신체검사자를 선정하여 신체검사에 소요된 시간을 측정한 결과 평균 100분이 소요되었다. 그리고 표본자료에서 계산된 표준편차는 24분이었다. 95%의 신뢰구간을 추정하여라.

[풀 이] $\overline{X}=100,\ S=24,\ n=16,\ df=16-1=15$

$df=15$일 때 95%의 신뢰도를 충족시키는 t값은 ±1.753이다.

$$S_{\overline{X}}=\frac{S}{\sqrt{n}}=\frac{24}{\sqrt{16}}=6(\text{분})$$

$$\overline{X}-t_{n-1}\cdot S_{\overline{X}}\leq\mu\leq\overline{X}+t_{n-1}\cdot S_{\overline{X}}$$

$$100-1.573(6)\leq\mu\leq100-1.753(6)$$

$$100-10.52\leq\mu\leq100-10.52$$

$$89.48\leq\mu\leq110.52$$

3) 표본의 크기가 큰 경우($n\geq30$)의 신뢰구간의 추정

앞에서 설명한 것처럼 모집단의 분포가 정규분포를 이루고 모집단의 표준편차 σ가 알려져 있지 않은 경우에는 t분포를 사용하는 것이 보통이다. 우리는 표본의 크기가 충분히 크면($n\geq30$) t분포는 정규분포에 근접한다는 것을 설명하였다. 표본의 크기가 충분히 큰 경우 표본의 표준편차 S와 모집단의 표준편차 σ의 차이가 근소하여 t값과 Z값의 차이가 근소하게 된다. 따라서 표본의 크기가 충분히 큰 경우에는 모집단의 표준편차 σ가 알려져 있지 않아도 Z값을 일반적으로 사용한다. 이 경우 신뢰구간의 추정은 다음과 같다.

$$\overline{X}\pm Z_{\alpha/2}\cdot S_{\overline{X}}=\overline{X}\pm Z_{\alpha/2}\cdot\left(\frac{S}{\sqrt{n}}\right)\qquad(8\text{-}7)$$

$$\overline{X}-Z_{\alpha/2}\cdot S_{\overline{X}}\leq\mu\leq\overline{X}+Z_{\alpha/2}\cdot S_{\overline{X}}\qquad(8\text{-}8)$$

[예 8.4] 어느 전자 대리점에서 하루에 판매하는 선풍기의 평균 대수를 알아보려고 한다. 지난 121일간 판매된 하루 평균 선풍기는 150대, 표준편차는 22대로 조사되었다. 하루에 판매되는 선풍기의 평균 판매대수에 대하여 90%의 신뢰구간을 추정하여라. t분포와 Z분포를 이용하여 각각의 신뢰구간을 추정하고 그 결과를 비교하여 보아라.

[풀 이] ① Z분포를 이용한 경우

$n=121$, 90% 신뢰도에 해당하는 $Z=\pm1.645$

$$\overline{X}-Z_{a/2} \cdot S_{\overline{X}} \leq \mu \leq \overline{X}+Z_{a/2} \cdot S_{\overline{X}}$$

$$\overline{X}-1.645 \cdot S_{\overline{X}} \leq \mu \leq \overline{X}+1.645 \cdot S_{\overline{X}}$$

$$\overline{X}-1.645 \cdot \frac{S}{\sqrt{n}} \leq \mu \leq \overline{X}+1.645 \cdot \frac{S}{\sqrt{n}}$$

$$150-1.645\left(\frac{22}{\sqrt{121}}\right) \leq \mu \leq 150+1.645\left(\frac{22}{\sqrt{121}}\right)$$

$$150-1.645(2) \leq \mu \leq 150+1.645(2)$$

$$150-3.29 \leq \mu \leq 150+3.29$$

$$146.71 \leq \mu \leq 153.29$$

② t분포를 이용한 경우

$df=n-1=121-1=120$, 90% 신뢰도에 해당하는 $t=\pm1.658$

$$\overline{X}-t_{a/2} \cdot S_{\overline{X}} \leq \mu \leq \overline{X}+t_{a/2} \cdot S_{\overline{X}}$$

$$\overline{X}-1.658 \cdot S_{\overline{X}} \leq \mu \leq \overline{X}+1.658 \cdot S_{\overline{X}}$$

$$\overline{X}-1.658 \cdot \frac{S}{\sqrt{n}} \leq \mu \leq \overline{X}+1.658 \cdot \frac{S}{\sqrt{n}}$$

$$150-1.658\left(\frac{22}{\sqrt{121}}\right) \leq \mu \leq 150+1.658\left(\frac{22}{\sqrt{121}}\right)$$

$$150-1.658(2) \leq \mu \leq 150+1.658(2)$$

$$150-3.3161 \leq \mu \leq 150+3.316$$

$$146.684 \leq \mu \leq 153.316$$

①과 ②에서 처럼 t분포와 Z분포를 이용하여 추정한 신뢰구간이 매우 근사함을 알 수 있다.

2.3 단일 모집단 비율의 신뢰구간 추정

우리는 모집단의 비율(π)에 대하여 이항분포와 표본분포를 설명하는 장에서 상세히 설명하였다. 모집단의 비율 π를 추정하는 추정량으로 표본비율 $P=\dfrac{X}{n}$가 불편추정량이며 일관성이 있는 추정량임을 살펴보았다. 모집단의 비율 $\hat{\pi}(P=\dfrac{X}{n})$의 표본분포는 [그림 8-8]과 같다. 비율의 표본분포의 표준편차 σ_p는 다음과 같이 계산된다.

$$\sigma_p = \sqrt{\frac{\pi(1-\pi)}{n}} \quad (8\text{-}9)$$

n: 표본의 크기

그림 8-8 모집단의 비율의 $\hat{\pi}$의 표본분포

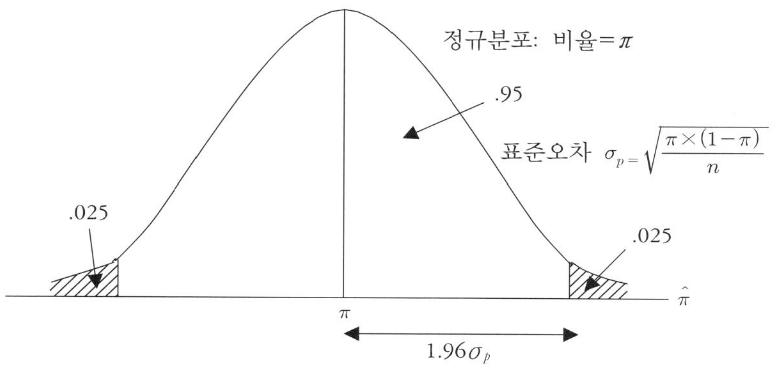

그러나 모집단의 비율 π를 알지 못하는 경우에는 π 대신 표본비율 p를 사용하여 S_p를 σ_p의 추정량으로 사용한다. 이때 σ_p의 추정량 S_p을 계산하는 공식은 $S_p = \sqrt{\frac{p(1-p)}{n}}$ 이다. 표본의 크기 n이 충분히 크다면($n \geq 30$) 표본비율 p에 해당하는 Z값은 다음과 같이 계산된다.

① π를 아는 경우

$$Z = \frac{p-\pi}{\sigma_p} \quad (8\text{-}10)$$

② π를 모르는 경우

$$Z = \frac{p-\pi}{S_p} \quad (8\text{-}11)$$

비율의 표본분포는 이항분포이므로 표본의 크기 n이 증가함에 따라 Z분포를 적용할 수 있다. 앞절에서 표본의 평균 $\overline{X}$를 가지고 모집단의 평균 μ의 신뢰구간을 추정했던 것처럼 표본비율 p를 가지고 모집단의 비율 π에 대한 신뢰구간을 추정할 수 있다. 그러나 일반적으로 모집단의 표준오차를 σ_p를 모르는 경우가

대부분이므로 표본의 표준오차 S_p를 이용하여 모집단의 비율에 대한 신뢰구간을 추정하게 된다. 주어진 신뢰도를 가진 모집단 비율 π의 신뢰구간은 다음과 같이 계산한다.

$$p - Z_{\alpha/2} \cdot S_p \leq \pi \leq p + Z_{\alpha/2} \cdot S_p \quad (8\text{-}12)$$

[예 8.5] 어느 지역에서 지방자치단체장 선거에 2명의 후보가 입후보하였다. 투표를 마친 유권자 중 단순무작위 표본추출방법으로 추출된 1,400명을 대상으로 출구조사를 실시하였다. 1,400명의 유권자 중 742명은 A후보에게 투표를 하였으며, 658명은 B후보에게 투표를 하였다고 한다. A후보가 전체 유권자로부터 얻을 지지율은 얼마나 되겠는가? 95%의 신뢰구간을 추정하여라.

[풀 이] $p = \dfrac{742}{1,400} = 5.3,\ \ 1 - p = 1 - .53 = .47$

표본의 53%는 A후보에게 투표를 하였으며 47%는 B후보에게 투표를 하였다.

$$S_p = \sqrt{\frac{p(1-p)}{n}} = \sqrt{\frac{(.53)(.47)}{1,400}} = \sqrt{.000178} = .013$$

95%의 신뢰구간에 해당되는 Z값은 ±1.96이다. 따라서

$$p - Z_{\alpha/2} \cdot S_p \leq \pi \leq p + Z_{\alpha/2} \cdot S_p$$

$$.53 - 1.96(.013) \leq \pi \leq .53 + 1.96(.013)$$

$$.53 - .025 \leq \pi \leq .53 + .025$$

$$.505 \leq \pi \leq .555$$

95%의 신뢰수준에서 A 후보가 얻을 지지율은 최소 50.5%이고 최대 55.5%이다. 따라서 A후보가 당선될 것으로 예측할 수 있다.

2.4 두 모집단 평균의 차에 대한 신뢰구간의 추정

이번에는 두 모집단 평균차에 대한 신뢰구간을 추정하는 방법에 대하여 설명한다. 앞에서 단일모집단 평균 μ에 대한 신뢰구간을 추정한 방법과 동일한 방법으로 두 모집단 평균차 $\mu_1 - \mu_2$에 대한 신뢰구간의 추정은 이들 모집단으로부터 독립적으로 추출된 표본의 평균차 $\overline{X}_1 - \overline{X}_2$를 이용하여 추정할 수 있다.

(1) 두 모집단의 표준편차 σ_1, σ_2가 알려진 경우

제1모집단의 평균과 표준편차를 μ_1, σ_1, 제2모집단의 평균과 표준편차를 μ_2, σ_2로 구분하고, 두 모집단으로부터 독립적으로 추출된 표본의 평균을 $\overline{X}_1$, $\overline{X}_2$ 라고 한다. 그리고 두 모집단에서 표출된 표본의 크기를 n_1, n_2라고 한다. 그러면 두 표본평균의 표준오차는 $\sigma_{\overline{X}_1} = \frac{\sigma_1}{\sqrt{n_1}}$, $\sigma_{\overline{X}_2} = \frac{\sigma_2}{\sqrt{n_2}}$가 된다. 단일모집단 평균의 신뢰구간을 추정하는 방법과 동일한 방법을 이용하여 주어진 신뢰도를 가진 두 모집단 평균차의 신뢰구간을 추정하는 공식을 살펴보면 다음과 같다.

먼저 두 모집단의 평균차의 신뢰한계는 다음과 같이 계산된다.

$$(\mu_1 - \mu_2) = (\overline{X}_1 - \overline{X}_2) \pm Z_{\alpha/2} \cdot \sigma_{\overline{X}_1 - \overline{X}_2} \qquad (8\text{-}13)$$

표준오차 $\sigma_{\overline{X}_1 - \overline{X}_2}$를 구하는 공식은

$$\sigma_{\overline{X}_1 - \overline{X}_2} = \sqrt{\frac{\sigma_1^2}{n_1} + \frac{\sigma_2^2}{n_2}} \qquad (8\text{-}14)$$

주어진 신뢰도를 가진 두 모집단 평균차의 신뢰한계는 다음과 같이 계산된다.

$$(\mu_1 - \mu_2) = (\overline{X}_1 - \overline{X}_2) \pm Z_{\alpha/2} \cdot \sqrt{\frac{\sigma_1^2}{n_1} + \frac{\sigma_2^2}{n_2}} \qquad (8\text{-}15)$$

만일 $\sigma_{\overline{X}_1}$와 $\sigma_{\overline{X}_2}$가 공통의 σ값을 가진 것으로 알려진 경우 즉, 두 모집단의 분산이 같은 경우, 주어진 신뢰도를 가진 두 모집단 평균차의 신뢰한계는 다음과 같이 계산된다.

$$(\mu_1 - \mu_2) = (\overline{X}_1 - \overline{X}_2) \pm Z_{\alpha/2} \cdot \sigma\sqrt{\frac{1}{n_1} + \frac{1}{n_2}} \qquad (8\text{-}16)$$

두 모집단의 표준편차 σ_1과 σ_2가 알려져 있고 두 모집단이 정규분포를 이룬다고 가정할 때 주어진 신뢰도를 가진 두 모집단 평균차에 대한 신뢰구간은 다음과 같이 계산한다.

$$(\overline{X}_1-\overline{X}_2)-Z_{\alpha/2}\cdot\sigma_{\overline{X}_1-\overline{X}_2}\leq(\mu_1-\mu_2)\leq(\overline{X}_1-\overline{X}_2)+Z_{\alpha/2}\cdot\sigma_{\overline{X}_1-\overline{X}_2} \qquad (8\text{-}17)$$

[예 8.3] 창원공단에 소재하고 있는 A·B 중소기업체에서 하루에 생산하는 정수기중 불량품의 수를 알아보려고 한다. 단순무작위 표본추출방법에 의하여 A회사에서 50개의 표본을 B회사에서 40개의 표본을 각각 독립적으로 추출하였다. 두 회사의 표본의 크기, 평균 불량품의 수 및 표준편차는 아래와 같다. 95%의 신뢰구간을 추정하여라.

A 회사	B 회사
$n_1=50$	$n_2=50$
$\overline{X}_1=40$	$\overline{X}_2=30$
$\sigma_1=5$	$\sigma_2=4$

[풀 이] 표본평균차의 표준오차 $\sigma_{\overline{X}_1-\overline{X}_2}=\sqrt{\dfrac{\sigma_1^2}{n_1}+\dfrac{\sigma_2^2}{n_2}}$

$$=\sqrt{\frac{5^2}{50}+\frac{4^2}{40}}$$

$$=\sqrt{0.5+0.4}=\sqrt{0.9}=.949$$

신뢰도가 95%일 때 Z값은 ±1.96, 따라서 95%의 신뢰구간은 다음과 같다.

$(\overline{X}_1-\overline{X}_2)-Z_{a/2}\cdot\sigma_{\overline{X}_1-\overline{X}_2}\leq(\mu_1-\mu_2)+Z_{a/2}\cdot\sigma_{\overline{X}_1-\overline{X}_2}$

$(40-30)-1.96\cdot\sigma_{\overline{X}_1-\overline{X}_2}\leq(\mu_1-\mu_2)\leq(40-30)+1.96\cdot\sigma_{\overline{X}_1-\overline{X}_2}$

$(40-30)-1.96(9.49)\leq(\mu_1-\mu_2)\leq(40-30)+1.96(.949)$

$10-1.86\leq(\mu_1-\mu_2)\leq10+1.86$

$8.24\leq(\mu_1-\mu_2)\leq11.86$

(2) 두 모집단의 표준편차 σ_1, σ_2가 알려지지 않은 경우

두 모집단의 표준편차 σ_1, σ_2가 알려지지 않은 경우에는 ① 표본의 크기가 큰 경우 ($n\geq30$)와 ② 적은 경우 ($n<30$)로 나누어서 생각해 볼 수 있다.

1) 표본의 크기가 큰 경우 ($n\geq30$)

표본의 크기가 큰 경우에는 중심극한정리(Central Limit Theorem)에 의하여 평균차의 표본분포는 정규분포를 이룬다. 만약 두 모집단의 표준편차가 같다고 가정하면 두 표본의 표준편차 S_1, S_2로부터 모집단의 표준편차 σ를 추정할 수 있다. 두 표본의 크기를 각각 n_1, n_2라고 하면 두 표본의 평균차의 표준편차 $S_{\overline{X}_1-\overline{X}_2}$는 다음과 같이 계산된다.

$$S_{\overline{X}_1-\overline{X}_2}=\sqrt{\frac{s_1^2}{n_1}+\frac{s_2^2}{n_2}} \qquad (8\text{-}18)$$

$\overline{X}_1-\overline{X}_2$에 해당되는 통계량 Z는 다음과 같다.

$$Z=\frac{(\overline{X}_1-\overline{X}_2)-(\mu_1-\mu_2)}{S_{\overline{X}_1-\overline{X}_2}} \qquad (8\text{-}19)$$

따라서 주어진 신뢰도를 가진 두 모집단의 평균차 $\mu_1-\mu_2$의 신뢰구간은 다음과 같이 구할 수 있다.

$$(\overline{X}_1-\overline{X}_2)-Z_{\alpha/2}\cdot S_{\overline{X}_1-\overline{X}_2}\le\mu_1-\mu_2\le(\overline{X}_1-\overline{X}_2)+Z_{\alpha/2}\cdot S_{\overline{X}_1-\overline{X}_2} \qquad (8\text{-}20)$$

$$(\overline{X}_1-\overline{X}_2)-Z_{\alpha/2}\cdot\sqrt{\frac{s_1^2}{n_1}+\frac{s_2^2}{n_2}}\le\mu_1-\mu_2\le(\overline{X}_1-\overline{X}_2)+Z_{\alpha/2}\cdot\sqrt{\frac{s_1^2}{n_1}+\frac{s_2^2}{n_2}} \qquad (8\text{-}21)$$

[예 8.7] 교육부에서는 초등학생들의 수리능력의 향상을 위하여 새로이 개발된 두 가지 방식의 교수방법의 효과를 측정하기 위하여 K와 M 초등학교를 선정하였다. 단순무작위 표본추출방법으로 각 초등학교에서 60명씩을 추출하여 두 가지 교수방법을 각각 적용한 후 수리능력시험을 보았다. K초등학교 학생의 평균 점수는 84점, 표준편차는 10점이었고, M 초등학교 학생들의 평균 점수는 80점, 표준편차는 8점이었다. 두 모집단의 표준편차 σ가 8점으로 동일하다고 가정할 때, 두 가지 교수방법에 따른 평균 점수차에 대한 99% 신뢰구간을 추정하여라.

[풀 이] $\overline{X}_1=84$, $\overline{X}_2=80$, $S_1=10$, $S_2=8$, $n_1=60$, $n_2=60$,

$$S_{\overline{X_1}-\overline{X_2}} = \sqrt{\frac{s_1^2}{n_1}+\frac{s_2^2}{n_2}}$$

$$= \sqrt{\frac{(10)^2}{(60)^2}+\frac{(8)^2}{(60)^2}} = \sqrt{\frac{100}{3600}+\frac{64}{3600}} = 0.213$$

99%의 신뢰도를 충족시키는 Z값은 ±2.57 따라서 신뢰구간은

$$(\overline{X}_1-\overline{X}_2)-Z_{\alpha/2}\cdot S_{\overline{X_1}-\overline{X_2}} \le \mu_1-\mu_2 \le (\overline{X}_1-\overline{X}_2)+Z_{\alpha/2}\cdot S_{\overline{X_1}-\overline{X_2}}$$

$$(84-80)-2.57(0.213) \le \mu_1-\mu_2 \le (84-80)+2.57(0.213)$$

$$4-0.547 \le \mu_1-\mu_2 \le 4+0.547$$

$$3.453 \le \mu_1-\mu_2 \le 4.547$$

2) 표본의 크기가 적은 경우 (n<30)

표본의 크기가 적은 경우 (n<30)에는 두 표본의 표준편차 S_1, S_2는 두 모집단 표준편차 σ_1, σ_2의 적절한 추정치가 되지 못한다. 이런 경우 두 표본의 표준편차 $S_1 \cdot S_2$를 통합(Pooled)한 평균을 이용한다면 모집단의 적절한 추정치가 될 수 있다. 두 표본의 표준편차를 통합한 추정치 S_p는 다음과 같이 구할 수 있다.

$$S_p = \frac{\sqrt{(n_1-1)S_1^2+(n_2-1)S_2^2}}{n_1+n_2-2} \tag{8-22}$$

이때 S_p는 두 모집단의 표준편차가 동일하다는 가정하에 두 모집단의 표준편차 σ_1, σ_2를 하나의 수치로 추정한 것이다. 표본의 크기가 적은 경우 S_p를 이용하여 두 표본의 평균차의 표준편차를 다음과 같이 구할 수 있다.

$$S_{\overline{X_1}-\overline{X_2}} = \frac{\sqrt{S_p^2+S_p^2}}{n_1^2+n_2^2} = S_p\sqrt{\frac{1}{n_1}+\frac{1}{n_2}} \tag{8-23}$$

$\overline{X_1}-\overline{X_2}$에 해당하는 t 통계량을 계산하면 다음과 같다.

$$t = \frac{(\overline{X_1}-\overline{X_2})-(\mu_1-\mu_2)}{S_{\overline{X_1}-\overline{X_2}}} = \frac{(\overline{X_1}-\overline{X_2})-(\mu_1-\mu_2)}{S_p\sqrt{\frac{1}{n_1}+\frac{1}{n_2}}} \tag{8-24}$$

자유도 $df=(n_1-1)+(n_2-1)=n_1+n_2-2$가 된다. 따라서 표본의 크기가 적을 경

우 두 개의 독립된 표본에서 주어진 신뢰도를 충족시키는 신뢰구간은 다음과 같이 추정할 수 있다.

$$(\overline{X_1}-\overline{X_2})-t_{\alpha/2}\bullet S_p\sqrt{\frac{1}{n_1}+\frac{1}{n_2}} \leq \mu_1-\mu_2 \leq (\overline{X_1}-\overline{X_2})+t_{\alpha/2}\bullet S_p\sqrt{\frac{1}{n_1}+\frac{1}{n_2}} \quad (8\text{-}25)$$

[예 8.3] S대학 경영학과 남・녀 학생들이 집에서 통계학 공부를 하는 시간을 알아보기 위하여 단순무작위 표본추출방법에 의하여 남・녀 학생을 각각 10명씩 뽑았다. 학생들이 하루에 집에서 공부하는 평균 시간은 다음과 같았다. 95%의 신뢰도로 남・녀 학생간의 하루 평균 통계학 공부시간의 차이를 추정하여라.

남	녀
$n_1=10$	$n_2=10$
$\overline{X}_1=80$	$\overline{X}_2=70$
$S_1=22$	$S_2=22$

[풀 이] $S_p=\dfrac{\sqrt{(n_1-1)S_1^2+(n_1-1)S_2^2}}{n_1+n_2-2}$

$$=\sqrt{\frac{(10-1)(22)^2+(10-1)(20)^2}{10+10-2}}$$

$$=\sqrt{\frac{3996+3600}{18}}=\sqrt{422}=20.54$$

$$S_{\overline{X}_1-\overline{X}_2}=S_p\sqrt{\frac{1}{n_1}+\frac{1}{n_2}}$$

$$=20.54\sqrt{\frac{1}{10}+\frac{1}{10}}$$

$$=20.54\times 0.447=9.18$$

신뢰도가 95%이고 $df=n_1+n_2-2=10+10-2$일 때 $t=\pm 2.101$ 따라서 신뢰구간은

$$(\overline{X_1}-\overline{X_2})-t_{\alpha/2}\bullet S_p\sqrt{\frac{1}{n_1}+\frac{1}{n_2}} \leq \mu_1-\mu_2 \leq (\overline{X_1}-\overline{X_2})+t_{\alpha/2}\bullet S_p\sqrt{\frac{1}{n_1}+\frac{1}{n_2}}$$

$$=(80-70)-2.101(9.18) \leq \mu_1-\mu_2 \leq (80-70)+2.101(9.18)$$

$$=10-19.29 \leq \mu_1-\mu_2 \leq 10+19.29=-9.29 \leq \mu_1-\mu_2 \leq 29.29$$

2.5 두 모집단 비율의 차에 대한 신뢰구간의 추정

이번에는 두 모집단 비율차에 대한 신뢰구간의 추정방법을 살펴보기로 한다. 제1모집단의 비율을 π_1, 제2모집단의 비율을 π_2라고 할 때, 두 모집단 비율차는 $\pi_1 - \pi_2$로 표시할 수 있다. 두 모집단의 비율차 $\pi_1 - \pi_2$에 대한 신뢰구간을 추정하기 위해서는 먼저 표본의 비율차 $P_1 - P_2$에 대한 표본분포의 표준편차를 구하여야 한다. 제1모집단의 크기를 n_1, 제2모집단의 크기를 n_2라고 하면 두 표본의 비율차 $\pi_1 - \pi_2$의 표본분포의 표준편차는 ① 두 모집단의 비율 π_1과 π_2를 알고 있는 경우와 ② 두 모집단의 비율 π_1과 π_2를 모르는 경우를 나누어서 생각할 수 있다.

(1) 두 모집단의 비율 π_1, π_2를 알고 있는 경우

$$\sigma_{p_1 - p_2} = \sqrt{\sigma_{p_1}^2 + \sigma_{p_2}^2} \quad (8\text{-}26)$$

$$\sigma_{p_1 - p_2} = \sqrt{\frac{\pi_1(1-\pi_1)}{n_1} + \frac{\pi_2(1-\pi_2)}{n_2}} \quad (8\text{-}27)$$

주어지 신뢰도를 가진 두 모집단 비율차 $\pi_1 - \pi_2$의 신뢰구간은 다음과 같이 계산된다.

$$(P_1 - P_2) - Z_{\alpha/2} \cdot \sigma_{p_1 - p_2} \le \pi_1 - \pi_2 \le (P_1 - P_2) + Z_{\alpha/2} \cdot \sigma_{p_1 - p_2} \quad (8\text{-}28)$$

(2) 두 모집단의 비율 π_1, π_2를 모르는 경우

$$S_{p_1 - p_2} = \sqrt{S_{p_1}^2 + S_{p_2}^2} \quad (8\text{-}29)$$

$$S_{p_1 - p_2} = \sqrt{\frac{p_1(1-p_1)}{n_1 - 1} + \frac{p_2(1-p_2)}{n_2 - 1}} \quad (8\text{-}30)$$

주어지 신뢰도를 가진 두 모집단 비율차 $\pi_1 - \pi_2$의 신뢰구간은 다음과 같이 계산된다.

$$(P_1 - P_2) - Z_{\alpha/2} \cdot S_{p_1 - p_2} \le \pi_1 - \pi_2 \le (P_1 - P_2) + Z_{\alpha/2} \cdot S_{p_1 - p_2} \quad (8\text{-}31)$$

[예 8.9] YWCA 소비자단체에서 A · B 두 가지 모델의 냉장고에 대하여 구입한 지 1년 이내에 A/S를 받는 비율간에 차이가 있는지를 알아보려고 한다. A모델을 1년간 사용한 소비자 500명과 B모델을 1년간 사용한 소비자 400명을 단순무작위로 추출하여 조사하였다. 조사결과 A모델 냉장고가 A/S를 받은 비율은 10%, B모델 냉장고가 A/S를 받은 비율은 8%로 나타났다. A · B모델 냉장고가 1년 이내에 A/S를 받은 비율차에 대하여 95% 신뢰구간을 추정하여라.

[풀 이] A모델 $n_1=500,\ P_1=0.1$

B모델 $n_2=400,\ P_2=0.08$

$$S_{p_1-p_2}=\sqrt{\frac{p_1(1-p_1)}{n_1-1}+\frac{p_2(1-p_2)}{n_2-1}}$$

$$=\sqrt{\frac{0.1(1-0.1)}{500}+\frac{0.08(1-0.08)}{400}}$$

$$=\sqrt{\frac{0.1\times0.9}{500}+\frac{0.08\times0.92}{400}}=\sqrt{0.00020}=0.0141$$

95%의 신뢰도를 충족시키는 Z값은 ±1.96이므로 95%의 신뢰구간은 다음과 같이 계산된다.

$$(P_1-P_2)-Z_{\alpha/2}\bullet S_{p_1-p_2}\le\pi_1-\pi_2\le(P_1-P_2)+Z_{\alpha/2}\bullet S_{p_1-p_2}$$

$$(0.1-0.08)-(1.96)(0.014)\le\pi_1-\pi_2\le(0.1-0.08)+(1.96)(0.014)$$

$$0.02-0.0276\le\pi_1-\pi_2\le0.02+0.276-0.0076\le\pi_1-\pi_2\le0.0476$$

두 모집단의 비율차 $\pi_1-\pi_2$에 대한 95%의 신뢰구간은 -0.0076과 0.0476 사이가 된다. -0.0076의 "$-$"가 의미하는 것은 A모델의 냉장고가 B모델의 냉장고보다 A/S를 덜 받을 수 있는 확률을 의미한다.

3. 표본크기의 결정

3.1 표본의 크기

우리는 95%의 신뢰수준으로 모집단의 평균을 추정할 때 다음과 같은 공식을 이용하였다.

$$\overline{X} \pm Z_{\alpha/2} \cdot \frac{\sigma}{\sqrt{n}}$$

$$\sigma_{\overline{X}} = \frac{\sigma}{\sqrt{n}}$$

신뢰한계를 구하는 공식 $\overline{X} \pm Z_{\alpha/2} \cdot \sigma_{\overline{X}}$는 모수치를 추정하기 위하여 $\overline{X}$로부터 어느 정도의 범위 안에 존재하는가를 표시한 것이다. 이 범위는 표본평균의 표준오차인 $\sigma_e = \sigma_{\overline{X}} = \frac{\sigma}{\sqrt{n}}$ 로 표시된다. 따라서 $\pm Z_{\alpha/2} \cdot \frac{\sigma}{\sqrt{n}}$는 오차의 범위를 나타낸 것이라 할 수 있다. 신뢰구간의 한쪽 끝의 오차를 e라고 한다면 e는 다음과 같이 계산된다.

$$Z_{\alpha/2} \cdot \frac{\sigma}{\sqrt{n}} = e \qquad (8\text{-}32)$$

공식(8-32)에서 표본의 크기는 ① 허용오차의 크기 e, ② 오차를 추정하는 데 주어진 신뢰도에 해당하는 Z값, ③ 모집단의 표준편차 σ에 의하여 결정된다. 표본의 크기를 구하는 공식은 다음과 같다.

$$n = (\frac{Z \times \sigma}{e})^2 \qquad (8\text{-}33)$$

표본의 크기를 구하는 공식 (8-33)는 모집단의 표준편차 σ를 알고 있는 경우이다. 모집단의 표준편차 σ를 모를 때 표본의 크기를 구하는 공식은 다음과 같다.

$$n = (\frac{t \times S}{e})^2 \qquad (8\text{-}34)$$

[예 8.10] 아산시청의 민원봉사실을 이용하는 주민들의 평균 민원접수시간을 예측하기 위하여 적절한 표본의 크기를 산정하려고 한다. 민원업무를 접수하는 데 걸리는 시간의 표준편차는 3분이라고 한다. 오차의 허용범위가 ±0.5분을 초과하지 않고 95% 신뢰수준을 유지할 수 있는 적절한 표본의 크기를 계산하여라.

[풀 이] 95%의 신뢰도를 충족시키는 Z값은 ±1.96, 모집단의 표준편차 $\sigma = 3$,

허용오차 $e = \pm 0.5$(분)

$$n = (\frac{Z \times \sigma}{e})^2 = (\frac{1.96 \times 3}{0.5})^2$$
$$= (\frac{5.88}{0.5})^2 = 138.29$$

따라서 적절한 표본의 크기는 139명 이상으로 하여야 한다.

3.2 모집단 비율을 추정할 때 표본의 크기

다음은 모집단의 비율을 추정할 때, 표본의 크기는 구하는 방법을 알아보도록 하자. 표본의 크기를 결정하는 데 필요한 값은 표준편차이다. 그러나 모집단의 표준편차를 추정하다는 것은 π가 미지수라는 것을 의미하므로 $\sigma_p = \frac{\sqrt{\pi(1-\pi)}}{n}$의 값을 이용할 수가 없다. 그리고 표본의 크기를 결정한다는 것은 표본을 추출하기 이전의 단계이므로 표본자료에 기초한 σ_p의 추정치 $\sigma_p = \frac{\sqrt{p(1-p)}}{n}$의 값도 이용할 수 없다. 우리는 비율의 분포에 대한 표준편차는 비율 $\pi = .5$일 때 가장 크다는 사실을 알고 있다. 따라서 모집단의 비율 π를 모르면서 표본의 크기를 계산할 필요가 있을 경우에는 가장 적절한 비율 추정치로 $\pi = .5$를 이용할 수 있다. 물론 비율 π가 .5보다 크거나 적은 경우에는 더 적은 표준편차를 가지기 때문에 같은 정확성을 얻기 위해서는 더 적은 크기의 표본이 필요할 것이다. 그러므로 비율 $\pi = .5$일 때의 σ_p의 값을 표본의 크기를 결정하는 데 사용하면 안전하게 된다.

$$e = |Z_{\alpha/2} \cdot \sqrt{\frac{\pi(1-\pi)}{n}}| \quad (8\text{-}35)$$

π 대신 .5를 대입하면

$$e = |Z_{\alpha/2} \cdot \sqrt{\frac{(.5)(.5)}{n}}| \quad (8\text{-}36)$$

$$n = \frac{{Z_{\alpha/2}}^2}{4e^2} \quad (8\text{-}37)$$

[예 8.11] S대학교 학생들 중에서 TIME誌를 읽는 학생들의 비율을 추정하려고 한다. 95%의 신뢰도를 가지고 추정할 때 허용할 수 있는 최대의 오차를 ±2%로 한다면 적절한 표본의 크기는 얼마인가?

[풀 이] $n = \frac{{Z_{\alpha/2}}^2}{4e^2}$

$$= \frac{(1.96)^2}{4(.02)^2} = 48.02$$

따라서 적절한 표본의 크기는 49명 이상이 된다.

[요 약] 우리는 표본의 특성을 나타내는 통계량을 기초로 모집단의 모수를 추정하는 통계적 분석방법인 통계적 추정에 대하여 설명하였다. 그리고 통계적 추정의 두 가지 유형인 점추정과 구간추정에 대하여 설명하였다. 지금까지의 설명의 내용을 요약하면 <표 8-1>과 같다.

〈표 8-1〉 신뢰구간 추정방법의 요약

모 수	조 건	점추정량	신뢰구간	기 타
1. μ	σ 알려짐	$\overline{X}$	$\overline{X} - Z_{\alpha/2} \cdot \frac{\sigma}{\sqrt{n}} \le \mu \le \overline{X} + Z_{\alpha/2} \cdot \frac{\sigma}{\sqrt{n}}$	정규분포
2. μ	σ 알려지지 않음 대표본($n \ge 30$)	$\overline{X}$	$\overline{X} - Z_{\alpha/2} \cdot \frac{s}{\sqrt{n}} \le \mu \le \overline{X} + Z_{\alpha/2} \cdot \frac{s}{\sqrt{n}}$	정규분포
3. μ	σ 알려지지 않음 소표본($n < 30$)	$\overline{X}$	$\overline{X} - t_{\alpha/2} \cdot \frac{s}{\sqrt{n}} \le u \le \overline{X} + t_{\alpha/2} \cdot \frac{s}{\sqrt{n}}$	t 분포 자유도 $n-1$
4. $\mu_1 = \mu_2$	σ_1, σ_2 알려짐	$\overline{X_1} - \overline{X_2}$	$(\overline{X_1} - \overline{X_2}) - Z_{\alpha/2} \cdot \sqrt{\frac{\sigma_1^2}{n_1} + \frac{\sigma_2^2}{n_2}} \le \mu_1 - \mu_2$ $\le (\overline{X_1} - \overline{X_2}) + Z_{\alpha/2} \cdot \sqrt{\frac{\sigma_1^2}{n_1} + \frac{\sigma_2^2}{n_2}}$	정규분포
5. $\mu_1 = \mu_2$	σ_1, σ_2 알려지지않음 대표본($n \ge 30$)	$\overline{X_1} - \overline{X_2}$	$(\overline{X_1} - \overline{X_2}) - Z_{\alpha/2} \cdot \sqrt{\frac{s_1^2}{n_1} + \frac{s_2^2}{n_2}} \le \mu_1 - \mu_2$ $\le (\overline{X_1} - \overline{X_2}) + Z_{\alpha/2} \cdot \sqrt{\frac{s_1^2}{n_1} + \frac{s_2^2}{n_2}}$	정규분포
6. $\mu_1 = \mu_2$	σ_1, σ_2 알려지지않음 소표본($n < 30$)	$\overline{X_1} - \overline{X_2}$	$(\overline{X_1} - \overline{X_2}) - t_{\alpha/2} \cdot \frac{\frac{\sqrt{(n_1-1)s_1^2 + \sqrt{(n_2-1)s_2^2}}}{\sqrt{n_1 n_2 (n_1+n_2-2)}}}{n_1+n_2}$ $\le \mu_1 - \mu_2 \le (\overline{X_1} - \overline{X_2}) + t_{\alpha/2} \cdot \frac{\frac{\sqrt{(n_1-1)s_1^2 + \sqrt{(n_2-1)s_2^2}}}{\sqrt{n_1 n_2 (n_1+n_2-2)}}}{n_1+n_2}$	t 분포 자유도 $n-1$
7. π	대표본($n \ge 30$)	P	$p - Z_{\alpha/2} \cdot \sqrt{\frac{p(1-p)}{n}} \le \pi \le p + Z_{\alpha/2} \cdot \sqrt{\frac{p(1-p)}{n}}$	정규분포
8. $\pi_1 - \pi_2$	대표본($n \ge 30$)	$P_1 - P_2$	$(p_1 - p_2) + Z_{\alpha/2} \cdot \sqrt{\frac{p_1(1-p_1)}{n_1-1} + \frac{p_2(1-p_2)}{n_2-1}} \le \pi_1 - \pi_2 \le (p_1 - p_2)$ $+ Z_{\alpha/2} \cdot \sqrt{\frac{p_1(1-p_1)}{n_1-1} + \frac{p_2(1-p_2)}{n_2-1}}$	정규분포

연습문제

1. 다음을 간략히 설명하여라.
   ① 추정량 ② 추정치 ③ 점추정 ④ 구간추정 ⑤ 신뢰구간 ⑥ 신뢰도

2. 적절한 추정량이 될 수 있는 조건을 설명하여라.

3. 정규분포를 이루는 모집단으로부터 80개의 표본을 무작위로 추출하여 계산된 표본평균은 20.5이었고 표준편차는 2.5이었다. 다음의 물음에 답하며라.
   ① 모집단의 평균 μ에 대한 90%의 신뢰구간을 추정하여라.
   ② 모집단의 평균 μ에 대한 95%의 신뢰구간을 추정하여라.

4. 아산시에서는 주민들의 복지회관 평균 이용횟수에 대한 실태조사를 계획하고 있다. 만약 신뢰도와 모집단의 표준편차를 동일하게 유지하면서 조사대상만 1/2로 줄인다면 모집단 평균의 신뢰간의 추정에 어떠한 영향을 미치는가?

5. S고등학교 학생 500 중 단순무작위 표본추출방법으로 60명을 뽑아 국어성적을 알아보니 평균이 85점이고, 표준편차가 8점이었다. 95%의 신뢰도를 가지고 모집단 평균의 신뢰구간을 구하여라.

6. 사회복지학을 전공하는 500명의 학생들 가운데 자원봉사과목의 수강을 원하는 학생들의 비율을 추정하려고 한다. 최대오차의 비율을 ±5% 이내로 하고 신뢰도를 95%로 할 때 적전한 표본의 크기는 얼마인가?

7. A · B 두 타이어회사의 제품의 평균 수명을 알아보기 위하여 단순무작위 표본추출방법에 의하여 각각 100개를 추출하여 평균 수명을 재어보니 아래와 같았다.
   A타이어: $\overline{X_1}=50{,}000$마일, $n_1=100$, $S_1^2=4{,}000$마일
   B타이어: $\overline{X_2}=45{,}000$마일, $n_2=100$, $S_2^2=3{,}000$ 마일

   두 모집단의 표준편차가 동일하다고 가정할 때, 두 타이어의 평균수명의 차이를 95%의 신뢰도로 추정하여라.

8. 구미공단에서 일하는 한국 근로자와 외국인 근로자의 평균 월 소득의 차를 알아보기 위하여 단순무작위 표본추출방법으로 각각 5명을 추출하여 조사하여 다음과 같은 결과를 얻었다. (단원: 천원)
   한국인 근로자: 360, 220, 310, 290, 420
   외국인 근로자: 300, 290, 320, 280, 360

다음에 대하여 각각 95%의 신뢰구간을 추정하여라.
① 한국인 근로자의 월평균 소득
② 외국인 근로자의 월평균 소득
③ 한국인 근로자와 외국인 근로자의 월평균 소득의 차

9. 남・녀 대학생을 300명씩 뽑아 펩시콜라와 코카콜라 중 어느 것을 더 선호하는가를 조사한 결과 남학생의 경우 100명이, 여학생의 경우 150명이 코카콜라를 더 선호하였다. 전체 모집단비율의 차에 대하여 95%의 신뢰도를 가지고 신뢰구간을 추정하여라.

10. 모 여성단체에서는 한국의 중소기업 여사장들이 소유하고 있는 평균 주식의 수를 알아보려고 한다. 95%의 신뢰도를 가지고 추정할 수 있는 최대의 허용오차를 100주로 할 때 적절한 표본의 크기는 얼마인가? 단, 지금까지의 경험으로 모집단의 표준편차 σ는 442주였다.

제 9 장 통계적 가설검정

1. 가설검정의 기초
2. 단일 모집단 평균과 비율에 관한 가설검정
3. 두 모집단의 평균과 비율에 관한 가설검정

모집단의 특성에 대하여 어떤 결과를 가정하고 그 가정이 맞는지 혹은 틀리는지를 알아보는 경우가 있다. 이 경우 우리는 모집단 전체를 대상으로 전수조사를 하면 모집단의 특성을 알 수 있다. 그러나 시간, 비용, 노력의 한계로 인하여 전체 모집단을 대상으로 조사하는 것이 불가능한 경우가 많다. 이러한 경우 우리는 모집단을 구성하는 표본을 선택하여 그 표본을 분석함으로써 모집단에 대한 가설의 타당성 여부를 검토할 수 있다. **통계적 가설검정**은 표본을 이용하여 모집단에 대한 가설이 맞는지 혹은 틀리는지를 통계적으로 검정하는 분석방법이다. 예를 들어, 어느 고등학교에서 새로 도입한 교육방법이 학생들의 학업성과를 증진시켰는지에 대한 검정, 고속도로 과속운전자에 대한 일제단속이 고속도로 사망자의 수를 감소시켰는가에 대한 검정 또는 S대학교 행정학과 경영학을 전공하는 2학년 학생들간의 통계학 과목에 대한 평균점수의 차에 대한 검정 등 통계적 가설검정은 다양한 목적으로 사용된다. 이번 장(章)에서는 가설검정의 기초가 되는 기본개념을 설명하고 가설검정을 위한 구체적인 방법을 설명한다.

1. 가설검정의 기초

표본자료를 분석하여 모집단의 성격을 규명하는 통계적 추론의 방법에는 ① **통계적 추정**과 ② **가설검정의 방법**이 있다. 앞장에서 다루었던 **통계적 추정**은 모집단의 모수가 무엇인가를 밝히는 데 관심의 초점을 두고 있다. 반면에 **통계적 가설검정**은 모집단의 성격에 대하여 어떤 가설을 설정하고, 이 가설이 타당한지의 여부를 객관적으로 판단하기 위하여 모집단을 구성하는 표본을 추출해서 그 표본을 분석하여 모집단의 성격을 규명하는 데 그 초점을 두고 있다.

1.1 가설검정의 기본개념

우리가 가설검정을 할 때 가장 바람직한 것은 모집단에 대한 가설이 실제로 참(眞)이면 그 가설을 참(眞)으로 받아들이고, 모집단에 대한 가설이 참(眞)이 아니면 그 가설을 기각하는 것이다. 그러나 반대로 참(眞)인 가설을 거짓으로 기각하거나 참(眞)이 아닌 가설을 참(眞)으로 받아들이는 경우가 종종 있다. 이러한 경우를 가설검정의 오류(Error)라고 한다. 앞에서 설명한 것처럼 우리는 모집단의 성격을 규명하기 위하여 모집단 전체를 대상으로 조사하는 것이 불가능하기 때문에 모집단을 구성하고 있는 표본을 추출하여 그 표본을 분석한 결과를 이용하여 가설을 검정한다.

일반적으로 모집단의 성격에 대하여 두 가지 가설이 정의되는데, 하나는 **대립가설**(Alternative Hypothesis: H_a)로 모집단의 성격에 대하여 연구자가 입증하려고 하는 연구가설이고, 다른 하나는 **영가설**(Null Hypothesis: H_o)로 연구자의 직접 검정의 대상이 되는 가설로 대립가설과는 정반대의 내용을 가지고 있다. 가설검정의 기초가 되는 개념을 쉽게 이해하기 위하여 예를 들어 설명하면 다음과 같다.

[예 9.1] 주택건설 관련법에서 주택용 가스관의 지름을 10cm로 규정하고 있다고 가정하자. 한국표준협회에서는 소비자 보호를 위하여 여러 제조업체들이 생산하는 가스관을 검사하여 품질을 보증하는 KS마크를 부여하고 있다. 한국표준협회에서는 H 제조업체가 생산하는 가스관이 규격에 명시된 대로 지름이 10cm인지를 조사하여 품질보증 KS마크를 부여하려고 한다.

[풀이 1] 한국표준협회에서 채택한 영가설과 대립가설은 다음과 같다.

영가설 (H_o): $\mu = 10cm$

대립가설(H_a): $\mu < 10cm$ 또는 $\mu > 10cm$ (즉, $\mu \neq 10cm$)

위의 가설 중 어느 것이 사실인지를 규명하기 위하여 H제조업체에서 생산된 가스관 100개를 무작위로 추출하여 측정한 결과 가스관의 지름이 10.1cm였다. H제조업체에서 생산하는 전체 가스관(모집단) 지름의 표준편차는 0.8cm로 알려져 있다고 하자. 검사담당관은 표본의 자료를 이용하여 H제조업체에서 생산된 가스관의 지름이 10cm인지를 결정하여야 한다. 우리는 중앙집중한계정리에서 표본분포의 크기가 충분히 큰 경우에 표본평균의 분포가 정규분포를 이룬다는 것을 알았다. 따라서 단순무작위 표본추출방법에 의하여 100개의 가스관을 추출할 경우 그 표본평균의 분포는 정규분포에 근접하게 될 것이다. 표본분포의 표준편차 $\sigma_{\overline{Y}} = \frac{\sigma}{\sqrt{n}} = \frac{.8}{\sqrt{100}} = .08$이다. 만약 95%의 신뢰수준이 주어졌다고 가정할 때 우리는 표본평균이 신뢰구간의 범위내에 존재하게 되면 전체 가스관의 길이가 10cm로 KS품질보증마크를 부여하고 표본평균이 이 신뢰구간의 범위밖에 존재하게 되면 전체 가스관의 지름이 10cm라는 것을 기각하게 된다. 가스관 지름의 95% 신뢰구간을 구하면 다음과 같다.

$$\mu - 1.96 \cdot \sigma_{\overline{X}} \leq \overline{X} \leq \mu + 1.96 \cdot \sigma_{\overline{X}} \tag{9-1}$$

$$\mu - 1.96 \cdot \frac{\sigma}{\sqrt{n}} \leq \overline{X} \leq \mu + 1.96 \cdot \frac{\sigma}{\sqrt{n}} \tag{9-2}$$

$$10 - 1.96(.08) \leq \overline{X} \leq 10 + 1.96(.08)$$

$$10 - .157 \leq \overline{X} \leq 10 + .157$$

$$9.843 \leq \overline{X} \leq 10.157$$

표본으로 추출된 가스관의 지름이 9.843cm~10.157cm 범위내에 존재하므로 모집단의 평균이 10cm라는 영가설을 받아들인다. 만약 이 범위밖에 존재하게 되면 모집단의 평균이 10cm라는 영가설을 기각하게 된다. [그림 9-1]은 가스관 지름에 대한 95%의 신뢰구간의 범위를 보여주고 있다.

그림 9-1 $\overline{X}$에 대한 신뢰구간, 가설의 채택영역 및 가설의 기각영역

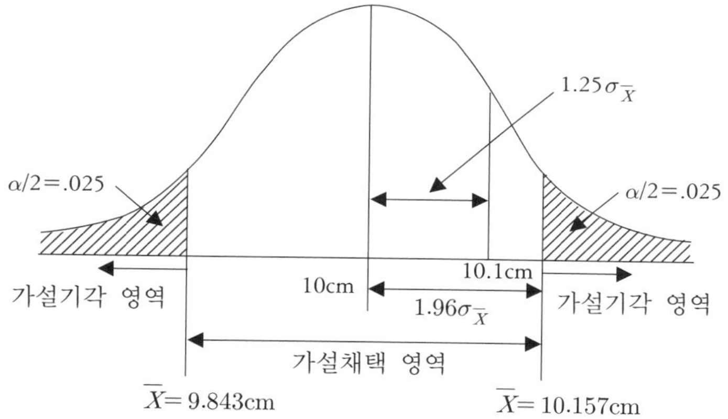

[풀이 2] $\overline{X}$와 지름 10cm간의 거리를 나타내는 척도 Z값을 이용하여 a=.05의 유의수준에서 가설을 검정하는 방법을 이용한다.

$$Z = \frac{\overline{X}-\mu}{\sigma_{\overline{X}}} = \frac{\overline{X}-\mu}{\frac{\sigma}{\sqrt{n}}} \qquad (9-3)$$

Z값은 $\overline{X}$와 10cm간의 거리를 $\overline{X}$의 표준편차 $\sigma_{\overline{X}}$의 단위로 나타낸 것이다. [그림 9-1]에서 만약 모집단의 평균이 10cm라면 $\overline{X}$의 값이 10cm보다 위쪽으로 1.96×$\sigma_{\overline{X}}$상의 범위에 존재할 확률은 .025이고 아래쪽으로 1.96×$\sigma_{\overline{X}}$ 이상의 범위에 존재할 확률도 .025가 된다. 따라서 표본평균 $\overline{X}$가 10cm보다 표준오차 $\sigma_{\overline{X}}$의 1.96배 이상으로 크거나 작으면 다음의 두 가지로 해석할 수 있다. 첫째는 대립가설(H_a)이 사실이며 모집단의 평균은 10cm를 초과한다는 것이다. 둘째는 어떤 회귀한 사실이 발생하였다는 개념을 거절하는 쪽으로 결정을 내리기 때문에 통계학자들은 영가설을 거부하게 되어 대립가설을 채택하게 된다.

a=.05 일 때 영가설 기각영역은 $Z<-1.96$ 또는 $Z>1.96$이며 영가설 채택 영역은 $-1.96 \leq Z \leq 1.96$이다.

$\overline{X}$=10.1cm, σ=.8cm

표본통계치는 Z값을 구하면

$$Z = \frac{\overline{X}-\mu}{\sigma_{\overline{X}}} = \frac{\overline{X}-10}{\frac{\sigma}{\sqrt{n}}} = \frac{10.1-10}{.08} = \frac{.1}{.08} = 1.25$$

계산된 Z값 1.25는 임계치 1.96보다 적고 -1.96보다 크다. 따라서 표본평균은 [그림 9-1]에서처럼 가설로 설정된 μ값 10cm 보다 1.25×$\sigma_{\overline{X}}$만큼 위쪽에 존재한다. 따라서 영가설은 채택되어진다.

그러나 만약 [그림 9-1]에서 처럼 표본으로 추출된 100개의 가스관의 지름이 9.843cm보다 적거나 10.157cm 보다 크다고 영가설(H_o)을 기각한다면 이경우에는 실제로 전체 모집단 가스관의 평균이 10cm인데도 불구하고 이것을 기각하는 오류를 범하게 된다. [그림 9-1]에서 처럼 실제로 전체 모집단 가스관의 지름이 10cm인 경우에도 표본평균의 5%는 9.843cm보다 적거나 10.157cm보다 큰 값을 가지게 된다. <표 9-1>은 어떤 가설이 검정될 때 일어날 수 있는 네 가지 가능한 상황들을 요약 정리하였다.

〈표 9-1〉 가설검정에 대한 의사결정과 α, β 오류

의사결정 \ 실제상태	Ho 참(眞)	Ho 참(眞)이 아님
H_0 채택	$1-\alpha$ (올바른 의사결정)	β오류 (제2종오류)
H_0 기각	α 오류 (제1종오류)	$1-\beta$ (올바른 의사결정)

α오류는 실제로 영가설이 참(眞)임에도 불구하고 영가설을 기각하는 오류를 의미한다. **α오류를 제1종오류**(Type Ⅰ Error)라고도 한다. 반면에 **β오류**는 실제로는 영가설이 참(眞)이 아님에도 불구하고 검정결과 영가설이 참(眞)인 것으로 받아들이는 오류를 의미한다. **β오류**를 **제2종오류**(Type Ⅱ Error)라고도 한다.

1.2 가설검정의 기본요소와 절차

모집단에 대한 통계적 가설검정에 필요한 기본요소는 가정(assumption), 가설(hypothesis), 검정통계치(test statistic), 임계치(critical value), p값(p-value), 결과의 해석(conclusion) 등이다.

(1) **가정**(Assumption)

모든 통계적 검정이 유의적(significant)이기 위하여는 다음과 같은 네 가지 조건을 충족시켜야 한다.

첫째 : 변수를 측정하는 척도의 문제로 모든 통계적 검정절차는 그 통계분석에 적합한 형태로 변수의 측정이 이루어져야 한다.

둘째 : 모집단의 분포에 대한 가정으로 대부분의 통계검정의 경우 변수는 연속적 특성을 지녀야 하며 정규분포(normal distribution)를 이루어야 한다.

셋째 : 표본추출의 방법으로 통계분석의 대상이 되는 표본은 반드시 단순무작위 추출(simple random sampling)에 의하여 추출되어야 한다.

넷째 : 표본크기(sample size)의 문제로 통계분석이 유의적이기 위하여는 최소한의 표본의 크기가 확보되어야 한다.

(2) **가설**(Hypothesis)

통계검정은 모집단의 성격에 대한 두 개의 가설을 대상으로 한다. 하나는 **영가설** 또는 **귀무가설**(null hypothesis)로 연구자의 직접 검정의 대상이 되는 가설을 의미하며 보통 H_o로 표시한다. 다른 하나는 **대립가설**(alternative hypothesis)로 영가설이 기각될 때 받아들여지는 가설이며 보통 H_a로 표시한다. 모집단의 모수를 θ라 하고 그 모수의 특정한 값을 θ_o라고 한다면 통계적 검정을 위한 가설은 다음의 세 가지 형태 중 어느 한 가지의 형태를 취하게 된다.

① $H_0 : \theta = \theta_0$
$H_a : \theta \neq \theta_0$

② $H_0 : \theta \geq \theta_0$
$H_a : \theta < \theta_0$

③ $H_0 : \theta \leq \theta_0$
$H_a : \theta > \theta_0$

①은 가설검정에서 영가설을 기각할 영역이 확률분포의 양쪽에 위치하고 있으며(양측검정), ②와 ③의 경우에는 영가설을 기각할 영역이 확률분포의 한쪽에 위치하고 있다(단측검정).

(3) **검정통계치**(Test statistic)**와 임계치**(Critical value)

표본을 대상으로 분석한 표본 통계치를 이용하여 우리는 모집단에 대한 가설(H_o)을 검정하게 된다. **검정통계치**는 영가설의 채택 또는 기각 여부를 결정하는 데 사용되는 표본통계치를 의미한다. **임계치**는 주어진 유의수준에서 영가설의 채택 또는 기각을 결정하는 데 기준이 되는 값이다. [그림 9-2]는 α값이 주어졌을때 양측검정과 단측검정에서 영가설을 기각하는 임계치를 보여주고 있다.

그림 9-2 단측검정과 양측검정에 따른 임계치

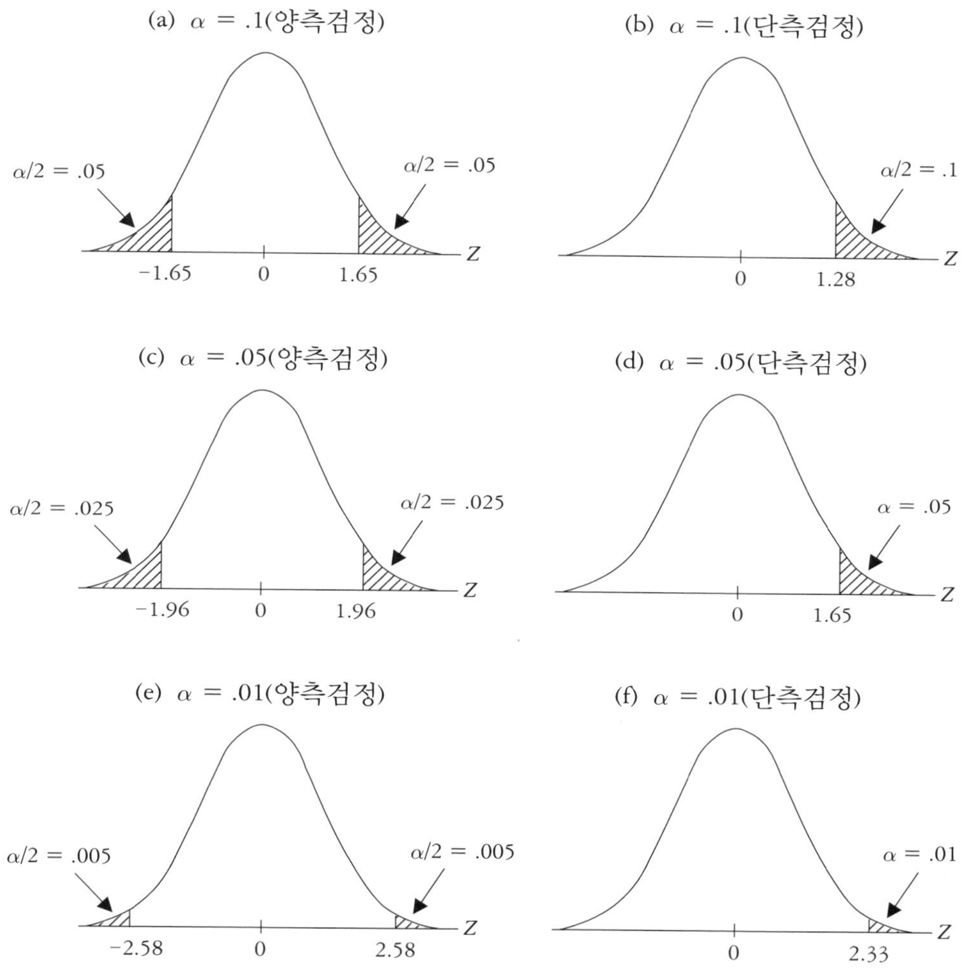

(4) p값(p-value)

표본에 대한 검정통계치가 계산되면 영가설이 참(眞)일 때 발생할 것으로 기대되는 것과는 반대로 실제로 관찰된 값이 발생하지 않을 수도 있는 가능성을 나타내는 측정치가 있다. 이러한 측정치를 계산하기 위하여는 관찰된 검정통계치처럼 대립가설을 지지하는 어떤 증거를 제시하여 주는 검정통계치의 가능한 값들을 생각하여 볼 수 있다. p값은 영가설이 참일 때 검정통계치가 이러한 값의 영역에 발생할 확률을 의미한다. 다시 말해 p값은 영가설이 참(眞)일 때 실제로 관찰된 값처럼 대립가설을 지지하는 검정통계치를 얻을 확률을 의미한다. **p값을 계산된 검정의 유의수준**이라고도 한다.

p값은 영가설을 지지하는 정도를 나타내는 것으로 p값의 크기에 따라 분석의 대상이 되고 있는 표본이 영가설을 지지하는 정도를 나타낸다. 즉 p값이 .2 또는 .5이면 영가설이 사실일 때 관찰된 것과 같은 자료를 얻는 것이 일반적이라는 것이며 만약, p값이 .05 또는 .001이면 영가설이 사실일때 관찰 혹은 분석되고 있는 표본과 같은 표본을 얻는 것이 일반적으로 쉽지 않다는 것을 의미한다.

따라서 p값이 적으면 적을수록 표본분석의 결과는 영가설과 상반된다.

(5) **결과의 해석**(Conclusion)

검정통계치가 주어진 유의수준을 충족시키는 임계치보다 크면 영가설(H_o)을 기각하고, 반대로 검정통계치가 임계치보다 적으면 영가설(H_o)을 기각하지 못한다. 연구자들은 일반적으로 연구결과의 통계적 유의성을 보여주기 위하여 p값을 제시하며 p값의 크기에 따라 영가설을 평가한다. 만약 p값이 매우 적으면 영가설(H_o)을 기각하고 대립가설을 채택한다. 반대로 p값이 설정된 α값보다 크면 영가설을 기각하지 못한다. 일반적으로 p값이 .05보다 작으면($p<.05$) 분석대상의 자료가 영가설을 기각할 충분한 확신이 있다고 판단한다.

가설검정의 절차를 요약하면 다음과 같다.

① 제1단계: 영가설(H_o)과 대립가설 (H_a)의 결정
② 제2단계: 유의수준(α)의 결정
③ 제3단계: 주어진 유의수준을 충족시키는 임계치의 결정
④ 제4단계: 검중통계치의 계산과 임계치와의 비교
⑤ 제5단계: 결과의 해석

2. 단일 모집단 평균과 비율에 관한 가설검정

2.1 모집단 평균에 대한 가설검정

(1) 모집단의 표준편차 σ가 알려진 경우

모집단의 표준편차가 알려진 경우 Z분포를 이용하여 가설을 검정한다. 모집단의 표준편차가 알려진 경우 검정통계량으로 Z값을 이용한다.

$$Z=\frac{\overline{X}-\mu}{\sigma_{\overline{X}}}=\frac{\overline{X}-\mu}{\frac{\sigma}{\sqrt{n}}} \tag{9-4}$$

[예 9.2] 어느 운송회사는 특정 모델의 신형버스가 휘발유 1개론(gallon)당 평균 20마일을 달린다는 가설을 검정하기를 원한다고 가정하자. 이를 검정하기 위하여 100대의 버스를 조사한 결과 휘발유 1개론 당 평균 19.1 마일을 운행한다는 사실을 알았다. 만약 모집단의 표준편차가 3마일이라 한다면 α=.05 수준에서 가설을 지지할 수 있는가를 살펴보자.

[풀 이] 영가설(H_o)과 대립가설(H_a)은 다음과 같다.

H_o: $\mu = 20$마일

H_a: $\mu \neq 20$마일

표본의 표준오차는 다음과 같이 계산된다.

$$\sigma_{\overline{X}} = \frac{\sigma}{n}$$

$n \geq 30$이기 때문에 표본평균의 분포는 정규분포가 된다.

$$Z=\frac{\overline{X}-\mu}{\sigma_{\overline{X}}}=\frac{\overline{X}-\mu}{\frac{\sigma}{\sqrt{n}}}$$

$\sigma = 3$, $n = 100$ 따라서

$$\sigma_{\overline{X}} = \frac{\sigma}{n}=\frac{3}{\sqrt{100}}=.3(\text{mpg})$$

$\overline{X}=19.1$, $\mu=20.0$ 따라서

$$Z=\frac{\overline{X}-\mu}{\sigma_{\overline{X}}}=\frac{\overline{X}-\mu}{\frac{\sigma}{\sqrt{n}}}=\frac{19.1-20.0}{.3}=-3.00$$

표본평균 $\overline{X}$=19.1은 가설로 설정된 모집단의 평균 μ=20.0에 3표준오차 단위 (3 · $\sigma_{\overline{X}}$) 떨어져 있다. 이를 그림으로 표시하면 다음과 같다.

그림 9-3 모집단 평균 σ=20을 중심으로 한 $\overline{X}$의 분포

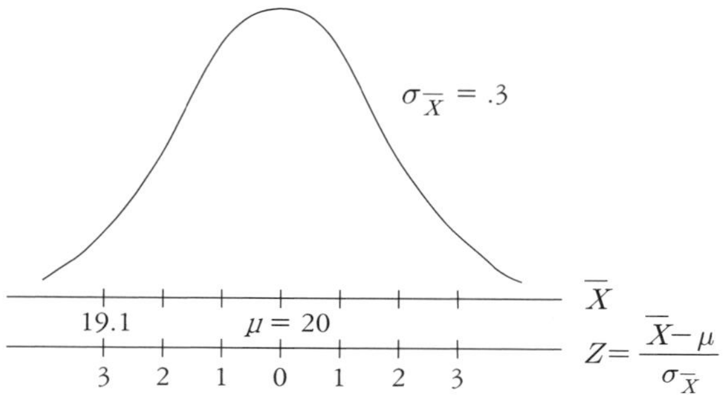

a=.05이므로 영가설(H_o) 채택영역은 $-1.96 \leq Z \leq 1.96$이 된다. 검정통계치 $Z=-3$은 영가설(H_o)의 기각영역에 포함되어 있으므로 영가설(H_o)을 기각하고 대립가설(H_a)을 채택하게 된다. 결론적으로 신형버스가 휘발유 1개론당 20마일을 달린다는 가설을 받아들일 수 없다.

(2) **모집단의 표준편차 σ가 알려지지 않은 경우**

우리는 앞에서 모집단의 표준편차가 알려져있는 경우 가설검정을 하는 절차에 대하여 살펴보았다. 그러나 실제의 경우 우리는 모집단의 평균에 대하여 확신을 가지고 있지 못하기 때문에 모집단의 표준편차 또는 분산을 알고 있는 경우는 매우 드물다 하겠다. 그 이유는 모집단의 평균을 알아야 모집단의 표준편차를 계산할 수 있기 때문이다. 그리고 과거의 유사한 조사에서 모집단의 표준편차가 알려져 있다고 하더라도 그런 경우는 극히 예외적이기 때문에 모집단의 표준편차가 알려져 있지 않은 경우 가설검정을 하기 위해서는 모집단의 표준편차 또는 분산을 추정하여야 하는데 이때에는 표본의 표준편차(S)를 모집단의 표준편차(σ) 대신 사용한다. 따라서 표본의 표준편차로부터 표준오차($\sigma_{\overline{X}}$)는 $S_{\overline{X}}$에 의하여 추정된다.

$$S_{\overline{X}} = \frac{S}{\sqrt{n}} \qquad (9\text{-}5)$$

이때 $S_{\overline{X}}$는 $\sigma_{\overline{X}}$의 불편추정량이다. 그러나 만일 표본의 수가 크면 즉 $n \geq 30$이면 S는 σ의 상당히 정확한 추정량이 될 수 있다. 이러한 경우에는 정규분포를 이용하여 가설검정을 하게 된다. 그러나 만약 표본의 수가 적으면 즉 $n<30$이면 가설검정은 t분포를 이용하게 된다. 이때 t통계량은 자유도가 $n-1$인 t분포를 이루게 된다.[1]

t분포를 이용하여 가설검정을 하는 경우에는 모집단의 표준편차를 알고 있는 경우의 가설검정의 방법에서 임계치를 결정할 때 Z값 대신 t값을 이용한다는 점만 다르다. t통계량은 다음과 같은 공식에 의해 계산된다.

$$t = \frac{\overline{X} - \mu}{S_{\overline{X}}} = \frac{\overline{X} - \mu}{\frac{S}{\sqrt{n}}} \qquad (9\text{-}6)$$

계산된 t값이 임계치를 통하여 얻어진 값의 채택영역 안에 들어오면 영가설(H_o)을 채택하고, 기각영역에 들어오면 영가설(H_o)을 기각하고 대립가설(H_a)을 받아들인다.

[예 9.3] 앞의 [예 9.2]에 단지 10대의 버스만을 검사하고, 휘발유 1개론당 평균 ($\overline{X}$) 21.2마일을 운행하였으며, 표본의 표준편차(S)가 3.4라고 가정하고 가설을 검정하여 보자.

[풀 이] H_o: $\mu = 20$마일

H_a: $\mu \neq 20$마일

$n=10$, 자유도 $(df)=n-1=10-1=9$, $\overline{X}=21.2$, $S=3.4$, $\alpha=.05$

따라서

$$S_{\overline{X}} = \frac{3.4}{\sqrt{10}} = 1.08$$

t통계치는 다음과 같이 계산되어진다.

$$t = \frac{\overline{X} - \mu}{S_{\overline{X}}} = \frac{21.2 - 20.0}{1.08} = 1.11$$

---

1) t분포를 사용하기 위해서는 모집단의 확률분포가 정규분포를 이루고 있다고 가정하여야 한다. 만약 모집단의 확률분포가 정규분포를 이루고 있지 않으면 소규모표본(n<30)을 사용하는 조사연구에서의 가설검증은 비모수통계적 검증(Nonparametirc Statistical Test)방법을 이용하여야 한다.

자유도가 9이고 α = .05일 때 t값 즉 임계치를 <부록표 5>에서 구해 보면 2.26이다. [그림 9-4]에서처럼 검정통계치 t=1.11은 임계치 t=2.26보다 적기 때문에 우리는 영가설(H_o)을 기각할 수 없다. 영가설을 기각할 수 없으므로 우리는 신형버스가 휘발유 1개론당 20마일을 달린다고 할 수 있다.

그림 9-4 자유도가 9인 t분포

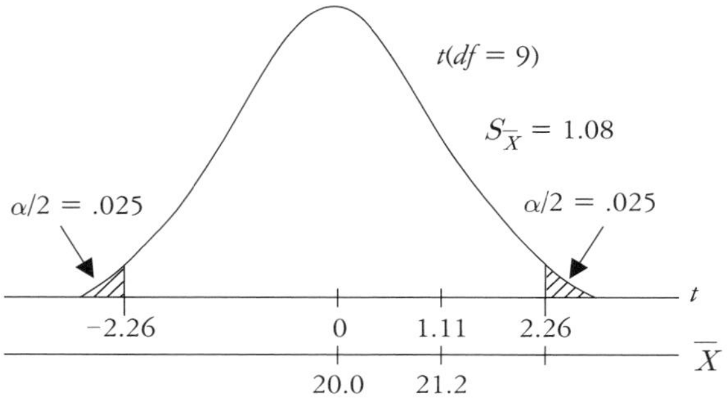

2.2 모집단 비율에 대한 가설검정

우리는 앞장에서 비율의 표본분포에서 비율 π의 표본분포의 표준편차는 다음과 같이 계산하였다.

$$\sigma_p = \sqrt{\frac{\pi(1-\pi)}{n}} \qquad (9\text{-}7)$$

비율의 표본분포는 $n\pi \geq 5$, $n(1-\pi) \geq 5$ 일 때 정규분포와 비슷한 모양을 이루게 된다. 따라서 이러한 조건을 충족시키는 경우 표본의 비율 p에 대한 Z 값은 다음과 같은 공식에 의해서 계산할 수 있다.

$$Z = \frac{p-\pi}{\sigma_p} = \frac{p-\pi}{\sqrt{\frac{\pi(1-\pi)}{n}}} \qquad (9\text{-}8)$$

p는 표본의 비율
π는 모집단의 비율
n은 표본의 수

[예 9.4] 모당 국회의원인 L씨는 차기 국회의원선거에 출마하기 위하여 그에 대한 지지도를 펄 여론조사기관에 의뢰하였다. L후보는 만약 전체지역 유권자 가운데 최소한 50%가 자신을 지지하면 차기선거에서 당선될 것으로 믿고 있다. 여론조사기관에서 50명을 대상으로 여론조사를 한 결과 약 45%가 L후보를 지지하는 것으로 나타났다. $\alpha=.05$수준에서 지역유권자가 L후보를 50% 이상 지지한다고 할 수 있겠는가를 검정하여라.

[풀 이] $\pi=.5$이고 $n=50$으로 $n\pi=25\geq 5$, $n(1-\pi)=50(1-.5)\geq 5$를 만족하기 때문에 Z를 이용하여 가설검정을 한다.

Ho: $\pi\geq .5$

Ha: $\pi<.5$

영가설의 채택영역 $Z \geq -1.645$, 영가설의 기각영역은 $Z < -1.645$이 된다.

$$\sigma_{p}=\sqrt{\frac{\pi(1-\pi)}{n}}=\sqrt{\frac{(.5)(.5)}{50}}=.071$$

표본의 지지율은 $p=.45$

$$Z=\frac{p-\pi}{\sigma_{\overline{Y}}}=\frac{p-\pi}{\sqrt{\frac{\pi(1-\pi)}{n}}}=\frac{.45-.50}{.071}=-.704$$

$Z=-.704$는 영가설의 채택영역에 있기 때문에 영가설을 기가할 수 없다. 따라서 L후보에 대한 지역유권자의 지지도가 50% 이상이라고 주장할 수 있다.

3. 두 모집단의 평균과 비율에 관한 가설검정

앞에서 설명한 내용은 한 모집단의 평균과 비율에 대한 가설검정에 관한 것이었다. 여기에서는 두 모집단의 평균과 비율에 관한 가설검정에 대하여 설명하기로 하겠다. 두 모집단의 평균에 대한 가설검정을 먼저 설명한 다음 두 모집단의 비율에 대한 가설검정을 설명하기로 한다.

3.1 두 모집단의 평균의 차에 대한 가설검정

두 모집단의 평균의 차에 대한 가설검정의 방법을 두 집단의 표준편차가 알려진 경우와 두 집단의 표준편차가 알려지지 않은 경우로 나누어 살펴보기로 한다.

(1) 두 모집반의 표준편차 σ_1, σ_2가 알려진 경우

두 모집단의 표준편차가 σ_1, σ_2가 알려지고 각각의 표본의 크기가 n_1, n_2이고 평균이 각각 $\overline{X_1}$, $\overline{X_2}$라고 하자. 이때 두 표본의 평균차 $(\overline{X_1}-\overline{X_2})$ 분포의 표준편차, 즉 표준오차의 식은 다음과 같이 계산된다.

$$\sigma_{\overline{X_1}-\overline{X_2}} = \sqrt{\sigma_{\overline{X_1}}^{\,2} + \sigma_{\overline{X_2}}^{\,2}} = \sqrt{\frac{\sigma_1^{\,2}}{n_1} + \frac{\sigma_2^{\,2}}{n_2}} \tag{9-9}$$

n_1과 n_2는 두 모집단에서 추출되는 표본의 크기이다. n_1과 n_2가 충분히 클 때에는 두 모집단이 정규분포인가의 여부에 관계없이 $(\overline{X_1}-\overline{X_2})$의 표본분포는 정규분포를 이룬다. 따라서 검정통계치 Z는 다음과 같이 계산된다.

$$Z = \frac{(\overline{X_1}-\overline{X_2})-(\mu_1-\mu_2)}{\sigma_{\overline{X_1}-\overline{X_2}}} = \frac{(\overline{X_1}-\overline{X_2})-(\mu_1-\mu_2)}{\sqrt{\frac{\sigma_1^{\,2}}{n_1} + \frac{\sigma_2^{\,2}}{n_2}}} \tag{9-10}$$

위의 식으로 주어진 두 변수의 평균차에 대한 표준편차를 이용하여 검정통계치를 계산할 수 있다. 주어진 α값에 상응하는 Z의 임계치를 계산하여 검정통계치와 비교하여 가설을 검정하게 된다.

위의 표준오차를 구하는 식에서 만약 두 모집단의 표준편차가 같다고 알려진 경우 표준오차는 다음과 같이 구할 수 있다.

$$\sigma_{\overline{X_1}-\overline{X_2}} = \sigma \cdot \sqrt{\frac{1}{n_1} + \frac{1}{n_2}} \tag{9-11}$$

[예 9.5] A와 B 정유회사의 휘발유가 1개론당 어느 정도 운행할 수 있는가를 알기 위하여 A와 B정유회사의 휘발유를 사용하는 동종의 차량을 조사하여 다음과 같은 조사결과를 얻었다. A와 B정유회사의 휘발유를 각각 사용하는 50대 자동차의 휘발유 1개론당 평균 주행거리는 각각 $\overline{X_1}=22.4$마일, $\overline{X_2}=18.2$마일이었으며, 두 모집단의 표준편차는 각각 $\sigma_1=2.1$마일, $\sigma_2=2.0$마일이라고 할 때 두 정유회사의 제품간에 1개론당 주행거리에 차이가 있는지를 $\alpha=.01$의 유의수준에서 검정하여라.

[풀 이] A회사 제품 B회사 제품

A회사 제품	B회사 제품
$n_1=50$	$n_1=50$
$\overline{X_1}=22.4$	$\overline{X_2}=18.2$
$\sigma_1=2.1$	$\sigma_1=2.0$

위의 문제를 위한 영가설과 대립설은 다음과 같다.

$H_o : \mu_1=\mu_2$

$H_a : \mu_1 \neq \mu_2$

$\alpha=.01$

[그림 9-5]와 같이 a=.01 유의수준에서 영가설의 채택영역은 $-2.57 \leq Z \leq 2.57$, 영가설의 기각영역은 $Z>-2.57$ 또는 $Z>2.57$이 된다.

$$Z=\frac{(\overline{X_1}-\overline{X_2})-(\mu_1-\mu_2)}{\sigma_{\overline{X_1}-\overline{X_2}}}=\frac{(\overline{X_1}-\overline{X_2})-(\mu_1-\mu_2)}{\sqrt{\frac{{\sigma_1}^2}{n_1}+\frac{{\sigma_2}^2}{n_2}}}$$

$$=\frac{(22.4-18.2)-(0)}{\sqrt{\frac{(2.1)2}{50}+\frac{(2.0)2}{50}}}=\frac{4.2}{.41}=10.24$$

그림 9-5 Z값과 $\overline{X_1}-\overline{X_2}$의 분포

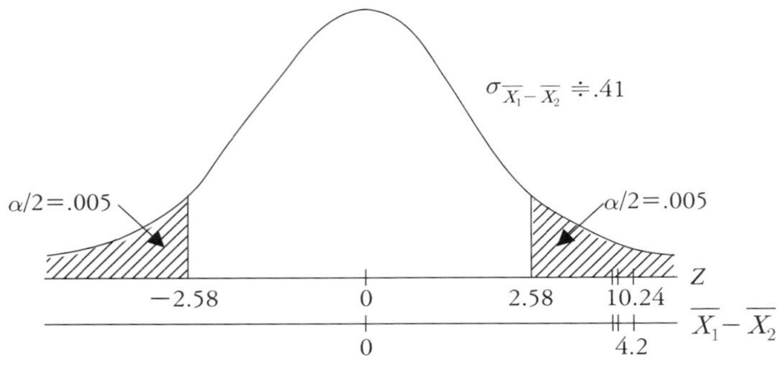

$\alpha=.01$의 유의수준에서 계산된 검정통계치 $Z=10.24$는 임계치 $Z=2.57$ 보다 크다. 따라서 두 회사의 휘발유의 1개론당 주행거리가 같다는 영가설을 기각할 수 있다. 즉 두 회사의 제품간에는 개론당 주행거리의 차이가 있다고 결론을 내릴 수 있다.

(2) 두 모집단의 표준편차 σ_1, σ_2가 알려지지 않은 경우

1) 대표본의 경우($n\geq30$)

σ_1, σ_2를 모르나 $\sigma_1=\sigma_2$를 가정하고 대표본일 경우에는 $(\overline{X_1}-\overline{X_2})$의 표본분포가 중앙집중한계정리에 의하여 정규분포에 가까워지므로 σ_1, σ_2대신 그 추정량으로 S_1, S_2를 사용한다. 두 표본 평균차의 표준오차는 다음과 같이 계산한다.

$$S_{\overline{X_1}-\overline{X_2}}=\sqrt{\frac{S_1^2}{n_1}+\sqrt{\frac{S_2^2}{n_2}}} \qquad (9\text{-}12)$$

$S_{\overline{X_1}-\overline{X_2}}$를 이용하여 가설검정을 위한 통계량 Z를 구하는 공식은 다음과 같다.

$$Z=\frac{(\overline{X_1}-\overline{X_2})-(\mu_1-\mu_2)}{S_{\overline{X_1}-\overline{X_2}}}=\frac{(\overline{X_1}-\overline{X_2})-(\mu_1-\mu_2)}{\sqrt{\frac{S_1^2}{n_1}+\sqrt{\frac{S_2^2}{n_2}}}} \qquad (9\text{-}13)$$

[예 9.6] S대학교 사회복지학과 학생들은 소득계층에 따른 전업주부의 지역사회봉사활동의 실태에 관심을 갖고 50명의 중산층 전업주부와 47명의 저소득층 전업주부를 대상으로 지역사회봉사단체의 회원가입수를 조사하였다. 중산층 전업주부는 평균 3.4개의 지역사회봉사단체에 회원으로 가입하였으며(표준편차 2.5), 저소득층의 전업주부는 평균 2.2개의 지역사회봉사단체에 회원으로 가입하였다(표준편차 2.8). 중산층전업주부의 지역사회봉사단체의 회원가입수가 저소득층 전업주부와 같지 않다는 것은 $\alpha=.05$에서 검정하여라.

[풀 이] $\overline{X_1}=3.4$, $\overline{X_2}=2.2$

$S_1=2.5$, $S_2=2.8$

$n_1=50$, $n_2=47$

$H_o : \mu_1=\mu_2$

$H_a : \mu_1\neq\mu_2$

$\alpha=.05$에서의 영가설의 채택영역 $-1.96\leq Z\leq 1.96$,

기각영역은 $Z>1.96$ 또는 $Z>-1.96$

$$S_{\overline{X_1}-\overline{X_2}}=\sqrt{\frac{S_1^2}{n_1}+\frac{S_2^2}{n_2}}=\sqrt{\frac{(2.5)^2}{50}+\frac{(2.8)^2}{47}}=.54$$

$$Z=\frac{(\overline{X_1}-\overline{X_2})-(\mu_1-\mu_2)}{S_{\overline{X_1}-\overline{X_2}}}=\frac{3.4-2.2}{.54}=2.22$$

$Z=2.22$는 영가설의 기각영역에 포함되므로 영가설을 기각한다.

2) 소표본의 경우(n<30)

두 모집단의 표준편차 σ_1과 σ_2를 모를 때 대표본(n$\geq$30)의 경우에는 두 모집단이 정규분포가 아니더라도 중심극한정리에 의해서 표본평균의 차의 표본분포는 정규분포에 접근한다. 그러나 소표본의 경우에는 정규분포를 이루지 못하므로 Z통계량대신 t통계량을 사용한다. t통계량을 사용할 때의 가정은 ① 두 개의 모집단이 모두 정규분포이어야 하며, ② 두 모집단의 분산이 동일하여야 한다.

$$t=\frac{(\overline{X_1}-\overline{X_2})-(\mu_1-\mu_2)}{S_{\overline{X_1}-\overline{X_2}}}=\frac{(\overline{X_1}-\overline{X_2})-(\mu_1-\mu_2)}{S_p\cdot\sqrt{\frac{1}{n_1}+\frac{1}{n_2}}} \qquad (9\text{-}14)$$

$$S_p \sqrt{\frac{(n-1)S_1^2+(n_2-1)S_2^2}{n_1+n_2-2}} \qquad (9\text{-}15)$$

공식(9-15)에서 S_p는 표준편차의 접합추정치(polled estimate of standard deviation) 라고 부른다. 모집단의 분산을 모르는 소표본의 경우 $\sigma_1{}^2 = \sigma_2{}^2$의 가정을 도입하였으므로 $S_1{}^2$와 $S_2{}^2$을 자유도에 따라 가중평균한 값으로 $S_p{}^2$을 계산하였다. 두 표본의 크기를 n_1, n_2라 하면 각 표본분산의 자유도는 (n_1-1), (n_2-1)이 되며 전체자유도는 $(n_1-1)+(n_2-1)=n_1+n_2-2$가 된다.

[예 9.7] 어느 유아교육학자는 어린이들에게 한글을 효과적으로 가르치기 위하여 A · B 두 가지 교육방법을 도입하여 실험하였다. 3명의 어린이에게는 A의 교육방법으로 가르키고 다른 3명의 어린이에게는 B 교육방법으로 가르킨 후 시험을 본 결과는 다음과 같았다. $\alpha=.05$에서 두 가지 교육방법의 차이가 있는지 검정하여라 (단, 두 모집단의 분포는 정규분포이다.)

A교육방법	80 90 95	$\overline{X_1}=90$	$S_1{}^2=100$
B교육방법	60 70 80	$\overline{X_2}=70$	$S_2{}^2=75$

[풀 이] $\overline{X_1}=90$, $\overline{X_2}=70$

$S_1{}^2=100$, $S_2{}^2=75$

$n_1=3$, $n_2=3$

H_o : $\mu_1=\mu_2$

H_a : $\mu_1\neq\mu_2$

$\alpha=.05$에서 $df=n_1+n_2-2=3+3-2=4$에 해당되는 t값은 ±2.776, 영가설 채택영역은 $-2.776\leq t\leq 2.776$이며, 기각영역은 $t<-2.776$ 또는 $t>2.776$이다.

$$S_p = \sqrt{\frac{(n_1-1)\cdot S_1{}^2+(n_2-1)S_2{}^2}{n_1+n_2-2}} = \sqrt{\frac{200+150}{4}} = 9.354$$

$$S_{\overline{X_1}-\overline{X_2}} = S_p\cdot\sqrt{\frac{1}{n_1}+\frac{1}{n_2}} = 9.354\sqrt{\frac{1}{3}+\frac{1}{3}} = 7.64$$

$$t = \frac{(\overline{X_1} - \overline{X_2}) - (\mu_1 - \mu_2)}{S_{\overline{X_1} - \overline{X_2}}} = \frac{90 - 70}{7.64} = 2.62$$

$t=2.62$는 $-2.776 \leq t \leq 2.776$ 사이에 있으므로 영가설을 기각할 수 없다. 즉, 두 교육방법의 차이는 없다는 것을 의미한다.

3.2 두 모집단의 비율의 차에 대한 가설검정

앞에서 한 모집단의 비율에 대하여 가설을 설정한 후에 표본을 선택하여 그 표본의 비율을 이용하여 가설을 검정하는 방법에 대하여 설명하였다. 이번에는 두 표본의 비율차에 대한 가설을 검정하는 방법에 대하여 설명한다. 즉, 두 표본의 비율이 주어진 비율을 가진 하나의 모집단으로부터 추출된 것인지 또는 두 개의 서로 다른 모집단으로부터 추출된 것인지를 검정하는 방법에 대하여 설명한다.

두 표본비율의 차에 대한 표준오차 $\sigma_{p_1} - \sigma_{p_2}$를 구하는 방법은 두 모집단의 표준편차가 동일하다는 것이 알려진 경우 두 표본을 통합하여 전체의 비율 p를 구하는 방법이 있고, 두 평균차에 대한 표준오차를 구하였던 것 처럼 ${S_{p_1}}^2$와 ${S_{p_2}}^2$을 각각 구한 다음 이것을 이용하여 표준오차를 구하는 방법이 있다. 두 표본의 모집단의 표준편차가 동일하다고 가정하는 경우 공통 추정비율은 다음과 같이 가중평균에 의하여 구한다. P_1은 첫번째 집단의 비율이고, P_2는 두번째 집단의 비율이다.

$$\hat{\pi} = \frac{n_1 p_1 + n_2 p_2}{n_1 + n_2} \tag{9-16}$$

두 표본비율의 차 $\pi_1 - \pi_2$에 대한 표준오차는 다음과 같다.

$$\sigma_{p_1 - p_2} = \sqrt{\frac{\pi_1(1-\pi_1)}{n_1} + \frac{\pi_2(1-\pi_2)}{n_2}} \tag{9-17}$$

$\pi_1 = \pi_2$라는 영가설을 검정하려고 할 때 검정통계치 Z는 다음과 같이 구한다.

$$Z = \frac{(p_1 - p_2) - (\pi_1 - \pi_2)}{\sigma_{p_1 - p_2}} \tag{9-18}$$

[예 9.8] 전국 소비자단체에서는 한국인들이 이동통신전화를 이용할 때 S사와 K사 두 통신회사 중 어느 회사를 더 선호하는가를 조사하였다. 단순무작위 표본추출방법에 의하여 남자 500명과 여자 400명을 표본으로 추출하여 조사한 결과 남자 가운데 78명, 여자 가운데 53명이 K사를 더 선호하였다. $\alpha=.1$의 유의수준에서 남녀 두 모집단간에 K사를 선호하는 비율에 어떤 차이가 있는지를 검정하여라.

[풀 이] $n_1=500,\qquad n_2=400$

$X_1=78,\qquad X_2=53$

$$p_1=\frac{78}{500}=.156,\qquad p_2=\frac{53}{400}=.133$$

$H_o:\pi_1=\pi_2$

$H_a:\pi_1\neq\pi_2$

$\alpha=.1$

$$\begin{aligned}\sigma_{p_1-p_2}&=\sqrt{\frac{p_1(1-p_1)}{n_1}+\frac{p_2(1-p_2)}{n_2}}\\&=\sqrt{\frac{.156(.844)}{500}+\frac{.133(.867)}{400}}\\&=\sqrt{\frac{.132}{500}+\frac{.115}{400}}\\&=\sqrt{.00026+.00029}\\&=\sqrt{.00055}=.023\end{aligned}$$

$$\begin{aligned}Z&=\frac{(p_1-p_2)-(\pi_1-\pi_2)}{\sigma_{p_1-p_2}}\\&=\frac{(.156-.133)-0}{.023}\\&=1.0\end{aligned}$$

계산된 Z값은 1.0이 된다.

[그림 9-6]에서 처럼 영가설 채택영역은 $-1.645\leq Z\leq 1.645$, 기각영역은 $Z<-1.645$, $Z>1.645$ 따라서 $Z=1.0$은 영가설 채택영역에 있으므로 영가설을 기각할 수 없다. 남녀간에 K사 이동통신을 선호하는 비율은 같다고 결론을 내릴 수 있다.

그림 9-6 두 표본의 비율차 검정의 영가설 채택영역과 기각영역

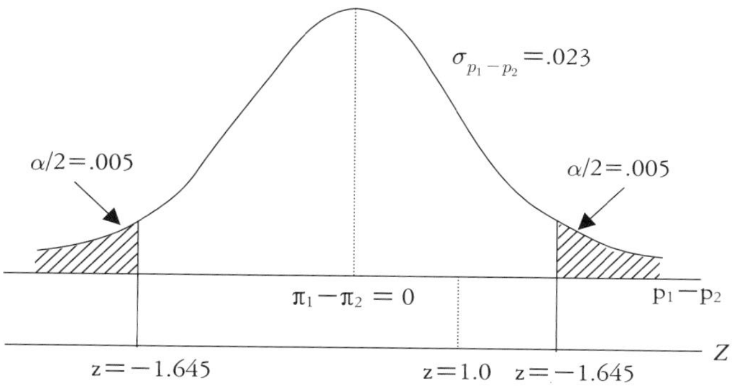

[종 합]

지금까지 우리는 통계적 가설검정의 절차와 방법에 대하여 설명하였다. 통계적 가설검정에 필요한 조건, 검정통계량의 분포, 검정통계치의 계산 및 영가설의 채택유무에 대한 의사결정을 요약하면 <표 9-2>와 같다.

〈표 9-2〉 통계적 가설검정의 종합

가설 (H_0)	조 건	검정통계치	통계량의 분포	의사결정
$\mu=\mu_0$	σ알려진 경우	$Z=\dfrac{\bar{X}-\mu}{\dfrac{\sigma}{\sqrt{n}}}$	정규분포	$Z>Z_\alpha;\ \mu>\mu_0$ H_o 기각 $Z<Z_\alpha;\ \mu>\mu_0$ H_o 기각 $\lvert Z \rvert>Z_{\alpha/2};\ \mu\neq\mu_0$ H_o 기각
$\mu=\mu_0$	σ알려지지 않은 경우 대표본($n\geq30$)	$Z=\dfrac{\bar{X}-\mu}{\dfrac{s}{\sqrt{n}}}$	정규분포	$Z>Z_\alpha;\ \mu>\mu_0$ H_o 기각 $Z<Z_\alpha;\ \mu>\mu_0$ H_o 기각 $\lvert Z \rvert>Z_{\alpha/2};\ \mu\neq\mu_0$ H_o 기각
$\mu=\mu_0$	σ알려지지 않은 경우 소표본($n\geq30$)	$t=\dfrac{\bar{X}-\mu}{\dfrac{s}{\sqrt{n}}}$	t－분포 자유도 $n-1$	$t>t_\alpha;\ \mu>\mu_0$ H_o 기각 $t<-t_\alpha;\ \mu<\mu_0$ H_o 기각 $\lvert t \rvert>t_{\alpha/2};\ \mu\neq\mu_0$ H_o 기각
$\pi=\pi_0$	대표본	$Z=\dfrac{p-\pi}{\sqrt{\dfrac{\pi(1-\pi)}{n}}}$	정규분포	$Z>Z_\alpha;\ \pi>\pi_0$ H_o 기각 $Z<-Z_\alpha;\ \pi<\pi_0$ H_o 기각 $\lvert Z \rvert>Z_{\alpha/2};\ \pi\neq\pi_0$ H_o 기각
$\mu_1=\mu_2$	σ_1, σ_2 알려진 경우	$z=\dfrac{(\bar{X}_1-\bar{X}_2)-(\mu_1-\mu_2)}{\sqrt{\dfrac{\sigma_1^2}{n_1}+\dfrac{\sigma_2^2}{n_2}}}$	정규분포	$t>t_\alpha;\ \mu_1>\mu_2$ H_o 기각 $Z<-Z_\alpha;\ \mu_1>\mu_2$ H_o 기각 $\lvert Z \rvert>t_{\alpha/2};\ \mu_1\neq\mu_2$ H_o 기각

$\mu_1=\mu_2$	σ_1, σ_2 알려지지 않은 경우 대표본($n\geq 30$)	$Z=\dfrac{(\overline{X}_1-\overline{X}_2)-(\mu_1-\mu_2)}{\sqrt{\dfrac{s_1^2}{n_1}+\dfrac{s_2^2}{n_2}}}$	정규 분포	$t>t_a$; $\mu_1>\mu_2$ H_o 기각 $t<-t_a$; $\mu_1>\mu_2$ H_o 기각 $\lvert t \rvert>Z_{a/2}$; $\mu_1\neq\mu_2$ H_o 기각
$\mu_1=\mu_2$	σ_1, σ_2 알려지지 않은 경우 소표본($n<30$)	$t=\dfrac{(\overline{X}_1-\overline{X}_2)-(\mu_1-\mu_2)}{\sqrt{\dfrac{(n_1-1)S_1^2+(n_2-1)S_2^2}{n_1+n_2-2}}\sqrt{\dfrac{1}{n_1}+\dfrac{1}{n_2}}}$	t-분포 자유도 $n-1$	$Z>Z_a$; $\pi_1>\pi_2$ H_o 기각 $Z<-Z_a$; $\pi_1>\pi_2$ H_o 기각 $\lvert Z \rvert>Z_{a/2}$; $\pi_1\neq\pi_2$ H_o 기각
$\pi_1=\pi_2$	대표본	$Z=\dfrac{(p_1-p_2)-(\pi_1-\pi_2)}{\sqrt{\dfrac{p_1(1-p_1)}{n_1}+\dfrac{p_2(1-p_2)}{n_2}}}$	정규 분포	$Z>Z_a$; $\pi_1>\pi_2$ H_o 기각 $Z<-Z_a$; $\pi_1>\pi_2$ H_o 기각 $\lvert Z \rvert>Z_{a/2}$; $\pi_1\neq\pi_2$ H_o 기각

연습문제

1. 다음을 간략히 설명하여라.
   ① 영가설과 대립가설의 차이
   ② α 오류와 β 오류
   ③ 가설검정과 통계적 추정의 차이

2. 정규분포를 이루는 두 개의 모집단으로부터 단순무작위 표본추출방법에 의하여 표본을 추출하여 아래와 같은 자료를 얻었다. 다음의 물음에 답하여라.

표본 1	표본 2
$n_1=12$	$n_2=17$
$\overline{X_1}=45$	$\overline{X_2}=38$
$S_1=4$	$S_2=3.5$

   ① 모집단 σ에 대한 통합된 추정값을 구하여라.
   ② 두 집단의 평균이 같다는 영가설(H_o : $\mu_1=\mu_2$)을 $\alpha=.05$의 수준에서 검정하여라.
   ③ 두 모집단 평균의 차 $\mu_1-\mu_2$에 대한 95%의 신뢰구간을 구하여라.

3. 독립적인 무작위 표본으로부터 다음과 같은 자료를 얻었다.

표본 1	표본 2
$n_1=12$	$n_2=17$
$\overline{X_1}=45$	$\overline{X_2}=38$
$S_1{}^2=.25$	$S_2{}^2=.33$

   ① $S_1{}^2$과 $S_2{}^2$2를 사용하여 $\overline{X_1}-\overline{X_2}$에 대한 추정값을 구하여라.
   ② 영가설 $\mu_1=\mu_2$에 대한 Z검정을 위한 기각영역을 구하여라.
   단, $\alpha=.05$이다.
   ③ Z통계값을 계산하고 검정의 결과를 해석하여라.
   ④ $\mu_1-\mu_2$에 대한 99%의 신뢰구간을 구하여라.

4. K전자마트에서는 하루에 선풍기를 평균 200대 판매하고 있으며, 표준편차는 30대라고 한다. 지난 한 달간 대대적인 광고한 다음, 광고의 효과가 있었는지 여부를 알기 위하여 앞으로 30일 동안 평균 판매량 ($\overline{X}$)을 계산하려고 한다.
   ① 영가설과 대립가설을 진술하여라.
   ② $\alpha=.05$의 유의수준에서 영가설을 기각하기 위해서는 $\overline{X}$가 얼마 이상되어야 하는가?

③ 만약 $\overline{X}=230$대라면 $\alpha=.05$의 유의수준에서 영가설을 기각할 수 있는가?

5. E마트 식품업부에서는 A상표 두부와 B상표 두부의 평균 보존기간에 차이가 있는지를 알아보려고 한다. 단순무작위 표본추출의 방법으로 각 회사의 두부를 40개씩 추출하여 보존기간을 조사하였다. 그 결과는 아래와 같았다. 다음의 물음에 답하여라.

A 상표	B 상표
$\overline{X_1}=3.5$ $S_1=1.2$	$\overline{X_2}=4.1$ $S_2=1.4$

① A상표와 B상표간에 평균보존기간에 차이가 있는지를 $\alpha=.05$를 사용하여 검정하여라.

② $\mu_1-\mu_2$에 대한 90%의 신뢰구간을 구하여라.

6. 두 개의 독립적 무작위 표본이 정규 모집단에서 다음과 같이 추출되었다.

표본 1	표본 2
3.5 1.9 4.5 2.5	3.4 2.7 2.3 6.2 3.2

① 모집단의 분산에 대한 통합된 σ^2 추정값을 구하여라.

② 위의 자료를 이용하여 $\mu_1>\mu_2$임을 $\alpha=.1$의 유의수준에서 검정할 수 있는가?

③ $\mu_1-\mu_2$에 대한 90%의 신뢰구간을 구하여라.

7. 보건복지부는 금연정책의 평가를 위하여 2005년 말에 성인남자 600명과 성인여자 400명을 무작위로 추출하여 흡연 여부를 조사하였다. 조사결과 성인남자 가운데 40%가 담배를 피우며 성인여자 가운데 36%가 흡연을 하는 것으로 나타났다. 성인남자와 성인여자의 모집단의 흡연자의 비율의 차에 대한 95%의 신뢰구간을 설정하여라(단측검정).

8. 7번 문제에서 남자와 여자의 흡연비율간에 차이가 없다는 영가설을 $\alpha=0.5$의 유의수준에서 검정하여라.

9. G 여론조사기관에서는 동부와 서부지역의 주민들이 차기 대통령 선거에서의 △△△당 후보에 대한 지지율을 조사하였다. 동부에서 단순무작위로 400명을 뽑고, 서부에서 단순무작위로 300명을 뽑아 지지율을 조사하였더니 각각 52%와 46%이었다. $\alpha=.05$의 유의수준에서 두 지역간에 △△△당 후보에 대한 지지율의 차이가 있는지를 점정하여라.

10. 경기도의 도시지역과 농촌지역에 거주하는 주민들의 평균자녀수를 조사하기 위하여 도시지역에서 200가구, 농촌지역에서 160가구를 단순무작위로 각각 추출하였다. 도시지역의 평균자녀수는 3명이었으며 농촌지역의 평균자녀수는 4명이었다. 농촌지역이 도시지역보다 자녀를 더 많이 둔다고 주장할 수 있는가? $\alpha=.05$수준에서 검정하여라.

통계적 가설검정

SPSS 실습

1. 단일모집단 추론

[예제 1]

일반적으로 초등학교 정상아동의 평균신장은 평균 120cm이라고 한다. 어느 시골 초등학교 학생의 신장이 정상인지 아닌지를 알아보기 위하여 1학년 학생 10명을 무선표집하여 조사한 결과 다음과 같았다.

121, 108, 119, 113, 121, 124, 113, 115, 126, 114

이 자료를 이용하여 이 초등학교 학생들의 평균신장이 120cm라고 할 수 있는지 유의수준 $\alpha=0.05$에서 검정하여 보자.

이 문제의 가설은 다음과 같다.

H_0: $\mu = 120$

H_1: $\mu \neq 120$

① 위의 자료를 [그림 9-7]에서와 같이 입력한다.

그림 9-7 입력자료

	신장	변수	변수	변수	변수	변수	변수	변수	변수	변수	변수	변수
1	121											
2	108											
3	119											
4	113											
5	121											
6	124											
7	113											
8	115											
9	126											
10	114											
11												
12												
13												

② 모집단 평균에 대한 가설검증을 실시하기 위해서 [그림 9-8]에서와 같이 [일표본 T 검정(S)]을 지정해 준다.

그림 9-8 실행명령 지정

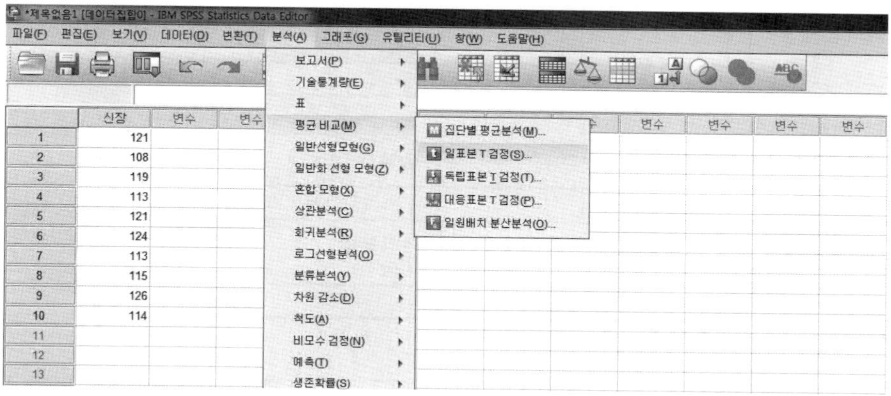

③ 그 후 [그림 9-9]에서와 같이 일표본 T검정 대화상자가 나타나면 "신장" 변수를 [검정변수(T)]로 옮기고 [검정값(V)]에 120을 지정해주고 [옵션(O)]을 열어 [신뢰구간(C)]를 95로 지정해 주고 [확인]을 클릭한다.

그림 9-9 일표본 T 검정 대화상자

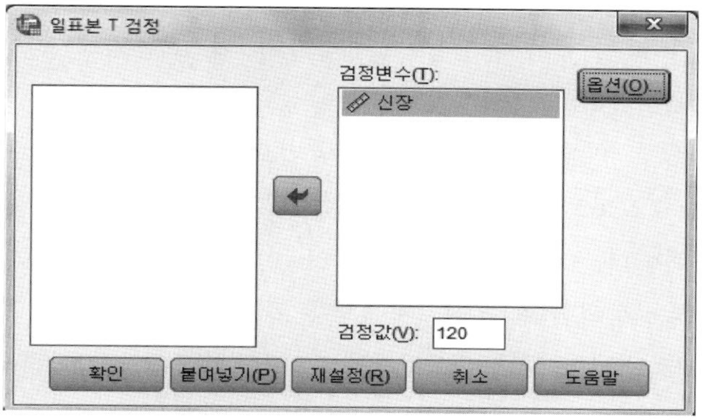

④ 그러면 [그림 9-10]에서와 같이 분석결과가 나타난다.

그림 9-10 단일모집단 T검정 분석결과

일표본 통계량

	N	평균	표준편차	평균의 표준오차
신장	10	117.40	5.680	1.796

일표본 검정

	검정값 = 120					
	t	자유도	유의확률 (양쪽)	평균차	차이의 95% 신뢰구간 하한	차이의 95% 신뢰구간 상한
신장	-1.447	9	.182	-2.600	-6.66	1.46

⑤ 기술통계 분석결과를 보면, 10개의 case에서 평균이 97.40이고 표준편차가 5.68, 그리고 평균의 표준오차가 1.80으로 나타났다.

다음으로 가설검정 결과를 해석하는 방법에 대하여 설명하기로 하자.

첫째로, 신뢰구간을 이용하여 검정하는 방법으로 신뢰구간의 범위안에 0이 포함되어 있으면 귀무가설을 채택한다. 이 경우는 귀무가설이 H_0: $\mu-120=0$ 이라고 가정하고 가설을 검정하는 것으로 귀무가설의 검정값인 0이 귀무가설 채택영역에 속해 있기 때문에 귀무가설을 채택한다. 위의 예에서는 0이 신뢰구간에 속해 있기 때문에 귀무가설을 채택하여 이 초등학교 학생의 평균신장이 120cm라고 할 수 있다.

둘째로 t 통계량을 이용하는 방법으로, t 통계량이 귀무가설의 채택영역인 $-2.262 \leq t \leq 2.262$에($a=0.05$, $df=9$인 경우 임계치=2.262: 부록표 5 참고) 속하면 H_0를 채택한다. 그리고 $t<-2.265$ 또는 $t>2.265$일 경우는 귀무가설을 기각하고 대립가설을 채택한다. 위의 예에서는 t값이 −1.447이고, 이는 귀무가설 채택영역에 속하기 때문에 초등학교 학생의 평균신장이 120이라고 할 수 있다. 그러나 이 방법은 표를 찾아야 하는 번거로움이 있기 때문에 불편하다.

셋째로 가장 자주 사용되는 방법으로 Sig(유의확률)을 이용하는 것이다. Sig>

0.05이면 H_0를 채택하고, Sig<0.05 이면 귀무가설을 기각한다. 위의 예에서는 Sig=.182이기 때문에 귀무가설을 채택한다. 즉 학생들의 평균신장이 120cm이다.

[예제 2]

위의 예에서 초등학교 학생들의 평균신장이 125cm라는 가설을 검정한다고 해 보자. 이 경우 가설은 다음과 같이 설정한다.

H_0: $\mu = 125$

H_1: $\mu \neq 125$

분석절차는 위에서와 동일하고 분석결과는 [그림 9-11]에서와 같이 나타난다.

그림 9-11 분석결과

일표본 통계량

	N	평균	표준편차	평균의 표준오차
신장	10	117.40	5.680	1.796

일표본 검정

	검정값 = 125					
	t	자유도	유의확률 (양쪽)	평균차	차이의 95% 신뢰구간 하한	차이의 95% 신뢰구간 상한
신장	-4.231	9	.002	-7.600	-11.66	-3.54

이 결과에서 Sig(유의확률)은 .002로 0.05보다 작다. 따라서 귀무가설을 기각하고 대립가설을 채택한다. 따라서 이 초등학교 학생들의 평균신장은 125cm라고 할 수 없다.

2. 두 모집단 평균차이 검정

[예제 1]

어느 한 연구자는 조직화가 기억에 미치는 효과를 검증하기 위하여 다음과 같은 실험을 실시하였다. 피험자를 두 집단에 무선적으로 할당한 후 각각의 집단에 30개의 단어들이 제시되었다. 조직화 집단은 30개의 단어들이 유목별로 분류되어 제시되었고(예: 사과, 배, 복숭아, 자두, 바지, 양복, 넥타이 등) 비조직화 집단은 분류되지 않은 상태로 제시되었다. 단어목록이 모두 제시된 후 피험자들은 제시된 단어들을 기억해내도록 요구되었다. 각 집단의 피험자들이 기억해낸 단어목록의 수는 다음과 같다.

조직화 집단 : 28, 26, 24, 26, 27, 25, 29, 28, 20, 29
비조직화집단: 15, 18, 23, 21, 14, 20, 25, 24, 24, 19

유의수준 α=0.05에서 두 집단간에 기억해낸 단어의 수에서 유의미한 차이가 있는지 검정하시오.

① 이 자료를 [그림 9-12]에서와 같이 SPSS 프로그램에 입력한다.

그림 9-12 입력자료

	집단	기억점수	변수	변수	변수	변수	변수	변수	변수	변수	변수	변수
1	1	28										
2	1	26										
3	1	24										
4	1	26										
5	1	27										
6	1	25										
7	1	29										
8	1	28										
9	1	20										
10	1	29										
11	2	15										
12	2	18										
13	2	23										
14	2	21										

② 두 집단간의 평균차이를 검정하기 위하여 [그림 9-13]에서와 같이 지정한다.

그림 9-13 실행명령 지정

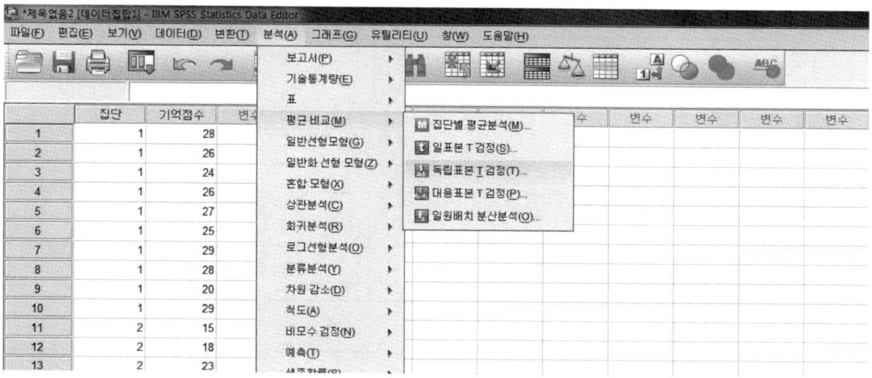

③ 그러면 [그림 9-14]에서와 같이 독립표본 t-test 대화상자가 나타난다. 여기에서 기억점수 변인을 [검정변수(T)]로, 집단 변수는 [집단변수(G)]로 이동시킨 후 [집단정의(D)]를 클릭하여 [집단1]과 [집단2]에 1과2를 지정하여 준다.

그림 9-14 독립표본 t-test 대화상자

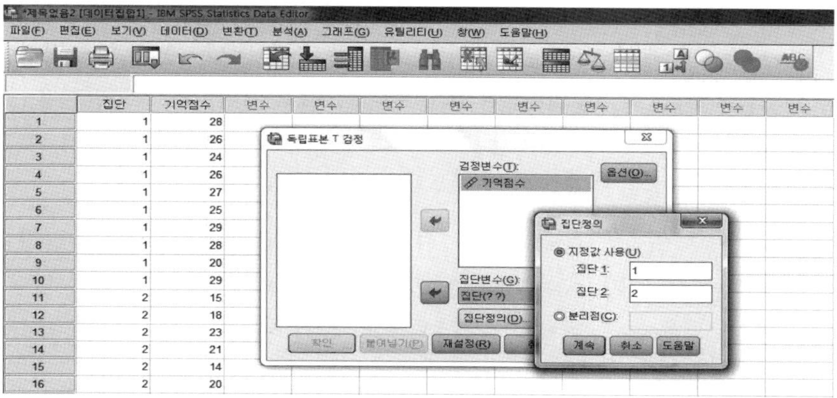

④ 그 후 [확인]을 클릭하면 [그림 9-15]에서와 같이 분석결과가 나타난다.

그림 9-15 분석결과

집단통계량

	집단	N	평균	표준편차	평균의 표준오차
기억점수	1	10	26.20	2.741	.867
	2	10	20.30	3.831	1.212

독립표본 검정

		Levene의 등분산 검정		평균의 동일성에 대한 t-검정						
									차이의 95% 신뢰구간	
		F	유의확률	t	자유도	유의확률 (양쪽)	평균차	차이의 표준오차	하한	상한
기억점수	등분산이 가정됨	1.712	.207	3.961	18	.001	5.900	1.490	2.770	9.030
	등분산이 가정되지 않음			3.961	16.300	.001	5.900	1.490	2.747	9.053

기술통계적 결과를 보면, 조직화 집단은 10개의 case에서 평균이 26.20이고 표준편차가 2.74, 평균의 표준오차는 .87을 보이고 있다. 반면 비조직화 집단의 경우에는 10개의 case에서 평균이 20.30, 표준편차 3.83 그리고 평균의 표준오차는 1.21로 나타났다.

독립표본 t-test 결과에서는 우선 Levene의 등분산 검정을 살펴보아야 한다. Levene의 등분산 검정은 두 집단의 분산이 동일한지를 검정하는 방법이다. 왜냐하면 두 모집단의 평균차에 대한 검정이 이루어지기 위해서는 등분산이 가정되어야 하기 때문이다. 여기에서 Sig=0.207로 유의수준 0.05보다 크기 때문에 모집단의 분산이 동일하다는 귀무가설이 채택된다. 따라서 모집단의 분산이 동일하다는 가정하에서 t검정을 실시한다. 그러나 모집단 분산의 동일성을 충족시키지 못하는 경우, 즉 Sig의 값이 0.05보다 작을 경우에는 자료변환을 고려하여 검정을 해주는 두 번째 열의 "등분산 가정되지 않음"을 이용하여 평균차의 통계적 유의성을 검정해야 한다.

그 다음 두 집단 평균차의 검정은 두 집단간의 평균이 동일하다는 귀무가설을 채택하거나 기각 여부를 결정한다. 귀무가설과 대립가설은 다음과 같다.

$H_0 : \mu_1 - \mu_2 = 0$

$H_1 : \mu_1 - \mu_2 \neq 0$

위의 분석결과를 살펴보면 "평균의 동일성에 대한 t 검정"에서 t=3.961이고, Sig(유의확률)= 0.001로 유의수준 값인 0.05보다 작기 때문에 귀무가설을 기각하고 대립가설을 채택한다. 즉, 두 집단간의 평균차는 통계적으로 유의미한 차이를 보이고 있다. 따라서 조직화 집단과 비조직화 집단간의 기억점수는 차이가 있다고 말할 수 있다.

[예제 2]

어느 유아교육학자는 어린이들에게 한글을 효과적으로 가르치기 위하여 A, B 두 가지 교육방법을 도입하여 실험하였다. 3명의 어린이에게는 A의 교육방법으로 가르치고 다른 3명의 어린이에게는 B의 교육방법으로 가르친 후 시험을 본 결과는 다음과 같았다. $\alpha=0.05$에서 두 가지 교육방법의 차이가 있는지 검정하여라. (단, 두 모집단의 분포는 정규분포이다.)

A 교육방법 : 80, 90, 95

B 교육방법 : 60, 70, 80

① 이 자료를 [그림 9-16]에서와 같이 입력한다.

그림 9-16 입력자료

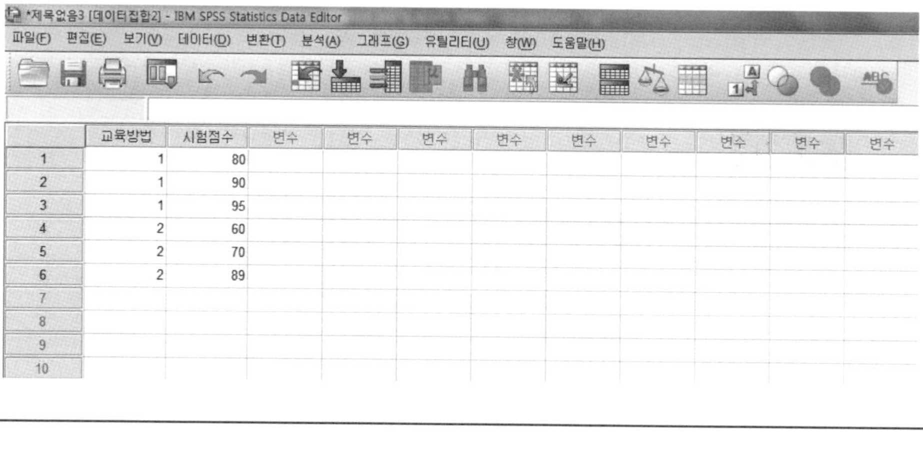

	교육방법	시험점수	변수	변수	변수	변수	변수	변수	변수	변수	변수
1	1	80									
2	1	90									
3	1	95									
4	2	60									
5	2	70									
6	2	89									
7											
8											
9											
10											

② 두 집단간의 평균차이를 검정하기 위하여 메뉴 [분석(A)]에서 [평균비교(M)]를 지정하고, 평균비교에서 [독립표본 T 검정(T)]을 지정한다.

③ [그림 9-17]에서와 같이 [독립표본 T 검정(T)] 대화상자가 나타나면, 종속변수인 시험점수를 [검정변수(T)]로, 독립변수인 교육방법은 [집단변수(G)]로 이동시킨 후 [집단정의(D)]를 클릭하여 [집단1]과 [집단2]에 "1"과 "2"를 지정한다.

그림 9-17 독립표본 T 검정 대화상자

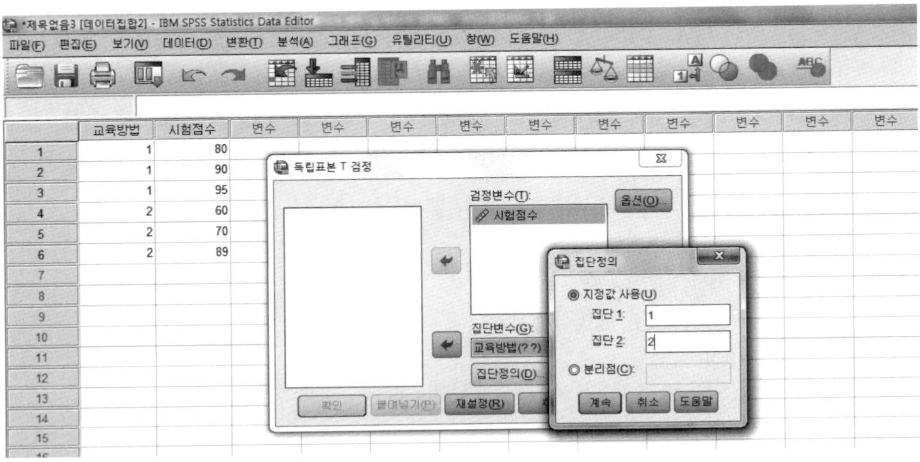

④ 그러면 [그림 9-18]에서와 같이 분석결과가 나타난다.

그림 9-18 분석결과

집단통계량

	교육방법	N	평균	표준편차	평균의 표준오차
시험점수	1	3	88.33	7.638	4.410
	2	3	73.00	14.731	8.505

독립표본 검정

		Levene의 등분산 검정		평균의 동일성에 대한 t-검정						
		F	유의확률	t	자유도	유의확률 (양쪽)	평균차	차이의 표준오차	차이의 95% 신뢰구간 하한	차이의 95% 신뢰구간 상한
시험점수	등분산이 가정됨	1.343	.311	1.601	4	.185	15.333	9.580	-11.265	41.932
	등분산이 가정되지 않음			1.601	3.003	.208	15.333	9.580	-15.139	45.805

기술통계적 결과를 보면 A, B 교육방법 각각 3개의 사례에서 A 교육방법은 평균이 88.33이고 표준편차가 7.64로 나타났고, B 교육방법은 평균이 70이고, 표준편차가 10으로 나타났다.

독립표본 검정결과에서 우선 Levene의 등분산 검정을 살펴보면 F값이 0.82이고 유의확률 값이 0.789로서 귀무가설인 등분산이 가정됨을 기각할 수 없다. 따라서 이 자료는 등분산이 가정된다.

그 다음 평균차의 검정에서 검정값인 t값은 2.524이고, 유의확률 값은 0.065로 유의수준인 a=0.05보다 크기 때문에 귀무가설을 기각할 수 없다. 그리고 신뢰구간을 살펴보면 구간범위에 0이 포함되어 있기에 귀무가설을 채택한다. 즉, 두 집단의 평균차는 통계적으로 유의미하다고 할 수 없다. 따라서 A 교육방법과 B 교육방법은 교육효과에서 차이가 난다고 말할 수 없다.

3. 대응표본 t-test

두 표본이 독립적인 독립표본 t-test와는 다르게, 대응표본 t-test는 두 표본이 대응을 이루고 있을 경우 사용하는 통계방법이다. 예를 들어 자아존중감을 향상시키기 위한 집단심리상담 프로그램의 효과를 검증하기 위하여 이 프로그램의 실시 이전과 이후의 검사점수를 알아본다. 만약 프로그램에 참여하기 이전보다 참여한 이후의 자아존중감 점수가 통계적으로 유의미하게 높아야 이 집단심리상담 프로그램이 효과가 있다고 말할 수 있다. 이런 경우 사전 사후 자아존중감의 평균점수간에 차이가 있는지를 분석하기 위하여 대응표본 t-test를 사용한다.

[예제 1]

어느 한 연구자는 다이어트에 효과가 있는 식이요법 프로그램을 개발하였다. 그는 이 식이요법 프로그램이 효과가 있는지를 알아보기 위하여 실험을 실시하였다. 대학생 10명을 피험자로 해서 프로그램에 참여하기 이전의 체중과 한달 후의 체중을 측정해서 비교해 보았다. 결과는 다음과 같다.

프로그램 실시 이전: 65, 58, 49, 75, 65, 58, 69, 65, 66, 57

프로그램 실시 이후: 62, 59, 46, 70, 62, 54, 70, 60, 64, 50

식이요법 프로그램이 효과가 있는지 α= 0.05에서 가설검정을 하여라.

① [그림 9-19]에서와 같이 자료를 입력한다. 독립표본 t-test에서와 대응표본 t-test에서 자료를 입력하는 방법이 다르다는 것에 주의한다. 독립표본 t-test에서는 두 집단의 변수값들은 각기 다른 사람들에 의한 변수값이기에 한 사례당 하나의 변수값이 생성되는데 반하여, 대응표본의 두 집단 변수값은 동일한 사람에 의한 사전-사후 대응값이기 때문에 한 case당 2개의 변수값(사전, 사후)이 생성된다.

그림 9-19 입력자료

② 대응표본 t-test를 실행하기 위해 [그림 9-20]에서와 같이 지정한다.

그림 9-20 실행명령 지정

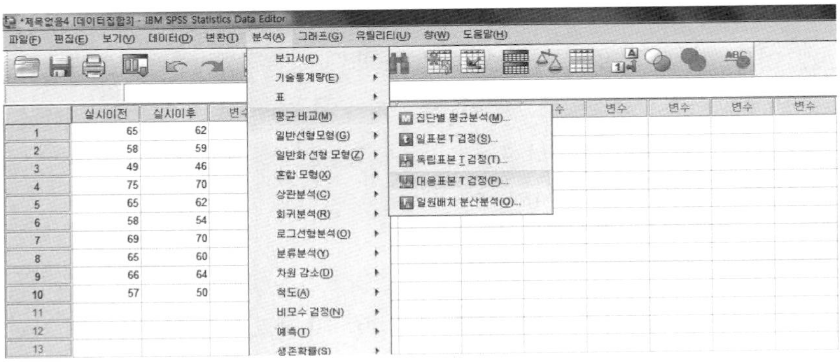

③ [그림 9-21]에서와 같이 두 변인을 [대응변수(V)]로 이동시킨 후 [확인]을 클릭한다.

그림 9-21 대응표본 t-test 대화상자

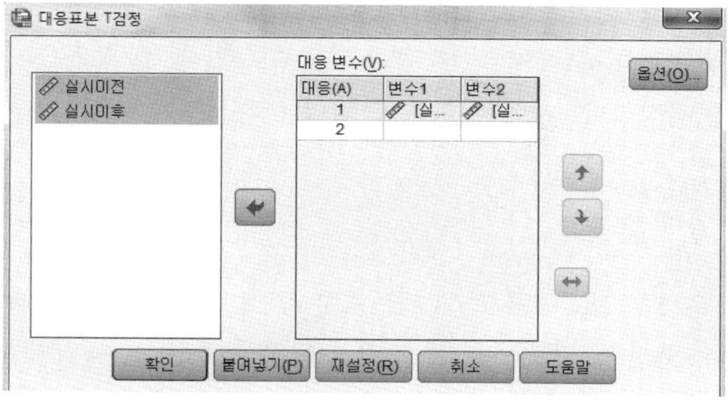

④ [그림 9-22]에서와 같은 분석결과가 나타난다.

그림 9-22 분석결과

대응표본 통계량

		평균	N	표준편차	평균의 표준오차
대응 1	실시이전	62.70	10	7.319	2.314
	실시이후	59.70	10	7.861	2.486

대응표본 상관계수

		N	상관계수	유의확률
대응 1	실시이전 & 실시이후	10	.947	.000

대응표본 검정

		대응차					t	자유도	유의확률 (양쪽)
		평균	표준편차	평균의 표준오차	차이의 95% 신뢰구간 하한	차이의 95% 신뢰구간 상한			
대응 1	실시이전 - 실시이후	3.000	2.539	.803	1.184	4.816	3.737	9	.005

대응표본 기술통계분석에서 실시이전과 실시 이후의 평균, 사례수, 표준편차, 그리고 평균의 표준오차가 요약되어 있다.

대응표본의 두 변수인 실시이전과 이후의 상관계수(correlation coefficient)는 0.947로 두 변수는 상관이 매우 높다고 할 수 있다. Sig(유의확률)은 0.000으로서 유의수준 0.05보다 작기 때문에 실시 이전과 실시 이후의 상관관계는 통계적으로 매우 유의미한 것으로 나타났다.

대응표본 t-test에서는 두 대응표본 집단간에 통계적으로 유의미한 차이가 있는지를 검정한다. 가설은 다음과 같다.

$H_0 : \mu_1 - \mu_2 = 0$

$H_1 : \mu_1 - \mu_2 \neq 0$

t값은 3.737로 자유도가 9인 경우 임계치가 2.262이기(부록 참조) 때문에 t값은 매우 높음을 알 수 있다. 그리고 Sig(Significance: 유의확률)=0.005로 유의수준 0.05보다 작기 때문에 귀무가설을 기각하고 대립가설을 채택한다. 즉 두 집단은 통계적으로 유의미한 차이를 보인다. 따라서 식이요법 프로그램은 다이어트에 효과가 있다고 할 수 있다.

[예제 2]

어느 한 연구자는 빨간 불빛과 파란 불빛에 대한 반응속도에 차이가 있는지를 알아보고자 한다. 두 집단이 실험 전에 동등성을 보장하기 위해 우선 백색 불빛에 대한 반응속도를 조사하여 그 속도가 비슷한 사람을 각각 짝을 지워 10쌍을 구성하였다. 그 후 한 집단은 빨간 불빛에 대한 반응속도를 측정하고 다른 쌍의 집단은 파란 불빛에 대한 반응속도를 측정하여 다음과 같은 결과가 나타났다. 두 가지 색상의 불빛에 대한 반응속도에 있어서 차이가 있는지 a=0.05에서 검정하여라.

두쌍의 사례	적색에 대한 반응속도	청색에 대한 반응속도
1	28	25
2	26	27
3	33	28
4	30	31
5	32	29
6	30	30
7	31	32
8	18	21
9	22	25
10	24	20

① 분석을 하기 위하여 [그림 9-23]에서와 같이 자료를 입력한다.

그림 9-23 입력자료

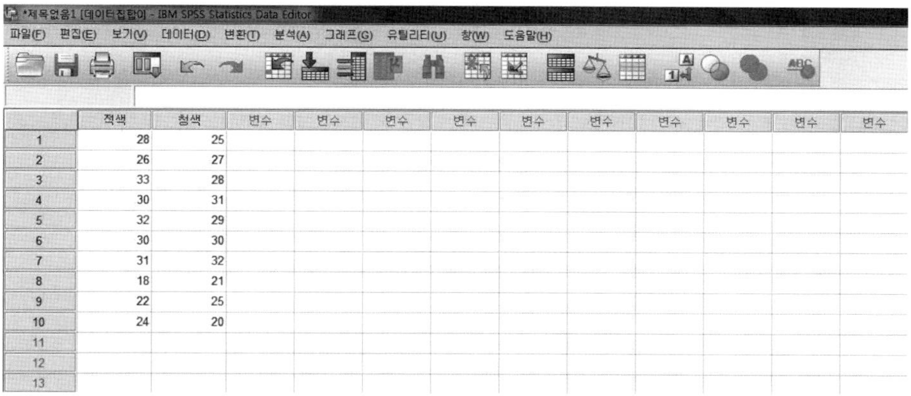

	적색	청색	변수	변수	변수	변수	변수	변수	변수	변수	변수	변수
1	28	25										
2	26	27										
3	33	28										
4	30	31										
5	32	29										
6	30	30										
7	31	32										
8	18	21										
9	22	25										
10	24	20										
11												
12												
13												

② 이 자료를 분석하기 위하여 메뉴 [분석(A)]에서 [평균비교(M)]를 지정한 후에 [대응표본 T 검정(P)]을 지정한다.

③ 그 후 [그림 9-24]의 대응표본 T 검정 대화상자에서 두 변수인 적색과 청색변수를 [대응변수(V)]로 이동시킨 후 [확인]을 클릭한다.

그림 9-24 대응표본 T 검정 대화상자

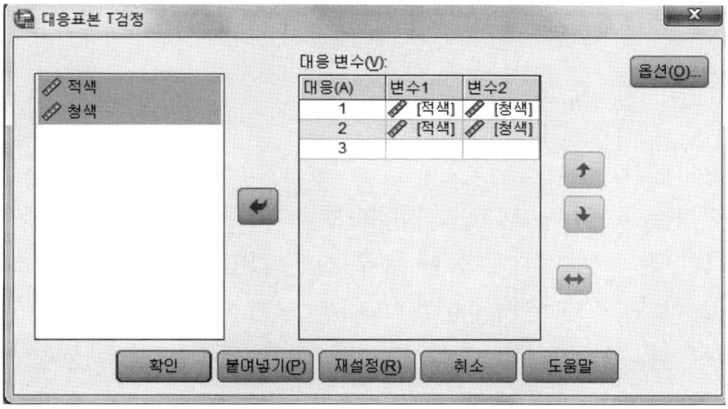

④ 그러면 [그림 9-25]에서와 같은 분석결과가 나타난다.

그림 9-25 분석결과

대응표본 통계량

		평균	N	표준편차	평균의 표준오차
대응 1	적색	27.40	10	4.835	1.529
	청색	26.80	10	4.050	1.281

대응표본 상관계수

		N	상관계수	유의확률
대응 1	적색 & 청색	10	.799	.006

대응표본 검정

		대응차					t	자유도	유의확률 (양쪽)
		평균	표준편차	평균의 표준오차	차이의 95% 신뢰구간				
					하한	상한			
대응 1	적색 - 청색	.600	2.914	.921	-1.484	2.684	.651	9	.531

대응표본 통계량에 적색과 청색에 대한 반응시간의 평균과 표준편차의 값들이 제시되어 있다. 대응표본 상관계수의 값이 0.799로서 높게 나타났고 유의확률은 0.006으로 통계적으로 유의미한 상관을 보여주고 있다.

대응표본 T 검정에서는 두 대응표본 집단간에 통계적으로 유의미한 차이가 있는가를 분석한다. 문제에 대한 가설은 다음과 같다.

$$H_0 : \mu_1 - \mu_2 = 0$$
$$H_1 : \mu_1 - \mu_2 \neq 0$$

검정값인 t값은 0.651로 자유도가 10-1인 9일 때 $\alpha=0.05$수준에서 임계치인 2.262의 값과 비교하여 볼 때 매우 작은 값임을 알 수 있다. 실제로 유의확률 값을 살펴보면 0.531로서 0.05보다 매우 크게 나타났다. 따라서 귀무가설을 기각하지 못한다. 즉, 적색에 대한 반응속도와 청색에 대한 반응속도는 통계적으로 유의미한 차이가 없다고 할 수 있다. 따라서 적색에 대한 반응속도와 청색에 대한 반응속도 간에는 차이가 난다고 말할 수 없다.

제10장 분산분석

1. 분산분석의 논리와 가정
2. 일원 분산분석에 의한 가설검정
3. t와 F의 관계

우리는 앞 장(章)에서 통계적 가설검정의 기본절차와 방법을 살펴보고, 정규분포와 t분포를 이용하여 두 모집단의 평균차 및 비율차에 대한 가설검정의 절차와 방법을 살펴보았다. 이번 장(章)에서는 세 개 이상 K집단의 평균차에 대한 가설검정의 절차와 방법에 대하여 설명한다.

1. 분산분석의 논리와 가정

1.1 분산분석의 논리

우리는 Z검정 또는 t검정의 방법을 사용하여 두 집단의 평균차 또는 비율의 차를 검정하는 절차와 방법에 대하여 설명하였다. 그러나 세 개 또는 그 이상의 평균이나 비율의 차이를 비교하기 위해서 Z검정이나 t검정을 사용한다면 여러번 이와 같은 검정절차를 되풀이 해야 한다. 예를 들어 A, B, C 세 집단의 평균간에 차이가 있는지의 여부를 검정한다면 A와 B, A와 C, B와 C의 세번의 검정을 실시해야 한다. 따라서 Z검정 또는 t검정을 이용한 K집단의 평균차 비교는 ${}_nC_2$번의 검정을 해야 한다. 이렇게 세 집단 이상을 비교할 때 Z검정이나 t검정을 여러 번 사용하는 것은 번거로울 뿐만 아니라 복잡한 문제를 생기게 한다.[1] 따라서 세 개 이상의 집단들의 평균차를 동시에 비교하기 위한 간편한 검정방법이 고안되었는데 이것이 바로 **분산분석** 또는 **ANOVA**(Analysis of Variance)라고 한다. ANOVA분석을 통하여 여러 집단의 평균의 차이를 알 수 있으며, 집단간 평균의 차이에 대한 충분한 증거가 있으면 우리는 여러 집단 중 두 집단을 짝지어 이들 집단간의 평균의 차이를 추정할 수 있다.

만약 3개의 작업장에서 일하는 근로자들의 생산성을 알아보기 위하여 이들 작업집단간의 일주일간의 평균작업량을 비교한다고 가정하여 보자. 이들 세 모집단의 평균 생산량은 μ_1, μ_2, μ_3로 표시할 수 있으며 전체 모집단의 평균은 μ로 표시할 수 있을 것이다. 세 모집단의 평균의 차를 검정하려고 할 때 μ_1, μ_2, μ_3로 표시된 세 모집단의 평균이 같고 따라서 모집단 전체의 평균 μ와 일치한다고 예상할 수 있을 것이다. 그러면 각 표본의 평균인 $\overline{X_1}$, $\overline{X_2}$, $\overline{X_3}$은 대체로 일치할 것이라고 예상된다. 그러나 반대로 μ_1, μ_2, μ_3는 모두 동일하지 않을 수도 있

1) α=.05의 유의수준에서 세번의 독립된 t검증을 이용하여 세 집단을 비교할 때 생기는 가설검증의 오류는 $\alpha=1-(1-\alpha)^3=1-(1-.05)^3=1-.857=.143$이 된다. 즉 α 오류를 범할 확률은 14.3%가 된다.

다. **ANOVA모델**은 이와 같이 모든 K개의 표본의 평균이 동일 모집단으로부터 얻어진 것이며 모두 같으리라는 영가설(H_0)을 검정하는 방법이다.

이를 기호로 표시하면 다음과 같다.

H_o: $\mu_1 = \mu_2 = \mu_3$

이와 반대로 대립가설(H_a)은 하나 또는 그 이상의 표본평균이 평균을 달리하는 모집단으로부터 뽑혔다는 것이다. 영가설을 기각할 수 있는 것은 아래의 여러 가능성 중의 하나이다.

(1) 모든 모집단의 평균이 서로 다른 경우($\mu_1 \neq \mu_2 \neq \mu_3$)
(2) 몇 개의 모집단의 평균이 서로 다른 경우($\mu_1 \neq \mu_2$, $\mu_1 \neq \mu_3$ 또는 $\mu_2 \neq \mu_3$)
(3) 몇 가지 조합의 평균이 어떤 단일평균과 다르거나 혹은 몇 가지 다른 조합의 평균과 다를 경우(예를 들어, μ_3가 다른 두 모집단의 평균치의 평균과 다를 경우)

대립가설은 다음과 같이 기호로 표시할 수 있다.

H_a: μ_1, μ_2, μ_3는 모두 동일하지 않다.

분산분석은 각 집단 평균간에 차이가 있는지를 검정하기 위하여 **집단간 변량**(Variation Between Groups)과 각 **집단내의 변량**(Variation Within Groups)을 사용한다. 일반적으로 집단간의 변량이 집단내의 변량보다 더 크면 집단간 평균의 차이가 유의미한 것이 되며, 반대로 집단내의 변량이 집단간의 변량보다 더 크면 집단간 평균의 차이는 유의미한 것이 되지 않는다. 분산분석은 집단간 변량을 집단내의 변량과 비교하는 **F검정**을 사용하며 이 F값에 의하여 집단 평균간에 어떤 차이가 있는지를 검정하게 된다.

$$F = \frac{\text{집단간변량}}{\text{집단내변량}} \qquad (10\text{-}1)$$

공식(10-1)에서 구하여진 F의 값이 1보다 크면 집단평균간의 차이는 유의미한 것이라고 결론을 내릴 수 있으며, 만약 F의 값이 1보다 작은 경우에는 집단 평균간의 차이가 유의미하지 않다고 결론을 내리게 된다. F값을 이용한 가설검정은 Z분포와 t분포를 이용한 가설검정의 방법과 절차에서와 같이 각 유의수준에 따른 F값을 F분포표인 <부록표 7>을 이용하여 구하고 계산된 F검정통계치와 비교하여 영가설의 기각 여부를 결정한다.

1.2 분산분석(ANOVA)의 가정

분산분석은 세 집단 이상의 평균을 비교하는 방법으로써 두 집단의 비교를 확대시킨 개념이다. 따라서 분산분석은 두 집단의 비교를 위한 Z검정과 t검정을 사용할 때와 동일한 가정을 갖는다. 분산분석을 위한 기본가정은 다음과 같다.

(1) 각 집단에 있어 비교의 대상이 되고 있는 변수에 대한 모집단의 분포는 정규분포(normal distribution)를 이루어야 한다

(2) 각 모집단의 표준편차(σ)는 동일하여야 한다($\sigma_1=\sigma_2=\sigma_3$).

(3) 각 집단의 표본은 각 모집단으로부터 독립적으로 추출되어야 한다.

서로 다른 강의방법 A, B, C의 효과를 예를 들어 세번째 조건을 설명하면 한 집단에서 실시한 강의방법의 효과가 다른 집단에서 실시된 강의방법의 효과에 영향을 미치지 않아야 한다는 것을 의미한다. 분산분석은 [그림 10-1]과 같이 모집단의 분포가 정규분포를 이루어야 한다는 조건과 모집단의 표준편차가 동일해야 한다는 조건을 가지고 있다. 그러나 모집단의 분포가 심하게 기울어져 있지 않는 한, 모집단이 정규분포에서 어느 정도 벗어나 있다 할지라도 각 집단의 표본의 크기를 충분히 크게 하면 중앙집중한계정리(Central Limit Theorem)에 의해 통계적 추론에는 그리 큰 영향을 미치지 않는다. 그리고 표본의 크기가 동일하다면 모집단의 표준편차들이 동일하지 않더라도 그렇게 심각한 문제를 초래하지 않는다. 따라서 각 모집단의 표준편차가 동일하다는 가정을 할 수 없을 때에는 가능한 한 각 집단의 표본크기를 동일하게 하도록 하는 것이 중요하다.[2]

2) 만약 표본의 크기가 적고 정규분포와 표준편차에 대한 분산분석의 가정을 충족시킬 수 없을 때에는 비모수통계(Nonparametric statistics)기법을 사용해야 한다.

그림 10-1 모집단의 분포에 대한 가정: 동일 표준편차(σ)를 가진 정상분포

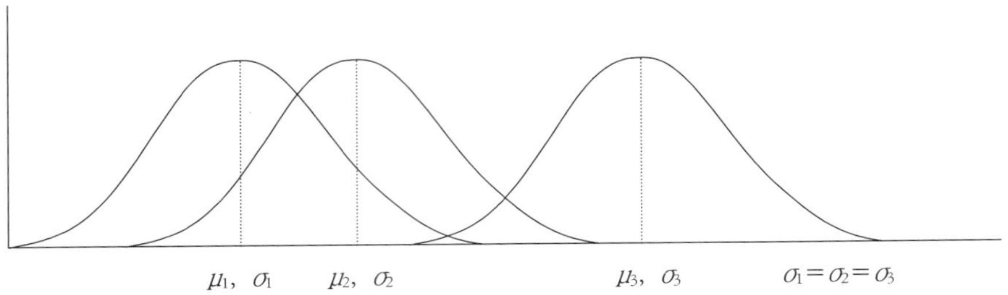

2. 일원 분산분석에 의한 가설검정

이 절에서는 **일원분산분석**(Oneway of Analysis of Variance) 또는 **단일요소에 의한 분산분석**에 대하여 살펴보기로 한다. 일반적으로 각 집단의 표본의 크기를 n_1, n_2, n_3, ⋯⋯ n_m이라고 하면 전체 표본의 크기는 $N=n_1+n_2+n_3+$ ⋯⋯ $+ n_m$으로 표시할 수 있다. 그리고 X_{ij}는 i집단의 j번째 관찰사례를 의미한다. 따라서 첫 번째 집단에서 분석의 대상이 되는 변수에 대한 n_1의 관찰값은 X_{11}, X_{12}, X_{13}, X_{1n_1}등으로 표시되며, 두번째 집단의 n_2 관찰사례는 X_{21}, X_{22}, X_{23}, X_{2n_2}등으로 표시된다. 그리고 n_3⋯⋯ n_m도 마찬가지 방법으로 기호화 할 수 있다. X기호 다음의 첫번째 아래 첨자는 집단을 의미하며 두번째 아래첨자는 그 집단내의 관찰사례를 의미한다. 따라서 첫번째 집단의 관찰값들의 평균은 $\overline{X} = \sum_{j=1}^{n_1} \frac{X_{1j}}{n_1}$로 나타낼 수 있으며, 두번째 집단의 평균은 $\overline{X} = \sum_{j=1}^{n_2} \frac{X_{2j}}{n_2}$로 나타낸다. 전체 표본 N의 평균은 $\overline{X} = \Sigma_i \Sigma_j \frac{X_{ij}}{N}$로 표시된다. 두 개의 합 $\Sigma_i \Sigma_j$의 부호는 아래 첨자 i와 j 모두에 대한 합을 의미한다. 여러 집단의 평균의 차를 검정하는 분산분석(ANOVA)은 i집단의 평균 $\overline{X}_i$에 대한 i집단 각 표본값의 변량(집단내 변량)과 X_{ij}의 변량에 대한 전체 표본평균 $\overline{X}$에 대한 i 집단의 평균 $\overline{X}_i$의 변량(집단간 변량)을 비교하여 분석한다. <표 10-1>이 [그림 10-2]의 (a)에 표시된 세 집단의 표본 관찰값을 나타낸 것이라면 이들 세 집단을 대표하는 각 모집단의 평균값은 서로 같지 않을 것이 명백하다. 그 이유는 어느 두 집단간 표본평균의 변량이 어느 한 모집단내

변량보다 크기 때문이다. 그러나 [그림 10-2]의 (b)는 집단내의 변량이 집단간의 변량보다 상대적으로 크기 때문에 비록 전체 표본의 평균이 [그림 10-2]의 (a)와 같다고 할지라도 세 집단간 평균의 차이가 유의미한 것인지 명백히 알 수가 없다. 일반적으로 집단간의 변량이 집단내의 변량보다 큰 경우에는 높은 확신을 가지고 세 집단 간의평균이 서로 같다는 영가설(H_0: $\mu_1=\mu_2=\mu_3$)을 기각할 수 있다.

〈표 10-1〉 집단내 변량과 집단간 변량의 계산

집 단	관찰사례수			표본의합	표본크기	표본평균
	1	2	3 …… n_1			
1	X_{11}	X_{12}	X_{13} …… X_{1n_1}	$\Sigma_i X_{1j}$	n_1	$\overline{X_1}=\Sigma X_{1j}/n_1$
2	X_{21}	X_{22}	X_{23} …… X_{2n_2}	$\Sigma_i X_{2j}$	n_2	$\overline{X_2}=\Sigma X_{2j}/n_2$
3	X_{31}	X_{32}	X_{33} …… X_{3n_3}	$\Sigma_i X_{3j}$	n_3	$\overline{X_3}=\Sigma X_{3j}/n_3$
⋮		⋮	⋮	⋮	⋮	⋮
m	X_{m1}	X_{m2}	X_{m3} …… X_{mn_m}	$\Sigma_i X_{mj}$	n_m	$\overline{X_m}=\Sigma X_{mj}/n_m$
전 체				$\Sigma_i \Sigma_i X_{ij}$	N	$\overline{X}=\Sigma_i \Sigma_j X_{ij}/N$

그림 10-2 변량의 크기에 관한 2가지 실례

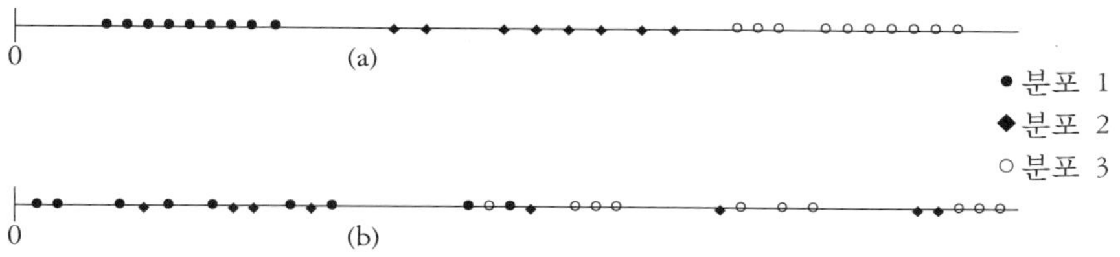

<표 10-1>에 나타난 각 관찰값은 다음과 같은 세 가지 요소로 이루어져 있다.

$$X_{ij}=\mu+\alpha_i+\varepsilon_{ij} \tag{10-2}$$

μ: 전체 평균

a_i: i번째 집단의 영향

ε_{ij}: i번째 집단에 있는 사례 j의 오차

각 관찰값은 전체 평균 μ와 서로 다른 집단에 속해있기 때문에 생기는 전체 평균과의 차이 a_i, 각 집단에 있는 관찰사례 j의 개인차 또는 오차 ε_{ij}로 이루어져 있다 이를 <표 10-1>를 이용하여 표현하면 다음과 같다.

$$X_{ij} = \overline{X} + (\overline{X_i} - \overline{X}) + (\overline{X_{ij}} - \overline{X_i}) \qquad (10\text{-}3)$$

$\overline{X}$: 전체 평균

$\overline{X_i} - \overline{X}$: i번째 집단의 평균과 전체 평균과의 차이

$\overline{X_{ij}} - \overline{X_i}$: 각 집단의 관찰값과 각 집단의 평균과의 차이

위의 공식 (10-3)을 변형하면 다음과 같다.

$$(X_{ij} - \overline{X}) = (\overline{X_i} - X) + (X_{ij} - \overline{X_i}) \qquad (10\text{-}4)$$

공식(10-4)의 각 변을 제곱하여 전체 관찰사례의 수만큼 합하면 공식 (10-5)가 된다.

$$\Sigma\Sigma(X_{ij} - \overline{X})^2 = \Sigma\Sigma(X_i - \overline{X})^2 + \Sigma\Sigma(X_{ij} - \overline{X_i})^2 \qquad (10\text{-}5)$$

$\Sigma\Sigma(X_{ij} - \overline{X})^2$를 총 제곱의 합(Total Sum of Squares: SSt)이라고 부르며 $\Sigma\Sigma(X_i - \overline{X})^2$을 집단간 제곱의 합(Sum of Squares Between Groups: SSb), $\Sigma\Sigma(X_{ij} - \overline{X_i})^2$를 집단내 제곱의 합(Sum of Squares Within Groups: SSw)이라고 부른다.

① 총 제곱의 합(SSt)

총제곱의 합 SSt는 집단간 제곱의 합 SSb와 집단내 제곱의 합 SSw의 합이다.

$$SSt = SSb + SSw \qquad (10\text{-}6)$$

② 집단내 변량과 집단내 제곱의 합(SSw)

집단내 변량은 각 집단내의 개개 관찰치가 그 집단의 평균치로부터 떨어진 편차의 합으로 측정된다. 집단내 변량은 설명되지 않는 변량(Unexplained variation)이라고 부르기도 한다. 집단내 변량은 집단내 제곱의 합 SSw을 자유도로 나눈 것이다.

$$SSw = \Sigma_i \Sigma_j (X_{ij} - \overline{X_i})^2 \qquad (10\text{-}7)$$

집단내 변량의 계산에서 자유도(degree of freedom)는 N－m(N은 전체 표본의 수, m은 집단의 수).

$$\hat{\sigma}^2 = MSw = \frac{SSw}{N-m} \qquad (10\text{-}8)$$

③ 집단간 변량과 집단간 제곱의 합 SSb

집단간 변량은 전체평균 $\overline{X}$ 로부터 각 집단의 평균 $\overline{X_i}$가 변화되고 있는 정도를 나타낸다. 집단간 변량은 설명되어진 변량(Explained variation)이라고 부르기도 한다. 집단내 변량을 이해하기 위하여 먼저 m집단의 사례의 수가 모두 n으로 동일하며 각 모집단의 평균(μ)이 같다고 가정할 때, 각 집단의 평균 $\overline{X_i}$는 σ^2/n의 분산을 가지고 모집단의 평균 μ를 중심으로 분포될 것이다. 따라서 우리는 각 집단의 평균 $\overline{X_i}$를 어떤 모집단의 평균이 μ이고 분산이 σ^2/n인 하나의 관찰사례로서 취급할 수 있을 것이다. 각 집단의 표본의 수가 같을 때 $\overline{X_i}$값의 평균은 $\overline{X}$가 된다. 이와 같이 표본의 평균은 전체 표본에 기초를 둔 모집단 평균 μ의 추정치가 된다. 즉 $\overline{X_1}$, $\overline{X_2}$, $\overline{X_3}$, …… $\overline{X}_m$를 평균 $\overline{X}$를 갖는 하나의 사례로서 취급하면 다음의 개념 $\sum_{i=1}^{m}(\overline{X_i} - \overline{X})^2/(m-1)$는 $\overline{X_i}$값의 분포에서 분산값 σ^2/n의 점추정치가 된다. 만약 $\sum_{i=1}^{m}(\overline{X_i} - \overline{X})^2/(m-1)$이 $\sigma_{\overline{X_i}}{}^2 = \sigma^2/n$을 추정한다면 우리는 단순히 σ^2값을 얻기 위하여 n을 곱하여 주기만 하면 된다. 즉 σ^2의 추정치는 다음과 같다.

$$n[\sum_{i}^{n}(\overline{X_i} - \overline{X})^2/(m-1)] = \sum_{i}^{n} n(\overline{X_i} - \overline{X})^2/(m-1) \qquad (10\text{-}9)$$

만약 영가설이 H_0: $\mu_1 = \mu_2 = \mu_3 \cdots\cdots \mu_m$가 사실이라면 $\sum_{i=1}^{m} n(\overline{X}_i - \overline{X})^2/(m-1)$은 각 집단의 표본의 수가 동일한 경우 전체 표본의 평균 $\overline{X}$와 각 집단의 평균 $\overline{X}_i$ 값 사이의 변량에 기초를 둔 σ^2의 점추정치가 된다는 것이다. 따라서 각 집단의 표본의 수가 동일하지 않는 경우를 포함한 σ^2의 점추정치를 구하는 공식은 다음과 같이 표시할 수 있다.

$$\sum_{i}^{n} n_i(\overline{X}_i - \overline{X})^2/(m-1) \qquad (10\text{-}10)$$

위의 공식에서 분자는 집단간 제곱의 합(between sum of square)이라고 하며 일반적으로 SSb로 일반적으로 표시한다.

$$SSb = \sum_{i}^{n} n_i(\overline{X}_i - \overline{X})^2 \qquad (10\text{-}11)$$

집단간 제곱의 합은 각 집단의 사례의 수가 가중평균이 되었을 때 전체 표본의 평균 $\overline{X}$와 각 집단의 평균 $\overline{X}_i$값 사이의 차이의 제곱을 나타낸다. 자유도 (m−1)에 대한 SSb의 비율은 분산 σ^2의 집단내 추정치를 제공하여 준다. 만약 영가설이 사실이라면 그것은 비편파적 추정치가 된다. 만약 모집단의 평균이 같지 않으면 $\overline{X}_i$값은 모집단의 평균이 같은 경우 보다 더 넓게 분포되는 경향이 있다. 따라서 영가설 H_0: $\mu_1 = \mu_2 = \mu_3 \cdots\cdots \mu_m$이 사실이 아닐 때 집단간 제곱의 합은 과장되어지고 집단내 추정치는 실제 σ^2의 값보다 크게 된다. F값은 다음과 같이 계산되어진다.

$$MSb = \frac{SSb}{m-1} \qquad (10\text{-}12)$$

$$F = \frac{\text{집단간변량}}{\text{집단내변량}} = \frac{MSb}{MSw} = \frac{SSb/(m-1)}{SSw/(N-m)} \qquad (10\text{-}13)$$

④ F분포표

F분포는 영가설이 허위일 때 그 값이 커지게 되며 영가설이 사실일 때 F검정치는 자유도 $df_1 = m-1$, $df_2 = N-m$인 F표본분포를 한다. F분포는 연속형의 분포로서 봉우리가 하나이고 오른쪽으로 기울어진 형태를 띤 분포로서 두 개의 자유도

의 함수로 얼마간 그 모양이 달라진다([그림 10-3] 참조). 두 개의 자유도는 F값을 계산하는 식의 분자에 나타난 MSb의 자유도이고 다른 하나는 MSw의 자유도이다. <부록표 7>은 $\alpha=.05$, $\alpha=.01$, $\alpha=.001$인 경우 F분포표를 나타내고 있다. 분자의 자유도(df_1)는 F분포표 맨 꼭대기 열에 나타나 있으며 분모의 자유도(df_2)는 첫번째 행에 나타나 있다. 위의 예에서 $df_2=3$, $df_2=22$이므로 $\alpha=.05$, $\alpha=.01$, $\alpha=.001$인 경우 F의 값은 각각 3.05, 4.82, 9.61이 된다([그림 10-4] 참조).

그림 10-3 자유도가 다른 F 분포

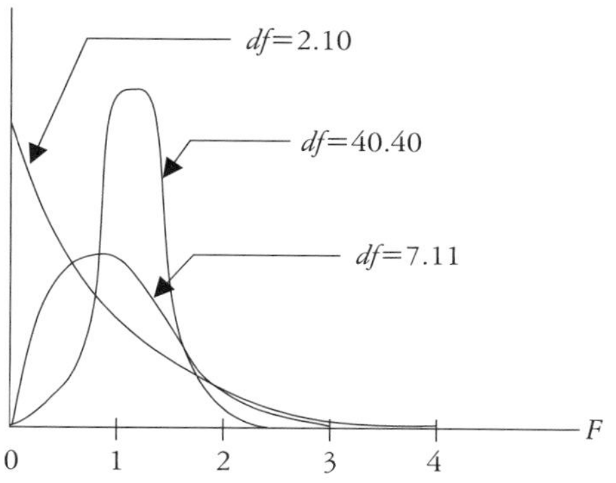

그림 10-4 자유도가 3, 22인 F분포표

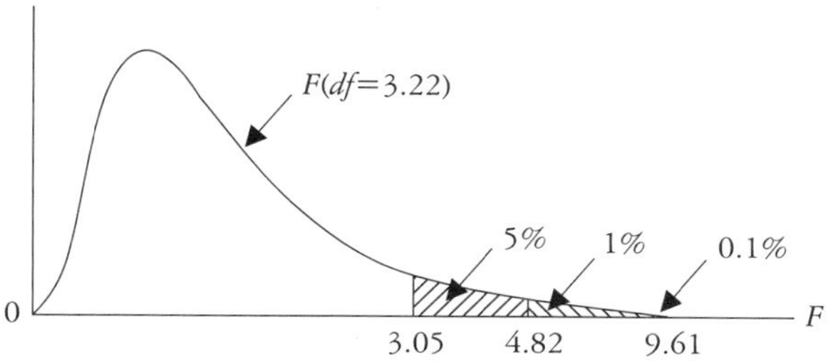

⑤ 분산분석표의 작성

분산분석표의 첫번째 행은 분산의 요인, 두번째 행은 변량(편차제곱의 합), 세번째 행은 자유도, 네번째 행은 분산(편차제곱의 합의 평균)이 각각 표시되어 있다. 그리고 두번째 열은 F값을 구하는 식의 분자를 세번째 열은 분모를 나타내고 있다. 네번째 열은 집단간 변량과 관련된 자유도와 집단내 변량과 관련된 자유도의 합이 표시되어 있다. 총변량은 집단간 변량과 집단내 변량의 합으로 나타내어 진다.

〈표 10-2〉 분산분석표

분산의 요인	제곱의 합(SS)	자유도(df)	평균제곱(MS)	F비율
집단간 집단내	$\Sigma n_i(\overline{X_i}-\overline{X})^2$ $\Sigma\Sigma(X_{ij}-\overline{X_i})^2$	$m-1$ $N-m$	MSb=SSb/m−1 MSw=SSw/N−m	MSb/MSw
합 계	$\Sigma\Sigma(X_{ij}-\overline{X})^2$	$N-1$		

[예 10.1] <표 10-3>는 4개 도의 지방정부의 행정서비스에 대한 지역주민의 평가점수를 보여주고 있다. 4개 도 주민간에 지방정부의 행정서비스에 대한 평가점수의 차이가 없다는 영가설을 검정하여라.

H_0: $\mu_1=\mu_2=\mu_3=\mu_4$
H_a: 4개 도의 평가점수는 모두 동일하지는 않다.

〈표 10-3〉 4개 도의 지방정부의 평가점수의 비교표

경기도		충청도		전라도		경상도	
도시명	평가점수	도시명	평가점수	도시명	평가점수	도시명	평가점수
						포 항	71
수 원	70	천 안	80	전 주	89	안 동	86
과 천	87	아 산	93	나 주	93	김 천	77
의정부	78	충 주	89	목 포	94	경 주	80
안 산	72	공 주	87	군 산	98	울 산	92
남양주	77	예 산	89	정 읍	92	창 원	86
평 택	78	청 주	78	익 산	98	진 주	87
						예 천	77
평 균:	$\overline{X_1}=77$	평 균:	$\overline{X_2}=86$	평 균:	$\overline{X_3}=94$	평 균:	$\overline{X_4}=82$
표준편차:	$\hat{\sigma}_1=5.9$	표준편차:	$\hat{\sigma}_2=5.8$	표준편차:	$\hat{\sigma}_3=3.5$	표준편차:	$\hat{\sigma}_4=6.9$

① 집단내 편차제곱의 합

SSw는 집단내 편차의 제곱의 합이라고 부르며 이를 계산하는 절차는 <표 10-4>와 같다. <표 10-3>에서 각 집단의 표본평균은 $\overline{X_1}=77$, $\overline{X_2}=86$, $\overline{X_3}=94$, $\overline{X_4}=82$이다. 그리고 각 집단의 표본의 크기는 $n_1=n_2=n_3=6$, $n_4=8$이며 전체 표본의 수는 $N=26$이다. 경기도내 6개 도시들의 지방정부의 평가점수의 평균 77에 대한 평가점수차의 제곱의 합은 다음과 같다.

$$\sum_{j=1}^{n_1}(X_{ij}-\overline{X_1})^2=\sum_{j=1}^{6}(X_{ij}-77)^2=(70-77)^2+(87-77)^2+(78-77)^2$$
$$+(72-77)^2+(77-77)^2+(78-77)^2=176.$$

같은 방법으로 충청도, 전라도, 경상도내 각 도시들의 각 도의 지방정부의 평가점수의 평균에 대한 평가점수의 차의 제곱의 합을 아래와 같이 구할 수 있다.

$$\sum_{j=1}^{n_2}(X_{2j}-\overline{X_2})^2=\sum_{j=1}^{6}(X_{2j}-86)^2=168\ (\text{충청도})$$
$$\sum_{j=1}^{n_1}(X_{3j}-\overline{X_3})^2=\sum_{j=1}^{6}(X_{3j}-94)^2=62\ (\text{전라도})$$
$$\sum_{j=1}^{n_4}(X_{4j}-\overline{X_4})^2=\sum_{j=1}^{8}(X_{4j}-82)^2=332\ (\text{경상도})$$

따라서 집단내 편차제곱의 합은 다음과 같이 계산되어 진다.

$$SSw=\sum_i\sum_j(X_{ij}-\overline{X_i})^2=176+168+62+332=738.$$

집단내 편차제곱의 합의 계산에서 자유도(Degree of freedom)은 $N-m$(N은 전체 표본의 수, m은 집단의 수), 즉 $26-4=22$로 계산되어 진다. 따라서 집단내 변량 $\hat{\sigma}^2=MSb=\frac{SSw}{N-m}=\frac{738}{22}=33.55$가 된다. 4집단내 평가점수의 표준편차는 $\hat{\sigma}=5.79$이다. 각 집단내의 표준편차는 <표 10-3>에 제시되어 있다.

〈표 10-4〉 집단내 변량의 계산

경기도		충청도		전라도		경상도	
$X_{1j}-\overline{X_1}$	$(X_{ij}-\overline{X_1})^2$	$X_{2j}-\overline{X_2}$	$(X_{2j}-\overline{X_2})^2$	$X_{3j}-\overline{X_3}$	$(X_{3j}-\overline{X_3})^2$	$X_{4j}-\overline{X_1}$	$(X_{4j}-\overline{X_4})^2$
70−77=−7	49	80−86=6	36	89−94=5	25	71−82=11	121
87−77=10	100	93−86=7	49	93−94=1	1	86−82=4	16
78−77=1	1	89−86=3	9	94−94=0	0	77−82=5	25
72−77=−5	25	87−86=1	1	98−94=4	16	80−82=10	4
77−77=0	0	89−86=3	9	92−94=−2	4	92−82=10	100
78−77=1	1	78−86=8	64	98−94=4	16	86−82=4	16
						87−82=4	25
						77−82=5	25
	합계 176		합계 168		합계 62		합계 332

$SSw=\Sigma_i\Sigma_j(X_{ij}-\overline{X_1})^2=176+168+62+332=738$

② 집단간 편차제곱의 합

<표 10-4>에서 집단간 편차제곱의 합은 다음과 같이 계산되어 진다.

$$SSb=\sum_{j=1}^{4}n_i(\overline{X_i}-\overline{X})^2=n_1(\overline{X_1}-\overline{X})^2+n_2(\overline{X_2}-\overline{X})^2+n_3(\overline{X_3}-\overline{X})^2+n_4(\overline{X_4}-\overline{X})^2$$

전체표본의 평균은

$$\overline{X}=\frac{\Sigma\Sigma X_{ij}}{N}=\frac{70+87+\cdots\cdots+77}{26}=\frac{2,198}{26}=84.538$$

그리고 $\overline{X_1}=7.7$, $\overline{X_2}=86$, $\overline{X_3}=94$, $\overline{X_4}=82$이므로

$SSb=6(77-84.538)^2+6(86-84.538)^2+6(94-84.538)^2+8(82-84.538)^2=942.46$

집단간 편차제곱의 합은 자유도 ($m-1=4-1=3$)에 기초를 하고 있으므로 집단간 편차제곱의 합은 다음과 같이 계산되어 진다.

$$MSb=\frac{SSb}{m-1}=\frac{942.46}{3}=314.15$$

따라서 F값은 다음과 같이 계산된다.

$$F=\frac{SSb/(m-1)}{SSw/(N-m)}=\frac{MSb}{MSw}=\frac{314.15}{33.55}=9.36$$

F검정통계치의 자유도는 $df_1 = m-1 = 4-1 = 3$, $df_2 = N-m = 26-4 = 22$이다. F분포표<부록표 7>에서 $F=7.80$에 해당하는 유의수준은 $p=.001$이다. 따라서 $F=9.36$에 해당하는 유의수준은 $p<.001$이 된다. 따라서 우리는 영가설, H_o: $\mu_1=\mu_2=\mu_3=\mu_4$을 기각하며 4개 도의 지방정부에 대한 평가점수는 서로 다르다고 결론을 내릴 수 있다. <표 10-5>는 분산분석표를 보여 주고 있다.

〈표 10-5〉 분산분석표

분산의 요인	제곱의 합(SS)	자유도(df)	평균제곱(MS)	F비율	p값
집단간	942.46	3	314.15	9.36	$p<.001$
집단내	738.00	22	33.55		
합 계	1,680.46	25			

3. t와 F의 관계

두 집단의 평균을 비교할 때 즉 $m=2$일 때의 t검정과 F검정은 어떠한 관계에 있을까? t검정과 F검정은 동일한 결과를 보여준다. 실제로 자유도가 각각 $df_1=1$, $df_2=k$인 F검정의 제곱근은 동일한 표본자료를 쓸 경우 자유도가 k인 t검정의 결과와 같다.

$$t_K = \sqrt{F_{1,K}} \qquad (10\text{-}4)$$

$m=2$인 경우에는 t검정을 사용하고 $m>2$인 경우에는 항상 F검정을 사용한다.

연습문제

1. 다음의 F값과 자유도를 구하여라.

① $\alpha=.05$, $n_1=12$, $n_2=15$, $n_3=10$.

② $\alpha=.01$, $n_1=18$, $n_2=21$, $n_3=14$, $n_4=15$.

③ $\alpha=.001$, $n_1=82$, $n_2=65$.

④ $\alpha=.025$, $n_1=13$, $n_2=10$.

⑤ $\alpha=.01$, $n_1=21$, $n_2=41$.

2. 다음을 간단히 설명하여라.

① 편차제곱의 합

② 집단내 변량과 집단간 변량의 차이

3. ANOVA분석을 사용하여 표본자료를 분석한 결과 집단간 제곱의 합은 88.5이고 집단간 자유도는 3, 집단내 제곱의 합은 38, 자유도는 20이었다.

① ANOVA테이블을 작성하여라.

② $\alpha=.05$수준에서 영가설(H_o)을 기각할 수 있는가?

4. 알려지지 않은 공통의 분산 σ^2을 가진 정규분포를 하는 세 모집단으로부터 단순무작위 표본표출방법에 의하여 추출된 세 표본으로부터 다음과 같은 자료를 얻었다. 다음 질문에 답하여라.

표본 1	표본 2	표본 3
4.5	5.6	1.3
3.3	4.2	3.2
1.4	3.1	0.4
	3.8	

① 다음과 같은 분산분석(AVOVA)표를 작성하여라.

분산의 요인	제곱합(SS)	자유도(df)	평균제곱(MS)	F
집단간	(　　)	(　　)	(　　)	(　　)
집단내	(　　)	(　　)	(　　)	
합　계	(　　)	(　　)		

② 세 모집단의 평균이 같다는 영가설($\mu_1=\mu_2=\mu_3$)에 대하여 적어도 하나의 모집단의 평균은 다른 두 모집단의 평균과 다르다는 대립가설을 $\alpha=.05$의 수준에서 검정하

여라.

③ μ_1에 대한 90%의 신뢰구간을 구하여라.

④ $\mu_3 - \mu_2$에 대한 95%의 신뢰구간을 구하고 그 의미를 설명하여라.

⑤ 만약 ④번의 문제에서 두 표본의 수를 4배로 늘린다면 신뢰구간의 범위는 어떻게 되겠는가?

5. 아래의 분산분석표는 부분적으로 완성되어 있다. 다음의 물음에 답하여라.

분산의 요인	제곱합(SS)	자유도(df)	평균제곱(MS)	F
집단간	349.58	3	116.53	(　　　)
집단내	2,125.13	(　　　)	(　　　)	
합 계	2,474.71	62		

① 위의 분산분석에서 집단의 수는?

② 위의 분산분석표를 완성하여라.

③ 위의 분산분석의 결과 모집단들의 평균간에 차이는 통계적으로 유의미한가? 단 $\alpha = .05$이다.

분산분석

SPSS 실습

1. 일원분산분석(one-way ANOVA)

[예제 1]

다음 표는 4개 도의 지방정부의 행정서비스에 대한 지역주민의 평가점수를 보여주고 있다. 4개 도 주민간에 지방정부의 행정서비스에 대한 평가점수의 차이가 없다는 귀무가설을 SPSS를 이용하여 분산분석을 실시하여 검정해 보자.

〈4개 도의 지방정부의 평가점수의 비교표〉

경기도 도시명 평가점수	충청도 도시명 평가점수	전라도 도시명 평가점수	경상도 도시명 평가점수
			포항 71
수원 70	천안 80	전주 89	안동 86
과천 87	아산 93	나주 93	김천 77
의정부 78	충주 89	목포 94	경주 80
안산 72	공주 87	군산 98	울산 92
남양주 77	예산 89	정읍 92	창원 86
평택 78	청주 78	익산 98	진주 87
			예천 77
평균 77 표준편차 5.9	평균 86 표준편차 5.8	평균 94 표준편차 3.5	평균 82 표준편차 6.9

① 분산분석을 실시하기 위해서 [그림 10-5]에서와 같이 자료를 입력한다.

그림 10-5 입력자료

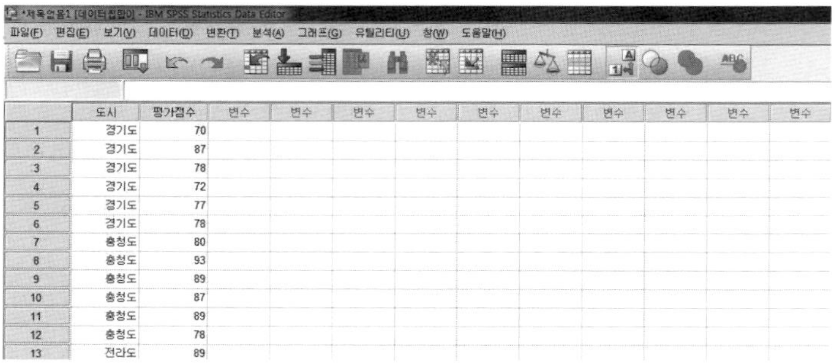

② ANOVA분석을 위해 [그림 10-6]에서와 같이 지정해 준다.

그림 10-6 실행명령 지정

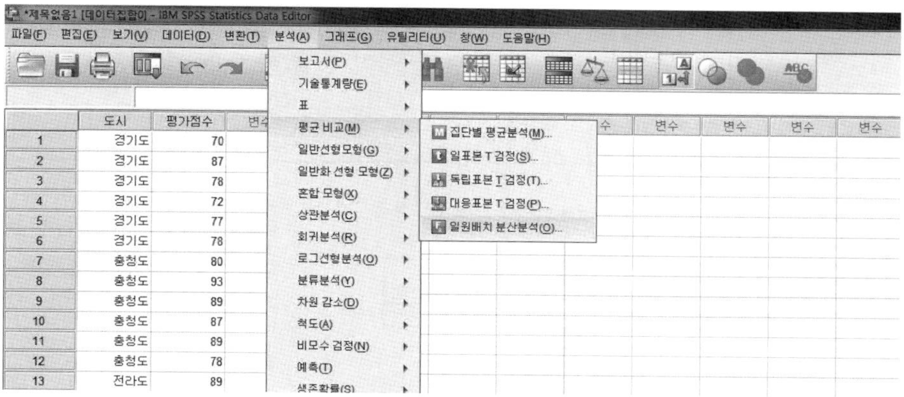

③ [그림 10-7]에서와 같이 두 변인을 각각 [종속변수(E)]와 [요인(F)]로 옮기고 하단의 [옵션(O)]을 클릭하여 기술통계와 분산의 동질성을 지정해 준다.

그림 10-7 ANOVA 분석 대화상자

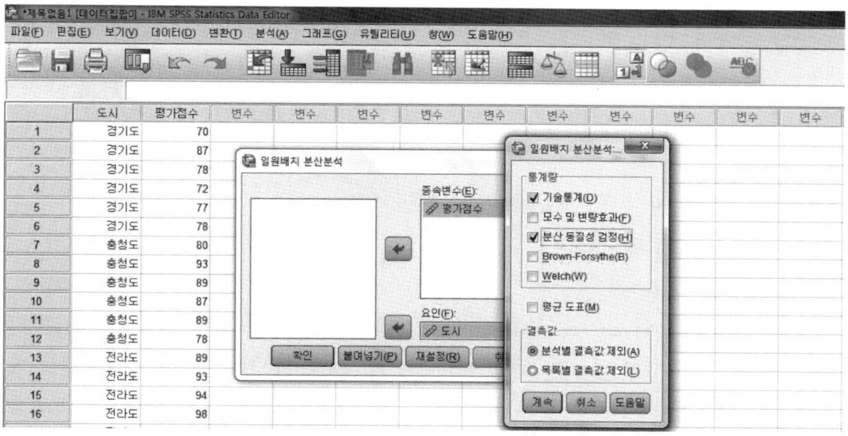

④ 그러면 [그림 10-8]에서와 같이 분석결과가 나타난다.

그림 10-8 분석결과

기술통계

평가점수

	N	평균	표준편차	표준오차	평균에 대한 95% 신뢰구간 하한값	평균에 대한 95% 신뢰구간 상한값	최소값	최대값
경기도	6	77.00	5.933	2.422	70.77	83.23	70	87
충청도	6	86.00	5.797	2.366	79.92	92.08	78	93
전라도	6	94.00	3.521	1.438	90.30	97.70	89	98
경상도	8	82.00	6.887	2.435	76.24	87.76	71	92
합계	26	84.54	8.199	1.608	81.23	87.85	70	98

분산의 동질성 검정

평가점수

Levene 통계량	df1	df2	유의확률
1.221	3	22	.326

일원배치 분산분석

평가점수

	제곱합	df	평균 제곱	F	유의확률
집단-간	942.462	3	314.154	9.365	.000
집단-내	738.000	22	33.545		
합계	1680.462	25			

우선 기술 통계치를 살펴보면 각 요인별, 즉 도시별 행정서비스에 대한 지역 주민의 평가점수의 평균값, 표준편차, 표준오차, 평균값의 신뢰구간, 최소값, 최대값들이 나타나 있다.

분산분석이 가능하기 위해서는 모집단 등분산의 가정이 충족되어야 한다. 이를 검정하기 위한 가설은 다음과 같다.

$$H_0 : \sigma_1^2 = \sigma_2^2 = \sigma_3^2 = \sigma_4^2$$

$$H_1 : \sigma_1^2 \neq \sigma_2^2 \neq \sigma_3^2 \neq \sigma_4^2$$

분산의 동질성 검정의 결과를 보면 Levene의 통계량 F=1.221로 이때 Sig=0.326으로 유의순준 값 0.05보다 크기 때문에 모집단의 분산이 동일하다는 귀무가설을 채택한다.

그 다음으로 ANOVA 검정 결과를 살펴보자. 분산분석의 결과표는 ANOVA Table로 분산분석의 결과를 보고하는 형식으로 정확히 알아두는 것이 중요하다. 가설은 다음과 같이 기술할 수 있다.

H_0 : $\mu_1 = \mu_2 = \mu_3 = \mu_4$

H_1 : 4개 도의 평가점수는 모두 동일하지는 않다.

결과에서 F값은 9.365로 자유도가 3, 22 그리고 유의수준 0.05일 때 임계치인 3.05보다 크기 때문에 귀무가설을 기각하고 대립가설을 채택한다. 그러나 결과를 해석하는 더욱, 일반적인 방식으로는 유의확률 값에 의해서 귀무가설을 채택, 기각을 결정한다. Sig. 값이 0.00으로 유의수준 0.05보다 작기 때문에 귀무가설을 기각한다. 즉 4개 도의 행정서비스에 대한 지역주민의 평가점수는 통계적으로 유의미한 차이가 난다.

이와 같이 분산분석을 통해서 4개의 집단간의 평가점수들이 차이가 난다는 것이 입증되었으면 4개의 집단간에 서로 어떻게 차이가 나는지에 대한 의문이 생긴다. 이를 알아보는 분석을 사후검정이라고 한다.

⑤ 사후분석을 위해서는 [그림 10-9]에서와 같이 분산분석 대화상자 하단부에 있는 [사후분석]단추를 클릭하여 사후분석에서 많이 사용하는 [LSD(L)], [Scheffe(C)], [Tukey(T)], [Ducan(D)]중의 하나를 지정한다. 여기서는 [LSD (Least Significant Different)]를 지정한다.

그림 10-9 사후분석

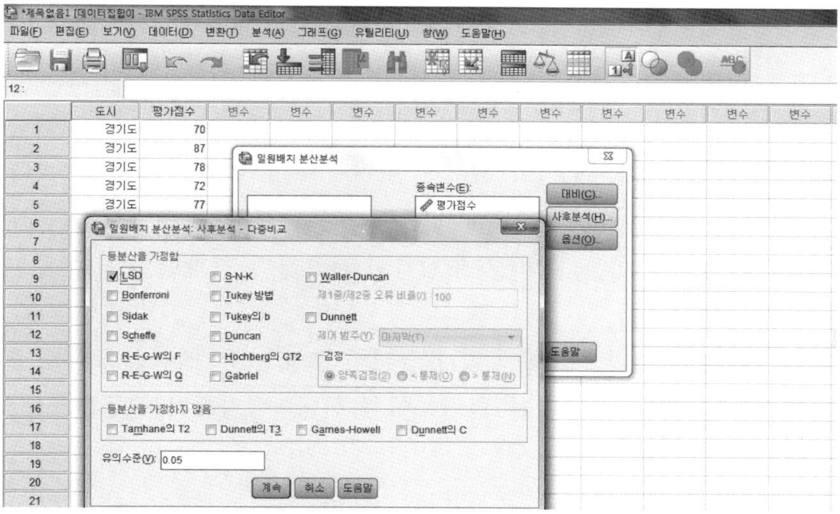

⑥ 그러면 [그림 10-10]에서와 같이 분석결과가 나타난다.

그림 10-10 사후분석 결과

다중 비교

종속 변수: 평가점수

LSD

(I) 도시	(J) 도시	평균차(I-J)	표준오차	유의확률	95% 신뢰구간	
					하한값	상한값
경기도	충청도	-9.000*	3.344	.013	-15.93	-2.07
	전라도	-17.000*	3.344	.000	-23.93	-10.07
	경상도	-5.000	3.128	.124	-11.49	1.49
충청도	경기도	9.000*	3.344	.013	2.07	15.93
	전라도	-8.000*	3.344	.026	-14.93	-1.07
	경상도	4.000	3.128	.214	-2.49	10.49
전라도	경기도	17.000*	3.344	.000	10.07	23.93
	충청도	8.000*	3.344	.026	1.07	14.93
	경상도	12.000*	3.128	.001	5.51	18.49
경상도	경기도	5.000	3.128	.124	-1.49	11.49
	충청도	-4.000	3.128	.214	-10.49	2.49
	전라도	-12.000*	3.128	.001	-18.49	-5.51

*. 평균차는 0.05 수준에서 유의합니다.

사후 검증의 다중비교 결과를 살펴보면 경기도와 충청도는 평균차이가 -9.00으로 유의확률 값이 0.013으로 두 집단간에는 통계적으로 유의미한 차이가 있음을 보여주고 있다. 경기도와 전라도의 비교에서도 평균차가 -17.00으로 유의확률 값이 0.00으로 통계적으로 유의미한 차이를 보여주고 있다. 그러나 경기도와 경상도는 평균차가 -5.00의 차이를 보일 지라도 유의확률 값이 0.124로 유의수준 0.05보다 크기 때문에 귀무가설을 기각하지 못한다. 즉 두 집단간에는 유의미한 차이를 보이지 않는다. 다른 도시간의 사후검증 결과도 이와 동일한 방식으로 해석을 하면 된다.

그리고 마지막으로 요인별 평균값의 그래프를 나타내기 위하여 [그림 10-11]에서와 같이 [옵션]단추를 클릭하여 옵션대화상자에서 평균도표를 지정해 준다.

그림 10-11 옵션 대화상자

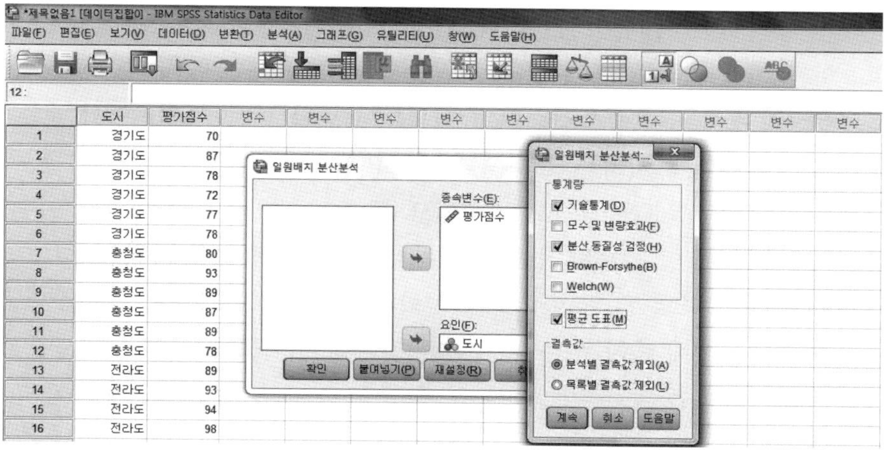

그러면 [그림 10-12]에서와 같은 평균도표가 생성된다.

그림 10-12 평균도표결과

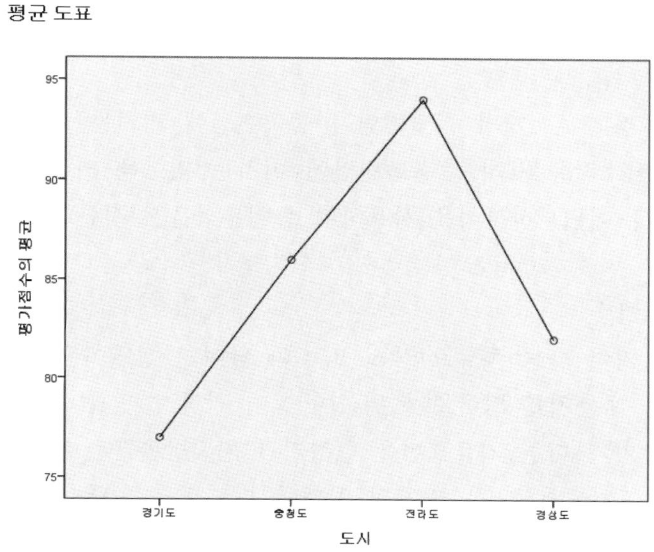

2. 이원분산분석(two-way ANOVA)

앞의 【예제 1】에서는 하나의 독립변인이 어떻게 종속변인에 영향을 주는가 하는 일원분산분석에 관한 SPSS실습을 해 보았다. 그러나 때로는 두 개 또는 그 이상의 독립변인이 독립변인에 미치는 효과와 이들 독립변인이 서로 상호작용하여 종속변인에 미치는 효과를 분석하고자 하는 경우가 있다. 이를 이원분산분석 또는 요인방안(factorial design)이라고 한다.

어느 한 연구자가 집단의 효율성에 관심을 가지고 연구한다고 가정해보자. 이 경우 집단의 효율성에 집단의 의사결정이 중요하다고 판단하여 집단 의사결정의 효율성에 영향을 주는 요인을 찾아내고 이들이 집단의 의사결정에 어떤 방식으로 영향을 주는 지를 알아보려고 할 것이다. 예를 들어 두 개의 독립변인인 집단의 크기와 지도자의 유무가 종속변인인 집단 의사결정의 효율성에 미치는 영향을 분석한다고 가정해 보자. 다음과 같은 실험디자인을 설계해 볼 수 있을 것이다.

	집단의 크기		
	3	6	12
리더있음			
리더없음			

이 경우 두 개의 독립변인이 종속변인에 미치는 효과와 두개의 독립변인이 서로 상호작용을 하여 종속변인에 미치는 영향을 가설로 설정하여 분석하고자 할 경우 이원분산분석을 사용하여 통계분석을 실시한다

[예제 2]

세 가지 다른 치료요법 A, B, C와 남여의 성별이 정신질환의 치료에 어떻게 영향을 주는지를 알아보기 위하여 남여 각각 15명을 표집하여 남여별로 각 5명씩 세 가지 다른 치료요법을 일정기간 처치받은 후 다음과 같은 자료가 수집되었다. 여기에서 5.0은 완치된 상태를 나타내고 1.0은 전혀 효과가 없는 경우를 나타낸다. 유의수준 $\alpha=0.05$에서 SPSS를 이용하여 분산분석을 실시하도록 하자.

성 별	치 료 요 법		
	A	B	C
남	4.9	2.8	1.5
	4.8	3.5	1.4
	4.3	3.4	2.3
	4.6	3.2	2.1
	4.6	2.9	1.8
여	3.8	4.3	2.3
	4.2	3.5	2.5
	4.2	4.2	1.8
	3.5	3.7	2.6
	3.8	3.9	2.0

① 이원분산분석을 하기 위해서 [그림 10-13]에서와 같이 자료를 입력한다.

그림 10-13 입력자료

② SPSS 프로그램이 분산분석을 실행하도록 하기 위해서 [그림 10-14]에서와 같이 지정해 준다.

그림 10-14 실행명령 지정

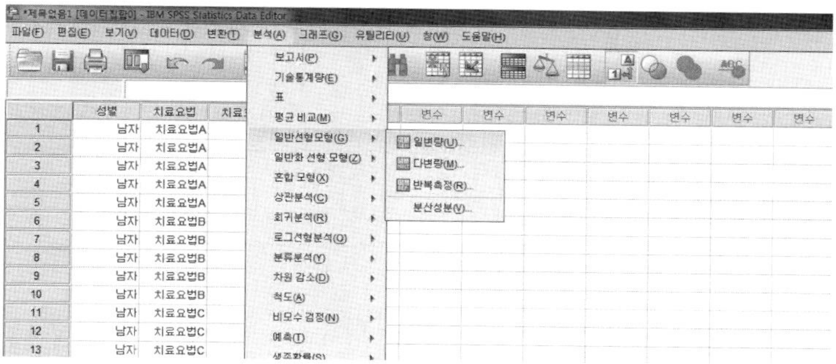

③ [그림 10-15]에서와 같이 종속변수인 치료효과는 [종속변수(D)]란에 두 개의 독립변수인 성별과 치료요법은 [모수요인(F)]란으로 옮긴 후 [확인]을 클릭한다.

그림 10-15 변량분석 대화상자

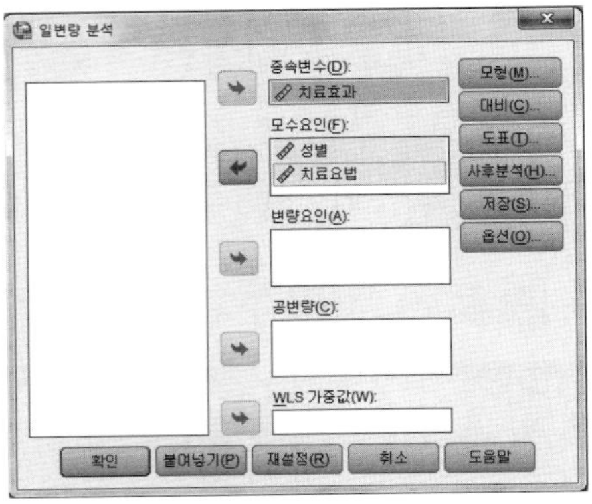

④ 그러면 [그림 10-16]에서와 같이 분석결과표가 나타난다.

그림 10-16 분석결과표

개체-간 효과 검정

종속 변수: 치료효과

소스	제 III 유형 제곱합	자유도	평균 제곱	F	유의확률
수정 모형	29.356[a]	5	5.871	57.939	.000
절편	322.752	1	322.752	3185.053	.000
성별	.161	1	.161	1.592	.219
치료요법	26.102	2	13.051	128.793	.000
성별 * 치료요법	3.093	2	1.546	15.260	.000
오차	2.432	24	.101		
합계	354.540	30			
수정 합계	31.788	29			

a. R 제곱 = .923 (수정된 R 제곱 = .908)

이원분산분석에서는 두 개의 주효과(main effect)와 상호작용 효과(interaction effect)가 분석된다.

√ **주효과**(main effect)

1. 남여 성별간에 치료효과에서 차이를 보이는가?

2. 서로 다른 치료요법간에 치료효과에서 차이를 보이는가?

√ **상호작용효과**

3. 성별과 치료요법은 서로 상호작용하여 치료효과에 영향을 주는가?

우선 남여 성별에 따른 치료효과의 차이를 살펴보도록 하자. 분석결과표에서 분산원(source) 성별의 F값이 1.592로 Sig(유의확률)=0.219로 나타났다. 이는 유의수준 0.05보다 크기 때문에 두 집단간에 차이가 없다는 귀무가설을 채택한다. 즉 남여 성별에 따라 치료효과가 유의미하게 차이나지 않는 것으로 나타났다.

두번째 주효과인 치료요법간의 치료효과 차이를 살펴보자. 분산원 치료요법의 F값은 128.793으로 매우 크다는 것을 알 수 있다. F값이 크면 클수록 유의미한 차이가 나타날 가능성이 크다고 할 수 있다. 실제로 유의확률값을 보면 Sig=0.000으로 유의수준 0.05보다 작기 때문에 서로 다른 치료요법 간에 차이가 없다는 귀무가설을 기각하고 대립가설을 채택한다. 따라서 서로 다른 치료요법 간에는 통계적으로 유의미한 차이가 있는 것으로 나타났다.

상호작용 효과 분석은 결과분석표에서 F값이 15.260으로 Sig=0.000이 나타났다. 따라서 상호작용이 없다는 귀무가설은 기각하고 대립가설을 채택한다. 따라서 성별과 치료요법은 서로 상호작용하여 치료효과에 영향을 주는 것으로 나타났다.

그리고 서로 다른 치료요법이 치료효과에서 차이가 있다면 서로 어떻게 차이가 있는지를 알아보기 위해 사후분석을 실시한다. 사후분석을 실시하기 전에 각 집단별 평균값을 알아보기 위하여 집단별 기술통계를 살펴볼 수 있다. [그림 10-15]의 변량분석 대화상자 우측에 있는 [옵션]을 클릭하면 [그림 10-17]과 같은 대화상자가 나타난다. 여기에서 [기술통계량(S)]을 지정하고 [확인]을 클릭하면 [그림 10-18]에서와 같은 출력결과가 나타난다.

그림 10-17 옵션대화상자

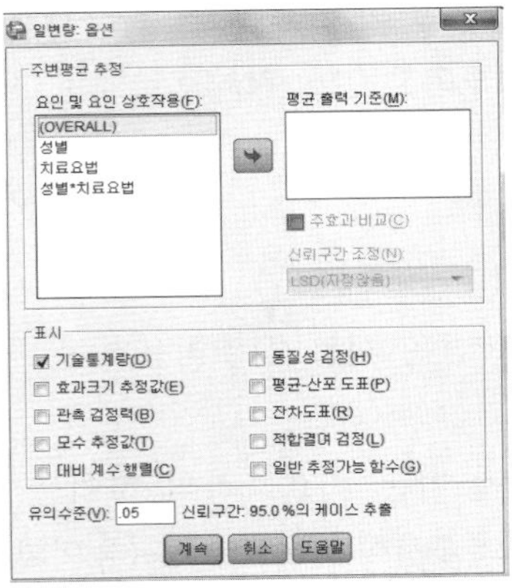

그림 10-18 치료요법 집단별 기술통계량

기술통계량

종속 변수: 치료효과

성별	치료요법	평균	표준편차	N
남자	치료요법A	4.640	.2302	5
	치료요법B	3.160	.3050	5
	치료요법C	1.820	.3834	5
	합계	3.207	1.2268	15
여자	치료요법A	3.900	.3000	5
	치료요법B	3.920	.3347	5
	치료요법C	2.240	.3362	5
	합계	3.353	.8684	15
합계	치료요법A	4.270	.4644	10
	치료요법B	3.540	.5016	10
	치료요법C	2.030	.4057	10
	합계	3.280	1.0470	30

집단별 기술통계량을 보면, 맨 아래 칸에 합계 평균값이 나와 있다. 서로 어느 정도 큰 차이를 보이고 있음을 알 수 있다. 통계적으로 유의미한 차이가 있는지를 알아보기 위하여 사후분석을 실시한다. [그림 10-15] 대화상자에서 우측의 [사후분석(H)]을 클릭한 후 [그림 10-19] 사후분석 대화상자에서 치료요법 요인을 사후검정변수(P)로 이동시킨 후 [LSD(L)], [Scheffe(C)], [Tukey(T)], [Duncan(D)]중의 하나를 지정해 준다. 그러면 [그림 10-20]에서와 같은 분석결과가 나타난다.

그림 10-19 사후분석 대화상자

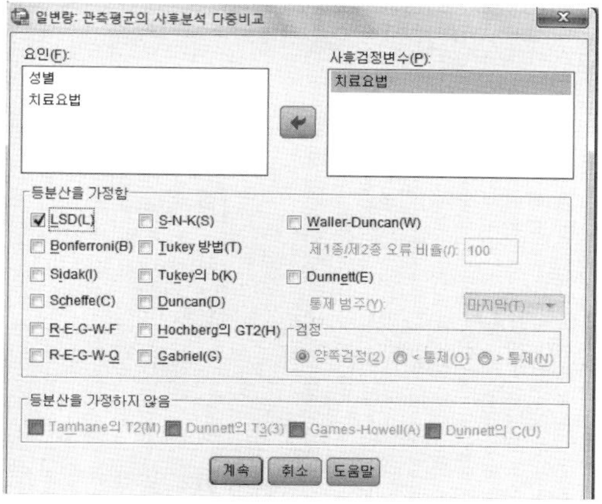

그림 10-20 사후분석 결과표

다중 비교

종속 변수: 치료효과
LSD

(I) 치료요법	(J) 치료요법	평균차(I-J)	표준오차	유의확률	95% 신뢰구간 하한값	95% 신뢰구간 상한값
치료요법A	치료요법B	.730*	.1424	.000	.436	1.024
	치료요법C	2.240*	.1424	.000	1.946	2.534
치료요법B	치료요법A	-.730*	.1424	.000	-1.024	-.436
	치료요법C	1.510*	.1424	.000	1.216	1.804
치료요법C	치료요법A	-2.240*	.1424	.000	-2.534	-1.946
	치료요법B	-1.510*	.1424	.000	-1.804	-1.216

관측평균을 기준으로 합니다.
오류 조건은 평균 제곱(오류) = .101입니다.
*. 평균차는 .05 수준에서 유의합니다.

LSD를 사용한 사후분석결과에서 유의확률 값이 모든 경우에 α=0.05보다 작으므로 치료요법 A, B, C 간에는 서로 통계적으로 유의미한 차이가 있음을 알 수 있다.

이원 분산분석의 결과를 해석하는 데에는 그래프가 유용하게 사용될 수 있다. 그래프를 그리기 위해서는 [그림 10-15] 변량분석 대화상자에서 우측의 [도표(T)]를 클릭하면 [그림 10-21]에서와 같은 도표 대화상자가 나타나고 여기에서 [수평축변수]와 [선구분변수]를 지정해 주고 하단의 [추가]를 클릭하고 [확인]을 누르면 [그림 10-22]에서와 같이 도표가 나타난다.

그림 10-21 도표 그리기 대화상자

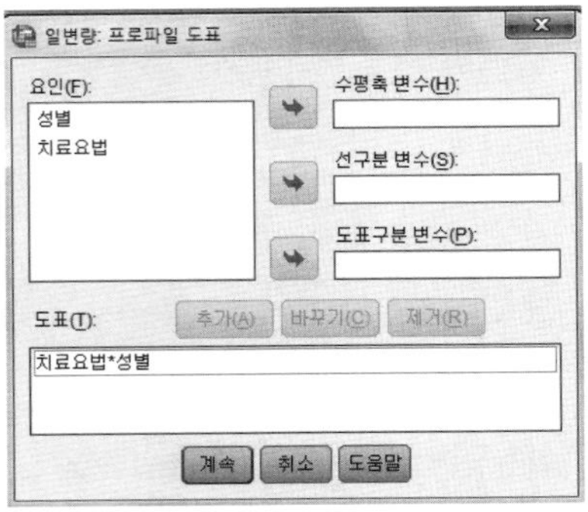

그림 10-22 도표출력 결과

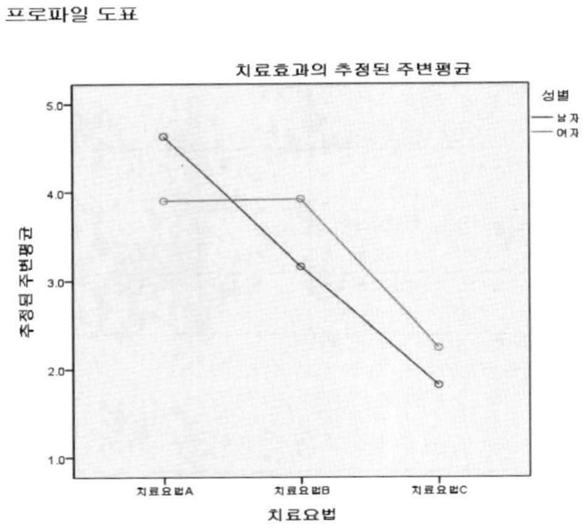

이 그래프에서는 성별과 치료요법이 서로 상호작용하여 치료효과에 영향을 주고 있다는 것을 시각적으로 확인할 수 있도록 해 준다. 전체적으로 치료요법 A가 가장 효과가 있고 그 다음으로 치료요법 B와 치료요법 C 순으로 나타났다. 그리고 치료요법 A는 여자들 보다는 남자들에게서 더욱 효과적이었고, 치료요법 B, C에서는 남자보다는 여자들에게서 더욱 효과적임을 알 수 있다.

제11장 교차분석과 χ^2검정

1. 교차분석
2. χ^2검정

이번 장(章)에서는 두 변인간의 관련성을 분석하는 방법에 대하여 설명한다. 두 변인간의 관련성을 분석하는 통계적 방법은 변인을 측정하는 데 사용한 척도의 종류에 따라 크게 두 가지 유형으로 나눌 수 있다. 첫째는 명목척도 또는 서열척도의 성격을 가진 두 변인간의 관계 또는 관련성의 정도를 분석하는 것으로 이 경우에는 교차분석(χ^2검정), Gamma, Lambda, Tau b, Tau c 등의 기법을 사용한다. 둘째는 등간척도 혹은 비율척도의 성격을 가진 두 변인간의 관련성의 정도 또는 상관관계를 분석하는 것으로 이 경우에는 Pearson상관계수(Pearson's coefficient)를 사용한다.

변인을 측정하는 데 사용하는 가장 초보적인 방법은 성별, 지역별 또는 종교별로 나누는 것처럼 어떤 속성의 유무에 따라 자료를 분류하는 것이다. 이와 같이 우리는 어떤 변인을 단지 속성의 유무에 따라 범주화할 수밖에 없는 경우가 종종 있다. 다시 말해 변인을 분연속적으로 밖에 측정할 수 없거나 또는 변인이 연속적인 성질을 가졌다고 판단할 수 없을 때가 많다. 그래서 불연속 변인간의 관련성 또는 관련성의 정도를 측정하는 통계적 분석기법들이 개발되어 왔다. 불연속 변인간의 관련성의 정도를 측정하는 방법은 다시 ① 비서열적 불연속 변인(명목척도)간의 관계를 측정하는 통계적 분석기법과 ② 서열적 불연속 변인(서열척도)간의 관련성의 정도를 측정하는 통계적 분석기법으로 세분화할 수 있다.[1)]

예를 들어 직업을 가진 성인남녀를 대상으로 성별에 따른 소득의 분포를 조사하려고 할 때 성별에 따라 남=1, 여=2 등으로 나누어 수치를 부여하는 경우, 이들 수치 1과 2는 등간척도에서처럼 2－1=1과 같은 차이의 성격을 가진다고 할 수 없다. 단지 남녀라는 속성의 유무에 따라 변인을 범주화한 것이다. 그리고 이들 남녀의 소독의 정도를 상=1, 중=2, 하=3 등으로 나눌 때 이들 수치들은 서열적 의미를 가진다.

이번 장(章)에서는 교차분석과 그 통계적 유의성을 검정하는 방법(χ^2검정)에 대하여 설명한다.

---

1) 비서열적 불연속 변인의 관련성의 정도를 측정하는 통적 기법으로는 Lambda, 유관계수(Cramer's) 등이 있으며, 서열적 불연속 변인의 관련성의 정도를 측정하는 통계적 기법으로는 Gamma, Tau *b*, Tau *c*, Somers' D 등이 있다 이들 여러 가지 통계치들은 SPSS의 CROSSTABS를 이용하면 χ^2값과 이들의 통계치를 구할 수 있다.

1. 교차분석

사회과학의 연구자들이 많이 사용하는 기법으로 두 변인간의 연합사상을 제시하여 주는 **교차표**(Crosstabulation)가 있다. 교차분석을 통하여 우리는 명목척도 또는 서열척도의 성격을 가진 두 변인간의 관계 또는 관련성의 정도를 알 수 있다. 예를 들어 교차분석을 설명하도록 하자. A지역주민 504명에게 행정기관의 불만족스러운 민원업무처리에 대하여 시정을 요구한 경험이 있는지를 조사하였다고 가정하자. 조사응답자들로부터 <표 11-1>과 같은 성별에 따른 시정요구경험에 관한 정보를 얻었다. 남자이면서 행정기관의 부당한 업무처리에 대하여 시정을 요구한 경험이 있는 사람이 145명, 남자이면서 행정기관의 부당한 업무처리에 대하여 시정을 요구한 경험이 없는 사람이 199명, 여자이면서 행정기관의 부당한 업무처리에 대하여 시정을 요구한 경험이 있는 사람이 40명, 여자이면서 행정기관의 부당한 업무처리에 대하여 시정을 요구한 경험이 없는 사람이 120명이었다.

〈표 11-1〉 성별과 행정업무 시정요구의 경험

범 주	빈 도
남자/경험 없음	199
남자/경험 있음	145
여자/경험 없음	120
여자/경험 있음	40

위의 자료를 기초로 성별과 시정요구의 경험을 두 개의 변수로 하는 교차분석표 <표 11-2>를 작성할 수 있다. <표 11-2>의 (a)는 성별과 행정업무의 시정요구의 경험에 대한 빈도를 기초로 교차표를 작성하였으며 (b)는 백분율을 기초로 교차표를 작성한 것이다. <표 11-2>와 같이 각각 두 개의 범주만을 가진 변인간의 교차표를 **2×2 표**라고 부른다. 각각의 칸(cell)은 두 변인간의 연합결과를 나타내고 있다. 표의 오른쪽에 있는 합계(行의 누계)와 표의 아래쪽에 있는 합계(列의 누계)를 **누적분포**(marginal distribution)라고 한다.

우리는 <표 11-2>의 (a)와 같은 빈도 교차표로서는 두 변인이 어떤 관계를 가지고 있는지를 알아내기 어렵다. 즉 빈도분포가 서로 다른 누계를 가지고 있을 때 각 칸(cell)의 사례 수를 직접 비교한다는 것은 매우 어렵다. 따라서 <표 11-2>의 (b)와 같은 백분율 교차표를 일반적으로 사용한다. 백분율 교차표는 각 칸의 비교를 용이하게 한다. 백분율은 독립변인의 각 범주의 합을 분모로 하고 각 칸(cell)의 사례를 분자로 하여 계산한다. <표 11-2>의 경우 독립변인은 성별이 된다.

〈표 11-2〉 성별과 행정업무시정요구의 경험에 대한 교차표

(a) 빈도 교차표

		성 별		
		남자	여자	계
시정요구의 경험	없 음	199	120	319
	있 음	145	40	185
계		344	160	504

(b) 백분율 교차표

		성 별		
		남자	여자	계
시정요구의 경험	없 음	57.8%	75.0%	63.3%
	있 음	42.2%	25.0%	36.7%
계		100.1%	100.0%	100.0%

<표 11-2>에서처럼 남자의 경우 42.2%가 행정기관의 부당한 업무처리에 대하여 시정을 요구한 경험이 있는 반면 여자의 경우 25.0%만이 부당한 업무처리에 대하여 시정을 요구한 경험을 가지고 있는 것으로 나타나고 있다. 만약 성별과 시정요구의 경험이라는 두 변인간의 관계가 없다면 남자나 여자의 경우 행정기관의 부당한 업무처리에 시정요구의 경험이 있는 사람의 비율이 같을 것이고 그 비율은 행(行)의 누계와도 같았을 것이다.

일반적으로 교차표를 작성·분석하는 절차는 다음과 같다. 첫째, 독립변수와 종속변수를 결정한다. <표 11-2>의 경우 독립변수는 성별이며 종속변수는 행정기관의 부당한 업무처리에 대한 시정요구의 경험이다. 이 경우 '남자일수록 행정기관의 부당한 업무처리에 대한 시정요구의 경험이 많을 것'이라는 가설을 세울 수 있다. 둘째, 독립변수(성별)에 대한 각 카테고리(Cell)의 백분율을 계산한다. 셋째, 독립변수(성별)의 각 카테고리에서 계산된 백분율과 종속변수(시정요구의 경험)의 카테고리 중 하나를 골라 비교한다. 예를 들어 남자의 경우에는 42.2%가 시정요구의 경험이 있는 반면 여자의 경우에는 25.0%만이 시정요구의 경험이 있었다고 비교한다. 마찬가지로, 남자의 경우에는 57.8%가 시정요구의 경험이 없는

반면 여자의 경우에는 75.0%가 시정요구의 경험이 없다고 비교한다. 따라서 '남자일수록 행정기관의 부당한 업무처리에 대한 시정요구의 경험이 많을 것'이라는 가설을 이와 같은 자료의 분석을 통하여 채택할 수 있다.

[예 11.1] 도농복합도시인 △△△市의 도시지역과 농촌지역 주민들에게 행정기관의 방문시 민원업무처리에 대하여 어느 정도 만족하고 있는가를 질문 하였다고 가정하자. 응답자들로부터 응답내용에 기초하여 <표 11-3>과 같은 교차표를 작성하였다. 행정기관의 민원업무처리에 대한 도시 지역 주민의 만족도와 농촌지역주민의 만족도를 비교하여라.

〈표 11-3〉 행정기관의 민원업무처리에 대한 자료

주거지역 / 만족도	도시	농촌	계
만 족	40	23	63
보 통	138	131	269
불 만	82	106	188
계	260	260	520

[풀 이] 주어진 문제를 해결하기 위하여 교차분석의 단계를 살펴보면 다음과 같다.

① 1단계: 독립변수와 종속변수를 결정한다 주거지역이 행정기관의 업무처리에 대한 만족도에 영향을 미칠 것으로 가정할 수 있다. 따라서 주거지역은 독립변수가 되고 만족도는 종속변수가 된다. '도시지역의 주민일수록 행정기관의 민원업무처리에 대하여 더 만족하고 있다'라는 가설을 세울 수 있다.

② 2단계: 독립변수인 '주거지역'의 각 카테고리에 있는 수치들을 백분율로 계산한다. 빈도 교차표를 기초로 계산한 백분을 교차표는 <표 11-4>와 같다.

③ 3단계: 종속변수인 '만족'의 카테고리에 있는 도시와 농촌지역주민들의 만족도를 비교하여 본다. 도시지역주민의 경우에는 15.4%가 행정기관의 민원업무처리에 대하여 '만족'하고 있는 반면, 농촌지역주민의 경우에는 8.8%만이 행정기관의 민원업무처리에 대하여 '만족'하고 있다. '보통'의 카테고리를 살펴보면 도시지역주민의 경우에는 53.1%가 '보통'의 수준을 보이고 있는 데 반하여 농촌지역주민의 경우에는 50.4%가 '보통'의

수준을 보이고 있다. '불만'의 카테고리를 살펴보면, 도시지역주민의 경우에는 31.5%가 '불만'의 수준을 보이고 있는 데 반하여 농촌지역주민의 경우에는 40.8%가 '불만'의 수준을 보이고 있다. 따라서 도시지역의 주민들이 농촌지역의 주민들보다 상대적으로 행정기관의 민원업무처리에 더 만족하고 있다고 결론을 내릴 수 있다.

〈표 11-4〉 백분율 교차표

만족도 \ 주거지역	도시	농촌	계
만 족	15.4%	8.8%	12.1%
보 통	53.1%	50.4%	51.7%
불 만	31.5%	40.8%	36.2%
계 (n)	100.% (260)	100.0% (260)	100.0% (520)

[그림 11-1]은 주거지역과 만족도의 두 변인간의 교차표로부터 얻은 자료를 막대그래프로 나타낸 것이다. 만족도(종속변인)의 같은 범주를 나타내는 막대들이 같이 모여 있어 주거지역(독립변인)간의 비교를 쉽게 할 수 있다.

그림 11-1 주거지역과 만족도를 나타내는 막대그림표

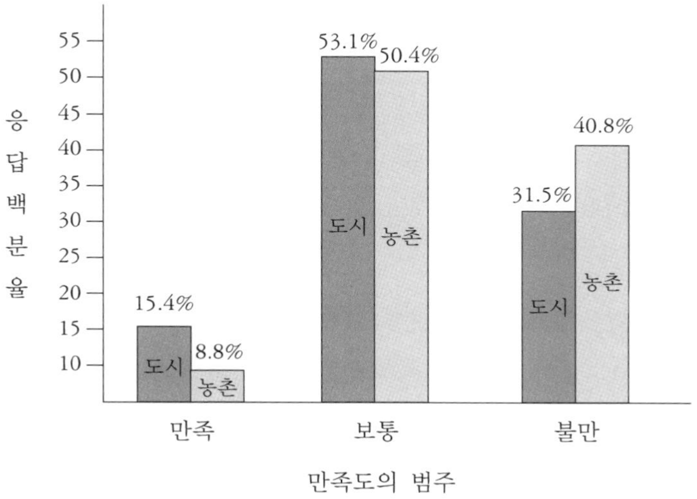

2. χ^2검정

2.1 독립성 검정으로서의 χ^2

교차표로 제시된 변인간의 **통계적 유의성**(Statistical significance)을 알아보는 가장 적절한 방법은 χ^2(Chi-square)**검정**이다. 통계적 유의성 검정은 표본에서 얻은 정보를 이용하여 모집단의 특성을 추정하는데 있어 우리가 가질 수 있는 확신의 정도 또는 오류를 범할 수 있는 확률을 평가하는 절차라고 할 수 있다. χ^2검정은 교차표에서 두 변인간의 관계에 대하여 얻어진 통계적 유의성의 수준을 평가하는 검정방법으로 χ^2검정의 절차는 모집단에서 두 변인 사이에 아무런 관련성이 없다고 가정하고, 표본자료를 기초로 작성한 교차표에 나타난 두 변인간의 관련성이 변화요인이 되는가를 결정하는 절차이다 즉, χ^2검정은 교차표의 각 칸(cell)의 **관찰빈도**(Observed frequency)와 두 변인간에 아무런 관련성이 없다고 가정할 때 기대되는 **기대빈도**(Expected frequency)의 비교에 기초한 통계적 유의성의 검정방법이다.

일반적으로 χ^2값을 구하는 단계는 3단계로 나누어진다 제1단계는 교차표 각 카테고리(cell)의 관찰빈도(Observed frequency)의 값을 구한다.

〈표 11-5〉 교차표와 관찰빈도

	C_1	C_2
R_1	f_{12}	f_{21}
R_2	f_{12}	f_{22}
R_3	f_{13}	f_{23}

제2단계는 모집단에서 두 변인간에 아무런 관련성이 없다는 가정 하에 각 카테고리(cell)의 기대빈도(Expected frequency)의 값을 구한다. 기대빈도를 구하는 공식은 다음과 같다.

$$\hat{f}_{ij} = \frac{(f_i)(f_j)}{N} \quad (11\text{-}1)$$

$\hat{f}_{ij}$는 j 번째 행과 j 번째 열에 해당하는 칸의 기대빈도

f_i는 i 번째 행의 누계

f_j는 j 번째 열의 누계

N은 전체의 합계

제3단계는 교차표의 각 카테고리의 관찰빈도와 기대빈도의 차이를 기초로 χ^2 검정치라고 불리는 검정통계치를 계산한다. 기대빈도는 모집단에서 두 변인간에 아무런 관련성이 없다는 것을 가정하여 계산된 값이기 때문에 관찰빈도와 기대빈도간의 편차가 크면 클수록 영가설(Null hypothesis)은 기각될 가능성이 크다. χ^2통계치를 구하는 공식은 아래 식(11-2)와 같다. 각 칸의 관찰빈도와 기대빈도의 차이를 자승한 후 계산된 값을 그 칸의 기대빈도로 나눈다. 모든 칸에서 이러한 과정을 거친 후에 각 칸의 계산된 값을 모두 더하면 χ^2값이 된다.

$$\chi^2 = \Sigma\Sigma(f_{ij} - \hat{f}_{ij})^2/\hat{f}_{ij} \qquad (11\text{-}2)$$

$\hat{f}_{ij}$는 ij칸의 영가설하의 기대빈도

f_{ij}는 ij칸의 관찰빈도

C는 행의 수

R은 열의 수

이때 자유도는 행(C)에서 1을 빼고(C－1), 열(R)에서 1을 뺀 후(R－1) 곱하여 계산한다.

$$df = (C-1)(R-1) \qquad (11\text{-}3)$$

다음 단계는 표본자료를 이용하여 계산된 χ^2검정 통계치와 통계학자들이 계산하여 작성한 이론적 χ^2값과 비교하여 영가설(Null hypothesis)을 기각할 것인지의 여부를 결정한다. 이와같이 우리는 χ^2검정방법을 이용하여 모집단에서 두 변인간의 관계를 추정하는데 가질 수 있는 확신의 정도와 범할 수 있는 오류의 정도를 알 수 있다. 예를 들어 χ^2통계치를 구하는 방법을 살펴보기로 하자.

[예 11.2] 지방정부의 부당한 민원업무처리에 대하여 남녀간의 시정요구의 경험을 알아보려고 한다. 단순무작위추출방법에 의하여 추출된 504명을 대상으로 조사한 결과는 <표 11-6>과 같다.

〈표 11-6〉 성별과 행정업무 시정요구의 경험에 대한 관찰빈도

		성 별		
		남자	여자	계
시정요구의 경험	없음	199	120	319
	있음	145	40	185
	계	344	160	504

[풀 이] 먼저 성별과 민원업무처리시 시정요구의 경험이라는 두 변인이 서로 관계가 없다는 영가설하에 각 카테고리(cell)의 기대빈도 $\hat{f}_{ij}$를 공식 (11-1)을 이용하여 계산하면 다음과 같다.

성 별	시정요구의 경험	기대빈도
남자	없음	$\hat{f}_{11}=344\times319\ /\ 504=217.7$
남자	있음	$\hat{f}_{12}=344\times185\ /\ 504=126.3$
여자	없음	$\hat{f}_{21}=160\times319\ /\ 504=101.3$
여자	있음	$\hat{f}_{22}=160\times185\ /\ 504=58.7$

기대빈도 교차표를 작성하면 <표 11-7>과 같다.

〈표 11-7〉 성별과 행정업무 시정요구의 경험에 대한 기대빈도

		성 별		
	0	남자	여자	계
시정요구의 경험	없음	217.7	101.3	319
	있음	126.3	58.7	185
	계	344	160	504

다음은 공식 (11-3)을 이용하여 χ^2통계치를 구한다. <표 11-8>은 χ^2값을 구하는 과정을 설명하고 있다. 성별과 민원업무처리시 시정요구의 경험과의 교차분석에서 χ^2값이 13.784라는 것을 알 수 있다. χ^2의 이론적 분포는 널리 알려져 있으며 교차표에 나타난 통계적 유의성을 평가하는 데 사용된다. <부록표 6>은 이론적인 χ^2의 분포 값을 보여주고 있다. 교차분석에서 계산된 χ^2값과 이론적인 χ^2값을 비교하여 통계적 유의성을 평가한다.

〈표 11-8〉 χ^2값의 계산

성별	시정요구의 경험	관찰빈도(f_{ij})	기대빈도($\hat{f}_{ij}$)	$(f_{ij}-\hat{f}_{ij})^2/\hat{f}_{ij}$
남자	없음	199	344×319 / 504=217.7	(199−217.7) / 217.7=1.606
남자	있음	145	344×185 / 504=126.3	(145−126.3) / 126.3=2.769
여자	없음	120	160×319 / 504=101.3	(120−101.3) / 101.3=3.452
여자	있음	40	160×185 / 504= 58.7	(40−58.7) / 58.7= 5.957
합계		504	504	13.784

2.2 χ^2분포의 특성

χ^2분포의 특징을 살펴보면 다음과 같다.

첫째: χ^2분포는 오른쪽으로 기울어진 연속형의 분포이다.

둘째: χ^2값은 항상 +값을 가진다. χ^2값은 교차표 각 칸(cell)의 관찰빈도와 기대빈도의 차이의 자승을 기대빈도로 나눈 값을 합한 것이기 때문에 항상 $\chi^2 \geq 0$의 값을 갖는다. 교차표 각 칸의 기대빈도와 관찰빈도가 같은 경우 χ^2의 값은 0이 된다.

셋째: χ^2분포의 모양은 자유도(Degree of freedom)의하여 결정된다. 자유도(df)는 교차표의 크기에 대한 어떤 개념을 나타내는 수로서 이 수는 세로줄(행)의 수에서 1을 빼고(C−1), 가로줄(열)의 수에서 1을 변 후(R−1) 이 둘을 곱하여 얻어지는 수이다(C−1)(R−1). 예를 들면 2×4의 교차표의 경우, $df=(2-1)\times(4-1)=1\times3=3$이 된다. χ^2분포의 평균과 표준편차는 자유도에 의하여 결정된다. 교차표의 각 변인의 범주가 크면 클수록 보다 자유도의 값이 커진다. 그 이유는 χ^2값이 교차표 각 칸(cell)의 관찰빈도와 기대빈도의 차이의 자승을 기대빈도로 나눈 값을 합한 것이기 때문에 변인들의 범주가 크면 클수록 χ^2의 값이 커진다. 자유도가 커질수록 χ^2분포는 오른쪽으로 폭넓게 기울지는 모양을 나타낸다([그림 11-2] 참조). χ^2분포의 평균은 자유도(df)와 같은 값을 가지게 되며 표준편차는 $\sqrt{2(df)}$가 된다. 따라서 자유도(df)의 값이 커지면 커질수록 χ^2분포는 정규분포를 이루게 된다.

그림 11-2 χ^2분포곡선

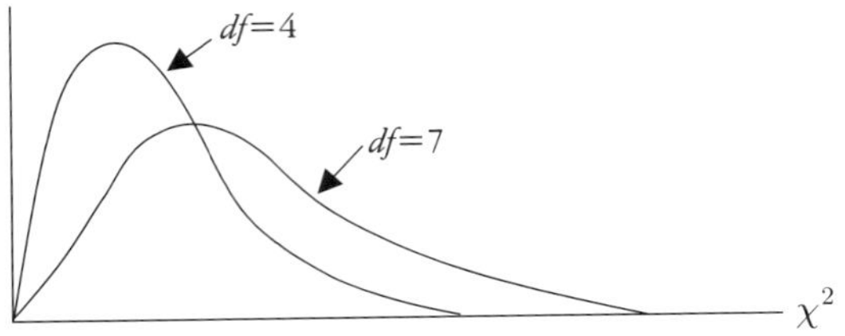

넷째: χ^2값을 알기 위하여 자유도(df) 이외에 통계적 유의수준(Level of statistical significance 또는 α-value)에 관한 정보가 필요하다. 통계적 유의수준은 표본의 결과로 모집단을 추정하는 데 있어서 허용되는 정확한 오차의 확률로서 사회과학의 연구에서는 보통 α=.05(95%의 신뢰수준)를 선택하여 사용하고 있다. 다양한 통계적 유의수준에 따른 χ^2값의 분포는 <부록표 6>에 나타나 있다. 예를 들어 <표 11-7>에서 두 변인의 카테고리는 각각 2이다. 따라서 자유도는 (2−1)×(2−1)=1이 된다. 이 경우 통계적 유의수준을 α=.05로 할 때 χ^2값은 3.941이 된다. α=.01이면 χ^2값은 6.635가 된다. 만약 자유도가 3이고 α=.05이면 χ^2값은 7.815가 된다. 일반적으로 큰 χ^2값은 영가설 (H_o)과 양립할 수 없기 때문에 α값은 영가설 (H_o)이 사실일 때 관찰된 χ^2값과 최대한 같거나 적은 값을 얻을 수 있는 확률을 의미한다. 즉 [그림 11-3]에서 보는 것처럼 α값은 χ^2분포곡선에서 관찰된 χ^2값보다 큰 부분인 오른쪽 꼬리의 면적에 해당한다. 교차표의 크기가 클수록(자유도의 크기가 클수록) 일정한 α값에 이르는 χ^2값의 크기는 커지게 된다.

그림 11-3 독립성 검정을 위한 χ^2분포와 α 값

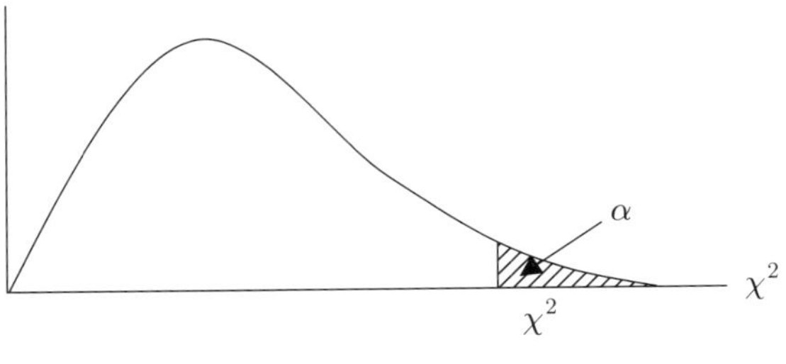

<표 11-8>에서 계산된 χ^2값은 13.784이다. <부록표 6>에서 자유도(df)가 1일 때 α=.05인 경우 χ^2값은 3.841, α=.01인 경우 χ^2값은 6.635, α=.001인 경우 χ^2값은 10.827이다. 계산된 χ^2값이 df=1, α=.001일 때의 χ^2값 10.827보다 크기 때문에 우리는 성별과 불만족스러운 행정기관의 민원업무처리에 대한 시정요구의 경험이 서로 관련이 없다는 영가설 (H_o)을 α=.001수준에서 기각할 수 있다. 즉 성별은 불만족스러운 행정기관의 민원업무처리에 대한 시정요구의 경험과 관련이 있다고 결론을 내릴 수 있다. 그러나 만약 계산된 χ^2값이 주어진 자유도와 일정한 통계적 유의수준(일반적으로 α=.05)에서의 이론적 χ^2값보다 적을 경우 두 변인이 서로 관련이 없다는 영가설 (H_o)을 기각할 수 없다.

2.3 적합도 검정으로서의 χ^2

χ^2통계치는 관찰된 빈도분포가 그 확률분포를 이미 알고 있는 모집단에서 추출되었는지를 검정하는 데에도 사용된다. 계산된 χ^2값이 너무 큰 경우 관찰된 자료가 사전에 가정한 모집단의 분포와 일치하지 않는다는 것을 의미한다. 예를 들어 식물학자들이 어떤 식물의 씨앗이 핑크색, 빨간색, 노란색 꽃을 피울 확률이 각각 3:2:1이라고 주장한다고 하자. 그러면 매 6개의 식물중 핑크빛 꽃은 3개, 빨간꽃은 2개, 노란 꽃은 1개가 될 것이다. 각각의 확률은 50.0%, 33.3%, 16.7%가 될 것이다. 이와 같이 이미 알려진 또는 기대되는 분포를 **동등확률적 분포**(Equiprobable distribution)라고 한다. 이는 각 사상이 발생할 확률이 동일하기 때문이다. 따라서 250개의 식물의 씨앗을 연구한다면 핑크색, 빨간색, 노란색 꽃은 125.00, 83.25, 41.75개가 될 것으로 기대된다. 만약 주어진 확률수준에서 χ^2검정이 유의적이라면 우리는 핑크색, 빨간색, 노란색 꽃이 필 확률이 3:2:1이라는 주장을 기각할 것이다. 주의할 점은 어떤 식물의 꽃의 색은 반드시 핑크색, 빨간색, 노란색 3가지만 피워야 한다는 것이다. 즉 각 칸(cell)은 연구되고 있는 변인과 관련하여 상호배타적(Mutual exclusive)이며 포괄적(Exhaustive)이어야 한다는 것이다. 이와 같이 χ^2가 **적합도 검정**(Goodness of fit)으로 사용되었을 경우에는 자유도가 K−1이며 K는 검토되고 있는 표본의 수(또는 분포의 사상 수)를 의미한다.

[예 11.3] 통계청에서는 우리나라에서 출생하고 있는 어린이들의 출생률이 계절별로 차이가 있는지의 여부를 알아보기 위하여 60의 어린이를 무작위로 추출하여 계절별로 출생자를 조사한 결과 봄에 16명, 여름에 20명,

가을에 13명, 겨울에 11명이 출생하였다. 우리나라 어린이의 출생률이 계절별로 차이가 있는지를 $\alpha=.05$의 수준에서 검정하여라(단, 30일, 31일, 28일을 가진 달로 인한 약간의 차이는 무시한다).

[풀 이] 위의 문제로부터 우리는 출생에 대한 표본분포가 동등확률적 분포인 모집단에서 추출되었다는 가설을 검정할 수 있다.

① **가설의 설정**

H_o: 계절별로 어린이들이 출생할 확률은 동등할 것이다.

H_a: 계절별로 어린이들이 출생할 확률은 다를 것이다.

② **적용할 표본분포**

적용할 확률분포는 자유도가 $K-1=4-1=3$인 χ^2분포이다.

③ **유의수준**

$\alpha=.05$, $df=3$이므로 <부록표 6>에서 χ^2의 값은 7.81이다. 만일 계산된 χ^2의 값이 7.81보다 크면 영가설을 기각할 수 있으며 계산된 χ^2의 값이 7.81보다 적으면 영가설을 기각할 수 없다.

④ **검정통계치의 작성**

문제에서 월별 날수의 차이는 무시한다고 가정하였으므로 봄, 여름, 가을, 겨울별로 어런들이 출생할 확률은 .25로 동일하다. 따라서 <표 11-9>와 같이 영가설이 참일 때 계절별로 어린이들이 출생할 기대확률은 계절별로 동일하게 .25가 된다. 전체 관찰대상 수(표본의 수) 60명을 기대확률과 곱하면 계절별 기대빈도의 값이 계산된다. 기대빈도의 값이 계산되면 각 계절별로 $(f_{ij}-\hat{f}_{ij})^2/\hat{f}_{ij}$의 값을 구하여 모두 더하면 χ^2의 값이 계산된다.

⑤ **의사결정**

계산된 χ^2의 값 3.08이 $\alpha=.05$, $df=3$ 일 때의 χ^2의 값 7.81보다 적으므로 우리는 영가설을 기각할 수 없다. 따라서 각 계절별로 우리나라 어린이들의 출생률은 $\alpha=.05$의 수준에서 계절별로 차이가 없다고 할 수 있다.

〈표 11-8〉 관찰된 출생빈도와 기대되는 출생률을 기초로 한 χ^2값의 계산과정

계 절	관찰빈도 f_{ij}	기대확률	기대빈도 $\hat{f}_{ij}$	편차 $f_{ij}-\hat{f}_{ij}$	$(f_{ij}-\hat{f}_{ij})^2/\hat{f}_{ij}$
봄	16	.25	15	1	1^2 / 15=.07
여 름	20	.25	15	5	5^2 / 15=1.67
가 을	13	.25	15	−2	$(-2)^2$ / 15=.27
겨 울	11	.25	15	−4	$(-4)^2$ / 15=1.07
합 계	60	1.00	60	0	3.08

2.4 χ^2검정의 조건과 한계

(1) χ^2검정의 조건

χ^2검정을 사용할 때에는 몇 가지 사항에 주의를 하여야 한다. 일반적으로 χ^2 검정방법을 사용할 때의 다음과 같은 조건이 충족되어야 한다.

첫째: χ^2검정은 백분율의 형태로 주어진 자료에는 사용할 수가 없다. 따라서 백분율의 형태로 정리된 자료는 실제 빈도를 나타내는 수치의 형태로 전환하여야 한다.

둘째: χ^2검정방법을 활용하기 위해서는 교차표의 각 칸(cell)에 충분한 수의 사례가 있어야 한다. 일반적으로 각 칸의 수가 5이상이면 충분하다고 할 수 있다. 만약 5 이하의 칸이 있는 경우에는 이를 다른 칸과 통합하거나 자료 자체를 재분류하는 것이 검정타당성을 높이는 방법이라고 할 수 있다.

셋째: 독립성 검정에서 두 변인이 각각 2개의 카테고리만을 가지고 있는 경우 자유도는 (2−1)×(2−1)=1이 된다. 이 경우 검정통계치 χ^2값을 계산하는데 있어 자료의 연속성의 확보를 위하여 아래와 같이 수정을 한 χ^2산출공식을 사용하는 것이 바람직하다.

$$\chi^2 = \Sigma\{(|f_{ij}-\hat{f}_{ij}|-0.5)^2/\hat{f}_{ij}\} \qquad (11\text{-}2)$$

(2) χ^2검정의 한계

χ^2검정은 다음과 같은 한계를 가지고 있다.

첫째: χ^2검정은 교차표에 나타나는 두 변인간의 관계의 성질이나 방향에 대하여 완전히 민감하지 못하다는 것이다. χ^2검정은 모집단의 두 변인간

에 어떤 관계가 있다는 가능성에 대한 정보만을 제공하여 준다. 따라서 두 변인간의 관련성의 강도나 방향을 나타내는 γ(Gamma)과 λ(Lambda) 같은 보조기법과 결합하여 사용하는 것이 바람직하다.

둘째: χ^2값은 표본의 수에 매우 민감하다. 즉, 표본의 수가 많을 경우 χ^2값이 과장되어 진다. 그러므로 표본의 크기가 매우 큰 경우 실제로 관계의 정도가 약한 것이 통계적으로 유의하게 나타날 수 있다. 이러한 경우에는 χ^2검정통계치가 영가설 (H_o)을 기각할 가능성이 매우 높기 때문에 χ^2검정방법은 표본의 수가 적은 대상에 적용하는 것이 바람직하다.

연습문제

1. 다음의 척도 중 χ^2검정을 사용할 수 있는 것은?
   ① 명목척도 ② 서열척도 ③ 등간척도 ④ 비율척도

2. 지난해 모 은행에서 경기침체로 승진이 누적되었으며 많은 사람들이 사퇴를 하였다. 은행의 인사관리담당자는 이러한 사퇴의 원인이 승진의 누적 때문이라고 생각하였다. 승진이 안된 210명 중 45명이 사퇴하였고 승진된 80명 중 12명이 사퇴하였다. 교차표를 제시하고 이 자료를 분석하여라.

3. 국립보건원에서는 간암을 치유하는 새로운 약품을 실험하고 있다. 100명의 환자를 무작위로 추출하여 일년 동안 새로운 약을 복용시켰으며 또 다른 50명의 환자를 무작위로 추출하여 일년 동안 위약(placebo)을 복용시켰다. 다음의 표에 있는 자료를 보고 어떤 결론을 내릴 수 있는가? 단, α=.05이다.

간암의 상태	실제 약을 복용한 집단	위약(placebo)을 복용한 집단
악화	68	31
호전	23	19

4. 모 대학교 생활관에 기숙하는 학부학생 150명과 대학원생 50명을 대상으로 식당 음식에 대한 의견을 조사하였다. 학부학생 가운데 30%는 식당음식에 대하여 "만족", 40%는 "보통", 나머지는 "불만"이라고 응답하였다. 그리고 대학원생의 경우 10명이 "만족", 25명이 '보통' 나머지는 '불만'이라고 응답하였다.
   ① 원자료와 백분율표를 작성하여라.
   ② 기숙사 음식을 평가하는 데 학부학생과 대학원생간에 차이가 없다는 영가설을 기각할 수 있는지를 α=.05수준에서 검정하여라.

5. 다음의 예에서 χ^2검정을 하기 위한 임계치를 구하여라.

	행	열	α
①	5	4	.05
②	3	3	.01
③	7	4	.1
④	4	2	.05
⑤	3	5	.001

6. 남녀 고등학교 학생 110명을 대상으로 성별과 TV시청과의 관계에 대하여 조사하려

고 한다. 아래의 자료를 사용하여 성별과 TV시청과는 아무런 관계없다는 가설을 기각할 수 있는지를 α=.01 수준에서 검정하여라.

		성 별	
		남	녀
TV를 많이 보는가	예	25	20
	아니오	35	30

7. 어느 전자대리점에서는 S 전자제품회사의 A, B, C 3가지 모델의 전화기만을 판매하고 있다. S사는 A, B, C 모델의 전화기가 판매되는 비율을 3:2:1이라고 주장하였다. 전자대리점에서 지난 달 판매된 240대의 전화기의 모델을 조사하여 보니 다음과 같았다. S사의 주장을 받아들일 수 있는가? 단, α=.05이다.

전화기 모델	판매량
A	115
B	85
C	40

8. 강원도는 2010년 동계올림픽경기를 유치하기 위하여 스키장 건설을 계획하고 있으며 지역주민을 대상으로 많은 홍보를 하고 있다. 강원도의 동계올림픽 유치노력을 주민들이 얼마나 알고 있는지를 조사하기 위하여 단순무작위 추출방법에 의하여 도시지역 150가구와 농촌지역 130가구를 추출하여 다음과 같은 결과를 얻었다.

	도시지역	농촌지역
알고 있다	90	80
모르고 있다	60	50
계	150	130

① 영가설과 대립가설을 설정하여라.

② 자유도는 얼마인가.

③ 검정통계 χ^2의 값을 계산하여라.

④ α=.05로 할 때 어떠한 결론을 내릴 수 있는가?

교차분석과 χ^2 검정

[예제 1]

도농 복합도시인 A시의 도시지역과 농촌지역 주민들에게 행정기관의 방문시 민원업무처리에 대하여 어느 정도 만족하고 있는가를 질문하였다고 가정하자. 응답자들로부터 응답내용에 기초하여 아래와 같은 교차표를 작성하였다. 행정기관의 업무처리에 대한 도시지역주민의 만족도와 농촌지역주민의 만족도를 비교하여라.

		주거지역		계
		도시	농촌	
만족도	만족	40	23	63
	보통	138	131	269
	불만	82	106	188
계		260	260	520

그리고 이 자료를 이용하여 행정기관의 민원업무처리에 대한 만족도는 주거지역과 관련이 있는지를 $\alpha=0.05$수준에서 검정하시오.

① 이 자료를 분석하기 위해서는 우선 [그림 11-4]에서와 같이 자료를 입력한다.

그림 11-4 입력자료

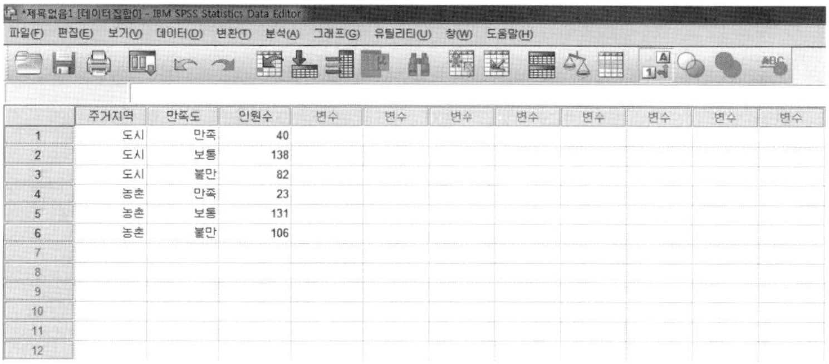

	주거지역	만족도	인원수
1	도시	만족	40
2	도시	보통	138
3	도시	불만	82
4	농촌	만족	23
5	농촌	보통	131
6	농촌	불만	106

② 이 입력자료를 가지고 교차분석표를 만들기 위해서는 인원수 변수에 대하여 가중치를 부여해 주어야 한다. 왜냐하면 SPSS에서는 모든 입력자료를 하나의 경우로 인식하기 때문에 인원수에 입력된 값이 하나의 수가 아닌 인원수로 인식하도록 하기 위해서이다. 우선 가중치를 부여하기 위해서는 [그림 11-5]에서와 같이 지정해 준다.

그림 11-5 가중치 부여

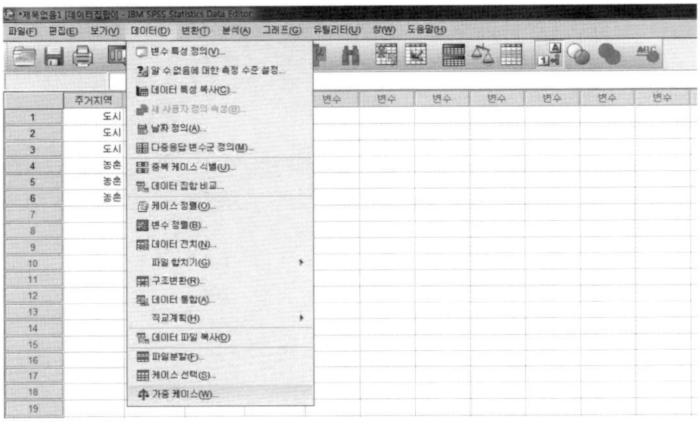

③ [그림 11-6]에서와 같이 지정을 해 준 후 [확인]을 클릭한다.

그림 11-6 가중치부여 대화상자

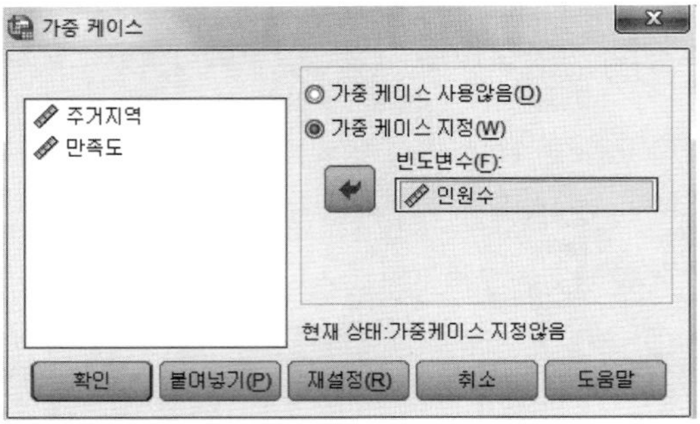

④ 가중케이스를 지정해 주었으면 [그림 11-7]에서와 같이 교차분석을 실시한다.

그림 11-7 교차분석

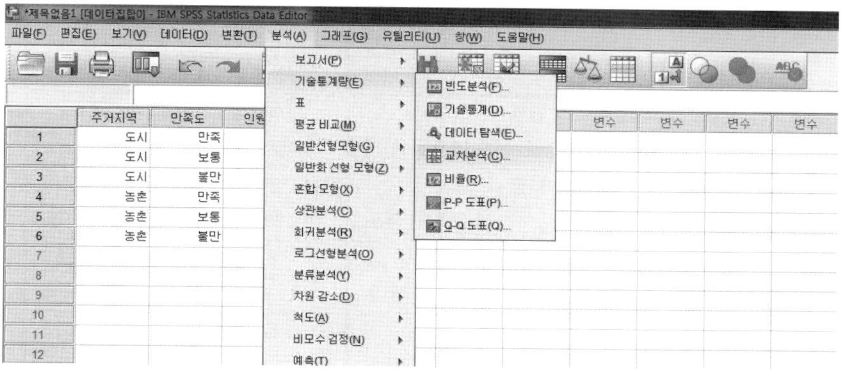

⑤ [그림 11-8]에서와 같이 [행(O)]과 [열(C)]에 해당변수를 지정해 준 후 [셀(E)] 단추를 클릭하여 아래와 같이 퍼센트를 지정해 준다.

그림 11-8 교차분석 대화상자

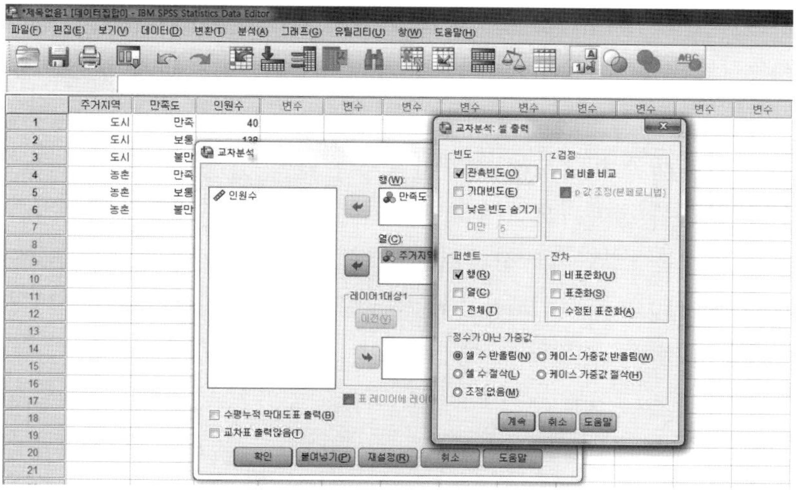

⑥ 그러면 [그림 11-9]에서와 같은 출력결과가 나타난다.

그림 11-9 교차분석표

만족도 * 주거지역 교차표

			주거지역		전체
			도시	농촌	
만족도	만족	빈도	40	23	63
		만족도 중 %	63.5%	36.5%	100.0%
	보통	빈도	138	131	269
		만족도 중 %	51.3%	48.7%	100.0%
	불만	빈도	82	106	188
		만족도 중 %	43.6%	56.4%	100.0%
전체		빈도	260	260	520
		만족도 중 %	50.0%	50.0%	100.0%

이 교차분석표 결과는 %값을 제외하면 예제에서 제시되었던 표와 동일함을 알 수 있다. 그러나 이 교차분석표에서는 %값이 제시되어 있기 때문에 행정기관의 업무처리에 대한 도시지역주민의 만족도와 농촌지역주민의 만족도를 쉽게 비교할 수 있다. 결과를 살펴보면 도시지역이 농촌지역보다 "만족"의 정도가 높게 나타났고(63.5% 대 36.5%) "불만"의 정도는 그 반대로 농촌지역이 도시지역보다 더욱 높게 나타났다(56.4% 대 43.6%).

이와 같이 교차분석표에 나타난 퍼센트에 기초하여 보면 행정기관의 민원업무처리에 대한 만족도는 주거지역과 관련이 있는 것으로 나타났다. 그러나 이러한 관계성이 통계적으로 유의미한지는 결정하기 위해서 χ^2검정을 해야 한다.

χ^2검정은 [그림 11-8]의 교차분석 대화상자에서 [통계량(S)] 단추를 클릭하면 [그림 11-10]과 같은 교차분석 통계량 대화상자가 나타난다. 여기에서 [카이제곱(H)]을 지정해 준다.

그림 11-10 교차분석 대화상자

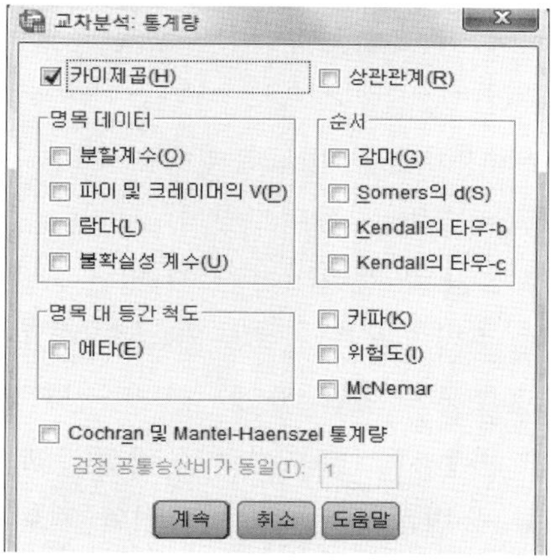

그러면 [그림 11-11]에서와 같은 분석결과가 나타난다.

그림 11-11 분석결과

카이제곱 검정

	값	자유도	점근 유의확률 (양측검정)
Pearson 카이제곱	7.833[a]	2	.020
우도비	7.899	2	.019
선형 대 선형결합	7.593	1	.006
유효 케이스 수	520		

a. 0 셀 (0.0%)은(는) 5보다 작은 기대 빈도를 가지는 셀입니다. 최소 기대빈도는 31.50입니다.

이 예제의 카이스퀘어 검정의 가설은 다음과 같다.

H_0 : 행정기관의 민원업무처리에 대한 만족도는 주거지역과 관련이 없다(독립적이다).

H_1 : 행정기관의 민원업무처리에 대한 만족도는 주거지역과 관련이 있다(독립적이지 않다).

[그림 11-11]에 나타난 분석결과에 의하면 계산된 피어슨의 카이제곱 값은 7.833로 유의확률값이 0.02로 나타났다. 이는 α=0.05보다 작기 때문에 귀무가설을 기각한다. 따라서 가설을 기각하여 행정기관의 민원업무처리에 대한 만족도는 주거지역과 관련이 있는 것으로 나타났다.

지금까지는 분석자료들을 빈도분석하여 표로 정리되어진 것을 가지고 교차분석과 χ^2검정을 하는 방법을 살펴보았다. 그러나 실제의 조사와 연구의 장면에서는 자료들이 이렇게 표로 정리되어 있지 않은 것이 일반적이다. 연구자는 설문지의 문항을 만들어 주거지역과 만족도에 대하여 자료를 수집하고 수집된 이 자료를 직접 SPSS 프로그램에 입력 한다. 이 경우 SPSS 데이터 편집기 창에는 주거지역 변인과 만족도 변인 두 개의 변수가 생성되고 전체 사례수인 520개의 케이스가 입력된다. 예를 들면 [그림 11-12]에서와 같이 입력자료들이 나타난다.

그림 11-12 입력자료

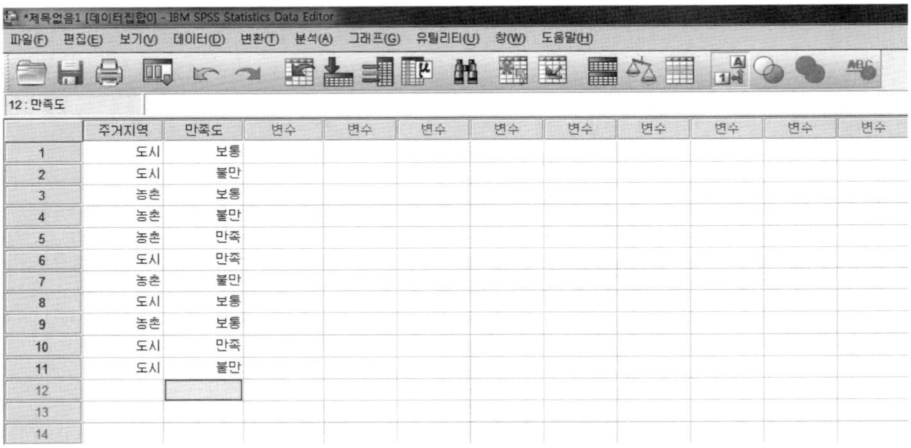

여기서는 11개의 사례만이 입력되었고 계속해서 520개의 케이스가 입력되고 이 입력자료를 가지고 직접 교차분석과 카이스퀘어분석을 실시한다.

[예제 2]

통계청에서는 우리나라에서 출생하고 있는 어린이들의 출생률이 계절별로 차이가 있는지의 여부를 알아보기 위하여 60명의 어린이를 무작위로 추출하여 계절별로 출생자를 조사한 결과 봄에 16명, 여름 20명, 가을에 13명, 겨울에 11명이 출생한 것으로 조사되었다. 우리나라 어린이의 출생률이 계절별로 차이가 있는지를 $\alpha=0.05$의 수준에서 검정하여라(단 30일, 31일, 28일을 가진 달로 인한 약간의 차이는 무시한다).

① 적합도 검정으로서의 χ^2검정을 하기 위해서는 위의 데이터를 [그림 11-13]에서와 같이 입력한다.

그림 11-13 입력자료

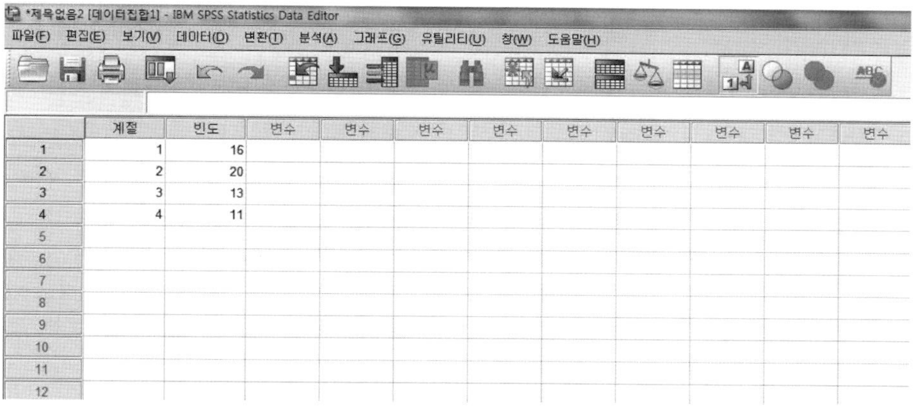

② "빈도수" 변수에서의 자료는 하나의 자료가 아니라 빈도수를 나타내는 것이기 때문에 가중치를 부여해 준다(가중치를 부여하는 방법은 위에서 설명했기 때문에 여기서는 생략한다). 그리고 χ^2검정을 하기 위하여 [그림 11-14]에서와 같이 지정해 준다.

그림 11-14 집실행명령 지정

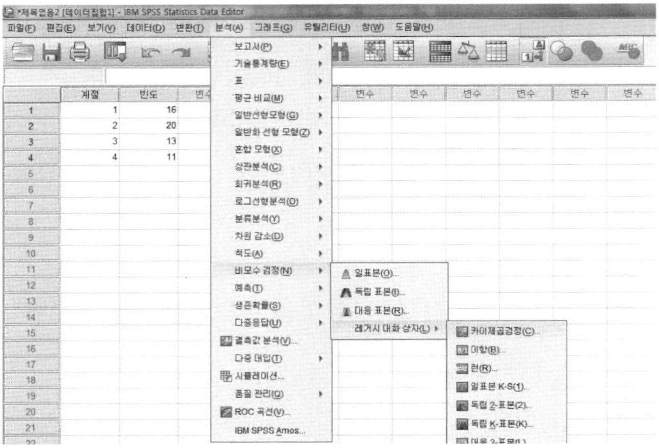

③ [그림 11-15]와 같은 카이스퀘어 분석 대화상자가 나타나면 다음과 같이 계절 변수를 [검정변수(T)]로 이동시키고 [기대값]에서 [모든 범주가 동일(I)]을 지정해 준다.

그림 11-15 카이스퀘어 분석 대화상자

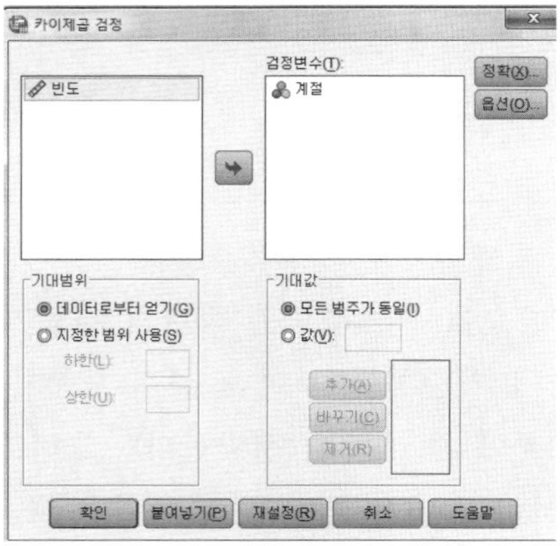

④ [확인]을 클릭하면 [그림 11-16]에서와 같은 분석결과가 나타난다.

그림 11-16 분석결과

계절

	관측수	기대빈도	잔차
1	16	15.0	1.0
2	20	15.0	5.0
3	13	15.0	-2.0
4	11	15.0	-4.0
합계	60		

검정 통계량

	계절
카이제곱	3.067[a]
자유도	3
근사 유의확률	.381

a. 0 셀 (0.0%)은(는) 5보다 작은 기대빈도를 가집니다. 최소 셀 기대빈도는 15.0 입니다.

분석결과를 살펴보면 우선 계절 변인의 범주에 대한 빈도분석결과가 제시되어 있다. 그 다음에 제시된 검정통계량을 가지고 가설검정을 실시한다. 위 문제의 가설은 다음과 같다.

H_0 : 계절별로 어린이들이 출생할 확률은 동등할 것이다.
H_1 : 계절별로 어린이들이 출생할 확률은 다를 것이다.

검정통계량에서 χ^2값은 3.067로 α=0.05, 자유도가 3일때의 χ^2의 임계치인 7.81보다 훨씬 작음을 알 수 있다. 실제로 유의확률 값을 보면 0.381로서 유의순준 0.05보다 크기 때문에 귀무가설을 기각할 수 없다. 따라서 각 계절별로 우리나라 어린이들의 출생률은 α=0.05에서 통계적으로 유의미한 차이를 보이고 있다고 할 수 없다.

제12장 상관분석과 회귀분석

1. 상관분석
2. 단순회귀분석
3. 다중회귀분석

사회과학에 있어서 연구자가 선택하는 연구주제와 연구목적에 따라 연구에 적용되는 통계분석기법이 달라지게 된다. 예를 들어 연구자는 두 개 또는 그 이상 집단들간에 선택된 연구변수에 있어서의 차이를 비교하는 데 관심을 가질 수 있다. 또는 수집된 자료를 이용하여 연구변수에 대해 나타난 결과를 간단히 그림이나 표를 이용하여 발견된 사실에 대해 설명할 수도 있다. 만약 연구자가 모집단에 대한 두 개 또는 그 이상의 변수들간의 관계를 알고자 하는 경우에 이용되는 통계분석방법이 제12장에서 학습할 상관분석과 회귀분석이다.

예를 들어, 경영학자는 어떤 제품에 대한 광고비와 판매량간의 관계를 파악하여 광고비를 효율적으로 사용하기를 원할 것이다. 정치학자는 국회의원선거에서 재당선하기 위해 어떠한 전략을 세워야 하는가에 관심을 가질 수 있다. 이럴 경우 재당선에 관련된 모든 변수들, 예컨대 선거비용, 학력, 연령, 경력, 가입정당 등 여러 변수들이 재당선에 어떠한 영향을 미치는지에 대해 관심을 가지게 된다. 사회복지에 관심이 있는 학자는 사회복지기관에 근무하는 사회사업가들의 직무만족에 영향을 미치는 변수들이 무엇인지에 관심을 가질 수도 있다.

2개 변수간의 **선형관계**(linear relation)의 정도가 어떠한지를 측정하는 방법이 **상관분석**(correlation analysis)이다. 그러나 상관분석은 한 변수가 다른 변수의 변화에 따라 얼마만큼 변화하는가에 대한 정보는 제공하지 못한다. 단지 두 변수간의 선형관계가 **정적 관계**(positive relationship) 또는 **부적 관계**(negative relationship)인지 아니면 관계가 없는지에 대해서만 설명을 해 줄 뿐이다. 그러나 회귀분석은 독립변수들의 변화에 따라 종속변수가 어떻게 변화하는지를 예측하기 위하여 그 관계를 함수관계로 나타내는 방법이다. 따라서 회귀분석이 상관분석보다 더 많은 정보를 제공한다.

1. 상관분석(correlation analysis)

두 변수간의 관계의 정도를 분석하는 방법 중에 가장 많이 사용되는 것은 **피어슨의 상관계수**(간단히 상관계수라고 한다. Pearson correlation coefficient)로 두 변수간의 선형관계를 나타내는 계수이다. 제3장 자료의 정리에서 학습한 스캐터 다이어그램을 작성하여 두 변수간의 관계를 육안으로 대략 파악할 수 있으나 그들간의 정확한 관계는 알 수가 없었다. 상관계수는 두 변수간의 관계를 수치로 나타내기 때문에 두 변수간의 정확한 관계를 파악할 수 있다.

상관계수는 r로 표시하며 다음과 같이 정의된다.

$$r = \frac{SS_{xy}}{\sqrt{SS_{xx}\, SS_{yy}}}$$

여기서

$$SS_{xy} = \Sigma x_i y_i - (\Sigma x_i)(\Sigma y_i)/n$$
$$SS_{xx} = \Sigma x_i^2 - (\Sigma x_i)^2/n$$
$$SS_{yy} = \Sigma y_i^2 - (\Sigma y_i)^2/n \qquad (12\text{-}1)$$

즉 상관계수란 두 변수(x, y)간의 공분산(covariance)을 각각의 표준편차로 나눈 값이다.

[예 12.1] 제3장 [예 3.10]의 A대학교에 재학중인 10명의 4학년생을 선택하여 그들의 입학성적(100점 만점)과 평점(4점 만점)과의 관계를 조사한 결과를 재인용하여 상관계수를 구해보자.

	1	2	3	4	5	6	7	8	9	10
입학성적(x)	90	60	70	95	80	73	69	89	78	92
평점(y)	3.5	2.5	3.0	3.7	3.7	2.7	2.0	3.3	3.0	4.0

[풀 이] 스캐터 다이어그램으로 나타내면 다음과 같다.

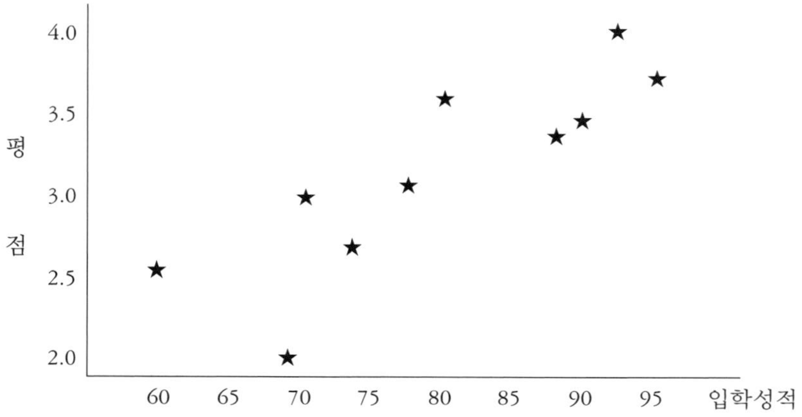

위의 스캐터 다이어그램을 보면 입학성적과 평점과는 정선형상관(positive linear correlation)이 있음을 보여준다. 그러나 두 변수간의 관계가 어느 정도인지는 알 수가 없다. 식 (12-1)을 이용하여 상관계수를 구해보면,

x_i	y_i	x_i^2	y_i^2	x_iy_i
90	3.5	8,100	12.25	315
60	2.5	3,600	6.25	150
70	3.0	4,900	9.00	210
95	3.7	9,025	13.69	351.5
80	3.7	6,400	13.69	296
73	2.7	5,329	7.29	197.1
69	2.0	4,761	4.00	138
89	3.3	7,921	10.89	293.7
78	3.0	6,084	9.00	234
92	4.0	8,464	16.00	368
계 796	31.4	64,584	102.06	2553.3

$SS_{xy}=2553.3-(796)(31.4)/10=2553.3-2499.44=53.86$

$SS_{xx}=64584-(796)^2/10=64584-63361.6=1222.4$

$SS_{yy}=102.06-(31.4)^2/10=102.06-98.596=3.464$

따라서 상관계수

$$r=\frac{SS_{xy}}{\sqrt{SS_{xx}\,SS_{yy}}}=\frac{53.86}{\sqrt{(1222.4)(3.464)}}=\frac{53.86}{65.072}=0.8277$$

결론적으로 입학성적과 학점은 매우 정적인 관계가 있음을 알 수 있다.

상관계수는 항상 −1에서 +1 사이의 값을 갖는다. 상관계수 값이 −1 또는 +1에 가까울수록 두 변수간의 관계가 매우 높다는 것을 의미한다. 만약 상관계수가 0이면, 두 변수는 선형적으로 전혀 관계가 없음을 의미한다. [그림 12-1]은 상관계수 값에 따른 스캐터 다이어그램의 모양을 보여준다. 만약 상관계수가 +이면, 두 변수간의 정(positive)적인 상관관계가 있음을 의미한다. 즉 한 변수값이 증가하면 다른 변수값도 따라서 증가한다. 만약 상관계수가 −이면, 한 변수값이 증가하면 다른 변수값은 감소하는 부(negative)적 상관관계를 의미한다.

그림 12-1

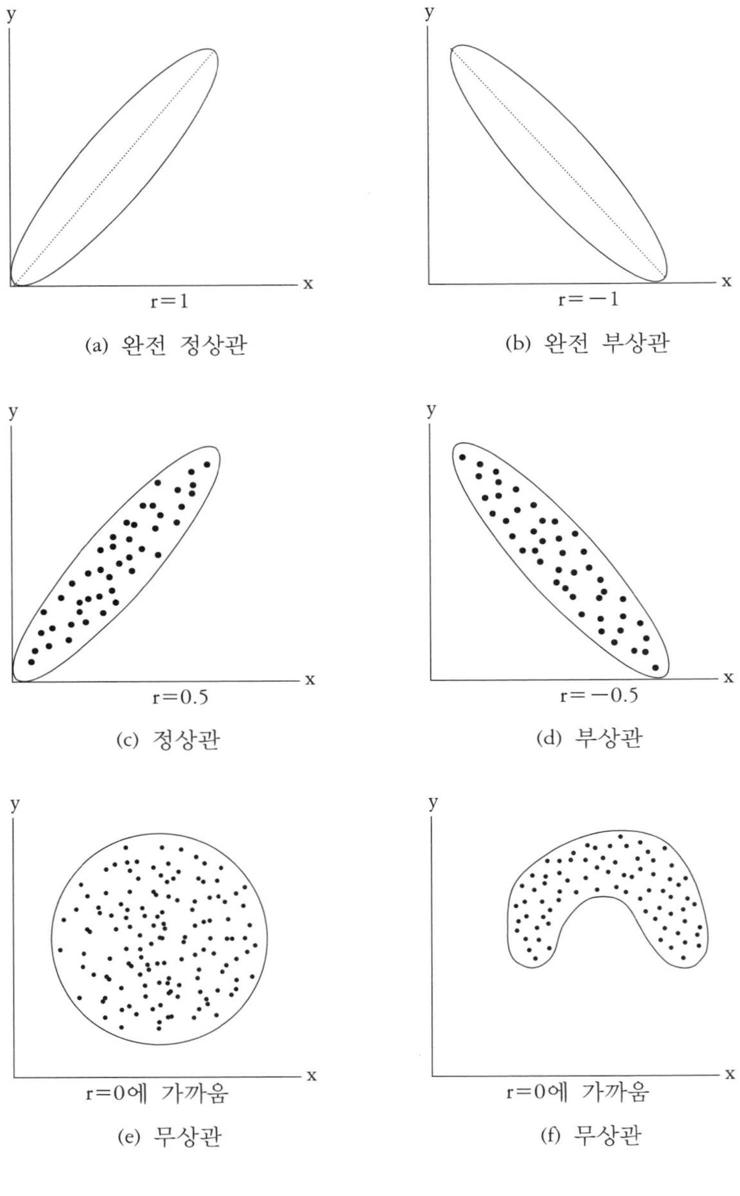
y
x
r=1
(a) 완전 정상관
y
x
r=−1
(b) 완전 부상관
y
x
r=0.5
(c) 정상관
y
x
r=−0.5
(d) 부상관
y
x
r=0에 가까움
(e) 무상관
y
x
r=0에 가까움
(f) 무상관

2. 단순회귀분석(simple regression analysis)

회귀분석은 변수와 변수 사이에 어떠한 관계가 형성되어 있는지를 파악하기 위해 사용되는 통계분석기법으로 사회과학 분야에서 가장 많이 사용되고 있는 통계분석기법 가운데 하나다. 회귀분석은 연구에 사용되는 변수를 종속변수와 독립변수로 나누고 독립변수의 변화에 따른 종속변수의 변화를 분석하여 모집단에 대해 예측하는 것을 그 목적으로 한다. 따라서 예측하고자 하는 변수를 종속변수로 하고 종속변수에 영향을 미치리라 예상되는 변수를 독립변수로 한다. 종속변수에 영향을 미치리라 예상되는 독립변수는 연구자가 임의대로 선정하는 것이 아니라 연구주제에 관련되어 지금까지 수행된 연구결과로 나타난 이론을 바탕으로 선정하는 것이다. 그 이론에 따라 연구자는 가설을 세우고 그 가설이 이론을 지지하는지의 여부를 가설검정을 통하여 결정하게 된다.

회귀분석은 독립변수가 몇 개나 되는지에 따라 따라 **단순회귀분석**(simple regression analysis)과 **다중회귀분석**(multiple regression analysis)으로 나뉜다. 단순회귀분석은 하나의 독립변수와 종속변수로 이루어져 그들간의 관계를 분석하는 것이고 다중회귀분석이란 두 개 이상의 독립변수들로 이루어져 종속변수와 독립변수들간의 관계를 분석하는 것을 말한다. 사회과학 분야에 있어서 종속변수에 영향을 미치는 독립변수의 수는 상당히 많은 것이 일반적이다. 예를 들어 어느 기업 제품의 판매량에 영향을 미치는 요인은 그 제품에 투자한 광고비에만 영향을 받지 않는다. 근로자의 사기, 마케팅 전략, 기업의 이미지 등 많은 다른 요인들을 생각할 수 있다.

단순 또는 다중회귀분석을 사용하기 위한 조건 가운데 하나로서 종속변수는 비율척도로 측정되어야 한다. 그러나 가끔 연구자가 관심을 가지고 있는 종속변수가 이분화되어 있는 경우가 있다. 예를 들면, 연구자의 관심 주제가 노인들의 경우 성인자녀와 동거 또는 별거에 영향을 미치는 요인이 무엇인지를 알고 싶을 때 종속변수인 성인자녀와의 주거형태가 연속화(continuous)되어 있지 않고 성인자녀와의 동거 또는 별거로 이분화되어 있다. 이럴 경우 연구자는 종속변수를 성인자녀와의 동거 또는 별거로 이분화한 모조변수(dummy variable)를 이용하여 분석하여야 한다. 그렇지 않고 회귀분석을 이용할 경우 왜곡된 결과를 산출하게 된다. 이럴 경우 사용되는 통계분석기법이 바로 **로지스틱회귀분석**(logistic regression analysis)이다. 최근 사회과학 여러 분야에 자주 등장하는 기법이다.

다중회귀분석은 독립변수의 수가 두 개 이상이라는 점 외에 기본개념과 절차는 단순회귀분석과 동일하다. 본 12장에서는 단순회귀분석과 다중회귀분석에 대하여 검토하기로 한다.

2.1 단순회귀모형(simple regression model)

사회복지기관 종사자의 근무만족도에 영향을 미치는 요인에 대한 분석을 예로 들어 보자. 연구자는 근무만족에 영향을 미치는 요인을 발견하여 사회복지업무의 효과성을 높이는 데 관심을 가지고 있다. 이를 위해 우리나라 사회복지기관 가운데 확률표집방법으로 10개의 사회복지관을 선정하여 그곳에서 일하고 있는 500명의 종사자와 설문조사를 실시하였다. 근무만족도에 영향을 미치는 요인들로서 연구자는 연소득(x_1), 동료와의 갈등 정도(x_2), 상사와의 갈등 정도(x_3), 근무기간(x_4), 결혼상태(x_5), 업무에 대한 의사결정권(x_6)을 독립변수로 선정하였다. 이러한 독립변수들과 종속변수인 근무만족도(y) 사이에는 아래와 같은 관계식이 성립된다. 이를 다중회귀모형(multiple regression model)이라 한다.

$$y = \alpha + \beta_1 x_1 + \beta_2 x_2 + \beta_3 x_3 + \beta_4 x_4 + \beta_5 x_5 + \beta_6 x_6 \qquad (12\text{-}2)$$

식 (12-2)에서 한 개의 독립변수인 연소득에만 한정하기로 할 경우 식 (12-3)이 성립되며 이를 단순회귀모형이라 한다.

$$y = \alpha + \beta_1 x \qquad (12\text{-}3)$$

연구자의 관심사는 이 표본을 이용하여 α와 β_1의 추정값을 구하여 주어진 x값에 대해 기대되는 y값을 구하는 것이다. α는 연소득이 전혀 없을 때의 근무만족도를 나타내며, β_1은 근무만족도에 대한 연소득의 효과(영향력)를 나타낸다. 식 (12-3)은 일차방정식이므로 α를 y－절편(intercept)이라 하고 β_1을 기울기(Slope)라 한다. 즉 기울기란 연소득(x)이 한 단위 변화할 때 근무만족도(y)의 변화에 대한 평균을 말한다. 이를 그림으로 나타내면 [그림 12-2]와 같다.

그림 12-2

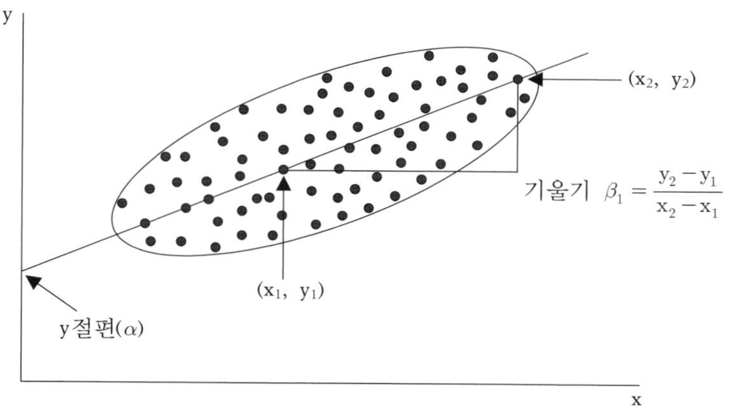

2.2 최소제곱법(least square method)

[그림 12-2]에서 연소득(x)과 근무만족도(y)의 관계를 일직선상에 나타내 보였다. 그러나 모든 표본응답자의 연소득과 그에 대한 근무만족도의 관계를 조사할 때 상응하는 관측치들이 동일한 직선상에 놓일 수는 없는 것이다. 연소득과 근무만족도와는 정선형상관에 있지만 사실 많은 관측치들이 알려지지 않은 오차 때문에 직선 밖에 놓이게 된다. 예를 들어 표본 가운데 연소득이 동일한 10명의 응답자가 있다고 가정하자. 연소득이 동일하더라도 그들의 근무만족도는 동일하지 않을 것이다. 왜냐하면 근무만족도는 연소득 외에 동료와의 갈등 정도, 상사와의 갈등 정도, 근무기간, 결혼상태, 업무에 대한 의사결정권 등과 같은 다른 요인들의 영향을 받기 때문이다. 사실 사회과학에 있어서 종속변수에 영향을 미치는 이러한 다른 요인들을 정확히 측정할 수가 없다. 설사 측정할 수 있다 하여도 종속변수에 영향을 미치는 이러한 모든 요인들을 독립변수에 포함시키는 것은 불가능한 일이다. 이러한 다른 모든 요인들을 합하여 오차(random error 또는 residual)라 하고 ε로 표시한다. 따라서 단순회귀모형을 나타내는 식 (12-3)을 (12-4)와 같이 변형할 수 있다.

$$y = \alpha + \beta_1 x + \epsilon \quad (12\text{-}4)$$

식 (12-4)는 오차를 포함하기 때문에 표본자료의 모든 관측치가 동일한 일직선상에 놓일 수 없음을 뜻한다. 표본을 모두 조사하면 응답자들의 오차는 일직선상으로부터 일부는 위에 일부는 아래에 위치하게 되며 결국 오차들의 평균은 0이 될 것이다. 어떤 응답자의 경우 오차가 직선 위에 있다는 것은 기대보다 근무만족도가 높다는 것을 뜻하며, 직선 아래에 있을 경우는 그와 반대로 기대보다 근무만족도가 낮다는 것을 의미한다. 만약 오차가 하나도 없다면 어떤 독립변수 값에 대한 기대되는 y 값은, $E(y)=\alpha+\beta_1 x$로 표시된다.

회귀분석에 있어서 우리의 관심사는 표본을 이용하여 독립변수(x)와 종속변수(y)와의 관계를 가장 잘 요약해 주는 직선을 찾아내어 모수에 대한 α와 β_1값을 추정하여 주어진 독립변수 값에 대한 종속변수 값(변화)을 계산하는 일이다.

자료의 관측치(x_i, y_i)에 있어서 y_i는 y에 대한 관측치를 말한다. 모수에 대한 α와 β_1의 추정값을 각각 a와 b로 표시할 경우 y에 대한 기대치, $\hat{y}_i=a+bx_i$로 표현된다. 기대치의 오차는 실질적인 관측치 y_i과 기대치 $\hat{y}_i$과의 차이를 말한다. 따라서 기대치의 오차를 e라 할 때 $e_i=y_i-\hat{y}_i$이 성립된다.

자료의 모든 관측치를 나타내는 점들과 관련된 기대치의 오차들은 [그림 12-3]과 같이 각 관측점에서 직선에 수직으로 나타낸다. 관측점들을 직선에 수직으로 연결하는 이유는 오차를 최소화시키기 위해서다.

그림 12-3

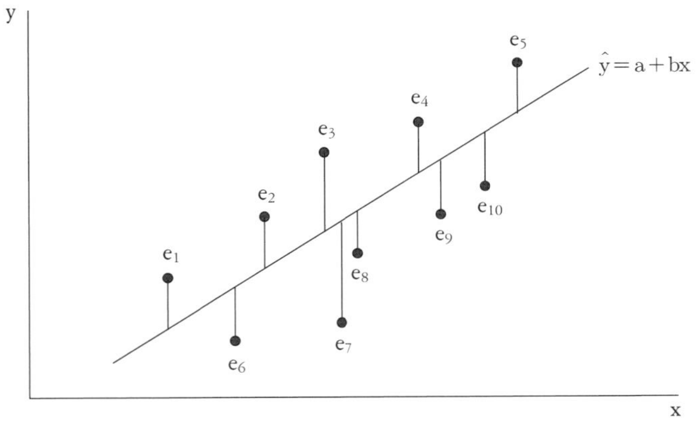

자료의 관측치들이 많이 존재하기 때문에 회귀선(regression line)은 모든 관측점들과 회귀선과의 거리를 동시에 최소화시킬 수는 없다. 따라서 모든 관측점들에 대해 오차를 최소화시키는 가장 적합한 선(best fitting line)을 구하는 방법이 필요하다. 이를 위해 회귀분석에서는 기대치의 오차를 제곱하여 합산하는 **오차제곱합**(sum of squared error)이 가장 많이 사용되며 간단히 SSE로 나타낸다.

즉 $SSE = \Sigma(y_i - \hat{y}_i)^2$ (12-5)

y에 대한 기대치, $\hat{y}_i = a + bx_i$를 식 (12-5)에 대입하면

$SSE = \Sigma(y_i - a - bx_i)^2$이다. (12-6)

식 (12-6)에 의하면 오차제곱합은 a와 b에 달려있다는 것을 알 수 있다. 최소제곱법은 가장 작은 오차제곱합을 나타내는 a와 b의 추정값을 구하는 것이다. 식 (12-6)을 a와 b에 대해 각각 편미분하여 그 값을 0으로 놓고 a와 b를 구하면 식 (12-7)과 같다.

$a = \overline{y} - b\overline{x}$ $b = SS_{xy}/SS_{xx}$

여기서

$SS_{xy} = \Sigma x_i y_i - (\Sigma x_i)(\Sigma y_i)/n$ $SS_{xx} = \Sigma x_i^2 - (\Sigma x_i)^2/n$ (12-7)

[예 12.2] 다음은 진통제 복용량(x)과 그로 인한 고통수준(y)과의 관계에서 관측된 자료이다. 단순회귀모형 $y = \alpha + \beta_i x$에서 α와 β_i에 대한 최소제곱추정값 a와 b를 구해 보자.

x	0	0	10	10	20	20	30	30
y	22	26	17	11	10	6	2	5

[풀 이] x와 y에 관련된 최소제곱추정값 a와 b를 구하기 위해 다음을 계산한다.

	x_i	y_i	x_i^2	y_i^2	x_iy_i
	0	22	0	484	0
	0	26	0	676	0
	10	17	100	289	170
	10	11	100	121	110
	20	10	400	100	200
	20	6	400	36	120
	30	2	900	4	60
	30	5	900	25	150
계	120	99	2,800	1,735	810

$SS_{xy}=810-(120)(99)/8=810-1,485=-675$

$SS_{xx}=2,800-(120)^2/8=2,800-1,800=1,000$

$\overline{x}=120/8=15$

$\overline{y}=99/8=12.375$

따라서 $b=SS_{xy}/SS_{xx}=-675/1,000=-0.675$

$a=\overline{y}-b\overline{x}=12.375-(-0.675)(15)=12.375+10.125=22.5$

단순회귀모형 $\hat{y}=22.5-0.675x$

[예 12.3] [예 12.2]에서 8개의 관측치에 대한 기대치의 오차를 구하고 오차제곱합(SSE)을 구해 보자.

[풀 이] 기대치의 오차, $e_i=y_i-\hat{y}_i$이고 오차제곱합, $SSE=\sum(y_i-\hat{y}_i)^2$이다. 따라서 다음을 계산한다.

x_i	y_i	$\hat{y}_i$	$e_i=y_i-\hat{y}_i$	$e_i^2=(y_i-\hat{y}_i)^2$
0	22	22.5	−0.5	0.25
0	26	22.5	3.5	12.25
10	17	15.75	1.25	1.563
10	11	15.75	−4.75	22.563
20	10	9	1	1
20	6	9	−3	9
30	2	2.25	−0.25	0.063
30	5	2.25	2.75	7.563
계			0	54.252

기대치의 오차의 합은 0이 됨을 알 수 있다. SSE=54.252이다.

2.3 결정계수(coefficient of determination, r^2)

회귀분석에서 연구자의 관심사는 모든 관측치들로부터의 오차를 최소화시키는 회귀선을 찾아내어 독립변수의 변화에 따라 종속변수가 어떻게 변하는지를 예측하는 것이다. 여기서 우리의 관심사는 연구자가 구한 회귀모형이 종속변수를 예측하는 데 얼마나 적합한가를 알아내는 일이다. 물론 회귀선에 모든 관측점들이 가까이 있을수록 종속변수를 예측하기에 더 적합하다. [그림 12.4]는 연구를 위해 수집한 두 개의 자료세트에 대한 각각의 회귀선을 나타내고 있다. 자료 B와 비교할 때, 자료 A의 모든 관측점들이 회귀선 가까이에 위치하고 있으므로 (즉, 오차가 적다) 종속변수를 예측하기에 더 적합하다는 것을 육안으로 식별할 수 있다.

육안에 의하지 않고 이러한 관심사를 해결하기 위한 방법으로 사용되는 것이 결정계수이며 r^2으로 표시한다.

그림 12-4

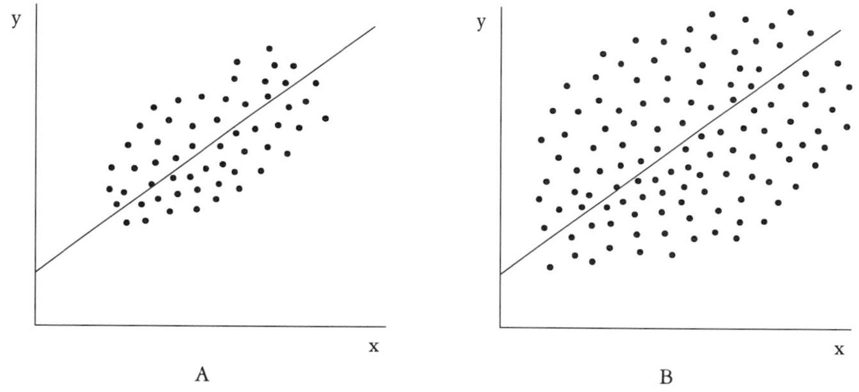

결정계수를 구하는 절차는 다음과 같다. [그림 12-5]를 참고하기를 바란다. [그림 12-5]는 어떤 연구결과 나타난 회귀선에 대한 스캐터 다이어그램이다. 회귀분석에 있어서 어떤 관측점에 대해 만약 독립변수(x)를 무시하고 종속변수(y)만을 고려한다면 y의 추정값은 평균인 $\overline{y}$가 된다. 이럴 경우 발생되는 오차는 평균과 실제 관측치와의 편차가 되기 때문에 $y_i - \overline{y}$로 나타낼 수 있다. 회귀선의 어떤 관측점의 x값을 x_i라 할 때 이에 대한 y의 추정값은 $\hat{y}_i$가 된다. 이와 같이 관측점의 x와 y 모두를 고려할 경우 회귀선은 평균과 추정값과의 편차를 설명해 주며 이 설명된 부분은 $\hat{y}_i - \overline{y}$로 표시될 수 있다. 그러나 y에 대한 추정값 $\hat{y}_i$와 x_i에 대한 y의 실제 관측치인 y_i 부분은 설명되지 않은 부분이 된다. 즉 설명되지 않은 부분은 $y_i - \hat{y}_i$로 표시된다.

지금까지의 설명을 종합하면 회귀선에서의 총편차(①)는 설명되는 부분(②)과 설명되지 않은 부분(③)으로 나누어진다. 이를 간단히 정리하면 식 (12-8)과 같다.

$$y_i - \overline{y} = (\hat{y}_i - \overline{y}) + (y_i - \hat{y}_i) \quad (12\text{-}8)$$

①총편차 ②설명되는 부분 ③설명되지 않는 부분

그림 12-5

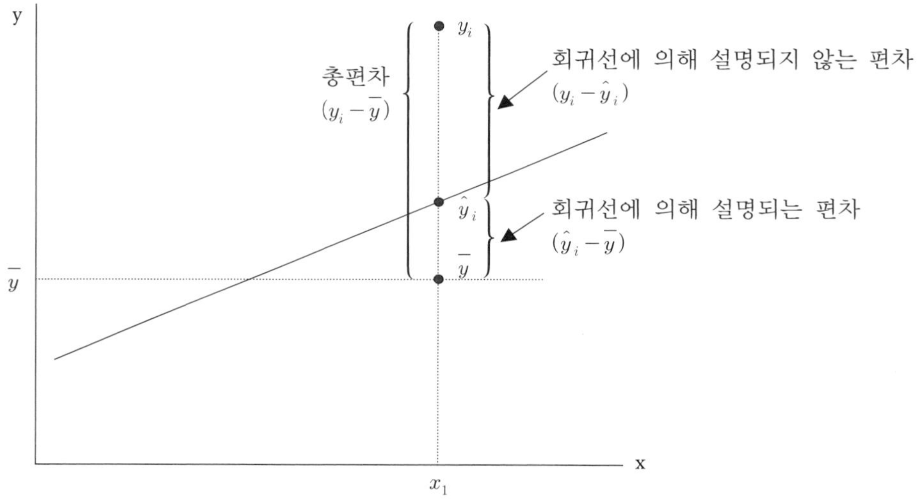

자료의 각 관측점에 대한 위의 편차들을 계산한 다음, 이들을 제곱하여 합산하면 종속변수에 관련된 전체적인 변동을 구할 수 있다.

$$\Sigma(y_i - \overline{y})^2 = \Sigma(\hat{y}_i - \overline{y})^2 + \Sigma(y_i - \hat{y}_i)^2 \tag{12-9}$$

$\Sigma(y_i - \overline{y})^2$은 독립변수를 무시하고 종속변수만을 고려할 때 발생하는 편차의 제곱합을 말하며 **총변동**(또는 총제곱합, total sum of squared deviations)이라 하고 간단히 TSS로 표시한다. $\Sigma(y_i - \hat{y}_i)^2$은 독립변수(x)를 고려할 경우 추정값과 실제 관측치와의 편차의 제곱합을 말하며 **오차변동**(또는 오차제곱합, error 또는 unexplained sum of squared deviations)이라 하고 **SSE**로 나타낸다. $\Sigma(\hat{y}_i - \overline{y})^2$은 평균과 추정값과의 편차의 제곱합을 말하며 **회귀변동**(또는 회귀제곱합, regression 또는 explained sum of squared deviations)이라 하고 **SSR**로 표시한다. 즉 **TSS=SSE+SSR**의 관계식이 성립되며 TSS와 관련하여 SSE가 작으면 작을수록 SSR값은 커진다. 총변동 중에서 회귀선에 의하여 설명되는 비율을 **결정계수**라 한다. 즉 결정계수는 종속변수의 변화가 독립변수에 의하여 어느 정도 설명되는가를 나타내는 것이다. 결정계수는 식 (12-10)과 같이 정의된다.

$$r^2 = \frac{SSR}{TSS} = 1 - \frac{SSE}{TSS} = \frac{\Sigma(\hat{y}_i - \overline{y})^2}{\Sigma(y_i - \overline{y})^2} \tag{12-10}$$

결정계수의 범위는 0과 1 사이이다. 결정계수가 1일 때에는 회귀선상에 모든 자료의 관측점들이 위치하게 되며 종속변수의 변화는 독립변수에 의하여 100% 설명된다는 뜻이다. 식 (12-3) 회귀모형의 결정계수가 0.25라 가정한다면 사회복지기관 종사자의 연소득(x)은 근무만족도의 변화에 25%를 설명해 준다는 것을 의미한다. 나머지 75%는 다른 독립변수들과 오차에 의하여 영향을 받게 되는 것이다. 그러므로 연구를 수행할 때 종속변수에 영향을 미치는 독립변수의 수가 많을수록 결정계수는 커진다. 결정계수가 0이라는 것은 독립변수가 종속변수에 어떠한 영향력을 행사하지 못한다는 것을 의미한다.

[예 12.4] [예 12.2]의 자료에 대한 회귀모형은 $\hat{y}_i = 22.5 - 0.675x$이었다. 결정계수를 구해 보자.

[풀 이] 결정계수를 구하기 위해 TSS와 SSE를 구하면 다음과 같다.
$\overline{y} = 12.375$ 임을 알고 있다.

x_i	y_i	$y_i-\overline{y}$	$(y_i-\overline{y})^2$	$\hat{y}_i$	$y_i-\hat{y}_i$	$(y_i-\hat{y}_i)^2$
0	22	9.625	92.641	22.5	−0.5	0.25
0	26	13.625	185.641	22.5	3.5	12.25
10	17	4.625	21.391	15.75	1.25	1.563
10	11	−1.375	1.891	15.75	−4.75	22.563
20	10	−2.375	5.641	9	1	1
20	6	−6.375	40.641	9	−3	9
30	2	−10.375	107.641	2.25	−0.25	0.063
30	5	−7.375	54.391	2.25	2.75	7.563
계			509.878			54.252

$$TSS=\sum(y_i-\overline{y})^2=509.878$$
$$TSS=\sum(y_i-\hat{y}_i)^2=54.252$$
$$SSR=TSS-SSE=509.878-54.252=455.626$$

따라서 결정계수 $r^2=\dfrac{SSR}{TSS}=\dfrac{455.626}{509.878}=0.894$

즉, 진통제 복용량(x)은 고통수준(y)의 변화에 89.4%를 설명해 준다.

2.4 회귀계수(β_i)의 추론

최소제곱법을 이용하여 얻은 회귀선 $\hat{y}_i=a+bx$는 x에 대한 y의 관계를 나타내는 단순회귀모형 $y=\alpha+\beta_i x+\epsilon$를 추정한 것이다. 즉 a는 α의 최소제곱 추정치이며, b는 회귀계수인 β_i의 최소제곱 추정치이다. 그러나 이러한 추론은 연구를 위하여 선택된 단지 하나의 표본을 대상으로 결정된 것이기 때문에 조심스럽게 해석하여야 한다. 만약 모집단으로부터 동일한 표본 크기의 다른 표본들을 선택하였을 경우 동일한 추정치가 나올 수는 없는 것이다. 따라서 표본을 이용하여 모집단에 대한 추론을 할 때 그 추론의 내용이 100% 정확하다고 말할 수는 없다. 따라서 우리는 **신뢰구간**(confidence interval)을 이용하여 틀린 추론을 할 수 있는 가능성에 대하여 설명하게 되는 것이다.

단순회귀분석에서는 회귀계수인 β_i의 변화에 대한 y의 변화량을 알아보는 것이 주목적이므로 b를 이용한 모집단의 회귀선에 대한 통계적 추론에 대하여 학습하기로 한다.

단순회귀모형 $y=\alpha+\beta_i x+\epsilon$에서 β_i에 대한 추론을 위해서는 추정치인 b에 대한 표본분포를 이해하고 다음과 같은 가정을 만족하여야 한다.

1. x와 y는 선형관계(linear relationship)에 있다.
2. 오차(ϵ)들은 정규분포(normally distributed)를 이룬다.
3. 오차들의 기대치(평균)는 0이다. 즉 $E(\epsilon)=0$
4. 오차들의 분산은 모든 x값에서 동일하다. 즉 동일한 표준편차를 가진다.
5. 오차들은 서로 독립적이다. 즉 어떤 관측치에 대한 오차는 다른 관측치들의 오차들과는 관계가 없다.

위의 가정하에 기울기 b는 β_i의 추정치이며 기울기 b의 표준오차(standard error)는 식 (12-11)과 같이 정의된다.

$$SE(b)=\sqrt{\frac{SSE/(n-2)}{SS_{xx}}} \quad (12\text{-}11)$$

여기서 $SSE=\Sigma(y_i-\hat{y}_i)^2$

$SS_{xx}=\Sigma(x_i-\bar{x})^2$

또한 검정통계량 $(T)=\frac{b}{SE}$로 표시되며 (12-12)

T는 자유도 (n−2)인 t-분포를 이룬다.

회귀분석에서 우리의 관심사는 모집단으로부터 표본을 선택하여 기울기인 회귀계수 β_i를 추정하여 모집단에 대한 독립변수(x)의 변화에 따른 종속변수(y)의 변화를 예측하는 데 있다. 따라서 독립변수와 종속변수 사이에 어떠한 관계(즉 독립변수의 증감에 따른 종속변수의 증감의 관계)가 있어야 그들의 관계를 파악할 수 있는 것이다. 독립변수와 종속변수 사이의 관계를 형성하기 위해서는 회귀계수인 β_i는 0이 아니어야 한다. 만약 회귀계수가 0이면 독립변수(x)와 종속변수(y) 사이에는 어떠한 관계가 없다는 것을 의미하게 된다.

따라서 회귀계수 β_i에 대한 검정을 할 때 우리는 두 개의 가설을 세우게 되는 것이다. 귀무가설과 대립가설이 그것이다. **귀무가설**(null hypothesis)은 독립변수와 종속변수 사이에 어떠한 관계가 없다는 것을 의미하는 가설이고 H_0로 표시한다. **대립가설**(alternative hypothesis)은 연구자가 귀무가설에 의심을 가지고 선택하기 위해 제안된 다른 가설(일명 연구가설, research hypothesis이라 한다)로 독립변수와 종속변수 사이에는 어떠한 관계를 맺고 있다는 것을 의미하는 가설로 H_1으로 표시한다. 즉 귀무가설은 모집단의 β_i가 0이어야 하며 대립가설은 모집단의 β_i가 0이 아니어야 한다. 이것을 수식으로 나타내면 다음과 같다.

H_0: $\beta_i=0$ (귀무가설)
H_1: $\beta_i\neq 0$ (대립가설)

위의 가설을 검정하기 위한 방법에는 세 가지가 있다. 첫번째 방법은 식 (12-13)을 이용하여 회귀계수 β_i의 추정치인 b 근처의 신뢰구간을 이용하는 것이고, 두번째는 식 (12-12)의 검정통계량(T)을 이용하는 방법이다. 마지막 방법은 두 개 이상의 모집단 사이의 평균값을 비교하여 추론하는 **분산분석**(Analysis of Variance, ANOVA)을 이용하는 방법이다.

신뢰구간을 이용하여 가설을 검정할 경우 신뢰구간 내에 0이 포함되지 않을 경우에는 주어진 신뢰구간에서 귀무가설을 기각하고 대립가설을 채택한다. 즉 모집단의 독립변수와 종속변수 사이에는 어떠한 관계가 있다는 것을 의미하기 때문이다. 반면에 신뢰구간 내에 0이 포함될 경우에는 귀무가설을 채택한다. β_i에 대한 $(1-\alpha)100\%$ 신뢰구간(confidence interval: C.I.)은 다음과 같이 나타낸다.

$$C.I.=(b\pm t_{\alpha/2;\,(n-2)}\,SE)\quad \text{단, 양쪽검정일 때} \qquad (12\text{-}13)$$

모집단 회귀계수 β_i의 신뢰구간을 이용하여 가설검정을 하는 절차는 다음과 같다.

회귀계수 β_i인 신뢰구간을 이용한 가설검정의 절차(단 양쪽검정에 한정)

1. 신뢰수준 $(1-\alpha)$ 100%에 대한 $t_{\alpha/2;\,(n-2)}$값을 구한다.
2. 신뢰구간 $b\pm t_{\alpha/2;\,(n-2)}\,SE$를 구한다.
3. 신뢰구간 내에 0이 포함될 경우 귀무가설을 채택하고 그렇지 않을 경우 대립가설을 채 택한다.

검정통계량(T)을 이용하여 가설을 검정할 경우의 절차는 다음과 같다.

검정통계량을 이용할 경우 모집단 β_i에 대한 가설검정 절차

1. 귀무가설(H_0)과 대립가설(H_1)을 세운다.
   양쪽검정(two-tailed test): H_0: $\beta_i=0$, H_1: $\beta_i\neq 0$
   좌측검정(left-tailed test): H_0: $\beta_i=0$,. H_1: $\beta_i<0$
   우측검정(right-tailed test): H_0: $\beta_i=0$, H_1: $\beta_i>0$
2. 유의수준 α를 결정한다.
3. 검정통계량을 구한다 (분포는 n−2)

$$T = \frac{b}{SE}$$

4. 기각영역과 채택영역을 구한다.
   <귀무가설 기각영역>
   양쪽검정일 경우: $T \le -t_{\alpha/2;(n-2)}$ 또는 $T \ge t_{\alpha/2;(n-2)}$
   좌측검정일 경우: $T \le -t_{\alpha;(n-2)}$
   우측검정일 경우: $T \ge t_{\alpha;(n-2)}$

   <귀무가설 채택영역>
   양쪽검정일 경우: $-t_{\alpha/2;(n-2)} < T < t_{\alpha/2;(n-2)}$
   좌측검정일 경우: $T > -t_{\alpha;(n-2)}$
   우측검정일 경우: $T < t_{\alpha;(n-2)}$

5. 검정통계량이 기각영역과 채택영역 어디에 있는지를 파악하여 귀무가설을 채택 또는 대립가설을 채택한다.

독자의 이해를 돕기 위해 검정통계량을 이용하여 가설검정(양쪽검정)을 할 경우 기각영역과 채택영역을 표시하면 아래의 [그림 12.6]과 같다(단 유의수준 α= 0.05).

그림 12-6

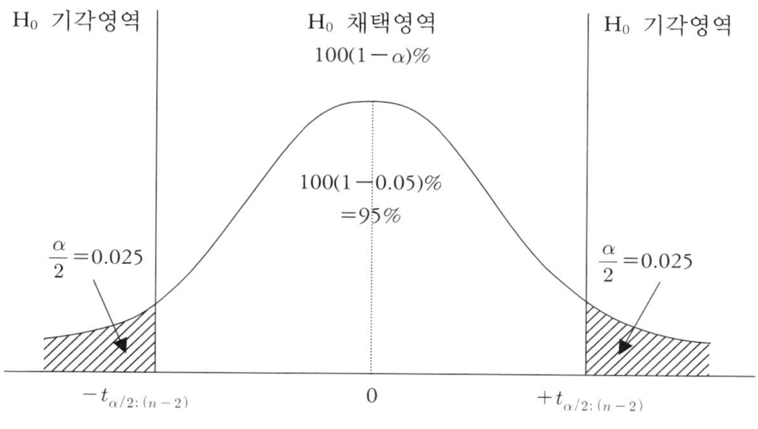

마지막으로 분산분석을 이용하는 방법이다. 즉 결정계수에서 설명한 회귀선에 의해 설명된 부분을 나타내는 회귀변동(SSR)과 설명되지 않은 부분을 나타내

는 오차변동(SSE)의 **제곱평균**(mean squares)을 비교 F-분포표를 사용하여 회귀계수를 검정하는 방법이다. 단순회귀분석에서는 독립변수가 하나이기 때문에 구태여 분산분석을 이용하지 않고 위에서 설명한 신뢰구간과 검정통계량을 이용하여 가설검정을 한다. 그러나 두 개 이상의 독립변수들이 존재하는 다중회귀분석에서 모든 회귀계수가 동시에 0인지 아닌지를 검정하는 데 유용하게 사용된다. 분산분석을 이용한 검정에 대한 자세한 내용은 다중회귀분석의 내용을 참조하길 바란다.

[예 12.5] [예 12.2]를 이용하여 β_i에 대한 95% 신뢰구간을 구해 보고 신뢰구간과 검정통계량을 이용하여 $\beta_i=0$에 대한 가설검정을 해보자.

[풀 이] 우리는 α와 β_i의 최소제곱추정값 a와 b가 각각 22.5와 −0.675이기 때문에 회귀모형은 $\hat{y}=22.5-0.675x$임을 알고 있다. 회귀계수 β_i가 0이 아니기 때문에 우리는 귀무가설을 기각하고 대립가설을 채택하여야 된다는 사실을 이미 알고 있다. 또한 $\overline{x}=15$임을 알고 있다.

신뢰구간과 가설검정에 필요한 통계수치를 다음과 같이 정리한다.

	x_i	y_i	$\hat{y}_i$	$x_i-\overline{x}$	$y_i-\hat{y}_i$	$(x_i-\overline{x})^2$	$(y_i-\hat{y}_i)^2$
	0	22	22.5	−15	−0.5	225	0.25
	0	26	22.5	−15	3.5	225	12.25
	10	17	15.75	−5	1.25	25	1.563
	10	11	15.75	−5	−4.75	25	22.563
	20	10	9	5	1	25	1
	20	6	9	5	−3	25	9
	30	2	2.25	15	−0.25	225	0.063
	30	5	2.25	15	2.75	225	7.563
계	120	99				1,000	54.252

제일 먼저 β_i에 대한 95% 신뢰구간을 구해 보자. 신뢰구간은 식 (12-13)에 의해 $C.I.=(b\pm t_{\alpha/2;(n-2)}\ SE)$이다.

$t_{\alpha/2;(n-2)}=t_{0.025;(8-2)}=2.447$(부록의 t-분포표를 이용)이다.

$$SE=\sqrt{\frac{SSE/(n-2)}{SS_{xx}}}=\sqrt{\frac{\sum(y_i-\hat{y}_i)^2/(n-2)}{\sum(x_i-\overline{x})^2}}$$

$$=\sqrt{\frac{54.252/6}{1{,}000}}=\sqrt{\frac{9.042}{1{,}000}}=0.095$$

따라서 신뢰구간은 $-0.675 \pm 2.447(0.095) = -0.675 \pm 0.232 = [-0.907, -0.443]$이다.

가설검정에 있어서 H_0: $\beta_i = 0$(귀무가설)

H_1: $\beta_i \neq 0$(대립가설)

β_i에 대한 95% 신뢰구간이 0을 포함하지 않으므로 대립가설을 채택한다.

이번에는 검정통계량을 이용하여 가설검정을 해 보기로 한다.

검정통계량 $T = \dfrac{b}{SE} = -0.675/0.095 = -7.105$

$-t_{\alpha/2;(n-2)} = -2.447$이고 $t_{\alpha/2;(n-2)} = 2.447$이다.

양쪽검정일 때 귀무가설 기각영역: $T \leq -2.447$ 또는 $T \geq 2.447$
양쪽검정일 때 귀무가설 채택영역: $-2.447 < T < 2.447$
T값이 −2.447보다 작으므로 귀무가설을 기각하고 대립가설을 채택한다. 즉 진통제 복용량과 고통수준은 유의수준($\alpha = 0.05$)하에서 관계가 있음을 알 수 있다. [예 12.5]의 결과 신뢰구간과 검정통계량을 이용할 때 가설검정(양쪽)에 있어서 동일한 결과가 도출되었음을 알 수 있다.

[예 12.6] 전자제품을 생산하는 어느 기업은 그 제품에 대해 지난 5개월 동안 신문광고를 하고 있다. 그 기업의 관리자는 광고의 효과를 파악하기 위해 지난 6개월 동안의 광고빈도와 판매량과의 관계를 조사한 결과 다음과 같았다.

	1월	2월	3월	4월	5월	6월
광고빈도	0	3	5	8	10	9
판매량(단위: 천)	5	7	12	15	17	15

① 회귀모형 $y = \alpha + \beta_i x + \epsilon$에서 α와 β_i에 대한 최소제곱추정값 a와 b를 구해 보자.

② 회귀계수 β_i에 대한 95% 신뢰구간을 구해 보자.

③ 신뢰구간과 검정통계량을 이용하여 $\beta_i = 0$에 대한 가설검정을 해 보자.

[풀 이] 최소제곱추정값 a와 b, β_i에 대한 신뢰구간 및 검정통계량에 사용될 통계수치를 다음과 같이 정리한다.

	x_i	y_i	x_i^2	y_i^2	x_iy_i	$\hat{y}_i$	$x_i-\bar{x}$	$y_i-\hat{y}_i$	$(x_i-\bar{x})^2$	$(y_i-\hat{y}_i)^2$
	0	5	0	25	0	4.677	−5.83	0.323	33.989	0.104
	3	7	9	49	21	8.358	−2.83	−1.358	8.009	1.844
	5	12	25	144	60	10.812	−0.83	1.188	0.689	1.411
	8	15	64	225	120	14.493	2.17	0.507	4.709	0.257
	10	17	100	289	170	16.947	4.17	0.053	17.389	0.003
	9	15	81	225	135	15.72	3.17	−0.72	10.049	0.518
계	35	71	279	957	506				74.834	4.137

① 회귀모형 $y=\alpha+\beta_i\chi+\epsilon$에서 α와 β_i에 대한 최소제곱추정값 a와 b를 구해 보자.

$a=\bar{y}-b\bar{x}$, $b=SS_{xy}/SS_{xx}$

$\bar{x}=35/6=5.83$, $\bar{y}=71/6=11.83$

$$SS_{xy}=\sum x_iy_i-(\sum x_i)(\sum y_i)/n=506-(35)(71)/6$$
$$=506-414.17$$
$$=91.83$$

$$SS_{xx}=\sum x_i^2-(\sum x_i)^2/n$$
$$=279-204.17$$
$$=74.83$$

따라서 $b=SS_{xy}/SS_{xx}=91.83/74.83=1.227$

$$a=\bar{y}-b\bar{x}=11.83-(1.227)(5.83)=11.83-7.153=4.677$$

따라서 $\hat{y}=4.677+1.227x$

② 회귀모형 β_i에 대한 95% 신뢰구간을 구해 보자.

신뢰구간을 구하는 공식은 식 (12-13)에 의하여 $(b\pm t_{\alpha/2;(n-2)}SE)$이다.

$t_{\alpha/2;(n-2)}=t_{0.025:(4)}=2.776$(t-분포표 참조)

$$SE=\sqrt{\frac{SSE(n-2)}{SS_{xx}}}=\sqrt{\frac{\sum(y_i-\hat{y}_i)^2/(n-2)}{\sum(x_i-\bar{x})^2}}=\sqrt{\frac{4.137/4}{74.834}}$$

$= \sqrt{0.01382} = 0.1176$

따라서 신뢰구간은 1.227±2.776(0.1176)=1.227±0.3265=[0.9005, 1.5535]이다.

③ 신뢰구간과 검정통계량을 이용하여 $\beta_i=0$에 대한 가설검정을 해 보자. ②에서 신뢰구간 내에 0이 포함되지 않기 때문에 대립가설을 채택한다.

검정통계량(T)을 이용할 경우

$$T = \frac{b}{SE} = \frac{1.227}{0.1176} = 10.434$$

양쪽검정일 때 귀무가설 기각영역: $T \leq -2.776$ 또는 $T \geq 2.776$
양쪽검정일 때 귀무가설 채택영역: $-2.776 < T < 2.776$이다.
T값이 2.776보다 크기 때문에 귀무가설 H_0: $\beta_i=0$을 기각하고 대립가설 H_1: $\beta_i \neq 0$을 채택한다. 즉 주어진 신뢰구간 안에서 회귀계수 β_i가 0이 아니라는 확실한 증거가 있으며 판매량은 광고빈도와 정선형관계에 있다.

2.5 x값이 주어질 경우 기대되는 y값에 대한 신뢰구간 추론

회귀분석을 이용하는 목적 가운데 하나는 회귀모형인 $y = \alpha + \beta_i x + \epsilon$로부터 주어진 x값에 대해 기대되는 y값을 예측하는 것이다. 주어진 x값을 x′로 표시할 때, 주어진 x값에 대한 기대되는 값 y는 $E(y) = \alpha + \beta_i x'$로 표시된다. 이 기대되는 값 y는 α와 β_i의 추정값 a와 b를 이용하여 $\hat{y} = a + bx'$로 표시할 수 있다.

$a + bx'$를 추정치로 이용하여 $E(y) = \alpha + \beta_i x'$에 관한 추론이 가능하다.

회귀모형의 오차에 대한 기본가정들을 충족시킨다는 조건하에, 주어진 x'에 따라 기대되는 값 E(y)에 대한 $(1-\alpha)100\%$ 신뢰구간은 다음과 같이 정의된다.

$$a + bx' \pm t_{\alpha/2;\,(n-2)} \sqrt{\frac{SSE}{n-2}} \sqrt{\frac{1}{n} + (x' - \bar{x})^2 / SS_{xy}} \qquad (12\text{-}14)$$

여기서 $\sqrt{\frac{SSE}{n-2}}\sqrt{\frac{1}{n}+(x-\overline{x})^2/SS_{xx}}$ 는 E(y)의 표준오차이다.

[예 12.7] 어느 교육심리학자는 국민학생의 어휘력 실력과 학교 도서관에서 빌려간 도서수 사이에는 정선형관계가 있다고 믿고 있다. 이러한 믿음을 증명하고자 국민학생 15명을 대상으로 조사한 결과 다음과 같은 자료를 구하였다.

도서관에서 빌린 도서수	12	15	3	7	10	5	22	9	13	7	25	17	14	19	20
어휘력 점수	77	85	48	59	75	41	94	72	80	70	98	85	83	96	89

① 회귀모형 $y=\alpha+\beta_i x+\epsilon$에서 α와 β_i에 대한 최소제곱추정값 a와 b를 구해 보자.

② 주어진 x값 $x'=10$일 때 기대되는 값 E(y)에 대한 90% 신뢰구간을 구해 보자.

[풀 이] 최소제곱추정값 a와 b, E(y)에 대한 90% 신뢰구간을 구하는 데 사용될 통계수치를 다음과 같이 정리한다.

	x_i	y_i	x_i^2	y_i^2	x_iy_i	$\hat{y}_i$	$x_i-\overline{x}$	$y_i-\hat{y}_i$	$(x_i-\overline{x})^2$	$(y_i-\hat{y}_i)^2$
	12	77	144	5,929	924	73.94	−1.2	3.06	1.44	9.36
	15	85	225	7,225	1,275	81.09	1.8	3.91	3.24	15.29
	3	48	9	2,304	144	52.49	−10.2	−4.49	104.04	20.16
	7	59	49	3,481	413	62.03	−6.2	−3.03	38.44	9.18
	10	75	100	5,625	750	69.17	−3.2	5.83	10.24	33.99
	5	41	25	1,681	205	57.26	−8.2	−16.26	67.24	264.39
	22	94	484	8,836	2,068	97.77	8.8	−3.77	77.44	14.21
	9	72	81	5,184	648	66.79	−4.2	5.21	17.64	27.14
	13	80	169	6,400	1,040	76.32	−0.2	3.68	0.04	13.54
	7	70	49	4,900	490	62.03	−6.2	7.97	38.44	63.52
	25	98	625	9,604	2,450	104.92	11.8	−6.92	139.24	47.89
	17	85	289	7,225	1,445	85.86	3.8	−0.86	14.44	0.74
	14	83	196	6,889	1,162	78.71	0.8	4.29	0.64	18.40
	19	96	361	9,216	1,824	90.62	5.8	5.38	33.64	28.94
	20	98	400	7,921	1,780	93.00	6.8	−4.00	46.24	16.00
계	198	1,152	3,206	92,420	16,618				592.4	582.75

① 회귀모형 $y=\alpha+\beta_i x+\epsilon$에서 α와 β_i에 대한 최소제곱추정값 a와 b

를 구해 보자.

$a=\overline{y}-b\overline{x}$, $b=SS_{xy}/SS_{xx}$

$\overline{x}=198/15=13.2$, $\overline{y}=1{,}152/15=76.8$

$$SS_{xy}=\sum x_i y_i-(\sum x_i)(\sum y_i)/n=16{,}618-(198)(1{,}152)/15$$
$$=16{,}618-15{,}206.4=1{,}411.6$$
$$SS_{xx}=\sum x_i^2-(\sum x_i)^2/n=3{,}206-(198)^2/15$$
$$=3{,}206-2{,}613.6=592.4$$

따라서 $b=SS_{xy}/SS_{xx}=1411.6/592.4=2.383$

$$a=\overline{y}-b\overline{x}=76.8-(2.383)(13.2)=76.8-31.456=45.344$$

따라서 $\hat{y}=45.344+2.383x$

② 주어진 x값 $x'=10$일 때 기대되는 값 E(y)에 대한 90% 신뢰구간을 구해 보자.

$t_{\alpha/2;\,(n-2)}=t_{0.05\,:\,13}=1.771$(t-분포표 참조)

$SSE=\sum(y_i-\hat{y}_i)^2=582.75$

$SS_{xx}=592.4$

$x'=10$일 때 기대되는 값 E(y)에 대한 90% 신뢰구간은 식 (12-14)에 의하여

$$a+bx'\pm t_{\alpha/2;\,(n-2)}\sqrt{\frac{SSE}{n-2}}\sqrt{\frac{1}{n}+(x'-\overline{x})^2/SS_{xx}}$$

$$45.344+2.383(10)\ \pm1.771(6.69)\sqrt{\frac{1}{15}+(10-13.2)^2/592.4}$$
$$=69.174\pm(11.848)(0.2898)$$
$$=69.174\pm3.434$$

따라서 신뢰구간은 [65.74, 72.61]이다.

3. 다중회귀분석(multiple regression analysis)

다중회귀분석은 종속변수를 설명해 주는 독립변수가 두 개 이상으로 이루어진 회귀분석을 말한다. 사회과학의 모든 분야에 있어서 종속변수를 설명해 주는

독립변수는 거의 대부분이 두 개 이상인 것이 일반적이다. 이미 예를 들은 사회복지기관 종사자의 근무만족도와 제품의 판매량의 경우 한 개의 독립변수만을 선택하여 종속변수와의 관계를 알아본다면 정확한 연구를 수행할 수 없게 된다. 따라서 사회과학의 모든 분야에 있어서 종속변수에 영향을 미치는 모든 독립변수를 선택하는 일은 매우 중요한 일이다.

독립변수가 여섯개인 경우 다중회귀모형은 다음과 같은 관계식이 성립된다.

$$y = \alpha + \beta_1 x_1 + \beta_2 x_2 + \beta_3 x_3 + \beta_4 x_4 + \beta_5 x_5 + \beta_6 x_6 + \epsilon \tag{12-15}$$

여기서 β_1, β_2, β_3, β_4, β_5, β_6는 회귀계수를 말하고 ε는 중회귀오차(error term)로서 ε는 독립적이며 $N(0,\ \sigma^2)$의 분포에 따른다. x_1, x_2, x_3, x_4, x_5, x_6는 독립변수를 의미한다.

모수에 대한 α, β_1, β_2, β_3, β_4, β_5, β_6의 추정치를 a, b_1, b_2, b_3, b_4, b_5, b_6라 할 때 y에 대한 기대치, $\hat{y}$는 다음과 같이 정의된다.

$$\hat{y} = a + b_1 x_1 + b_2 x_2 + b_3 x_3 + b_4 x_4 + b_5 x_5 + b_6 x_6 \tag{12-16}$$

계산법의 편의를 위해 두 개의 독립변수를 가진 다중회귀모형을 생각하기로 한다. 따라서 (12-16)은 다음과 같이 정리된다.

$$\hat{y} = a + b_1 x_1 + b_2 x_2 \tag{12-17}$$

단순회귀모형과 동일하게 최소제곱법에 의하여 오차제곱합(SSE)은 다음과 같이 정의된다.

$$SSE = \Sigma (y - \hat{y})^2 \tag{12-18}$$

식 (12-17)을 식 (12-18)에 대입하면 SSE는 식 (12-19)와 같이 정의된다.

$$SSE = \Sigma (y - a - b_1 x_1 - b_2 x_2)^2 \tag{12-19}$$

식 (12-19)가 최소가 되도록 a, b_1, b_2에 대하여 각각 편미분하여 풀면(과정은 생략한다) α, β_1, β_2의 추정치인 a, b_1, b_2를 구할 수 있다. 이 때 a, b_1, b_2를 각

각 A, B, C라 한다면 다중회귀방정식은 다음과 같이 정의된다.

$$\hat{y} = A + Bx_1 + Cx_2 \quad (12\text{-}20)$$

여기서 B는 독립변수 x_2를 고려하지 않고 독립변수 x_1을 한 단위 증가시키면 y의 변화가 B만큼 된다는 뜻이다. 즉 B의 부호가 −이면 x_1을 한 단위 증가시키면 y가 B만큼 감소한다는 뜻이다. 마찬가지로 C는 독립변수 x_1을 고려하지 않고 독립변수 x_2를 한 단위 증가시키면 y의 변화가 C만큼 된다는 뜻이다. 즉 C의 부호가 +이면 x_2를 한 단위 증가시키면 y가 C만큼 증가한다는 뜻이다.

단순회귀분석에서 우리는 회귀모형이 종속변수를 예측하는 데 얼마나 적합한가를 파악하기 위하여 결정계수에 대하여 학습하였다. 또한 독립변수가 종속변수를 정말로 잘 설명해 주는 의미있는 회귀선인가를 알아보기 위해 주어진 유의수준(α)에서 신뢰구간과 검정통계량을 이용하여 가설검정을 하였다.

다중회귀분석에서는 회귀선이 의미있는지의 여부를 분산분석을 이용하여 가설검정을 한다. 그러나 자유도에 있어서 독립변수의 수가 다르기 때문에 단순회귀분석과 차이가 있다. 단순회귀분석에서 회귀선에 의해 설명된 부분을 나타내는 회귀변동(SSR)의 자유도는 독립변수가 한 개이기 때문에 1이었으나 다중회귀분석에서의 자유도는 독립변수의 수 k이다. 단순회귀분석에서 오차변동은 n−k−1에서 독립변수가 한 개이므로 n−1−1, 즉 n−2였으나 다중회귀분석에서의 오차변동(SSE)은 n−k−1이다(n: 표본의 수, k: 독립변수의 수). 총변동(TSS)은 단순회귀분석과 마찬가지로 n−1이다. 다중회귀분석에서 결정계수(R^2)는 단순회귀분석에서와 마찬가지로 SSR/TSS로 계산한다.

$$\text{결정계수 } (R^2) = \frac{SSR}{TSS} = 1 - \frac{SSE}{TSS} \quad (12\text{-}21)$$

이것을 정리하여 분산분석표(ANOVA table)로 나타내면 다음과 같다.

변동요인	제곱합	자유도	제곱평균	F-값
회귀변동	SSR	k	MSR	$F = \frac{MSR}{MSE}$
오차변동	SSE	n-k-1	MSE	
총변동	TSS	n-1		

위의 분산분석표에서 각 변동을 자유도로 나눈 값을 제곱평균(mean squares)이라 한다. **회귀제곱평균,** MSR=SSR/k이고 **오차제곱평균,** MSE=SSE/n-k-1이다. 또한 총변동의 자유도는 회귀변동의 자유도와 오차변동 자유도의 합임을 알 수 있다.

다중회귀모형 $y=\alpha+\beta_1 x_1+\beta_2 x_2+\cdots\cdots+\beta_k x_k+\epsilon$에서 가설을 검정하는 방법은 다음과 같다.

다중회귀분석에서 검정통계량(F)을 이용하여 회귀계수 β에 대한 가설검정절차

1. 귀무가설과 대립가설을 세운다.

   귀무가설 (H_0): $\beta_1=\beta_2=\cdots\cdots=\beta_k=0$
   대립가설 (H_1): 적어도 하나는 0이 아니다.

2. 검정통계량 F값을 구한다. F값은 자유도(k, n−k−1)을 가지는 F분포를 따른다(k: 독립변수의 수, n: 표본의 수)

$$F=\frac{MSR}{MSE}=\frac{SSR/k}{SSE/n-k-1}$$

3. 유의수준(α)에서의 F_α(k, n−k−1) 값을 구한다.
4. F값이 주어진 유의수준(α)에서의 F_α(k, n−k−1)값보다 클 경우에는 귀무가설을 기각하고 대립가설을 채택한다.

다중회귀분석은 독립변수가 두 개 이상이기 때문에 우리의 관심사인 회귀계수에 대한 추정과 검정을 손으로 계산하기가 불가능하고 풀이과정이 사회과학을 전공하는 학생에게는 매우 복잡하기 때문에 통계분석 패키지를 이용하여 나타난 결과의 해석에 더욱 치중하고 있다. 사회과학도에게는 통계분석 패키지를 사용하여 수집된 자료를 입력하고 연구목적에 맞는 통계분석방법을 이용하여 나타난 결과를 올바르게 해석할 수 있는 능력이 더욱 중요하다고 볼 수 있다.

다음은 사회과학 분야에서 많이 사용되고 있는 통계 패키지인 SPSS(Statistical Package for the Social Sciences)를 이용하여 나타난 회귀분석 결과이다. 이 결과를 보고 해석하는 방법에 대해 설명하고자 한다.

[예 12.8] 다음은 종속변수에 영향을 미치는 독립변수를 알아보기 위하여 다중회귀분석을 이용한 결과이다(표본의 크기는 213이고 독립변수는 10개이다). 결과를 보고 회귀방정식, 종속변수를 설명해 주는 유의한 독립변수, 결정계수를 설명하고 다중회귀선이 유의한가를 검정하여 보자.

SPSS-PC에 의한 회귀분석 결과

(A) Coefficients

	Unstandardized Coefficients		Standardized Coefficients		
Model	B	Standard Error	Beta	t	sig.
(Constant)	5.685	2.424		2.345	.020
x_1	.037	.033	.081	1.117	.265
x_2	.240	.116	.133	2.063	.040
x_3	.225	.047	.349	4.750	.000
x_4	1.297	.407	.204	3.184	.002
x_5	−1.645	.459	−.283	−3.586	.000
x_6	−.106	.088	−.082	−1.202	.231
x_7	−.036	.424	−.006	−.084	.933
x_8	1.342	.483	.226	2.781	.006
x_9	.069	.475	.012	.146	.884
x_{10}	.458	.420	.068	1.092	.276

(B) Model Summary

Model	R	R Square	Adjusted R Square	Std. Error of the Estimate
	.478	.228	.190	2.62

(C) ANOVA

Model	Sum of Squares	df	Mean Square	F	Sig.
Regression	409.987	10	40.999	5.972	.000
Residual	1386.783	202	6.865		
Total	1796.770	212			

[풀 이] ① 회귀방정식을 구해 보자.

회귀분석 결과 (A)에서 B값은 모든 독립변수들의 회귀계수 β_i의 추정치인 b_i계수를 나타내고 있다. 5.685는 상수 a를 의미한다. 따라서 회귀방정식은 다음과 같다.

$$\hat{y} = 5.685 + 0.037x_1 + 0.240x_2 + 0.225x_3 + 1.297x_4 - 1.645x_5 - 0.106x_6 - 0.036x_7 + 1.342x_8 + 0.069x_9 + 0.458x_{10}$$

각 독립변수의 계수(B)는 **부분회귀계수**(partial regression coefficient)라고 불리우며 그것이 갖는 의미는 다음과 같다. 예를 들어, 만약 독립변수 x_3가 교육수준이라면(학교에 다닌 연수로 측정) 다른 9개의 독립변수들을 고려하지 않았을 때(통제하였을 때) 종속변수에 대한 독립변수 x_3의 효력을 나타낸다. 즉 교육수준이 한 단위(여기서는 1년) 증가할 경우 종속변수의 값은 평균 0.225만큼 증가한다는 뜻이다.

② 종속변수를 설명해 주는 유의한 독립변수를 구해 보자.
제일 먼저 B(Unstandardized Coefficient)와 Beta(β, Standardized Coefficient)의 차이에 대해서 알아보기로 하자. 연구에 사용되는 모든 독립변수들은 측정단위에 있어서 서로 다른 단위가 사용된다. 따라서 연구자는 B값으로부터 측정단위를 표준화시킨 β를 사용하게 된다. β는 독립변수에서 한단위 표준편차의 변화로부터 발생되는 종속변수의 변화를 측정한 값이다.

즉 $\beta = b \times \sigma_x / \sigma_y$, $b = \beta \times \sigma_y / \sigma_x$

회귀분석 결과 (A)에서 오른쪽에 있는 t값은 식 (12-12)의 검정통계량 (T) 값을 의미한다. 즉 t=b/SE (SE: Standard Error, 표준오차)이다. Sig.는 검정통계량 값에 있어서 유의수준 α를 포함하는 값을 나타낸다 (P-Value). 예를 들어 독립변수 x_3의 경우 t값은 4.750이며 이 때 유의수준 α를 포함하는 값이 0.000이라는 의미이다. 즉 매우 유의미한 독립변수라는 뜻이다. 따라서 Sig.값이 0.05보다 클 경우는 유의미하지 않은 독립변수임을 나타낸다(왜냐하면 전통적으로 유의수준은 0.05를 사용하기 때문이다). 따라서 본 회귀분석의 결과에 의하면 x_2, x_3, x_4, x_5, x_8이 유의미한 독립변수들이다.

③ 결정계수를 구해 보자.
결정계수란 모든 독립변수틀에 의해서 설명되어 변화된 종속변수의 비율을 말한다. 회귀분석 결과 (B)에서 R Square값이 결정계수 R^2를 말한다. 따라서 종속변수는 모든 독립변수들에 의해 22.8%가 설명되었음을 알 수 있다.

④ 다중회귀선이 유의한가를 검정하여 보자.

가설검정을 이용하여 다중회귀선이 유익한가를 알아보자. F값(MSR/MSE)은 5.972이다. 유의수준 0.05에서의 F값은 $F_{K,\ n-k-1} = F_{10,\ 202} = 1.83$이다. F값이 주어진 유의수준 α에서의 F값 1.83보다 커서 대립가설을 채택하기 때문에 다중회귀선은 유의성이 있음을 알 수 있다. 회귀분석 결과 (C)에서 Sig.는 P-value를 의미한다. 즉 유의수준 α를 포함하는 값이 0.000이라는 의미이다. 따라서 매우 유의성이 있다는 것을 의미한다.

연습문제

1. 1) 2) 자료세트에 대해 스캐터 다이어그램을 작성하고 x와 y 사이의 상관계수를 각각 구하고 비교하시오. 또한 3)의 자료에 대해서는 x와 y는 어떠한 관계가 있는지를 설명하시오.

1)

x	2	1	3	2	3	1
y	4	0	6	6	8	2

2)

x	0	1	2	3	4	5	6
y	10	8	7	6	5	5	3

3)

x	41	52	37	26	45	32	49	55	22	30
y	1.2	2.8	0.6	-1.7	2.9	-1.1	3.1	2.7	-2.4	-1.3

2. 어느 대학 교수는 결석과 학점과의 관계를 파악하고자 사회변동론을 수강하는 학생 9명을 대상으로 조사하였다. 그 결과는 아래와 같다. 결석과 학점과의 상관계수를 구하시오.

결석횟수	6	3	2	8	4	9	1	5	7
점수	72	91	90	68	89	55	95	84	62

3. 과일의 가격은 수확량에 상당한 영향을 받는 것으로 알려져 있다. 이러한 사실을 조사하기 위해 한 연구자는 지난 6년간 포도의 수확량과 도매상에게 넘기는 포도 1박스의 평균가격을 조사하였다. 다음은 그 결과를 나타내고 있다. 단순회귀모형 $y = \alpha + \beta_i x$에서 α와 β_i에 대한 최소제곱추정값 a와 b를 구하시오.

수확량(톤)	72	69	58	70	65	54
가격(천원)	5.4	6.1	9.3	6.5	7.2	13.4

4. 다음은 어느 기계의 평균수명과 기계 내부의 특정부품의 온도와의 관계를 나타낸 표이다.

x: 온도 (0 C)	50	100	150	200	250	300
y: 평균수명(시간)	875	884	762	424	365	128

1) 단순회귀모형 $y = \alpha + \beta_i x$에서 α와 β_i에 대한 최소추정값 a와 b를 구하시오.

2) 관측치에 대한 기대치의 오차(residuals)를 구하시오.

3) 오차제곱합(SSE)을 구하시오.

5. 다음과 같은 자료에서 신뢰구간과 검정통계량을 사용하여 $\beta_i=0$에 대한 가설검정을 해 보자.

x	11	6	11	15	14	15	8	16
y	8	5	10	12	12	9	5	11

6. 다음 자료는 교통단속 경찰관의 경력과 일주일에 발급한 교통위반 티켓과의 관계를 설명한 것이다. 신뢰구간과 검정통계량을 사용하여 $\beta_i=0$에 대한 가설검정을 해 보자.

근무년수(x)	3	8	2	15	5	20	1	10	7	12
티켓발급수(y)	42	30	54	12	32	8	75	28	20	15

7. 다음 자료를 이용하여
   1) 회귀모형 $y=\alpha+\beta_i x+\epsilon$에서 α와 β_i에 대한 최소제곱추정값 a와 b를 구해 보자.
   2) 주어진 x값 $x=10$, 20, 30, 40, 50일 때 기대되는 값 E(y)에 대한 98% 신뢰구간을 구해 보자.

x	10	10	10	20	20	20	30	30	30	40	40	40
y	16	20	14	22	26	23	28	30	25	31	35	29

상관분석과 회귀분석 SPSS 실습

1. 상관분석

[예제 1]

A대학교에 재학중인 10명의 4학년생을 선택하여 그들의 입학성적(100점 만점)과 평점과의 관계를 조사한 결과가 다음과 같았다.

	1	2	3	4	5	6	7	8	9	10
입학성적(x)	90	60	70	95	80	73	69	89	78	92
평점(y)	3.5	2.5	3.0	3.7	3.7	2.7	2.0	3.3	3.0	4.0

SPSS를 이용하여 상관분석을 해보자(α=0.01 수준에서 검정하라).

① 상관분석을 위해서 [그림 12-7]에서와 같이 자료를 입력한다.

그림 12-7 입력자료

② 상관분석을 위해서 [그림 12-7]에서와 같이 지정한다.

그림 12-8 실행명령 지정

③ [그림 12-8]에서와 같이 두 변수를 [변수(V)]로 보내고 [확인]을 클릭한다.

그림 12-9 상관분석 대화상자

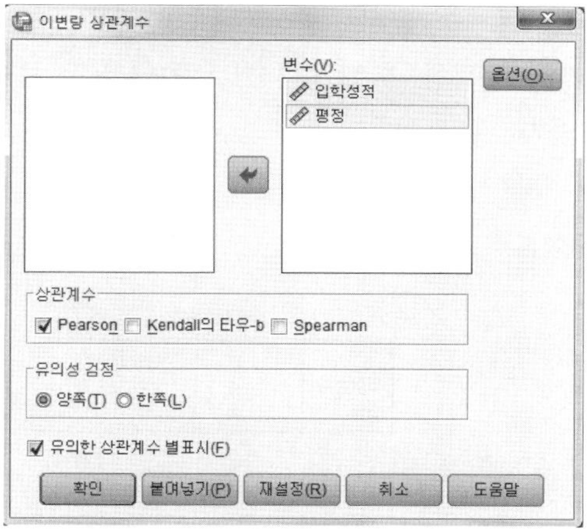

[그림 12-8]에서 [상관계수]선택란에 보면 [Pearson(N)]이 디폴드 값으로 지정되어 있는데 피어슨 상관계수는 등간 및 비율척도로 된 자료의 상관계수를 구할 때 사용된다. [Kendall의 타우-b(K)]는 자료가 서열척도로 주어진 3개 이상의 변수들 사이의 상관을 구할 때 사용된다. 그리고 [Spearman(S)]는 서열척도로 구성된 두 변수 사이의 상관계수를 구할 때 사용된다.

그리고 하단부에 [유의한 상관계수 별표시(F)]는 통계적으로 유의미한 상관계수값에 별표시를 하겠다는 것을 나타낸다.

④ [그림 12-8] 상관분석 대화상자에서 우측하단의 [옵션(O)]단추를 클릭하여 [그림 12-9]에서와 같이 지정한다.

그림 12-10 옵션 대화상자

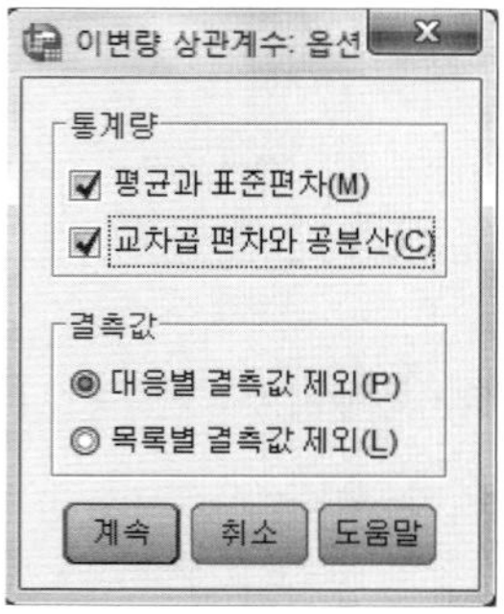

⑤ 이들 모두 지정한 후에 [계속] [확인]을 누르면 [그림 12-10]에서와 같은 분석결과가 나타난다.

그림 12-11 분석결과

기술통계량

	평균	표준편차	N
입학성적	79.60	11.654	10
평점	3.140	.6204	10

상관계수

		입학성적	평점
입학성적	Pearson 상관계수	1	.828**
	유의확률 (양쪽)		.003
	제곱합 및 교차곱	1222.400	53.860
	공분산	135.822	5.984
	N	10	10
평점	Pearson 상관계수	.828**	1
	유의확률 (양쪽)	.003	
	제곱합 및 교차곱	53.860	3.464
	공분산	5.984	.385
	N	10	10

**. 상관계수는 0.01 수준(양쪽)에서 유의합니다.

분석결과를 보면 두 변수값의 기술통계량이 제시되었다. 입학성적의 평균이 79.6이고 표준편차는 11.6543 그리고 10개의 사례가 분석되었다. 평점의 평균은 3.14이고 표준편차는 0.6204 그리고 역시 10개의 사례가 분석되었다.

상관계수와 공분산을 살펴보면, Pearson의 상관계수는 0.828로 입학성적과 평점은 상관이 매우 높다는 것을 보여주고 있다. 그리고 상관계수 우측상단에 별표시되어 있는 것을 확인할 수 있는데 이는 통계적 유의도 검증 결과를 나타내는 것이다. 별표시가 1개가 표시되어 있으면 이는 0.05수준에서 통계적으로 유의미하게 상관이 있다는 것을, 별표시가 2개 되어 있으면 0.01수준에서 유의미한 상관이 있다는 것을 나타낸다. 위의 예에서는 상관계수 우측에 별표시가 2개 되어 있고 이는 0.01수준에서 유의미한 상관을 보여주고 있다는 것이다. 실제로 Sig.(유의확률)값을 살펴보면 0.003으로 $\alpha=0.01$보다 작다는 것을 확인할 수 있다. 그리고 두 변수의 결합정도를 나타내주는 공분산(covariance)은 5.984임을 확인할 수 있다.

이 분석 결과를 산포도(scatterdiagram)로 나타내는 방법을 설명해 보자.

① 우선 도표를 그리기 위해서는 [그림 12-11]에서와 같이 지정해 준다.

그림 12-12 실행명령 지정

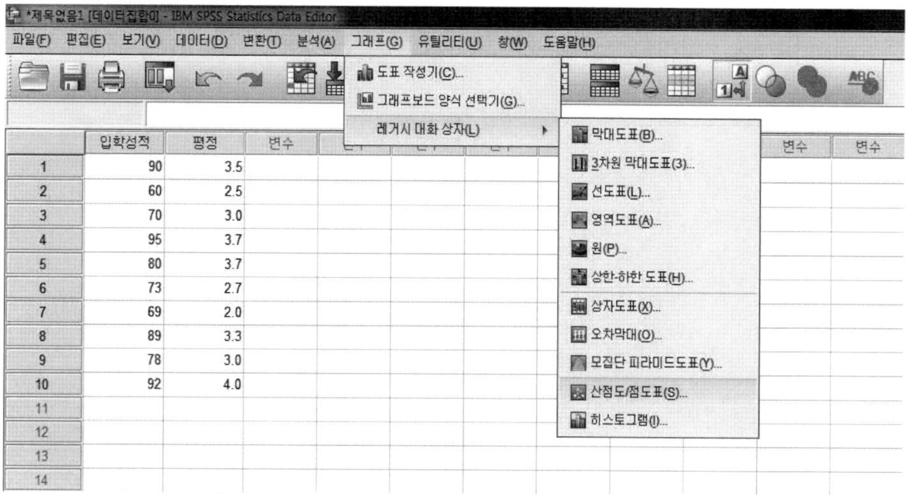

② [그림 12-12]에서와 같이 두 변수를 각각의 해당 축에 지정한다(입학성적은 X축, 학점은 Y축).

그림 12-13 산포도 대화상자

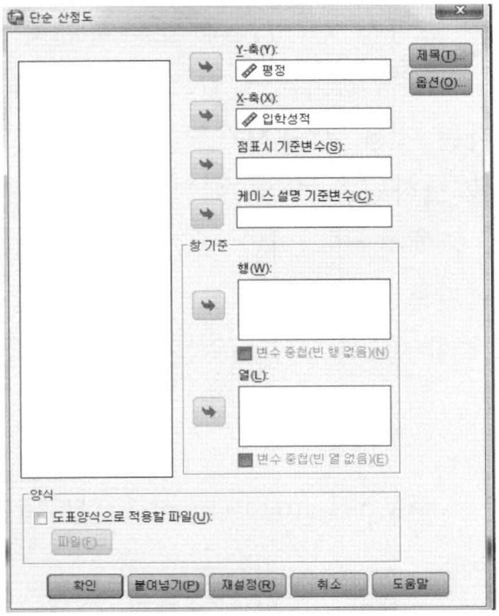

③ 그 다음 [그림 12-12]에서 [제목]을 클릭하여 [그림 12-14]가 나타나면 그래프의 제목을 입력한다.

그림 12-14 제목 대화상자

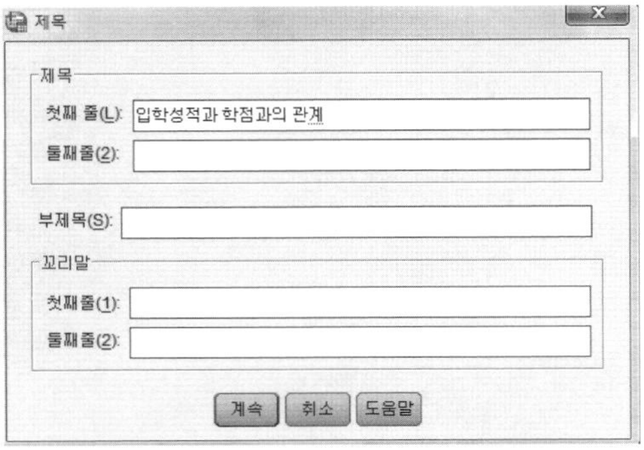

④ [확인]을 클릭하면 [그림 12-15]에서와 같이 그래프가 나타난다.

그림 12-15 분석결과: 산포도

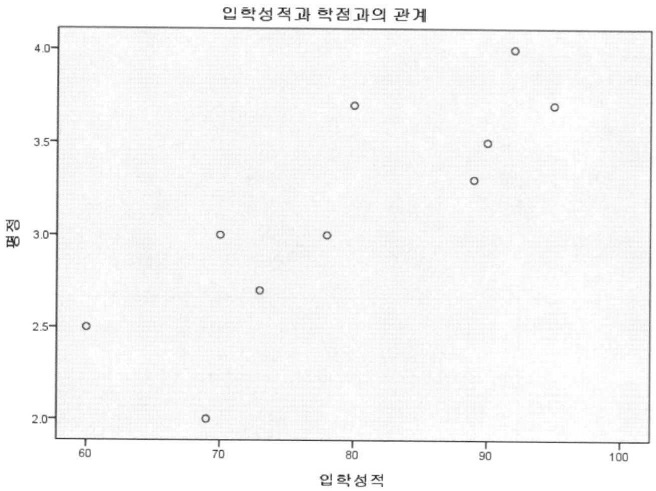

2. 단순회귀분석

[예제 1]

어느 교육심리학자는 초등학생의 어휘력 실력과 학교 도서관에서 빌려간 도서수 사이에는 정선형관계가 있다고 믿고 있다. 이러한 믿음을 증명하고자 초등학생 15명을 대상으로 조사한 결과 다음과 같은 자료를 구하였다.

도서관에서 빌린 도서수	12	15	3	7	10	5	22	9	13	7	25	17	14	19	20
어휘력 점수	77	85	48	59	75	41	94	72	80	70	98	85	83	96	89

SPSS를 이용하여 회귀분석을 해 보자.

① [그림 12-16]에서와 같이 자료를 입력한다.

그림 12-16 입력자료

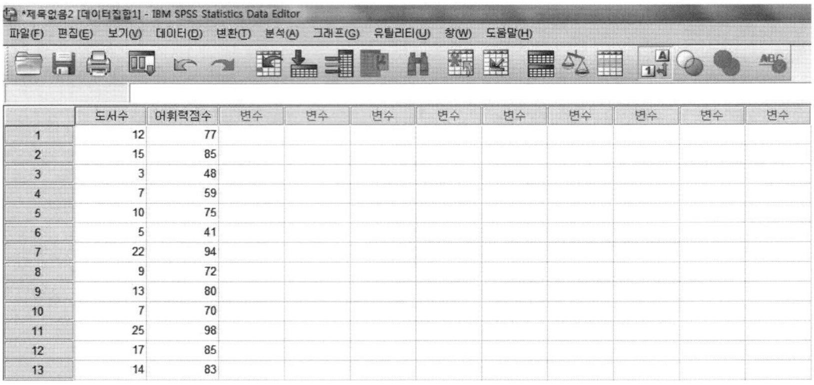

	도서수	어휘력점수	변수	변수	변수	변수	변수	변수	변수	변수	변수
1	12	77									
2	15	85									
3	3	48									
4	7	59									
5	10	75									
6	5	41									
7	22	94									
8	9	72									
9	13	80									
10	7	70									
11	25	98									
12	17	85									
13	14	83									

② 두 변수간의 전반적인 관계를 살피기 위해서 산포도 분석을 한다 (산포도 분석 절차는 상관분석에서 설명을 하였기 때문에 여기서는 생략하기로 한다). 분석결과는 [그림 12-17]과 같다.

그림 12-17 분석결과

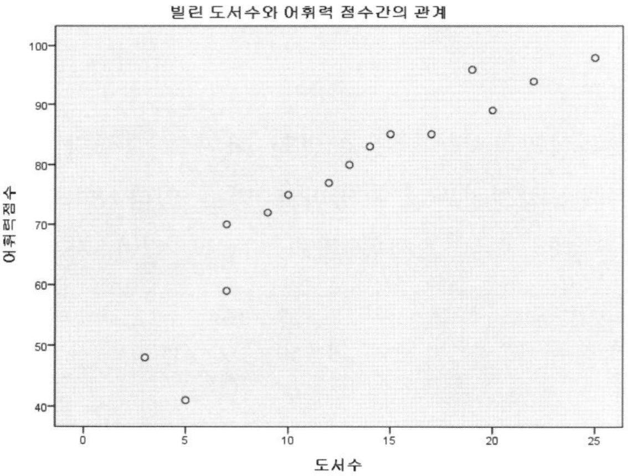

분석결과를 보면 전체적으로 도서관에서 빌린 도서수와 어휘력 점수간에 매우 높은 정적관계를 지니고 있다는 것을 알 수 있다.

③ [그림 12-17]의 그래프에서 추정회귀선을 구하려면 그래프 위에 마우스를 올려놓고 더블 클릭을 하면 [그림 12-18]의 화면이 나타난다.

그림 12-18 그래프 작성 대화상자

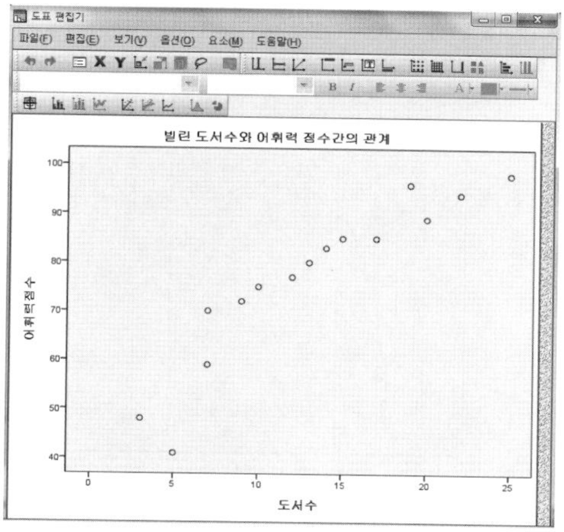

④ [요소]tool bar를 클릭하면 다음과 같은 화면이 나타난다. 하단의 [전체적합선]메뉴를 선택한다.

그림 12-19 그래프 작성 대화상자

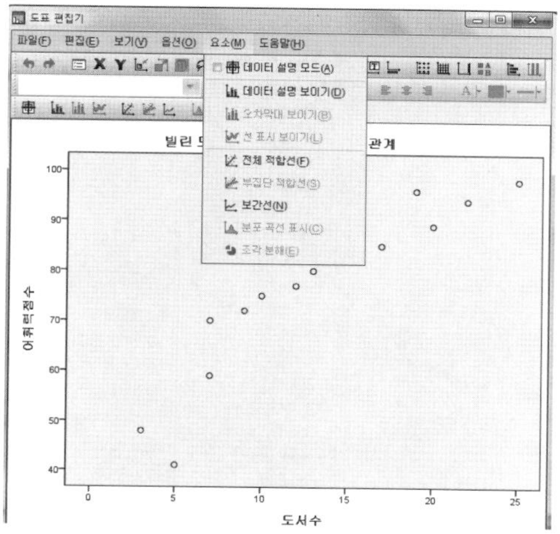

⑤ 그러면 [그림 12-20]에서와 같은 추정회귀선이 나타난다.

그림 12-20 추정회귀선

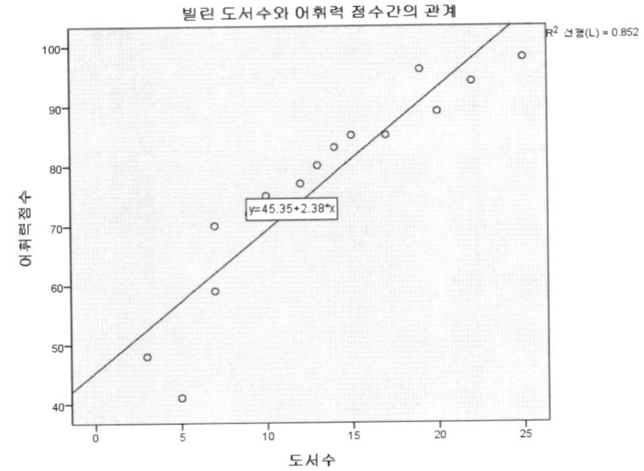

⑥ 회귀식의 회귀계수와 결정계수를 구하기 위해서는 [그림 12-21]에서와 같이 지정해 준다.

그림 12-21 실행명령 지정

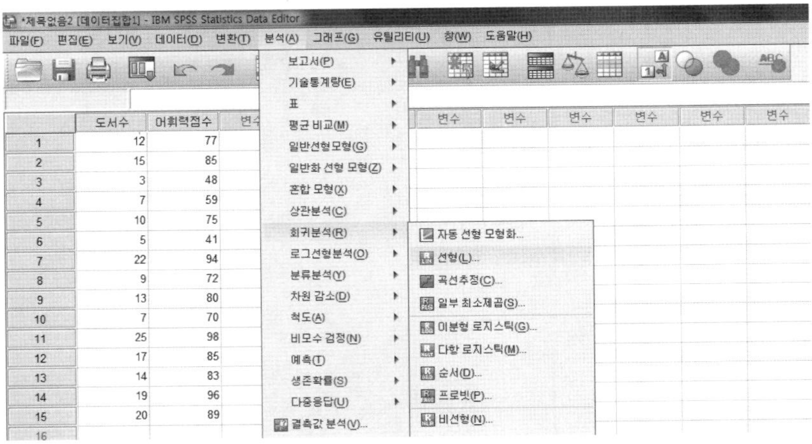

⑦ 그러면 [그림 12-22]에서와 같은 회귀분석 대화상자가 나타난다. 여기에서 종속변수인 어휘력 점수는 [종속변수(D)]로, 독립변수인 도서관에서 빌린 도서수는 [독립변수(I)]로 이동시킨다.

그림 12-22 회귀분석 대화상자

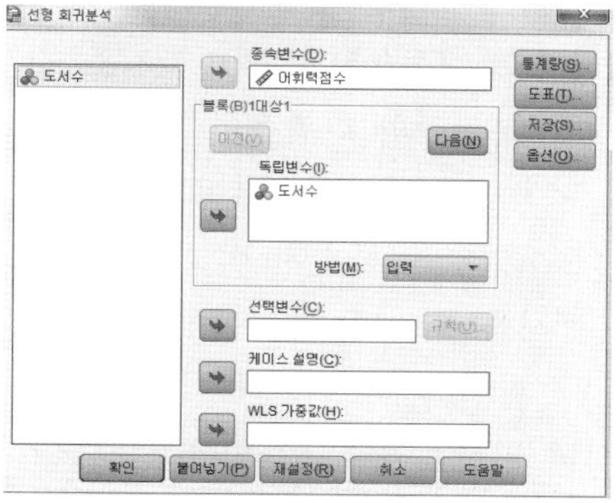

⑧ [확인]을 클릭하면 [그림 12-23]과 같은 분석결과가 나타난다.

그림 12-23 분석결과

진입/제거된 변수[a]

모형	진입된 변수	제거된 변수	방법
1	도서수[b]	.	입력

a. 종속변수: 어휘력점수
b. 요청된 모든 변수가 입력되었습니다.

모형 요약

모형	R	R 제곱	수정된 R 제곱	추정값의 표준오차
1	.923[a]	.852	.841	6.695

a. 예측값: (상수), 도서수

분산분석[a]

모형		제곱합	자유도	평균 제곱	F	유의확률
1	회귀 모형	3363.630	1	3363.630	75.033	.000[b]
	잔차	582.770	13	44.828		
	합계	3946.400	14			

a. 종속변수: 어휘력점수
b. 예측값: (상수), 도서수

계수[a]

모형		비표준화 계수		표준화 계수		
		B	표준오차	베타	t	유의확률
1	(상수)	45.346	4.022		11.276	.000
	도서수	2.383	.275	.923	8.662	.000

a. 종속변수: 어휘력점수

결과를 살펴보면 독립변수인 도서관에서 빌린 도서수의 투입방식은 모든 변수를 동시에 입력하는 입력(Enter)방식이 채택되었다. 모형요약을 보면 두 변수간의 상관계수는 0.923으로 매우 높은 상관관계가 있음을 보여주고 있다. 결정계수 또는 설명력인 R 제곱은 독립변수에 의하여 설명되는 종속변수의 비율을 의미한다. 따라서 결정계수가 0.852이라는 것은 종속변수인 어휘력 점수의 85.2%가 독립변수인 도서관에서 빌린 도서수에 의해서 설명된다는 것을 의미한다.

그리고 회귀식이 통계적으로 유의미한지를 검정하는 분산분석표가 제시되었다. 여기서 F분석은 모집단의 회귀선의 기울기가 0이라는 가설에 대한 검정이다. 여기에서 F값이 75.033, 유의확률 값이 0.000으로 유의수준 0.05보다 작으므로 회귀식은 통계적으로 유의미하기에 적합하다고 할 수 있다.

그 다음의 표에서는 회귀계수가 얼마인지를 알려준다. 이 표에서 상수는 Y절편에 해당된다. Y절편의 B값은 45.346이다. 독립변인인 도서관에서 빌린 도서수의 B값이 회귀선의 기울기이다. 이 기울기의 크기, 즉 B값이 독립변수가 종속변수에 미치는 영향이다. B값이 클수록 관계의 정도가 크다는 것을 의미한다. 여기에서는 B값이 2.383으로 나타났다. 독립변수가 종속변수에 미치는 영향이 얼마나 유의미한가를 검정해주기 위해서 t값과 유의확률값이 제시되었다. t값은 8.662로 매우 큰값을 지니고 있고, 유의 확률값은 0.000으로 $\alpha=0.01$ 수준에서 통계적으로 유의미함을 보여주고 있다. 즉 독립변수는 종속변수에 영향을 미치고 있다고 할 수 있다. 이 회귀계수값에 의하여 다음과 같은 회귀식이 만들어질 수 있다.

$$\text{어휘력 점수}(Y)=2.383\times\text{도서관에서 빌린 도서수}(X)+45.346$$

[예제 2]

다음은 전자제품을 판매하는 점포들의 매출에 제품의 질, 직원의 친절도 그리고 영업일수가 얼마나 크게 영향을 주는지를 알아보기 위한 조사에서 수집된 자료이다.

제품의질	직원친절도	영업일수	매출액
2.4	6	20	32
2.8	7	27	40
2.8	8	29	48
1.5	3	25	14
2.6	8	27	37
2.0	4	26	22
2.3	2	27	17
3.3	9	26	56
3.0	9	24	49
2.3	3	30	23

SPSS를 이용하여 회귀분석을 해 보자.

① [그림 12-24]에서와 같이 이 자료를 SPSS에 입력한다.

그림 12-24 입력자료

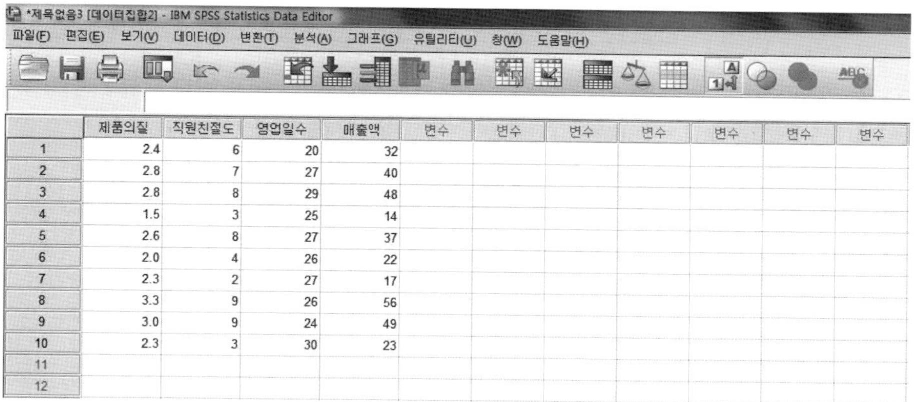

	제품의질	직원친절도	영업일수	매출액	변수	변수	변수	변수	변수	변수	변수
1	2.4	6	20	32							
2	2.8	7	27	40							
3	2.8	8	29	48							
4	1.5	3	25	14							
5	2.6	8	27	37							
6	2.0	4	26	22							
7	2.3	2	27	17							
8	3.3	9	26	56							
9	3.0	9	24	49							
10	2.3	3	30	23							
11											
12											

② [분석(A)]메뉴에서 [회귀분석]을 지정하면 [그림 12-25]와 같은 회귀분석 대화상자가 나타난다. 여기에서 [종속변수(D)]에 매출액 변수를, [독립변수(I)]에 품질, 친절도, 영업일수 변수를 이동시킨다.

그림 12-25 회귀분석 대화상자

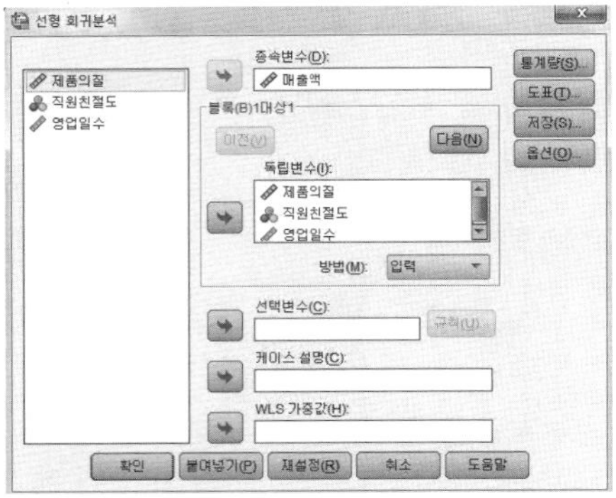

③ 확인을 누르면 [그림 12-26]과 같은 분석결과가 나타난다.

그림 12-26 분석결과

모형 요약

모형	R	R 제곱	수정된 R 제곱	추정값의 표준오차
1	.987[a]	.974	.960	2.901

a. 예측값: (상수), 영업일수, 제품의질, 직원친절도

분산분석[a]

모형		제곱합	자유도	평균 제곱	F	유의확률
1	회귀 모형	1857.089	3	619.030	73.531	.000[b]
	잔차	50.511	6	8.419		
	합계	1907.600	9			

a. 종속변수: 매출액

b. 예측값: (상수), 영업일수, 제품의질, 직원친절도

계수[a]

모형		비표준화 계수		표준화 계수	t	유의확률
		B	표준오차	베타		
1	(상수)	-20.696	10.020		-2.066	.084
	제품의질	11.768	3.567	.419	3.299	.016
	직원친절도	3.320	.695	.612	4.779	.003
	영업일수	.210	.377	.040	.557	.598

a. 종속변수: 매출액

분석결과를 보면 종속변수는 매출액이고 3개의 독립변인인 품질, 친절도, 영업일수가 투입되었고 입력(Enter)방식이 채택되었다.

독립변수와 종속변수간의 상관계수는 0.987로 매우 높다. 그리고 결정계수는 0.974로 종속변수인 매출액은 3개의 독립변수들에 의하여 97.4%가 설명된다. 그리고 회귀식의 적합성 검증의 결과가 제시되었다. F값이 73.531, 유의확률 값이 0.000으로 나타났다. 따라서 회귀식이 적합하다고 말할 수 있다.

그리고 매출액을 종속변수로 하는 회귀식의 계수들이 제시되었다. 절편인 상수는 -20.696이고, 품질의 회귀계수는 11.768, 친절도의 회귀계수는 3.320, 영업일수의 회귀계수는 0.210으로 나타났다. 회귀계수의 값이 클수록 종속변인에 미치는 영향이 크다는 것을 의미하지만 독립변수의 변수값이 서로 상이한 단위와 척도로 구성되어 있을 경우는 이들 독립변인들의 B값을 비교하여 각각의 독립변인의 중요도를 결정할 수 없다. 따라서 비교를 위해서는 이들 서로 다른 단위를 표준화할 필요가 있고 이들 표준화된 값들이 표준화 계수이다. 품질의 표준화 계수는 0.419, 친절도의 표준화 계수는 0.612, 영업일수의 표준화 계수는 0.040으로 나타났다. 이들 표준화 계수값을 비교하여 보면 친절도의 계수가 가장 크고 따라서 종속변수에 미치는 영향이 가장 크다는 것을 알 수 있다.

그리고 이들 각 독립변인들의 계수에 대한 유의도 검증 결과 품질과 친절도는 통계적으로 유의미함을 보여주고 있다. 따라서 이들 두 변인은 종속변인에 영향을 미치는 것으로 나타났다. 그러나 영업일수 변인은 유의확률 값이 0.598로서 종속변인인 매출액에 아무런 영향을 미치지 않는 것으로 나타났다.

따라서 매출액을 예언하는 회귀식은 영향을 주지 못하는 독립변인은 제외되고 유의미하게 영향을 주는 변인들로 구성된다. 다음과 같은 회귀방정식이 성립된다.

$$\text{매출액}(Y) = 11.768 \times \text{품질} + 3.320 \times \text{친절도} - 20.696$$

부 록

◆ 연습문제 해답

◆ 각종 통계표

◆ 연습문제 해답

제 1 장

1. 1) **모집단** : 우리나라 고속도로상에서 발생하는 모든 자동차사고 건수

표본 : 경부고속도로상에서 발생한 자동차사고 1,000건

관심있는 연구 주제 : 고속도로상에서 발생한 자동차사고 중 음주운전과 관련된 사고의 비율

2) **모집단** : A대학에 전체 대학생

표본 : 신입생 1,300명

관심있는 연구 주제 : 재학생 가운데 그들이 지망한 첫 번째 대학에 다니는 비율

2. 1) 체계적표집
2) 단순무작위표집
3) 층화표집
4) 편의표집

3. 비용의 절약과 시간의 단축

4. 1) 우편조사
2) 직접면담
3) 직접면담
4) 우편조사
5) 직접면담
6) 전화면담
7) 전화면담

제 2장

1. 1) 부모의 직업
2) 국민학생의 학교성적
3) I.Q., 노력(하루동안 공부하는 시간), 과외교육의 유무, 친한 친구의 성적 등

2. 1) 양적변수, 연속변수
2) 질적변수
3) 양적변수, 연속변수
4) 양적변수, 연속변수
5) 양적변수, 연속변수
6) 양적변수, 불연속변수
7) 질적변수
8) 양적변수, 연속변수
9) 양적변수, 불연속변수

3. 1) 명목척도
2) 명목척도
3) 등간/비율척도
4) 서열척도

제 3 장

1. 1) 도수분포표

군 복 무	도 수	상대도수
하사관	124	0.32
병 장	150	0.38
R.O.T.C.	15	0.04
면 제	103	0.26
계	392	1.00

2)

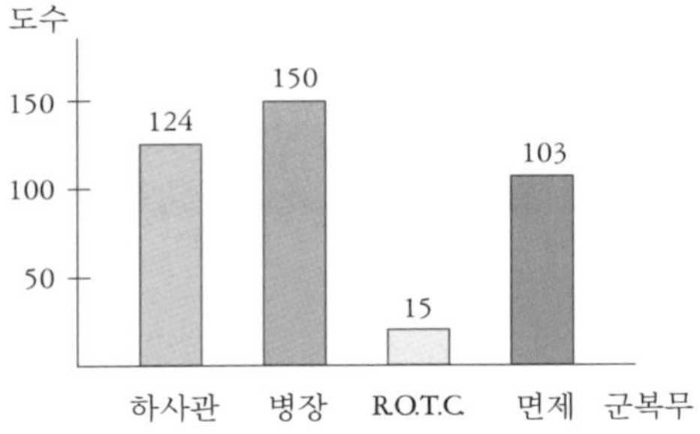

3)

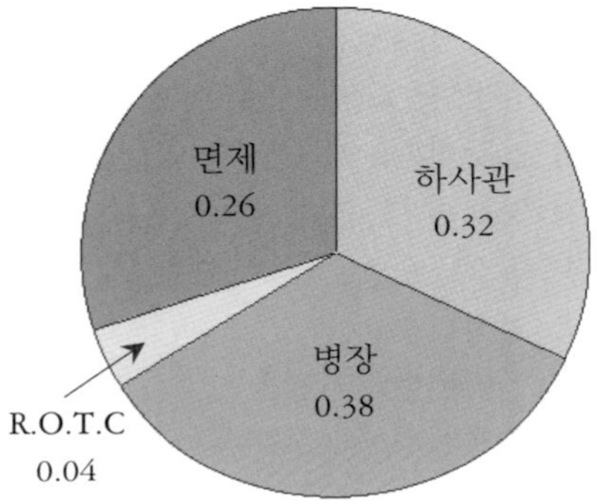

3.

분 할 표

태도	신 분			
	학생	교수	직원	계
반대	360	60	5	425
찬성	140	40	25	205
계	500	100	30	630

1) 425/630=67.5%

2) 360/500=72%

3) 60/100=60%

5.

도수분포표

계급구간	계급경계값	도수
10-19	9.5-19.5	1
20-29	19.5-29.5	4
30-39	29.5-39.5	7
40-49	39.5-49.5	2
50-59	49.5-59.5	5
60-69	59.5-69.5	1
계		20

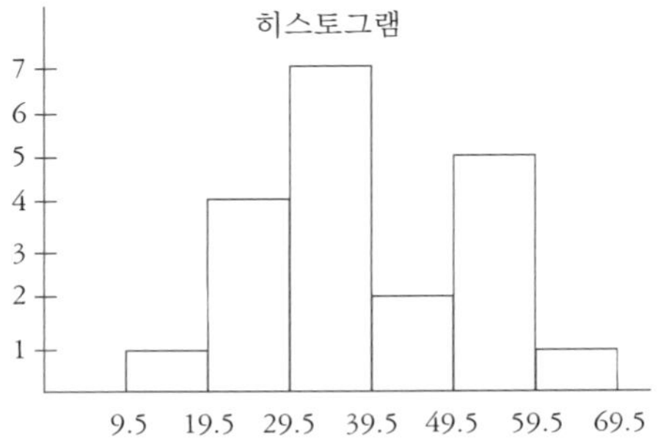

7.

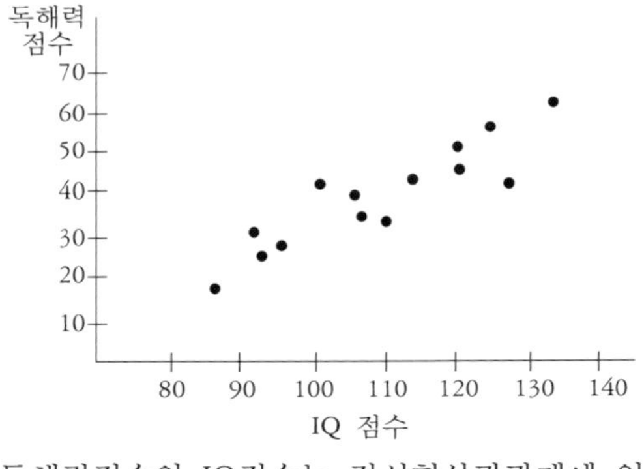

독해력점수와 IQ점수는 정선형상관관계에 있다. 즉 IQ점수가 높은 학생 일수록 독해력점수가 높다는 것을 의미한다.

제 4 장

1. 평균 : 212.1
20% 트림한 평균 : 210

3. 경제학과 :

6	5 4 7
7	3 5 5 5 0 6 4 8 6 1 7
8	1 6 0 1 5 7 3 0 6 3 2 3 1 2
9	0 0

표준편차 : 6.727

경영학과 :

6	6 9 5
7	7 5 8 1 9 3 5 5 5 4 7
8	7 2 2 9 9 4 2 7
9	1 7 2 5 6

표준편차 : 9.064

5. 분산은 관측치 단위의 제곱이기 때문에 직시적인 의미를 주지 못한다. 표준편차는 분산의 제곱근이기 때문에 관측치의 본래 단위를 사용하게 된다.

제 5 장

1. 공집합부터 {4}, {5}, … {4, 5, 6} 8개

2. 1/2

3. 0.12

4. $\frac{10!}{3!\times 3!\times 2!\times 1!\times 1!}=50400$

5. $nCr=\frac{n!}{r!(n-r)!}=1/22100$

6. 1/20 × 1/20=1/400, 1/20 × 19/20=19/400, 19/20 × 19/20=361/400

7. $S=\{H_5,\ H_{10},\ H_5T_{10},\ T_5H_{10},\ T_5H_5\}$

8. A={1, 2, 3, …}

9. 5장의 정리 참고

10. 5장의 정리 참고

제 6 장

1. 1) 이산변수
2) 연속변수
3) 연속변수
4) 이산변수, 연속변수

2. 1) 0.2580
2) 0.7118
3) 0.1151

3. 0.025

4. 0.9972

6. 1) 0.0625, 0.2500, 0.3750, 02500, 0.0625

제 7 장

1. 통계량(statistic)이란 표본(sample)의 통계치를 의미하며, 모수란 모집단(population)의 통계치를 의미한다.

2. 모집단의 특성을 추리하기 위하여 크기가 N인 모집단으로부터 크기가 n인 표본들을 추출할 때 각 표본들의 통계량은 일정한 확률을 가지고 변하는 '확률변수'가 되어 확률분포를 이루게 되는데, 이처럼 추출한 표본들의 통계량이 이루는 확률분포를 표본분포라고 부른다.

3. 평균값 μ와 표준편차 σ인 모집단으로부터 표본크기(n)가 30개 이상인 표본을 추출하게 되면, 표본의 평균값 X의 표본분포는 평균이 μ이며 표준편차가 $\frac{\sigma}{\sqrt{n}}$인 정규분포를 이루게 되는데, 이것을 중심극한정리라고 부른다

4. 1) 32, 1.5
   2) 0.8854
   3) 0.0228
   4) 0.0918

5. 0.1915

6. 3, 2

7. 0.6418

8. 1) 0.9772
   2) 0.1464
   3) 0.9318

9. 7장의 정리 참고.

10. 7장의 정리 참고.

제 8 장

3. ① $20.041 \le \mu \le 20.959$
   ② $19.951 \le \mu \le 21.049$

5. $82.98 \le \mu \le 87.02$

7. $4983.595 \le \mu_1 - \mu_2 \le 5016.405$

9. $-.248 \le \pi_1 - \pi_2 \le -.092$

제 9 장

3. ① .113
   ② $Z < -1.96$, $Z > 1.96$
   ③ $Z = -4.425$ ∴ $\mu 1 \neq \mu 2$
   ④ $-.7904 \le \mu 1 - \mu 2 \le -.2096$

5. ① 검증통계치 $Z = -2.055$
   ② $-1.079 \le \mu_1 - \mu_2 \le -.121$

7. $-.119 \le \pi_1 - \pi_2 \le -.001$

9. 남부와 북부지역간에 공화당후보에 대한 지지율의 차이가 없다.

제10장

1. ① $df_1=2$, $df_2=34$, $\alpha=.05$, $F=3.23$
   ② $df_1=3$, $df_2=64$, $\alpha=.01$, $F=3.95$
   ③ $df_1=1$, $df_2=145$, $\alpha=.05$, $F=3.84$
   ④ $df_1=1$, $df_2=21$, $\alpha=.01$, $F=8.02$
   ⑤ $df_1=1$, $df_2=60$, $\alpha=.01$, $F=2.79$

3. ①

분산의 요인	제곱합 (SS)	자유도 (df)	평균제곱 (MS)	F
집단간 집단내	88.5 38	3 20	29.5 1.9	15.53
합 계	126.5	23		

② α=.05, df_1=3, df_2=20,
α=.05, 임계값 F=3.10
검증통계치 $F_{3,20}$=15.53>$F_{.05}$=3.10
∴ 영가설(H0)은 기각된다.

5. ① 4개
②

분산의 요인	제곱합 (SS)	자유도 (df)	평균제곱 (MS)	F
집단간 집단내	349.58 2,125.13	3 (59)	116.53 (36.02)	(3.24)
합 계	2,474.71	62	(152.55)	

③ α=.05, df_1=3, df_2=59,
임계값 $F_{.05}$=2.76
검증통계치 $F_{3,59}$=3.24>$F_{.05}$=2.76
∴ 영가설(H0)은 기각된다(4개 모집단의 평균은 모두 같지 않다).

제11장

1. ① 명목척도

3. α=.05, df=1, 임계값 χ^2=3.84, 검증통계치 χ^2=.535<χ^2=3.84
∴ 약의 종류(실제약 vs. 위약)와 간암의 상태와는 아무런 관계가 없다.

5. ① α=.05, df=12, χ^2=21.026
② α=.01, df=4, χ^2=13.277
③ α=.1, df=18, χ^2=25.989
④ α=.05, df=3, χ^2=7.815
⑤ α=.001, df=8, χ^2=20.090

7. α=.05, df=k−1=3−1=2, 임계값 χ^2=5.991, 검증통계치 χ^2=.649<χ^2=5.991
∴ 영가설(H_0)을 기각할 수 없다. 즉, A, B, C전화기의 판매비율은 3 : 2 : 1이다.

제12장

1. 1) r=0.911
2) r=−0.9776
3) x와 y는 곡선관계(curvilinear)를 이루고 있다.

3. 1) a=33.4
b=−0.393

5. 귀무가설(H_0)을 기각하고 대립가설(H_1)을 채택한다.

7. x'=10일 때 [14.97, 20.77]
x'=20일 때 [21.17, 24.97]
x'=30일 때 [26.37, 30.17]
x'=40일 때 [30.57, 36.37]
x'=50일 때 [34.43, 42.91]

<부록표 1> 난수표

	세로(1)	세로(2)	세로(3)	세로(4)	세로(5)	세로(6)	세로(7)	세로(8)	세로(9)	세로(10)	세로(11)	세로(12)	세로(13)	세로(14)
1	365420	357847	617615	748728	171841	603720	869358	910566	875778	237162	340651	122884	453166	867383
2	807479	590525	37908	993542	431606	51297	874777	873511	775601	577746	64903	363379	620162	525457
3	698421	854995	852681	890200	439806	219253	860013	507636	210787	805258	349531	270813	515447	219540
4	988658	3893	320319	6735	172702	203591	261540	700110	452516	200154	208063	849082	929295	681651
5	598942	163835	349694	757185	222572	922789	988435	550266	704233	975893	586253	565829	164822	119964
6	880316	932343	913504	42349	131161	363401	685239	173127	691767	609496	691473	172069	669154	700246
7	152294	347449	654589	23491	355264	207124	453242	516543	630821	505621	883367	520819	542287	735336
8	281983	908361	249014	768845	730891	262213	408781	854372	610600	121102	271528	533826	474243	993044
9	362141	920311	75490	174415	672344	357025	413645	546516	225311	908317	604994	837242	240428	408946
10	282439	473491	881933	37192	565642	705328	852036	244905	117081	132952	338429	331633	208504	327850
11	655583	627286	933102	655380	912092	796133	778638	259989	684145	881861	216573	186854	961614	304646
12	917495	442367	598727	275128	976076	259791	928675	294640	774286	158996	171438	970092	189198	175380
13	814354	762820	497197	492902	504094	15832	407956	243295	442309	649191	745893	536641	407788	440601
14	833706	320920	381774	403158	336811	614077	67364	805244	690042	404504	820527	402493	820371	952140
15	73895	34208	915871	239555	21291	726479	583352	101489	319395	708958	365221	650262	72649	73989
16	638417	594178	422325	146910	351413	303316	764788	94144	671331	275625	447016	192881	682836	388505
17	612124	587499	463573	884412	785392	341599	692451	488813	967127	129893	250611	84777	864970	924638
18	439176	824029	663015	647964	969181	424802	321693	395317	454922	527258	60484	54282	169765	943851
19	233418	958899	72696	782603	763496	426901	173953	553777	582785	384382	967039	557625	210936	672490
20	823738	762580	791908	935268	501815	807607	645654	186614	595956	843552	83709	15970	971575	680424
21	718508	930802	817782	479101	388896	261581	320656	892958	169208	421586	510729	816251	199597	717023
22	904597	817779	114148	307934	983458	44758	597034	529979	256589	898490	99886	489342	53751	123679
23	841522	734471	827551	699694	601631	774378	995512	708429	376659	669563	432608	339472	683556	389076
24	728982	987530	371449	168377	70179	956579	845438	352075	911638	517616	501707	899824	894024	75145
25	813051	536071	214263	967809	364724	311277	769622	231736	790155	696826	727282	775084	37995	311507
26	619858	786489	902553	315829	837464	645091	733755	285126	408588	909747	303825	220805	156537	708268
27	667615	57182	257227	717820	419998	294881	327325	795612	772480	412289	518150	404203	700251	503653
28	598252	795891	751346	414422	23407	622971	259740	993828	147937	76437	805663	397032	702189	898721
29	708169	8412	994933	572896	327406	760034	882190	428815	132462	627850	674619	127397	186813	669239
30	544309	212770	560912	311231	340567	935093	437448	677033	358035	798509	127711	30987	552878	899095
31	304153	365011	706185	744921	377975	936569	693919	767021	833998	964981	326175	6432	34053	508733
32	495283	656718	175494	264036	535733	858989	549448	318644	265468	571662	602909	188974	632358	968557
33	793651	93392	517536	870723	879711	883373	931635	531012	782058	107090	810899	292647	37901	789385
34	475397	169591	392521	851226	16119	105318	255432	169591	711369	157262	664399	752200	221624	813124
35	758628	336989	290140	874530	231369	271545	768322	208831	609307	371329	839808	81424	792007	695349
36	777525	246180	710168	936857	234600	329210	821399	632144	282369	884545	676092	159200	263476	605831
37	186128	126200	36390	931967	80882	26631	820822	894594	172035	365641	140963	433490	830619	526566
38	298381	929565	823332	790554	746588	609741	117302	544905	708518	71277	560243	942283	124099	241355
39	919012	392259	97731	401007	476540	721293	623885	637539	763206	917419	334340	956040	642390	12680
40	40652	119694	147445	906700	12122	750245	86607	140083	702427	495720	99252	915770	53349	976533
41	397288	974614	507670	771384	295638	278436	574612	887813	817021	461036	387100	631087	221815	721804
42	661110	492815	263699	443886	924501	367893	758235	190232	938494	375112	60465	508473	296146	488215
43	352080	693064	911380	417997	98048	136249	921191	50167	811270	625207	377042	47316	664430	203183
44	6298	610179	142088	425348	396377	809758	217797	856817	824759	930508	882173	360918	581806	241242
45	602294	449340	702347	214809	757494	888740	390217	142403	12985	118757	574631	265483	400418	310933
46	61082	34178	416763	215571	918468	114576	788599	769816	125611	123257	130043	240458	341351	76069
47	730400	880112	373828	226482	905488	874074	706588	38106	503834	589275	898571	47119	509251	478286
48	766496	54240	553904	570745	640474	555699	703296	944211	427555	114795	239577	692869	915891	246856
49	855130	561471	580541	408830	661405	605688	310395	897216	800393	664417	578578	418670	907083	18711
50	794325	413470	976937	482769	149369	556909	252807	533648	901767	370823	646448	898265	417861	924900
51	955394	217932	134065	779616	48169	455712	256290	38812	333203	977034	578068	971487	321686	994900
52	809693	773640	309882	296369	163633	887503	880155	267696	436126	766791	779025	947010	764694	572021

	세로(1)	세로(2)	세로(3)	세로(4)	세로(5)	세로(6)	세로(7)	세로(8)	세로(9)	세로(10)	세로(11)	세로(12)	세로(13)	세로(14)
53	685414	357749	112873	536284	54266	172952	616470	966122	25697	629885	54214417	844753	757538	59367
54	295616	702917	560008	55640	245815	924809	172251	301727	836538	889191	218	281869	413449	587012
55	900473	341757	400263	429037	360940	704601	143924	547538	131401	330528	910926	295124	735241	260887
56	993694	774150	641770	574125	55729	972187	126415	465964	818800	257351	9749	579520	289460	43941
57	530307	83873	522662	148728	497045	701890	970333	916248	512074	541486	696672	344628	891877	235218
58	195151	957788	649228	748483	636182	164288	727111	587912	901090	679798	411079	404082	205372	33926
59	883497	470043	316860	661173	31418	185760	372546	283224	824256	542769	542621	687883	416504	716405
60	385802	334138	738258	330416	603545	672722	749190	220398	772238	291033	936579	199255	29352	284495
61	481036	730059	60455	382100	668990	969200	555994	302891	228992	104671	743631	424698	844144	906826
62	466325	787873	634856	190992	515626	644960	680671	941619	27606	114091	107779	918015	606178	792961
63	777877	821841	398271	126398	942304	954568	681005	481378	317032	301507	988107	965825	645654	431023
64	19887	223483	629282	49691	36874	255419	362547	422275	121228	800860	591998	497883	829540	278195
65	792481	370821	564689	222091	539512	5422	511662	893169	825951	3210	990729	302155	99442	263528
66	72093	993122	179240	715318	552522	978511	276242	51590	369983	198353	965848	849081	304309	142639
67	694217	304456	993187	840800	991283	467027	380080	443525	621485	611928	669380	381142	556460	37344
68	130970	430766	768476	480860	305194	27590	634441	913788	791205	725395	971291	114031	234716	615551
69	12645	883976	766361	836602	630577	164151	580253	528475	995052	564127	636242	939714	53350	967697
70	572397	515469	876264	161885	74973	714374	424442	60592	204910	635296	995348	4708	912687	961308
71	133043	643948	990994	249599	3112	963609	950378	22134	950005	214527	941782	670682	951210	539611
72	538341	475449	879314	649632	466975	482957	653011	832251	183941	502018	489747	274923	178519	914881
73	71944	634272	114994	548674	441485	804130	630152	305343	725118	71319	425222	203853	892920	405538
74	497288	242459	577815	353200	18020	609720	81616	816046	204986	241241	358223	303187	343292	327506
75	609867	330651	659893	836745	660409	864184	295615	912681	407872	420938	349243	69274	997453	434624
76	185554	649768	635428	598689	857896	699114	575397	853114	867557	698806	989929	284647	71401	356589
77	507114	306129	904903	117695	303840	375877	665261	478851	864623	324325	33189	998877	362123	996839
78	107775	502818	34898	270021	962252	912623	204562	373597	94974	648181	82531	48891	853053	911737
79	137674	501788	298654	635828	14944	337652	105387	762113	410394	316275	564085	297036	185849	762640
80	253485	633586	588855	633788	52346	707592	815124	699274	721276	162435	198385	947033	304403	169974
81	395447	927824	185540	108967	893573	541579	487134	406179	840292	910089	774709	730951	582946	348351
82	814888	355567	592889	929506	864936	203461	629864	487197	483844	789931	274423	483515	699013	939951
83	192166	443871	835274	251738	152664	377290	539809	96725	151807	527090	230465	439432	24668	772360
84	758933	81447	183056	439562	831968	401019	822356	418920	158687	14382	704953	122239	910861	972521
85	408573	382212	499013	700189	739397	587175	359699	788552	773843	80786	974546	761035	409332	5929
86	701254	722349	873247	841183	763359	822715	113369	570215	495473	444614	732837	465575	392764	834588
87	559675	95292	383447	176925	857202	412325	765389	994690	373275	371118	705707	608437	461653	369867
88	119529	417940	311211	401710	305090	551399	451540	611196	911214	19040	579560	445240	89361	328567
89	304740	304770	973847	34564	893200	787082	526571	967188	71654	248945	156234	13814	922979	134469
90	60706	920698	420503	623035	285090	803716	779822	467916	906942	324412	486238	431280	477806	410315
91	661537	813646	618212	774678	651927	611118	563183	84154	497653	210281	58031	685416	492903	684223
92	864871	976628	791876	293491	573353	914926	357158	821787	685658	856693	773843	640913	919893	607974
93	388938	741072	322182	296400	327750	598471	866846	170755	812565	818006	645394	690312	9316	101115
94	890878	120431	880430	890975	794018	106711	813989	666413	607199	759165	394649	897805	168104	985193
95	91152	867117	185178	116975	613257	774150	15003	474852	137327	832501	793078	797859	209231	24262
96	642638	360194	383511	45066	278537	389392	647920	864463	840338	785782	879259	761055	57963	249539
97	755478	472555	156869	474957	576828	886683	537491	700557	561760	749290	267067	375111	496359	253320
98	884158	765488	808915	545033	24186	691263	474471	992813	483996	350594	481754	789951	915310	164648
99	850963	277189	624023	971051	747621	583413	299888	198686	668522	603021	328986	602526	806890	736472
100	850149	158448	348673	288633	230851	638935	90139	540779	108557	146356	117601	827362	52574	365088

SOURCE:Random numbers generated with the Minitab Computer Program.

<부록표 2> 이항분표의 누적확률표

$$P\{X \leq c\} = \sum_{x=0}^{c} \binom{n}{x} p^{x} (1-p)^{n-x}$$

	c	0.5	.10	.20	.30	.40	.50	.60	.70	.80	.90	.95
n=1	0	.950	.900	.800	.700	.600	.500	.400	.300	.200	.100	.050
	1	1.000	1.000	1.000	1.000	1.000	1.000	1.000	1.000	1.000	1.000	1.000
n=2	0	.902	.810	.640	.490	.360	.250	.160	.090	.040	.010	.002
	1	.997	.990	.960	.910	.840	.750	.640	.510	.360	.190	.097
	2	1.000	1.000	1.000	1.000	1.000	1.000	1.000	1.000	1.000	1.000	1.000
n=3	0	.857	.729	.512	.343	.216	.125	.064	.027	.008	.001	.000
	1	.993	.972	.896	.784	.648	.500	.352	.216	.104	.028	.007
	2	1.000	.999	.992	.973	.936	.875	.784	.657	.488	.271	.143
	3	1.000	1.000	1.000	1.000	1.000	1.000	1.000	1.000	1.000	1.000	1.000
n=4	0	.815	.656	.410	.240	.130	.063	.026	.008	.002	.000	.000
	1	.986	.948	.819	.652	.475	.313	.179	.084	.027	.004	.000
	2	1.000	.996	.973	.916	.821	.688	.525	.348	.181	.052	.014
	3	1.000	1.000	.998	.992	.974	.938	.870	.760	.590	.344	.185
	4	1.000	1.000	1.000	1.000	1.000	1.000	1.000	1.000	1.000	1.000	1.000
n=5	0	.774	.590	.328	.168	.078	.031	.010	.002	.000	.000	.000
	1	.977	.919	.737	.528	.337	.188	.087	.031	.007	.000	.000
	2	999	991	.942	.837	.683	.500	.317	.163	.058	.009	.001
	3	1.000	1.000	.993	.969	.913	.813	.663	.472	.263	.081	.023
	4	1.000	1.000	1.000	.998	.990	.969	.922	.832	.672	.410	.226
	5	1.000	1.000	1.000	1.000	1.000	1.000	1.000	1.000	1.000	1.000	1.000
n=6	0	.735	.531	.262	.118	.047	.016	.004	.001	.000	.000	.000
	1	.967	.886	.655	.420	.233	.109	.041	.011	.002	.000	.000
	2	.998	.984	,901	.744	.544	.344	.179	.070	.017	.001	.000
	3	1.000	.999	.983	.930	,821	.656	.456	.256	.099	.016	.002
	4	1.000	1.000	.998	.989	.959	.891	.767	.580	.345	.114	.033
	5	1.000	1.000	1.000	.999	.996	.984	.953	.882	.738	.469	.265
	6	1.000	1.000	1.000	1.000	1.000	1.000	1.000	1.000	1.000	1.000	1.000
n=7	0	.698	.478	.210	.082	.028	.008	.002	.000	.000	.000	.000
	1	.956	.850	.577	.329	.159	.063	.019	.004	.000	.000	.000
	2	.996	.974	.852	.647	.420	.227	.096	.029	.005	.000	.000
	3	1.000	.997	.967	.874	.710	.500	.290	.126	.033	.003	.000
	4	1.000	1.000	1.000	.971	.904	.773	.126	.353	.148	.026	.004

		p										
		0.5	.10	.20	.30	.40	.50	.60	.70	.80	.90	.95
	c											
	5	1.000	1.000	1.000	.996	.981	.938	.841	.671	.423	.150	.044
	6	1.000	1.000	1.000	1.000	.998	.992	.972	.918	.790	.522	.302
	7	1.000	1.000	1.000	1.000	1.000	1.000	1.000	1.000	1.000	1.000	1.000
n=8	0	.663	.430	.168	.058	.017	004	.001	.000	.000	.000	.000
	1	.943	.813	.503	.255	.106	.035	.009	.001	.000	.000	.000
	2	.994	.962	.797	.552	.315	.145	.050	.011	.001	.000	.000
	3	1.000	.995	.944	.806	.594	.363	.174	.058	.010	.000	.000
	4	1.000	1.000	.990	.942	.826	.637	.406	.194	.056	.005	.000
	5	1.000	1.000	.999	.989	.950	.855	.685	.448	.203	.038	.006
	6	1.000	1.000	1.000	.999	.991	.965	.894	.745	.497	.187	.057
	7	1.000	1.000	1.000	1.000	.999	.996	.983	.942	.832	.570	.337
	8	1.000	1.000	1.000	1.000	1.000	1.000	1.000	1.000	1.000	1.000	1.000
n=9	0	.630	.387	.134	.040	.010	.002	.000	.000	.000	.000	.000
	1	.929	.775	.436	.196	.071	.020	.004	.000	.000	.000	.000
	2	.992	.947	.738	.463	.232	.090	.025	.004	.000	.000	.000
	3	.999	.992	.914	.730	.483	.254	.099	.025	.003	.000	.000
	4	1.000	.999	.980	.901	.733	.500	.267	.099	.020	.001	.000
	5	1.000	1.000	.997	.975	.901	.746	.517	.270	.086	.008	.001
	6	1.000	1.000	1.000	,996	.975	.910	.768	.537	.262	.053	.008
	7	1.000	1.000	1.000	1.000	.996	.980	.929	.804	.564	.225	.071
	8	1.000	1.000	1.000	1.000	1.000	.998	.990	.960	.866	.613	.370
	9	1.000	1.000	1.000	1.000	1.000	1.000	1.000	1.000	1.000	1.000	1.000
n=10	0	.599	.349	.107	.028	.006	.001	.000	.000	.000	.000	.000
	1	.914	.736	.376	.149	.046	.011	.002	.000	.000	.000	.000
	2	.988	.930	.678	.383	.167	.055	.012	.002	.000	.000	.000
	3	.999	.987	.879	.650	.382	.172	.055	.011	.001	.000	.000
	4	1.000	.998	.967	.850	.633	.377	.166	.047	.006	.000	.000
	5	1.000	1.000	.994	.953	.834	.623	.367	.150	.033	.002	.000
	6	1.000	1.000	.999	.989	.945	.828	.618	.350	.121	.013	.001
	7	1.000	1.000	1.000	.998	.988	.945	.833	.617	.322	.070	.012
	8	1.000	1.000	1.000	1.000	.998	.989	.954	.851	.624	.264	.086
	9	1.000	1.000	1.000	1.000	1.000	.999	.994	.972	.893	.651	.401
	10	1.000	1.000	1.000	1.000	1.000	1.000	1.000	1.000	1.000	1.000	1.000
n=11	0	.569	.314	.086	.020	.004	.000	.000	.000	.000	.000	.000
	1	.898	.697	.322	.113	.030	.006	.001	.000	.000	.000	.000
	2	.985	.910	.617	.313	.119	.033	.006	.001	.000	.000	.000
	3	.998	981	.839	.570	.296	.113	.029	.004	.000	.000	.000

					p							
		0.5	.10	.20	.30	.40	.50	.60	.70	.80	.90	.95
	c											
	4	1.000	.997	.950	.790	.533	.274	.099	.022	.002	.000	.000
	5	1.000	1.000	.988	.922	.753	.500	.247	.078	.012	.000	.000
	6	1.000	1.000	.998	.978	.901	.726	.467	.210	.050	.003	.000
	7	1.000	1.000	1.000	.996	.971	.887	.704	.430	.161	.019	.002
	8	1.000	1.000	1.000	.999	.994	.967	.881	.687	.383	.090	.015
	9	1.000	1.000	1.000	1.000	.999	.994	.970	.887	.678	.303	.102
	10	1.000	1.000	1.000	1.000	1.000	1.000	.996	.980	.914	.686	.431
	11	1.000	1.000	1.000	1.000	1.000	1.000	1.000	1.000	1.000	1.000	1.000
n=12	0	.540	.282	.069	.014	.002	.000	.000	.000	.000	.000	.000
	1	.882	.659	.275	.085	.020	.003	.000	.000	.000	.000	.000
	2	.980	.889	.558	.253	.083	019	.003	.000	.000	.000	.000
	3	.998	.974	.795	.493	.225	.073	.015	.002	.000	.000	.000
	4	1.000	.996	.927	.724	.438	.194	.057	.009	.001	.000	.000
	5	1.000	.999	.981	.882	.665	.387	.158	.039	.004	.000	.000
	6	1.000	1.000	.996	.961	.842	.613	.335	.118	.019	.001	.000
	7	1.000	1.000	.999	.991	.943	.806	.562	.276	.073	.004	.000
	8	1.000	1.000	1.000	.998	.985	.927	.775	.507	.205	.026	.002
	9	1.000	1.000	1.000	1.000	.997	.981	.917	.747	.442	.111	.020
	10	1.000	1.000	1.000	1.000	1.000	.997	.980	.915	.725	.341	.118
	11	1.000	1.000	1.000	1.000	1.000	1.000	.998	.986	.931	.718	.460
	12	1.000	1.000	1.000	1.000	1.000	1.000	1.000	1.000	1.000	1.000	1.000
n=13	0	.513	.254	.055	.010	.001	.000	.000	.000	.000	.000	.000
	1	.865	.621	.234	.064	.013	.002	.000	.000	.000	.000	.000
	2	.975	.866	.502	.202	.058	.011	.001	.000	.000	.000	.000
	3	.997	.966	.747	.421	.169	.046	.008	.001	.000	.000	.000
	4	1.000	.994	.901	.654	.353	.133	.032	.004	.000	.000	.000
	5	1.000	.999	.970	.835	.574	.291	.098	.018	.001	.000	.000
	6	1.000	1.000	.993	.938	.771	.500	.229	.062	.007	.000	.000
	7	1.000	1.000	.999	.982	.902	.709	.426	.165	.030	.001	.000
	8	1.000	1.000	1.000	.996	.968	.867	.647	.346	.099	.006	.000
	9	1.000	1.000	1.000	.999	.992	.954	.831	.579	.253	.034	.003
	10	1.000	1.000	1.000	1.000	.999	.989	.942	.798	.498	.134	.025
	11	1.000	1.000	1.000	1.000	1.000	.998	.987	.936	.766	.379	.135
	12	1.000	1.000	1.000	1.000	1.000	1.000	.999	.990	.945	.746	.487
	13	1.000	1.000	1.000	1.000	1.000	1.000	1.000	1.000	1.000	1.000	1.000
n=14	0	.488	.229	.044	.007	.001	.000	.000	.000	.000	.000	.000
	1	.847	.585	.198	.047	.008	.001	.000	.000	.000	.000	.000
	2	.970	.842	.448	.161	.040	.006	.001	.000	.000	.000	.000

		p										
		0.5	.10	.20	.30	.40	.50	.60	.70	.80	.90	.95
	c											
	3	.996	.956	.698	.355	.124	.029	.004	.000	.000	.000	.000
	4	1.000	.991	.870	.584	.279	.090	.018	.002	.000	.000	.000
	5	1.000	.999	.956	.781	.486	.212	.058	.008	.000	.000	.000
	6	1.000	1.000	.988	.907	.692	.395	.150	.031	.002	.000	.000
	7	1.000	1.000	.998	.969	.850	.605	.308	.093	.012	.000	.000
	8	1.000	1.000	1.000	.992	.942	.788	.514	.219	.044	.001	.000
	9	1.000	1.000	1.000	.998	.982	.910	.721	.416	.130	.009	.000
	10	1.000	1.000	1.000	1.000	.996	.971	.876	.645	.302	.044	.004
	11	1.000	1.000	1.000	1.000	.999	.994	.960	.839	.552	.158	.030
	12	1.000	1.000	1.000	1.000	1.000	.999	.992	.953	.802	.415	.153
	13	1.000	1.000	1.000	1.000	1.000	1.000	.999	.993	.956	.771	.512
	14	1.000	1.000	1.000	1.000	1.000	1.000	1.000	1.000	1.000	1.000	1.000
n=15	0	.463	.206	.035	.005	.000	.000	.000	.000	.000	.000	.000
	1	.829	.549	.167	.035	.005	.000	.000	.000	.000	.000	.000
	2	.964	.816	.398	.127	.027	.004	.000	.000	.000	.000	.000
	3	.995	.944	.648	.297	.091	018	.002	.000	.000	.000	.000
	4	.999	.987	.836	.515	.217	.059	.009	.001	.000	.000	.000
	5	1.000	.998	.939	.722	.403	.151	.034	.004	.000	.000	.000
	6	1.000	1.000	.982	.869	.610	.304	.095	.015	.001	.000	.000
	7	1.000	1.000	.996	.950	.787	.500	.213	.050	.004	.000	.000
	8	1.000	1.000	.999	.985	.905	.696	.390	.131	.018	.000	.000
	9	1.000	1.000	1.000	.996	.966	.849	.597	.278	.061	.002	.000
	10	1.000	1.000	1.000	.999	.991	.941	.783	.485	.164	.013	.001
	11	1.000	1.000	1.000	1.000	.998	.982	.909	.703	.352	.056	.005
	12	1.000	1.000	1.000	1.000	1.000	.996	.973	.873	.602	.184	.036
	13	1.000	1.000	1.000	1.000	1.000	1.000	.995	.965	.833	.451	.171
	14	1.000	1.000	1.000	1.000	1.000	1.000	1.000	.995	.965	.794	.537
	15	1.000	1.000	1.000	1.000	1.000	1.000	1.000	1.000	1.000	1.000	1.000
n=16	0	.440	.185	.028	.003	.000	.000	.000	.000	.000	.000	.000
	1	.811	.515	.141	.026	.003	.000	.000	.000	.000	.000	.000
	2	.957	.789	.352	.099	.018	.002	.000	.000	.000	.000	.000
	3	.993	.932	.598	.246	.065	.011	.001	.000	.000	.000	.000
	4	.999	.983	.798	.450	.167	.038	.005	.000	.000	.000	.000
	5	1.000	.997	.918	.660	.329	.105	.019	.002	.000	.000	.000
	6	1.000	.999	.973	.825	.527	.227	.058	.007	.000	.000	.000
	7	1.000	1.000	.993	.926	.716	.402	.142	.026	.001	.000	.000
	8	1.000	1.000	.999	.974	.858	.598	.284	.074	.007	.000	.000
	9	1.000	1.000	1.000	.993	.942	.773	.473	.175	.027	.001	.000
	10	1.000	1.000	1.000	.998	.981	.895	.671	.340	.082	.003	.000

		p										
		0.5	.10	.20	.30	.40	.50	.60	.70	.80	.90	.95
	c											
	11	1.000	1.000	1.000	1.000	.995	.962	.833	.550	.202	.017	.001
	12	1.000	1.000	1.000	1.000	.999	.989	.935	.754	.402	.068	.007
	13	1.000	1.000	1.000	1.000	1.000	.998	.982	.901	.648	.211	.043
	14	1.000	1.000	1.000	1.000	1.000	1.000	.997	.974	.859	.485	.189
	15	1.000	1.000	1.000	1.000	1.000	1.000	1.000	.997	.972	.815	.560
	16	1.000	1.000	1.000	1.000	1.000	1.000	1.000	1.000	1.000	1.000	1.000
n=17	0	.418	.167	.023	.002	.000	.000	.000	.000	.000	.000	.000
	1	.792	.482	.118	.019	.002	.000	.000	.000	.000	.000	.000
	2	.950	.762	.310	.077	.012	.001	.000	.000	.000	.000	.000
	3	.991	.917	.549	.202	.046	006	.000	.000	.000	.000	.000
	4	.999	.978	.758	.389	.126	.025	.003	.000	.000	.000	.000
	5	1.000	.995	.894	.597	.264	.072	.011	.001	.000	.000	.000
	6	1.000	.999	.962	.775	.448	.166	.035	.003	.000	.000	.000
	7	1.000	1.000	.989	.895	.641	.315	.092	.013	.000	.000	.000
	8	1.000	1.000	.997	.960	.801	.500	.199	.040	.003	.000	.000
	9	1.000	1.000	1.000	.987	.908	.685	.359	.105	.011	.000	.000
	10	1.000	1.000	1.000	.997	.965	.834	.552	.225	.038	.001	.000
	11	1.000	1.000	1.000	.999	.989	.928	.736	.403	.106	.005	.000
	12	1.000	1.000	1.000	1.000	.999	.975	.874	.611	.242	.022	.001
	13	1.000	1.000	1.000	1.000	1.000	.994	.954	.798	.451	.083	.009
	14	1.000	1.000	1.000	1.000	1.000	.999	.988	.923	.690	.238	.050
	15	1.000	1.000	1.000	1.000	1.000	1.000	.998	.981	.882	.518	.208
	16	1.000	1.000	1.000	1.000	1.000	1.000	1.000	.998	.977	.833	.582
	17	1.000	1.000	1.000	1.000	1.000	1.000	1.000	1.000	1.000	1.000	1.000
n=18	0	.397	.150	.018	.002	.000	.000	.000	.000	.000	.000	.000
	1	.774	.450	.099	.014	.001	.000	.000	.000	.000	.000	.000
	2	.942	.734	.271	.060	.008	.001	.000	.000	.000	.000	.000
	3	.989	.902	.501	.165	.033	.004	.000	.000	.000	.000	.000
	4	.998	.972	.716	.333	.094	.015	.001	.000	.000	.000	.000
	5	1.000	.994	.867	.534	.209	.048	.006	.000	.000	.000	.000
	6	1.000	.999	.949	.722	.374	.119	.020	.001	.000	.000	.000
	7	1.000	1.000	.984	.859	.563	.240	.058	.006	.000	.000	.000
	8	1.000	1.000	.996	.940	.737	.407	.135	.021	.001	.000	.000
	9	1.000	1.000	.999	.979	.865	.593	.263	.060	.004	.000	.000
	10	1.000	1.000	1.000	.994	.942	.760	.437	.141	.016	.000	.000
	11	1.000	1.000	1.000	.999	.980	.881	.626	.278	.051	.001	.000
	12	1.000	1.000	1.000	1.000	.994	.952	.791	.466	.133	.006	.000
	13	1.000	1.000	1.000	1.000	.999	.985	.906	.667	.284	.028	.002
	14	1.000	1.000	1.000	1.000	1.000	.996	.967	.835	.499	.098	.011

		p										
	c	0.5	.10	.20	.30	.40	.50	.60	.70	.80	.90	.95
	15	1.000	1.000	1.000	1.000	1.000	.999	.992	.940	.729	.266	.058
	16	1.000	1.000	1.000	1.000	1.000	1.000	.999	.986	.901	.550	.226
	17	1.000	1.000	1.000	1.000	1.000	1.000	1.000	.998	.982	.850	.603
	18	1.000	1.000	1.000	1.000	1.000	1.000	1.000	1.000	1.000	1.000	1.000
n=19	0	.377	.135	.014	.001	.000	.000	.000	.000	.000	.000	.000
	1	.755	.420	.083	.010	.001	.000	.000	.000	.000	.000	.000
	2	.933	.705	.237	.046	.005	.000	.000	.000	.000	.000	.000
	3	.987	.885	.455	.133	.023	.002	.000	.000	.000	.000	.000
	4	.998	.965	.673	.282	.070	010	.001	.000	.000	.000	.000
	5	1.000	.991	.837	.474	.163	.032	.003	.000	.000	.000	.000
	6	1.000	.998	.932	.666	.308	.084	.012	.001	.000	.000	.000
	7	1.000	1.000	.977	.818	.488	.180	.035	.003	.000	.000	.000
	8	1.000	1.000	.983	.916	.667	.324	.088	.011	.000	.000	.000
	9	1.000	1.000	1.000	.967	.814	.500	.333	.033	.002	.000	.000
	10	1.000	1.000	1.000	.989	.912	.676	.512	.084	.007	.000	.000
	11	1.000	1.000	1.000	.997	.965	.820	.692	.182	.023	.000	.000
	12	1.000	1.000	1.000	.999	.988	.916	.837	.334	.068	.002	.000
	13	1.000	1.000	1.000	1.000	.997	.968	.930	.526	.163	.009	.000
	14	1.000	1.000	1.000	1.000	.999	.990	.977	.718	.327	.035	.002
	15	1.000	1.000	1.000	1.000	1.000	.998	.995	.867	.545	.115	.013
	16	1.000	1.000	1.000	1.000	1.000	1.000	.999	.954	.763	.295	.067
	17	1.000	1.000	1.000	1.000	1.000	1.000	1.000	.990	.917	.580	.245
	18	1.000	1.000	1.000	1.000	1.000	1.000	1.000	.999	.986	.865	.623
	19	1.000	1.000	1.000	1.000	1.000	1.000	1.000	1.000	1.000	1.000	1.000
n=20	0	.358	.122	.012	.001	.000	.000	.000	.000	.000	.000	.000
	1	.736	.392	.069	.008	.001	.000	.000	.000	.000	.000	.000
	2	.925	.677	.206	.035	.004	.000	.000	.000	.000	.000	.000
	3	.984	.867	.411	.107	.016	.001	.000	.000	.000	.000	.000
	4	.997	.957	.630	.238	.051	.006	.000	.000	.000	.000	.000
	5	1.000	.989	.804	.416	.126	.021	.002	.000	.000	.000	.000
	6	1.000	.998	.913	.608	.250	.058	.006	.000	.000	.000	.000
	7	1.000	1.000	.968	.772	.416	.132	.021	.001	.000	.000	.000
	8	1.000	1.000	.990	.887	.596	.252	.057	.005	.000	.000	.000
	9	1.000	1.000	.997	.952	.755	.412	.128	.017	.001	.000	.000
	10	1.000	1.000	.999	.983	.872	.588	.245	.048	.003	.000	.000
	11	1.000	1.000	1.000	.995	.943	.748	.404	.113	.010	.000	.000
	12	1.000	1.000	1.000	.999	.979	.868	.584	.228	.032	.000	.000
	13	1.000	1.000	1.000	1.000	.994	.942	.750	.392	.087	.002	.000
	14	1.000	1.000	1.000	1.000	.998	.979	.874	.584	.196	.011	.000

		p										
	c	0.5	.10	.20	.30	.40	.50	.60	.70	.80	.90	.95
	15	1.000	1.000	1.000	1.000	1.000	.994	.949	.762	.370	.043	.003
	16	1.000	1.000	1.000	1.000	1.000	.999	.984	.893	.589	.133	.016
	17	1.000	1.000	1.000	1.000	1.000	1.000	.996	.965	.794	.323	.075
	18	1.000	1.000	1.000	1.000	1.000	1.000	.999	.992	.931	.608	.264
	19	1.000	1.000	1.000	1.000	1.000	1.000	1.000	.999	.988	.878	.642
	20	1.000	1.000	1.000	1.000	1.000	1.000	1.000	1.000	1.000	1.000	1.000
n=25	0	.277	.072	.004	.000	.000	.000	.000	.000	.000	.000	.000
	1	.642	.271	.027	.002	.000	.000	.000	.000	.000	.000	.000
	2	.873	.537	.098	.009	.000	.000	.000	.000	.000	.000	.000
	3	.966	.764	.234	.033	.002	.000	.000	.000	.000	.000	.000
	4	.993	.902	.421	.090	.009	.000	.000	.000	.000	.000	.000
	5	.999	.967	.617	.193	.029	.002	.000	.000	.000	.000	.000
	6	1.000	.991	.780	.341	.074	007	.000	.000	.000	.000	.000
	7	1.000	.998	.891	.512	.154	.022	.001	.000	.000	.000	.000
	8	1.000	1.000	.953	.677	.274	.054	.004	.000	.000	.000	.000
	9	1.000	1.000	.983	.811	.425	.115	.013	.000	.000	.000	.000
	10	1.000	1.000	.994	.902	.586	.212	.034	.002	.000	.000	.000
	11	1.000	1.000	.998	.956	.732	.345	.078	.006	.000	.000	.000
	12	1.000	1.000	1.000	.983	.846	.500	.154	.017	.000	.000	.000
	13	1.000	1.000	1.000	.994	.922	.655	.268	.044	.002	.000	.000
	14	1.000	1.000	1.000	.998	.966	.788	.414	.098	.007	.000	.000
	15	1.000	1.000	1.000	1.000	.987	.885	.575	.189	.017	.000	.000
	16	1.000	1.000	1.000	1.000	.996	.946	.726	.323	.047	.000	.000
	17	1.000	1.000	1.000	1.000	.999	.978	.846	.488	.109	.002	.000
	18	1.000	1.000	1.000	1.000	1.000	.993	.926	.659	.220	.009	.000
	19	1.000	1.000	1.000	1.000	1.000	.998	.971	.807	.383	.033	.001
	20	1.000	1.000	1.000	1.000	1.000	1.000	.991	.910	.579	.098	.007
	21	1.000	1.000	1.000	1.000	1.000	1.000	.998	.967	.766	.236	.034
	22	1.000	1.000	1.000	1.000	1.000	1.000	1.000	.991	.902	.463	.127
	23	1.000	1.000	1.000	1.000	1.000	1.000	1.000	.999	.973	.729	.358
	24	1.000	1.000	1.000	1.000	1.000	1.000	1.000	1.000	.996	.928	.723
	25	1.000	1.000	1.000	1.000	1.000	1.000	1.000	1.000	1.000	1.000	1.000

<부록표 3>포아송분종의 누적확률표

$$P\{X \le c\} = \sum_{x=0}^{c} \frac{e^{-m} m^x}{x!}$$

c	m .10	.20	.30	.40	.50	.60	.70	.80	.90	1.00
0	.905	.819	.741	.670	.607	.549	.497	.449	.407	.368
1	.995	.982	.963	.938	.910	.878	.844	.809	.772	.736
2	1.000	.999	.996	.992	.986	.977	.966	.953	.937	.920
3	1.000	1.000	1.000	.999	.998	.997	.994	.991	.987	.981
4	1.000	1.000	1.000	1.000	1.000	1.000	.999	.999	.998	.996
5	1.000	1.000	1.000	1.000	1.000	1.000	1.000	1.000	1.000	.999
6	1.000	1.000	1.000	1.000	1.000	1.000	1.000	1.000	1.000	1.000
7	1.000	1.000	1.000	1.000	1.000	1.000	1.000	1.000	1.000	1.000

c	m 1.10	1.20	1.30	1.40	1.50	1.60	1.70	1.80	1.90	2.00
0	.333	.301	.273	.247	.223	.202	.183	.165	.150	.135
1	.699	.663	.627	.592	.558	.525	.493	.463	.434	.406
2	.900	.879	.857	.833	.809	783	.757	.731	.704	.677
3	.974	.966	.957	.946	.934	.921	.907	.891	.875	.857
4	.995	.992	.989	.986	.981	.976	.970	.964	.956	.947
5	.999	.998	.998	.997	.996	.994	.992	.990	.987	.983
6	1.000	1.000	1.000	.999	.999	.999	.998	.997	.997	.995
7	1.000	1.000	1.000	1.000	1.000	1.000	1.000	.999	.999	.999
8	1.000	1.000	1.000	1.000	1.000	1.000	1.000	1.000	1.000	1.000
9	1.000	1.000	1.000	1.000	1.000	1.000	1.000	1.000	1.000	1.000

c	m 2.10	2.20	2.30	2.40	2.50	2.60	2.70	2.80	2.90	3.00
0	.122	.111	.100	.091	.082	.074	.067	.061	.055	.050
1	.380	.355	.331	.308	.287	.267	.249	.231	.215	.199
2	.650	.623	.596	.570	.544	.518	.494	.469	.446	.423
3	.839	.819	.799	.779	.758	.736	.714	.692	.670	.647
4	.938	.928	.916	.904	.891	.877	.863	.848	.832	.815
5	.980	.975	.970	.964	.958	.951	.943	.935	.926	.916
6	.994	.993	.991	.988	.986	.983	.979	.976	.971	.966
7	.999	.998	.997	.997	.996	.995	.993	.992	.990	.988
8	1.000	1.000	.999	.999	.999	.999	.998	.998	.997	.996
9	1.000	1.000	1.000	1.000	1.000	1.000	.999	.999	.999	.999
10	1.000	1.000	1.000	1.000	1.000	1.000	1.000	1.000	1.000	1.000
11	1.000	1.000	1.000	1.000	1.000	1.000	1.000	1.000	1.000	1.000
12	1.000	1.000	1.000	1.000	1.000	1.000	1.000	1.000	1.000	1.000

c	m 3.10	3.20	3.30	3.40	3.50	3.60	3.70	3.80	3.90	4.00
0	.045	.041	.037	.033	.030	.027	.025	.022	.020	.018
1	.185	.171	.159	.147	.136	.126	.116	.107	.099	.092
2	.401	.380	.359	.340	.321	.303	.285	.269	.253	.238
3	.625	.603	.580	.558	.537	.515	.494	.473	.453	.433
4	.798	.781	.763	.744	.725	.706	.687	.668	.648	.629
5	.906	.895	.883	.871	.858	.844	.830	.816	.801	.785
6	.961	.955	.949	.94	.935	.927	.918	.909	.899	.889
7	.986	.983	.980	.977	.973	.969	.965	.960	.955	.949
8	.995	.994	.993	.992	.990	.988	.986	.984	.981	.979
9	.999	.998	.998	.997	.997	.996	.995	.994	.993	.992
10	1.000	1.000	.999	.999	.999	.999	.998	.998	.998	.997
11	1.000	1.000	1.000	1.000	1.000	1.000	1.000	.999	.999	.999
12	1.000	1.000	1.000	1.000	1.000	1.000	1.000	1.000	1.000	1.000
13	1.000	1.000	1.000	1.000	1.000	1.000	1.000	1.000	1.000	1.000
14	1.000	1.000	1.000	1.000	1.000	1.000	1.000	1.000	1.000	1.000

c	m 4.50	5.00	5.50	6.00	6.50	7.00	7.50	8.00	8.50	9.00
0	.011	.007	.004	.002	.002	.001	.001	.000	.000	.000
1	.061	.040	.027	.017	.011	.007	.005	.003	.002	.001
2	.174	.125	.088	.062	.043	.030	.020	.014	.009	.006
3	.342	.265	.202	.151	.112	.082	.059	.042	.030	.021
4	.532	.440	.358	.285	.224	.173	.132	.100	.074	.055
5	.703	.616	.529	.446	.369	.301	.241	.191	.150	.116
6	.831	.762	.686	.606	.527	.450	.378	.313	.256	.207
7	.913	.867	.809	.744	.673	.599	.525	.453	.386	.324
8	.960	.932	.894	.847	.792	.729	.662	.593	.523	.456
9	.983	.968	.946	.916	.877	.830	.776	.717	.653	.587
10	.993	.986	.975	.957	.933	.901	.862	.816	.763	.706
11	.998	.995	.989	.980	.966	.947	.921	.888	.849	.803
12	.999	.998	.996	.991	.984	.973	.957	.936	.909	.876
13	1.000	.999	.998	.996	.993	.987	.978	.966	.949	.926
14	1.000	1.000	.999	.999	.997	.994	.990	.983	.973	.959
15	1.000	1.000	1.000	.999	.999	.998	.995	.992	.986	.978
16	1.000	1.000	1.000	1.000	1.000	.999	.998	.996	.993	.989
17	1.000	1.000	1.000	1.000	1.000	1.000	.999	.998	.997	.995
18	1.000	1.000	1.000	1.000	1.000	1.000	1.000	.999	.999	.998
19	1.000	1.000	1.000	1.000	1.000	1.000	1.000	1.000	.999	.999
20	1.000	1.000	1.000	1.000	1.000	1.000	1.000	1.000	1.000	1.000
21	1.000	1.000	1.000	1.000	1.000	1.000	1.000	1.000	1.000	1.000
22	1.000	1.000	1.000	1.000	1.000	1.000	1.000	1.000	1.000	1.000

<부록표 4>표준정규분포의 누적확률표

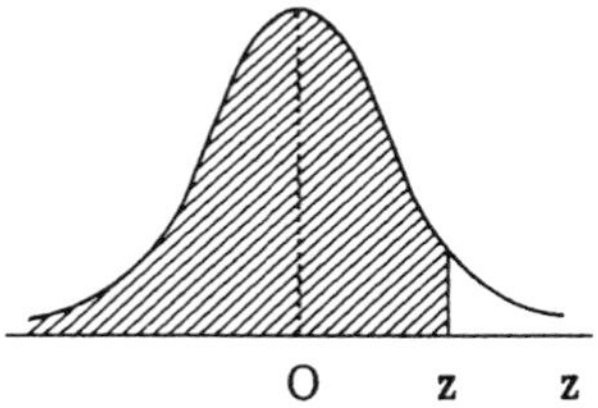

z	0.00	0.01	0.02	0.03	0.04	0.05	0.06	0.07	0.08	0.09
0.0	0.5000	0.5040	0.5080	0.5120	0.5160	0.5199	0.5239	0.5279	0.5319	0.5359
0.1	0.5398	0.5438	0.5478	0.5517	0.5557	0.5596	0.5636	0.5675	0.5714	0.5753
0.2	0.5793	0.5832	0.5871	0.5910	0.5948	0.5987	0.6026	0.6064	0.6103	0.6141
0.3	0.6179	0.6217	0.6255	0.6293	0.6331	0.6368	0.6406	0.6443	0.6480	0.6517
0.4	0.6554	0.6591	0.6628	0.6664	0.6700	0.6736	0.6772	0.6808	0.6844	0.6879
0.5	0.6915	0.6950	0.6985	0.7019	0.7054	0.7088	0.7123	0.7157	0.7190	0.7224
0.6	0.7257	0.7291	0.7324	0.7357	0.7389	0.7422	0.7454	0.7486	0.7517	0.7549
0.7	0.7580	0.7611	0.7642	0.7673	0.7703	0.7734	0.7764	0.7794	0.7823	0.7852
0.8	0.7881	0.7910	0.7939	0.7967	0.7995	0.8023	0.8051	0.8078	0.8106	0.8133
0.9	0.8159	0.8186	0.8212	0.8238	0.8264	0.8289	0.8315	0.8340	0.8365	0.8389
1.0	0.8413	0.8438	0.8461	0.8485	0.8508	0.8531	0.8554	0.8577	0.8599	0.8621
1.1	0.8643	0.8665	0.8686	0.8708	0.8729	0.8749	0.8770	0.8790	0.8810	0.8830
1.2	0.8849	0.8869	0.8888	0.8907	0.8925	0.8944	0.8962	0.8980	0.8997	0.9015
1.3	0.9032	0.9049	0.9066	0.9082	0.9099	0.9115	0.9131	0.9147	0.9162	0.9177
1.4	0.9192	0.9207	0.9222	0.9236	0.9251	0.9265	0.9279	0.9292	0.9306	0.9313
1.5	0.9332	0.9345	0.9357	0.9370	0.9382	0.9394	0.9406	0.9418	0.9429	0.9441
1.6	0.9452	0.9463	0.9474	0.9484	0.9495	0.9505	0.9515	0.9525	0.9535	0.9545
1.7	0.9554	0.9564	0.9573	0.9582	0.9591	0.9599	0.9608	0.9616	0.9625	0.9633
1.8	0.9641	0.9649	0.9656	0.9664	0.9671	0.9678	0.9686	0.9693	0.9699	0.9706
1.9	0.9713	0.9719	0.9726	0.9732	0.9738	0.9744	0.9750	0.9756	0.9761	0.9767
2.0	0.9772	0.9778	0.9783	0.9788	0.9793	0.9798	0.9803	0.9808	0.9812	0.9817
2.1	0.9821	0.9826	0.9830	0.9834	0.9838	0.9842	0.9846	0.9850	0.9854	0.9857
2.2	0.9861	0.9864	0.9868	0.9871	0.9875	0.9878	0.9881	0.9884	0.9887	0.9890
2.3	0.9893	0.9896	0.9898	0.9901	0.9904	0.9906	0.9909	0.9911	0.9913	0.9916
2.4	0.9918	0.9920	0.9922	0.9925	0.9927	0.9929	0.9931	0.9932	0.9934	0.9936
2.5	0.9938	0.9940	0.9941	0.9943	0.9945	0.9946	0.9948	0.9949	0.9951	0.9952
2.6	0.9953	0.9955	0.9956	0.9957	0.9959	0.9960	0.9961	0.9962	0.9963	0.9964
2.7	0.9965	0.9966	0.9967	0.9968	0.9969	0.9970	0.9971	0.9972	0.9973	0.9974
2.8	0.9974	0.9975	0.9976	0.9977	0.9977	0.9978	0.9979	0.9979	0.9980	0.9981
2.9	0.9981	0.9982	0.9982	0.9983	0.9984	0.9984	0.9985	0.9985	0.9986	0.9986
3.0	0.9987	0.9987	0.9987	0.9988	0.9988	0.9989	0.9989	0.9989	0.9990	0.9990

α	0.100	0.050	0.025	0.010	0.005
z_α	1.282	1.645	1.960	2.326	2.576

<부록표 5> t분포표

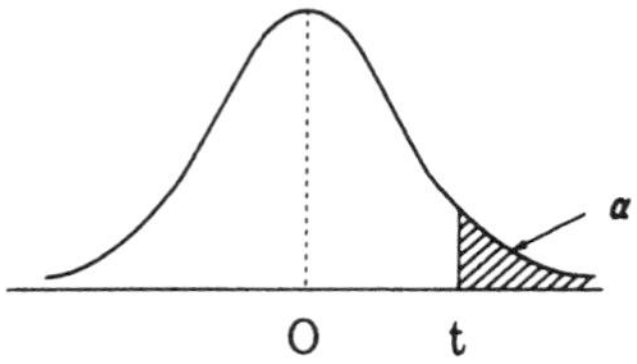

df	$t_{.100}$	$t_{.050}$	$t_{.025}$	$t_{.010}$	$t_{.005}$
1	3.078	6.314	12.706	31.821	63.657
2	1.886	2.920	4.303	6.965	9.925
3	1.638	2.353	3.182	4.541	5.841
4	1,533	2.132	2.776	3.747	4.604
5	1.476	2.015	2.571	3.365	4.032
6	1.440	1.943	2.447	3.143	3.707
7	1.415	1.895	2.365	2.998	3.499
8	1.397	1.860	2.306	2.896	3.355
9	1.383	1.833	2.262	2.821	3.250
10	1.372	1.812	2.228	2.764	3.169
11	1.363	1.796	2.201	2.718	3.106
12	1.356	1.782	2.179	2.681	3.055
13	1.350	1.771	2.160	2.650	3.012
14	1.345	1.761	2.145	2.624	2.977
15	1.341	1.753	2.131	2.602	2.947
16	1.337	1.746	2.120	2.583	2.921
17	1.333	1.740	2.110	2.567	2.898
18	1.330	1.734	2.101	2.552	2.878
19	1.328	1.729	2.093	2.539	2.861
20	1.325	1.725	2.086	2.528	2.845
21	1.323	1.721	2.080	2.518	2.831
22	1.321	1.717	2.074	2.508	2.819
23	1.319	1.714	2.069	2.500	2.807
24	1.318	1.711	2.064	2.492	2.797
25	1.316	1.708	2.060	2.485	2.787
26	1.315	1.706	2.056	2.479	2.779
27	1.314	1.703	2.052	2.473	2.771
28	1.313	1.701	2.048	2.467	2.763
29	1.311	1.699	2.045	2.462	2.756
∞	1.282	1.645	1.960	2.326	2.576

〈부록표 6〉 χ^2 분포표

df \ α	.99	.98	.95	.90	.80	.70	.50	.30	.20	.10	.05	.02	.01	.001
1	$.0^{3}157$	$.0^{3}628$	.00393	.0158	.0642	.148	.455	1.074	1.642	2.706	3.841	5.412	6.635	10.827
2	.201	.0404	.103	.211	.446	.713	1.386	2,408	3.219	4.605	5.991	7.824	9.210	13.815
3	.115	.185	.352	.584	1.005	1.424	2.366	3,665	4.642	6.251	7.815	9.837	11.345	16.268
4	.297	.429	.711	1.064	1.649	2.195	3.357	4.878	5.989	7.779	9.488	11.668	13.277	18.465
5	.554	.752	1.145	1.610	2.343	3.000	4.351	6.064	7.289	9.236	11.070	13.388	15.086	20.517
6	.872	1.134	1.635	2.204	3.070	3.828	5.348	7.231	8.558	10.645	12.592	15.033	16.812	22.457
7	1.239	1.564	2.167	2.833	3.822	4.671	6.346	8.383	9.803	12.017	14.067	16.622	18.475	24.322
8	1.646	2.032	2.733	3.490	4.594	5.527	7.344	9.524	11.030	13.362	15.507	18.168	20.090	26.125
9	2.088	2.532	3.325	4.168	5.380	6.393	8.343	10.656	12.242	14.684	16.919	19.679	21.666	27.877
10	2.558	3.059	3.940	4.865	6.179	7.267	9.342	11.781	13.442	15.987	18.307	21.161	23.209	29.588
11	3.053	3.609	4.575	5.578	6.989	8.148	10.341	12.899	14.631	17.275	19.675	22.618	24.725	31.264
12	3.571	4.178	5.226	6,304	7.807	9.034	11.340	14.011	15.812	18.549	21.026	24.054	26.217	32.909
13	4.107	4.765	5.892	7.042	8.634	9.926	12.340	15.119	16.985	19.812	22.362	25.472	27.688	34.528
14	4.660	5.368	6.571	7.790	9.467	10.821	13.339	16.222	18.151	21.064	23.685	26.873	29.141	36.123
15	5.229	5.985	7.261	8.547	10.307	11.721	14.339	17.322	19.311	22.307	24.996	28.259	30.578	37.697
16	5.812	6.614	7.962	9.312	11.152	12.624	15.338	18.418	20.465	23.542	26.296	29.633	32.000	39.252
17	6.408	7.255	8.672	10.085	12.002	13.531	16.338	19.511	21.615	24.769	27.587	30.995	33.409	40.790
18	7.015	7.906	9.390	10.865	12.857	14.440	17.338	20.601	22.760	25.989	28.869	32.346	34.805	42.312
19	7.633	8.567	10.117	11.651	13.716	15.352	18.338	21.689	23.900	27.204	30.144	33.687	36.191	43.820
20	8.260	9.237	11.851	12.443	14,578	16.266	19.337	22.775	25.038	28.412	31.410	35.020	37.566	45.315
21	8.897	9.915	11.591	13.240	15.445	17.182	20.337	23.858	26.171	29.615	32.671	36.343	38.932	46.797
22	9.542	10.600	12.338	14.041	16.314	18.101	21.337	24.939	27.301	30.813	33.924	37.659	40.289	48.268
23	10.196	11.293	13.091	14.848	17.184	19.021	22.337	26.018	28.429	32.007	35.172	38.968	41.638	49.728
24	10.856	11.992	13.848	15.659	18.062	19.943	23.337	27.096	29.553	33.196	36.415	40.270	42.980	51.179
25	11.524	12.697	14.611	16.473	18.940	20.867	24.337	28.172	30.675	34.382	37.652	41.566	44.314	52.620
26	12.198	13.409	15.379	17.292	19.820	21.792	25.336	29.246	31.795	35.563	38.885	42.856	45.642	54.052
27	12.879	14.125	16.151	18.114	20.703	22.719	26.336	30.319	32.912	36.741	40.113	44,140	46.963	55.476
28	13.565	14.847	16.928	18.939	21.588	23.647	27.336	31.391	34.027	37.916	41.337	45.419	48.278	56.893
29	14.256	15.574	17.708	19.768	22.475	24.577	28.336	32.461	35.139	39.087	42.557	46.693	49.588	58.302
30	14.953	16,306	18.493	20.599	23.364	25.508	29.336	33.530	36.250	40.256	43.773	47.962	50.892	59.703

<부록표 7> F분포표
$\alpha = .05$

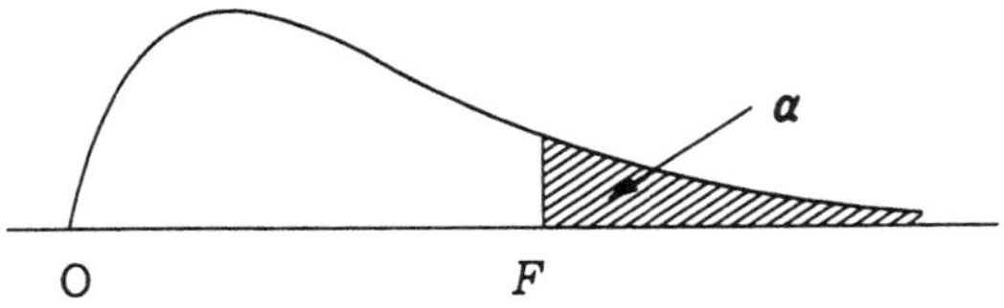

α = .05

df_2 \ df_1	1	2	3	4	5	6	8	12	24	∞
1	161.4	199.5	215.7	224.6	230.2	234.0	238.9	243.9	249.0	2.54.3
2	18.51	19.00	19.16	19.25	19.30	19.33	19.37	19.41	19.45	19.50
3	10.13	9.55	9.28	9.12	9.01	8.94	8.84	8.74	8.64	8.53
4	7.71	6.94	6.59	6.36	6.26	6.16	6.04	5.91	5.77	5.63
5	6.61	5.79	5.41	5.19	5.05	4.95	4.82	4.68	4.53	4.36
6	5.99	5.14	4.76	4.53	4.39	4.28	4.15	4.00	3.84	3.67
7	5.59	4.74	4.35	4.12	3.97	3.87	3.73	3.57	3.41	3.23
8	5.32	4.46	4.07	3.84	3.69	3.58	3.44	3.28	3.12	2.93
9	5.12	4.26	3.86	3.63	3.48	3.37	3.23	3.07	2.90	2.71
10	4.96	4.10	3.71	3.48	3.33	3.22	3.07	2.91	2.74	2.54
11	4.84	3.98	3.59	3.36	3.20	3.09	2.95	2.79	2.61	2.40
12	4.75	3.88	3.49	3.26	3.11	3.00	2.85	2.69	2.50	2.30
13	4.67	3.80	3.41	3.18	3.02	2.92	2.77	2.60	2.42	2.21
14	4.60	3.74	3,34	3.11	2.96	2.85	2.70	2.53	2.35	2.23
15	4.54	3.68	3.29	3.06	2.90	2.79	2.64	2.48	2.29	2.07
16	4.49	3.63	3.24	3.01	2.85	2.74	2.59	2.42	2.24	2.01
17	4.45	3.59	3.20	2.96	2.81	2.70	2.55	2.38	2.19	1.96
18	4.41	3.55	3.16	2.93	2.77	2.66	2.51	2.34	2.15	1.92
19	4.38	3.52	3.13	2.90	2.74	2.63	2.48	2.31	2.11	1.88
20	4.35	3.49	3.10	2.87	2.71	2.60	2.45	2.28	2.08	1.84
21	4.32	3.47	3.07	2.84	2.68	2.57	2.42	2.25	2.05	1.81
22	4.30	3.44	3.05	2.82	2.66	2.55	2.40	2.23	2.03	1.78
23	4.28	3.42	3.03	2.80	2.64	2.53	2.38	2.20	2.00	1.76
24	4.26	3.40	3.01	2.78	2.62	2.51	2.36	2.18	1.98	1.73
25	4.24	3.38	2.99	2.76	2.60	2.49	2.34	2.16	1.96	1.71
26	4.22	3.37	2.98	2.74	2.59	2.47	2.32	2.15	1.95	1.69
27	4.21	3.35	2.96	2.73	2.57	2.46	2.30	2.13	1.93	1.67
28	4.20	3.34	2.95	2.71	2.56	2.44	2.29	2.12	1.91	1.65
29	4.18	3.33	2.93	2.70	2.54	2.43	2.28	2.10	1.90	1.64
30	4.17	3.32	2.92	2.69	2.53	2.42	2.27	2.09	1.89	1.62
40	4.08	3.23	2.84	2.61	2.45	2.34	2.18	2.00	1.79	1.51
60	4.00	3.15	2.76	2.52	2.37	2.25	2.10	1.92	1.70	1.39
120	3.92	3.07	2.68	2.45	2.29	2.17	2.02	1.83	1.61	1.25
∞	3.84	2.99	2.60	2.37	2.21	2.09	1.94	1.75	1.52	1.00

$\alpha = .01$

df_2 \ df_1	1	2	3	4	5	6	8	12	24	∞
1	4052	4999	5403	5625	5764	5859	5981	6106	6234	6366
2	98.49	99.01	99.17	99.25	99.30	99.33	99.36	99.42	99.46	99.50
3	34.12	30.81	29.46	28.71	28.24	27.91	27.49	27.05	26.60	26.12
4	21.20	18.00	16.69	15.98	15.52	15.21	14.80	14.37	13.93	13.46
5	16.26	13.27	12.06	11.39	10.97	10.67	10.27	9.89	9.47	9.02
6	13.74	10.92	9.78	9.15	8.75	8.47	8.10	7.72	7.31	6.88
7	12.25	9.55	8.45	7.85	7.46	7.19	6.84	6.47	6.07	5.65
8	11.26	8.65	7.59	7.01	6.63	6.37	6.03	5.67	5.28	4.86
9	10.56	8.02	6.99	6.42	6.06	5.80	5.47	5.11	4.73	4.31
10	10.04	7.56	6.55	5.99	5.64	5.39	5.06	4.71	4.33	3.91
11	9.65	7.20	6.22	5.67	5.32	5.07	4.74	4.40	4.02	3.60
12	9.33	6.93	5.95	5.41	5.06	4.82	4.50	4.16	3.78	3.36
13	9.07	6.70	5.74	5.20	4.86	4.62	4.30	3.96	3.59	3.16
14	8.86	6.51	5.56	5.03	4.69	4.46	4.14	3.80	3.43	3.00
15	8.68	6.36	5.42	4.89	4.56	4.32	4.00	3.67	3.29	2.87
16	8.53	6.23	5.29	4.77	4.44	4.20	3.89	3.55	3.18	2.75
17	8.40	6.11	5.18	4.67	4.34	4.10	3.79	3.45	3.08	2.65
18	8.28	6.01	5.09	4.58	4.25	4.01	3.71	3.37	3.00	2.57
19	8.18	5.93	5.01	4.50	4.17	3.94	3.63	3.30	2.92	2.49
20	8.10	5.85	4.94	4.43	4.10	3.87	3.56	3.23	2.86	2.42
21	8.02	5.78	4.87	4.37	4.04	3.81	3.51	3.17	2.80	2.36
22	7.94	5.72	4.82	4.31	3.99	3.76	3.45	3.12	2.75	2.31
23	7.88	5.66	4.76	4.26	3.94	3.71	3.41	3.07	2.70	2.26
24	7.82	5.61	4.72	4.22	3.90	3.67	3.36	3.03	2.66	2.21
25	7.77	5.57	4.68	4.18	3.86	3.63	3.32	2.99	2.62	2.17
26	7.72	5.53	4.64	4.14	3.82	3.59	3.29	2.96	2.58	2.13
27	7.68	5.49	4.60	4.11	3.78	3.56	3.26	2.93	2.55	2.10
28	7.64	5.45	4.57	4.07	3.75	3.53	3.23	2.90	2.52	2.06
29	7.60	5.42	4.54	4.04	3.73	3.50	3.20	2.87	2.49	2.03
30	7.56	5.39	4.51	4.02	3.70	3.47	3.17	2.84	2.47	2.01
40	7.31	5.18	4.31	3.83	3.51	3.29	2.99	2.66	2.29	1.80
60	7.08	4.98	4.13	3.65	3.34	3.12	2.82	2.50	2.12	1.60
120	6.85	4.79	3.95	3.48	3.17	2.96	2.66	2.34	1.95	1.38
∞	6.64	4.60	3.78	3.32	3.02	2.80	2.51	2.18	1.79	1.00

$\alpha = .001$

df_2 \ df_1	1	2	3	4	5	6	8	12	24	∞
1	405284	500000	540379	562500	576405	585937	598144	610667	623497	636619
2	998.5	999.0	999.2	999.2	999.3	999.3	999.4	999.4	999.5	999.5
3	167.5	148.2	141.1	137.1	134.6	132.8	130.6	128.3	125.9	123.5
4	74.14	61.25	56.18	53.44	51.71	50.53	49.00	47.41	45.77	44.05
5	47.04	36.61	33.20	31.09	29.75	28.84	27.64	26.42	25.14	23.78
6	35.51	27.00	23.70	21.90	20.81	20.03	19.03	17.99	16.89	15.75
7	29.22	21.69	18.77	17.19	16.21	15.52	14.63	13.71	12.73	11.69
8	25.42	18.49	15.83	14.39	13.49	12.86	12.04	11.19	10.30	9.34
9	22.86	16.39	13.90	12.56	11.71	11.13	10.37	9.57	8.72	7.81
10	21.04	14.91	12.55	11.28	10.48	9.92	9.20	8.45	7.64	6.76
11	19.69	13.81	11.56	10.35	9.58	9.05	8.35	7.63	6.85	6.00
12	18.64	12.97	10.80	9.63	8.89	8.38	7.71	7.00	6.25	5.42
13	17.81	12.31	10.21	9.07	8.35	7.86	7.21	6.52	5.78	4.97
14	17.14	11.78	9.73	8.62	7.92	7.43	6.80	6.13	5.41	4.60
15	16.59	11.34	9.34	8.25	7.57	7.09	6.47	5.81	5.10	4.31
16	16.12	10.97	9.00	7.94	7.27	6.81	6.19	5.55	4.85	4.06
17	15.72	10.66	8.73	7.68	7.02	6.56	5.96	5.32	4.63	3.85
18	15.38	10.39	8.49	7.46	6.81	6.35	5.76	5.13	4.45	3.67
19	15.08	10.16	8.28	7.26	6.61	6.18	5.59	4.97	4.29	3.52
20	14.82	9.95	8.10	7.10	6.46	6.02	5.44	4.82	4.15	3.38
21	14.59	9.77	7.94	6.95	6.32	5.88	5.31	4.70	4.03	3.26
22	14.38	9.61	7.80	6.81	6.19	5.76	5.19	4.58	3.92	3.15
23	14.19	9.47	7.67	6.69	6.08	5.65	5.09	4.48	3.82	3.05
24	14.03	9.34	7.55	6.59	5.98	5.55	4.99	4.39	3.74	2.97
25	13.88	9.22	7.45	6.49	5.88	5.46	4.91	4.31	3.66	2.89
26	13.74	9.12	7.36	6.41	5.80	5.38	4.83	4.24	3.59	2.82
27	13.61	9.02	7.27	6.33	5.73	5.31	4.76	4.17	3.52	2.75
28	13.50	8.93	7.19	6.25	5.66	5.24	4.69	4.11	3.46	2.70
29	13.39	8.85	7.12	6.19	5.59	5.18	4.64	4.05	3.41	2.64
30	13.29	8.77	7.02	6.12	5.53	5.12	4.58	4.00	3,36	2.59
40	12.61	8.25	6.60	5.70	5.13	4.73	4.21	3.64	3.01	2.23
60	11.97	7.76	6.17	5.31	4.76	4.37	4.37	3.31	2.69	1.90
120	11.38	7.31	5.79	4.95	4.42	4.04	4.04	3.02	2.40	1.56
∞	10.83	6.91	5.42	4.62	4.10	3.74	3.74	2.74	2.13	1.00

찾아보기

ㄱ

가설(hypotheses) 10
가설검정 209
가우스 분포(Gausss distribution) 142
검정의 유의수준 216
결정계수(coefficient of determination, r2) 319
결정계수 321
경험법칙(Empirical Rule) 97, 98
계급상한(upper class limit) 61
계급중간값(class mark) 61
계급하한(lower class limit) 61
관찰빈도(Observed frequency) 286
교차분석 282
교차표(Crosstabulation) 282
구간추정(interval estimate) 179
구간추정 184
기대빈도(Expected frequency) 286
기술통계학(descriptive statistics) 10
기하평균(geometric mean) 87

ㄴ

난수표 6
누적도수(cumulative frequency) 61
누적상대도수(cumulative relative frequency) 61
눈덩이표집(snowball sampling) 9

ㄷ

다변량자료(multivariate date) 19
다중회귀분석(multiple regression analysis) 313
단순무작위표집 6
단순회귀분석(simple re- gression analysis) 313
대립가설(Alternative Hypothesis: Ha) 210
도수다각형(frequency polygon) 66
도수분포표(frequency table) 55, 59
독립변수(independent variable) 20
등간척도(interval scale) 22

ㄹ

로지스틱회귀분석(logistic regression analysis) 313

ㅁ

막대 그래프(Bar Graph) 56
명목척도(nominal scale) 21
모수(parameter) 10
모수(parameter) 179
모조 변수(dummy variable) 20
모집단 4
모집단의 크기 4
무작위 실험 117

ㅂ

범위(range) 92
베르누이 시행(Bernoulli trial) 139
베이즈 정리 125
β 오류 213
변수(variable) 19
변수값(value) 19
복원추출(sampling with replacement) 140
부분집합(subset) 119
부적 관계(negative relationship) 309
분산 94

분산분석 251
분산분석표 259
분석단위 4
분할표(Contingency Table) 58
불연속변수(discrete variable) 20
불편성(unbiasedness) 180
비대칭도 101
비복원추출(sampling without replacement) 140
비율척도(ratio scale) 22
비확률추출(표집)방법 5

ㅅ

4분위수(quartiles) 90
4분위편차(quartile deviation) 92
사실(이론, theory) 10
산술평균(평균)(arithmetic mean) 83
산포도 91
상관분석(correlation analysis) 309
서열척도(ordinal scale) 22
선형관계(linear relation) 309
순열 118, 120
스캐터 다이어그램(또는 산포도, scatter diagram) 68
신뢰계수 185
신뢰구간 184, 185
신뢰도 185

ㅇ

ANOVA(Analysis of Variance) 251
α 오류 213
F 분포 168, 172
양적 변수(quantita- tive variable) 19
연속변수(continuous variable) 20
연속확률분포 142
영가설(Null Hypothesis: Ho) 210
SPSS 25
오차변동(또는 오차제곱합, error 또는 unexplained sum of squared deviations) 321
오차제곱합(sum of squared error) 317
왜도(skewness) 101
요소 4
유의표집(purposive sampling) 9
이변량자료(bivariate data) 19
이상점(異常點, outlier) 85
이항 분포 138
일관성(consistency) 180
일반화(generalization) 11
일변량자료(univariate data) 19
일원분산분석(Oneway of Analysis of Variance) 254

ㅈ

자유도 188
적합도 검정 291
전수조사 4
전집합(universal set) 119
점추정(point estimate) 179
점추정 179
정규분포 142
정적 관계(positive relationship) 309
제1종오류(Type Ⅰ Error) 213
제1차 계수 102
제2종오류(Type Ⅱ Error) 213
제2차 계수 103
조건확률 125
조합 120
종속변수(dependent variable) 20
줄기와 잎 그림(stem and leaf plot/diagram) 62
중심극한정리 158, 185
중위수(중앙값, median, Me) 88
질적 변수(qualitative variable) 19
집단간 변량 252, 257

집단간 제곱의 합 SSb 257
집단내 변량 252, 257
집단내 제곱의 합(SSw) 257
집락표집(cluster sampling) 8
집합 118

ㅊ

첨도(kurtosis) 104
체계적 표집(systematic sampling) 6
체비쉐브(Chebyshev's Rule)의 법칙 98
체비쉐브의 법칙(Chebyshev's Rule) 97
총 제곱의 합(SSt) 256
총변동(또는 총제곱합, total sum of squared deviations) 321
최빈수(mode, Mo) 89
추론통계학(또는 추리통계학, inferential statistics) 10
층화표집(stratified sampling) 7

ㅋ

χ^2(카이 스퀘어) 분포 164
χ^2검정 286

ㅌ

탐색연구 5
통계량(statistic) 10, 179
통계적 가설검정 209
통계적 유의성 286
트림한 평균 85
t-분포 168

ㅍ

파이차트(pie Chart) 58
판단표집(judgemental sampling) 9
편의표집(convenience sampling) 8
평균편차(mean deviation) 93
포아송 분포 138
표본 4
표본공간 117
표본분포 158
표본오차 157
표본의 크기 4
표본조사 4
표본추출 157
표본크기 201
표준정규분포 144
표준편차 94
피어슨(Karl Pearson)의 비대칭계수 102
피어슨의 상관계수(Pearson correlation coefficient) 309

ㅎ

할당표집(quota sampling) 9
확률 122
확률밀도함수 137
확률변수 133
확률분포 134
확률추출(표집)방법 5
회귀변동(또는 회귀제곱합, regression 또는 explained sum of squared deviations) 321
효율성(efficiency) 180
히스토그램(Histogram) 66

[저자약력]

▌권경득(權慶得)

미국 University of Akron, Ph.D. 행정학 박사
현재 선문대학교 사회과학대학 행정학과 교수

〈논문 및 저서〉
「현대인사행정론」(공저, 2014)
「한일 지방자치 비교」(공저, 2010)
인적자원관리시스템과 인적자본의 형성 및 조직성과에 관한 실증적 연구(2012)
공직내 여성의 대표성과 조직문화, 직무형태 및 조직성과에 관한 연구(2009)

▌유성호(劉成鎬)

미국 Kansas State University, Ph.D. 사회학 박사
현재 선문대학교 사회과학대학 사회복지학과 교수

〈논문 및 저서〉
「현대노인복지론(제4판)」(공저, 2012)
노인장기요양시설의 이해와 사례 (공저, 2013)
유배우노인의 가구형태를 결정하는 요인 (2011)

▌이모영(李模永)

독일 Katholische Universitaet Eichstaett, Ph.D. 심리학 박사
현재 선문대학교 사회과학대학 상담·산업심리학과 교수

〈논문 및 저서〉
J. Gibson의 생태학적 지각이론과 그림이해(2004)
예술심리학 – 비판적 고찰과 전망(2004)
「예술심리학」(공저, 2004)
시각적 사고(Visual Thinking)가 미술교육에 시사하는 함축적 의미에 관한 고찰(2005)

▌허태회(許太會)

미국 University of Denver, Ph.D. 국제정치학 박사
현재 선문대학교 사회과학대학 국제유엔학과 교수

〈논문 및 저서〉
A Multi-Causal Analysis of East Asian Economic Dynamism(1996)
Economic Interdependence and International Conflicts in Asia-Pacific(1997)
「국제갈등의 이해」(공저, 1999)
21세기 현대 정보전의 실체와 한국의 전략과제(2004)

사회과학 통계분석 — SPSS의 활용과 적용 — [제3판]

2006년 2월 28일 초판인쇄
2010년 3월 15일 제2판 발행
2014년 2월 25일 제3판 1쇄발행

저 자 권 경 득 · 유 성 호
이 모 영 · 허 태 회
발행인 배 효 선
발 행 처 도서출판 法 文 社
경기도 파주시 회동길 37-29 ㊒ 413-120
등 록 1957년 12월 12일 제2-76호(윤)
전 화 031-955-6500~6, 팩 스 031-955-6525
e-mail(영업) : bms@bobmunsa.co.kr
(편집) : edit66@bobmunsa.co.kr
홈페이지 http ://www.bobmunsa.co.kr
조 판 광 암 문 화 사

정가 25,000원 ISBN 978-89-18-02422-6